多是横戈马上行

谭谈题

野战主将粟裕

张雄文／著
粟戎生／审订

中国文史出版社

图书在版编目（CIP）数据

多是横戈马上行：野战主将粟裕／张雄文著．--北京：中国文史出版社，2016.12（2021.5 重印）

ISBN 978-7-5034-8101-7

Ⅰ．①多… Ⅱ．①张… Ⅲ．①粟裕（1907-1984）-生平事迹 Ⅳ．①K825.2

中国版本图书馆 CIP 数据核字（2021）第 070821 号

责任编辑：金硕

出版发行：**中国文史出版社**

社　　址：北京市海淀区西八里庄路 69 号院　　邮编：100142

电　　话：010-81136606 81136602 81136603 81136605（发行部）

传　　真：010-81136655

印　　装：北京温林源印刷有限公司

经　　销：全国新华书店

开　　本：787×1092　1/16

印　　张：25

字　　数：395 千字

版　　次：2016 年 12 月北京第 1 版

印　　次：2021 年 5 月第 2 次印刷

定　　价：58.00 元

【序言】

粟裕大将是我最敬重的革命老前辈，是著名的开国将领之一。他生前曾多次来到家中看望我的爷爷朱德，他干练脱俗、谈笑风生、谦虚谨慎的音容笑貌，给我留下了极为深刻的印象。粟裕大将戎马一生，擅长指挥几十万人的大兵团野战，曾指挥华中、华东野战军征战华东和中原，智谋百出，战绩卓异，被中共中央机关报《解放日报》和《人民日报》公开称为“常胜将军”。他和爷爷朱德一样，一直是我多年来军旅生涯效仿的标杆与榜样，“虽不能至，然心向往之”。

作为大将的粟裕和爷爷有着很深的渊源，从南昌起义时他们便战斗在一起，两人的感情很深。南昌起义不久，剩下不多的部队开到武平的一个山隘口，年仅20岁的粟裕亲眼看到爷爷带上几个人矫健地攀沿悬崖陡壁，从侧背攻击拦路的地主武装，心里十分钦佩，多年后还对爷爷手提驳壳枪的英姿记忆犹新。随后的大庾整编，爷爷将他从班长提升为7个步兵连之一的五连指导员，并跟随爷爷参加了著名的“智取宜章”和“坪石大捷”等著名战斗等，粟裕也开始一步一步地深刻领悟到了“游击战”和“运动战”之精髓，并一步一步走向他军事生涯的辉煌。他是爷爷从南昌带上井冈山的两个最擅长打仗的将领之一（另一个是林彪）。

翠竹覆盖的井冈山上，我爷爷对粟裕很有些偏爱。红四军遇到一些难啃的艰巨任务，作为军长的爷爷常常第一个想到他。1928年6月著名的老七仙岭战斗，便是粟裕奉爷爷之令出色完成的，爷爷满意地称赞他是“青年战术家”。每有行军打仗，爷爷总是随粟裕所在的红28团行动。粟裕作战机智勇敢，心细如发，对爷爷的安危也高度关注，经常站在他的身边保护。

我爷爷对粟裕的要求也相当严格。一次战斗结束后，军部的参谋汇报战果时不小心将番号弄错了。结果原本打了胜仗的粟裕挨了爷爷的通报批评，另一个吃了败仗的连长反而得了嘉奖。事情弄清楚了后，陈毅担心粟裕“闹”情绪，说要去做做工作。爷爷没有同意，说“只有经得起委屈的人，才是真正的革命者”。后来，粟裕能忍辱负重，挺过多年错误批判结论的委屈，应该和爷爷这种早年有意识的磨炼有关。

实战比任何一所军校都能有效地培养真正的将才。十几年后，长期在第一线指挥作战的粟裕已成长为野战军负责战役指挥的军中主将和统帅，一个以少胜多的七战七捷便令爷爷击掌叫好，说“他在苏中战役中消灭的敌人，比他自己的兵力还多”。粟裕继续超常发挥，宿北、鲁南、莱芜、孟良崮、豫东、济南和淮海战役，直到拿下南京和上海，一个比一个大，一个比一个更精彩。爷爷高兴万分，不禁写诗称赞说：“南征诸将建奇功，胜算全操在掌中”，“独裁政体沉云黑，解放旌旗满地红”。毛主席后来还亲自点名，让粟裕担任攻台战役总指挥和抗美援朝挂帅之责。

我对粟裕大将的无比钦佩，不仅仅是他“横扫千军如卷席”的卓著战功，也不仅仅是他“两让司令一辞元帅”的谦恭低调，还有他对现代战争规律坚持不懈、孜孜以求的探索。

1973年，我在部队提干，原想先到宣化炮院学习两年，我爷爷听说后却极力反对，认为我应该到地方院校学习自然科学，然后再到部队学指挥，原因是将来的战争肯定是高科技战争，而当时的部队院校还不能培养这样的人才。粟裕和我爷爷一样，早就有这种对现代战争的远见。1954年12月，他以总参谋长的身份向中央军委提出，军队建设方针的前提是“原子时代”，建议首先要发展那些在反侵略作战中至关紧要，而国家经济力量又能支持的军兵种；在军兵种建设中又要突出各自的重点，以迅速建立起必要的防御反击力量。他的建议被采纳后，当时我国军事建设的重点就被确定为主要发展空军和国土防空部队，陆军则以发展炮兵、装甲兵和建设若干个机械化师为重点，海军则以发展潜水艇和鱼雷快艇为重点，并相应地发展水鱼雷轰炸机。

以后，粟裕在长期的逆境中仍然坚持对现代战争的思考，率先冲破军事领域里的禁区，提出了未来反侵略战争，尤其是战争初期系统的战略战术构想。他的这种

“枕戈待旦”，时刻关注反侵略战争与国防事业的执着精神，是值得作为晚辈的我永远敬畏和学习的。

张雄文先生是一个多年研究粟裕的著名作家，功底深厚，著述颇丰。他撰写的这部《多是横戈马上行——野战主将粟裕》的书，经国家新闻出版广电总局、总政宣传部新闻局审核，粟戎生同志审订，即将出版发行。我浏览这部著作，眼前不断浮现出令人景仰的粟裕大将、我的爷爷以及许多与他们并肩战斗过的开国元勋们，因此写下了这篇文字，以表达对他们的由衷敬意和怀念。

朱和平

2016年8月16日于北京

（朱和平，空军少将。历任处长、空军某研究所所长、高级工程师、空军指挥学院副院长，第十一、十二届全国政协委员。）

目录

第五章　血战华东半壁红（上）

第六章　血战华东半壁红（下）

第一章 少年心事当拿云

身是横戈马上行
——野战主将粟裕

第一章

少年心事当拿云

飞檐走壁的剑侠梦

湖南西部资江和沅水之间耸入云天的雪峰山下，有一座别有洞天的雅致小城会同。境内山峦起伏，曲水从容，往来种作，衣冠简朴，宛如隐藏在雪峰山深处的一座世外桃源。

“惟楚有才，于斯为盛。”会同和它所在的大湘西，不仅有令人流连忘返的奇山异水，而且自古民风强悍，钟灵毓秀而人才辈出。

1949年9月新中国开国大典之际，面对重归一统的万里江山，贺龙便不无自豪地说：“湘西出了许多人才，比如粟裕、滕代远。”

这时候的贺龙，是第一野战军代表团团长兼首席代表，而粟裕是第三野战军代表团团长兼首席代表。他们是代表征战天下的解放军四大野战军，出席政协全国一次会议与开国大典四个首席代表中的两个，其他两人分别是二野和四野首席代表刘伯承、罗荣桓。

除了粟裕，其他三人1955年9月都被授予元帅军衔。

湘西当然不仅仅出过粟裕和滕代远，桑植的贺龙本人也是闻名遐迩的一代英雄，湘西人敬畏如神地称之为“活龙”。其他还有凤凰的熊希龄、沈从文，都是名噪一时的风流人物。1913年当选为中华民国第一任总理的熊希龄，少年时代便有“湖南神童”的美誉。弱冠之年一举高中，惜墨如金的阅卷官提笔点评说：“边楚蛮荒，前无古人，才华之高，乃三湘有为之士。”

1907年8月10日，即清末光绪三十三年七月初七，正是中国流传上千年的“七夕节”里，粟裕在鹊桥上的牛郎织女“金风玉露一相逢，便胜却人间无数”的柔情蜜意中，降生于会同县伏龙乡一个依山傍水的侗家小村寨——枫木树脚村。

伏龙乡的得名，或许与中国家喻户晓的“伏龙先生”诸葛亮有关。三国时诸葛亮曾经统率兵马征伐、经营过这里，像一道雨后的彩虹留下了永恒的记忆，许多村寨至今还有“诸葛营”“诸葛井”等安营扎寨的遗迹。

会同县枫木树脚村粟裕故居（一）

会同县枫木树脚村粟裕故居（二）

粟裕降生时，家道还算殷实。父亲粟周亨是清朝的一名落第秀才，博闻强识，能诗善书，但性情恬淡，深居简出，常以诗书自娱。在这宛似桃花源的世外之地，他像东晋时代挂印而归的陶渊明一样，过着散淡而平静的日子。

听说家里又添了一个男丁，满脸喜色的粟周亨给儿子取名“继业”，期望他能像自己一样满腹诗文，将来承继自己创下的家业。然而，粟裕最终没有做成局促一隅、独善其身的儒雅文士，而是选择了一条令父亲瞠目结舌、提心吊胆的截然相反之路。

粟裕打小机灵顽皮，也聪明勤勉，动手能力格外强。

除了爬山上树、下水摸鱼，甚至还将一床薄薄的竹席漂浮在门前的小溪里，优哉游哉地躺上去纳凉，让家中长辈操心不已，他还自个儿琢磨着学会了下棋、理发和缝纫。做木工这种一般人不大愿意的力气活，他也干得津津有味，没有一丁点地主家少爷的架子。

他的母亲依照旧习俗缠足，一双小脚行走很不方便。粟裕看在眼里，躲在屋中敲敲打打好几天，给她做了一条恭凳，模样朴拙却结实耐用。母亲高兴得合不拢嘴，一直用了30多年。

湘西是个多民族杂处的地界，兵匪为患，好勇斗狠，几百年未绝，民风强悍而尚武。粟裕家雇请的长工阿陀，年长他10来岁，貌不惊人，像院门前粗糙的青石板一般憨厚，却很有些本领，不仅有几个人不能近身的拳脚功夫，还有一肚子曲折离奇的侠客故事。

粟裕平日里和他最玩得来，茶余饭后常常缠着他讲剑侠的故事，阿陀对这个没有半点架子的小少爷也是有求必应。

粟裕晚年时，还能清楚地记起阿陀讲过一个叫“草上飞”的好汉，能日行千里，夜行八百。“草上飞”的轻功尤其厉害，月黑风高飞檐走壁，身轻如燕，还能在轻柔的草尖上借力飞奔，来去如风。

还有一个好汉“一枝梅”，武功高强，剑术精妙，萍踪无定。他一生好打抱不平，除霸惩恶之后，一定要在墙上画一枝梅花，然后才从容远走高飞。官府衙门视为一大“祸害”，派出一批批人马四处捉拿，始终束手无策。老百姓听说，像过节一般笑逐颜开，拍手称快。

粟裕扑闪着晶亮的双眼听着故事，幼小的心灵很是震撼，对仗剑天涯、除暴安良的侠客人生无限神往。他成天缠着阿陀，央求拜师学艺。阿陀担心粟裕的父亲责怪，先是不肯，后来实在拗不过，只好瞒天过海，开始偷偷传授武艺。

他先传授“草上飞”的“飞毛腿”基本功：拿两个布袋装满细碎的沙子，捆绑在两条小腿上，每天按时跑跳。

粟裕欣喜不已，按照阿陀的叮嘱，每天在院子的树荫下或者后山的平地里一丝不苟地练习，像峨眉山上一个用功的小武士，常常累得汗流浃背，腰酸腿疼，却劲头十足，从来没有过懈怠和间断。

功夫不负有心人，粟裕的苦练卓有成效，后来果然派上了大用场。

1928年4月，他在井冈山上刚组建的红四军里当连长，每天起床第一件事就是集合队伍，训练爬山。不管山多高多险，他总是身先士卒，带着大家一个冲刺便跑到了山顶；稍稍休息片刻，又一个冲刺闪电般地跑回山下驻地，之后才从从容容吃早饭。

再后来，粟裕担任红军挺进师师长，在浙南云封雾锁的丛林深处坚持三年游击战，数百里崎岖的山路来去如飞，神出鬼没。很长一段时间里，闻风前来“围剿”的国民党官兵们总是失望地空手而归，很多时候还损兵折将，都以为粟裕能飞墙走壁，甚至还神乎其神地传为有三头六臂。

他的老部下，原浙南游击纵队副政委邱清华多年后回忆，粟裕给他们这些红军骨干讲课时说起过这件事，粟裕还笑着说：“老实说，刘英同我啊，两个人只有一双健全的手。”

大家随即像山涧冲荡的急流一般开怀大笑起来，因为他们知道，粟裕的左手曾经负伤致残，他的搭档、挺进师政委刘英则是右手受伤报废，两个人合起来才有一双健全的好手。

有了“行如风”的“飞毛腿”，接下来是练习兵器。

十八般武器里，粟裕选择的是形状有些怪异的狼牙棒。阿陀领着他到山上挑了根一丈左右长的竹竿，除一头的竹节留下外，其余全部打通，又跑到小溪边灌满沙子，再用碎布条将另一头牢牢塞紧，一根简单实用的“狼牙棒”就做好了。

粟裕遵照阿陀传授的要领，早早晚晚间挥动这沉甸甸的“兵器”苦练，常常累得一身筋骨酸痛。花谢花开，屋檐下的燕子飞走了又飞回来时，他终于能将沉重的“狼牙棒”舞得“呼呼”作响。

但粟裕“得陇望蜀”，很快就不满足小小的棍棒功夫了。

1912年开始的民国初年，军阀当政，乱世纷纷，会同和整个湘西山高皇帝远，更是兵多匪多，枪也寻常可见。粟裕发现，侠客虽然剑法了得，可到底还是没有那些大兵手中的枪神奇，因而又央求阿陀传授枪法。

阿陀与官、匪都没有交往，没办法弄到一把真的毛瑟枪，只得从土匪出没的野外捡来锃亮的子弹壳，拿钉子钻个洞，弹壳里装上黑色火药，再加些沙子，一点燃，沙子就喷射而出。一把“土枪”就造成了。

粟裕对这把“土枪”爱不释手，行走在山路上觉得胆气倍增，睡觉时也不忘小心翼翼放在枕边。阿陀一有空闲，他便缠上去请教枪法。

阿陀带着他到野花点缀的田间地头，捉了几只癞蛤蟆充当假想“恶霸”，交代了一些摸索出来的要领。粟裕便凝神静气，有板有眼地瞄准、射击。一旦打中目标，“恶霸”伤痕累累，他和阿陀都要高兴好一阵。

“师傅领进门，修行在个人。”多年后，粟裕愤然投笔从戎，远赴长江之滨的武汉参加了叶挺的部队。他的“土枪”早已遗忘在童年的九霄云外，然而练习枪法的劲头未曾稍减。

他按照部队的正规训练要求，重新苦练打枪的基本功。当时正是烈日炎炎的六、七月间，武汉像一盆熊熊的炭火般酷热难耐，他和战友们一道汗流浃背正常操练之余，还一个人悄悄苦练手劲和臂力。不久，他在队伍中脱颖而出，能纹丝不动地单手举枪瞄准，一连持续20分钟。

有了这一本领，粟裕的射击就相当精确，几乎有百步穿杨之功，成为弹无虚发的“神枪手”。

七年后的1934年12月，粟裕所在的红10军团在安徽谭家桥设伏，准备伏击“追剿”的国民党军王耀武所部补充一旅。12月14日上午，王耀武的第二团首先进入伏击圈，埋伏的红军跃身而起，攻势凌厉。

黄埔军校四期出身的团长周志道连忙叫号兵吹号，呼叫援兵。粟裕见状，从一个战士手中接过步枪，抬手一枪，号兵应声而倒。

周志道叫来第二个号兵，他不慌不忙再发一枪，号兵又被击毙。随后，粟裕不容周志道再叫，第三枪将他打成重伤，顿时昏死过去。

这一仗，红10军团虽然最终失利，但一提到这次遭遇的红军“狙击手”，多年后的周志道还心有余悸。即便14年后的1948年11月，担任国民党黄百韬兵团第100军军长的他，从粟裕指挥的淮海战场包围圈中只身仓皇逃脱时，也没有如此噩梦一般惊恐。

少年时的粟裕跟阿陀学了枪法后，依然没有满足。

他从故事里知道，侠客一般“十八般武艺，样样精通”，要做一名卓异的侠客，仅仅善于舞枪弄棒还远远不够。

粟裕又把收割后的稻田当作跑马场，萧瑟秋风中由阿陀陪伴着，开始苦练骑马射箭的本领。有一回纵马飞奔时，他忽然从马上腾空栽倒下来，被缰绳勒伤了手指，阿陀急出了一身大汗，他却若无其事，始终一声不吭。

除了舞枪弄棒、骑马射箭外，粟裕还在“飞毛腿”的基础上，每天坚持练习长跑。后来因躲避匪患，随父母从枫木树脚村的宁静的乡下，搬到人烟辐辏的会同县城，他也没有放弃过。

每天清晨，粟裕在家人的酣睡里悄悄起床出门，从县城跑往城外5公里处的木臻桥，一个来回就是10公里。他的小妹妹不相信哥哥真能跑这么远，两人还打过赌，结果是妹妹心悦诚服地认输了。

粟裕少年时代的跑步，为日后井冈山、浙西南和浙南崇山峻岭间的游击乃至前半生的南征北战，练就了一双行走如飞的铁脚板和飞毛腿。后来，红军队伍里填写党员登记表，他在“有何特长”一栏只写了三个字：跑长路。

英雄不再的垂暮之年，粟裕回忆过去的峥嵘岁月，对着眼前连绵起伏的群山，还感慨地说：“曾经一天行军到过180华里，那一天打过5仗，走过180华里，现在这么些山，那就是根本不在话下的。”

有了这一“特长”，蒋介石和他麾下的将领多次发誓要捉拿粟裕，却始终失望而归，最后倒是被粟裕从少将到中将，从军长、兵团司令官到“剿总”副总司令活捉了不少。

对影响过自己的长工阿陀，粟裕晚年时格外怀念。他深情地说：“几十年来，阿陀的美好形象和名字一直印在我的脑海里。我深深地怀念他，因为他对我的影响很深刻，可以说是我童年的启蒙老师。”

恰同学少年

粟裕偷偷跟着阿陀习武的事情，最终还是被他书斋里的父亲知道了。

他的父亲对他和阿陀这些雇工往来亲密，整天舞枪弄棒很不满意，决定把他送到私塾读书，希望通过私塾先生的严厉管教，培养实现自己的目标。这一年是1913年，粟裕刚满6岁。

与少年鲁迅离开百草园走进三味书屋一样，粟裕满脸委屈、依依不舍地走进了有些沉闷的私塾。不过，他不仅没有放弃对侠客的神往，继续背着家人苦练功夫，还开始追求侠客的另一种境界：扶困济贫，管起不平事来。

私塾设在家中西院花厅，先生是粟裕的一位堂伯父，学问既高，教规也颇为严厉。学生背书，丢一句打一板，错一字也打一板，无论亲疏，一视同仁。

粟裕聪颖机变，挨板子的时候不多。同村的同学粟永年家境不好，每天清早起床后要放牛、割草，放学后还要分担许多家务，功课一塌糊涂，常常因此受罚。

粟裕很同情他，主动帮他补课，两人形影不离，亦师亦友，共同进步。粟永年渐渐远离了先生的板子，还常常受到表扬。

多年后的1984年，他还能清晰地回忆起与粟裕同窗共读的情景："我比粟裕大几岁，曾经一起在私塾读书两年。他记性好，性情好。"

他说："我家里生活困难，要放牛、割草，耽误了课，他就帮我补课。我把'目'字写成'月'字，先生打板子。他细心地教我认读，搞清了两个字的区别。"

粟裕让粟永年远离了惩罚，后来自己却结结实实挨过先生一顿板子。

粟裕的二叔叫粟周贞，是和他的父亲志趣完全不同的人。粟周贞早年就读省城长沙，回乡后在邻村创办了一所新式学堂——第八国民学校，开设修身、国文、算术、体操和音乐等课程，传播与传统儒家文化完全不同的新学。

粟裕听说后，很是好奇，常常一个人跑到第八国民学校去看。他觉得那里的上课内容比私塾《论语》《孟子》一类的经书好，不光听得懂，学生还能唱歌、打球、做各种有趣的游戏。

不久，粟裕向父亲正式要求转到这所学校。他的父亲认为那是与祖制不符的歪道，没有答应，他只得另想办法。

有一天，私塾先生在讲台上讲课，摇头晃脑讲得入神时，粟裕悄悄使个眼色，带着同样羡慕不已的同学们溜出私塾，跑到新学堂去了。

等他们开足"洋荤"，兴高采烈回来时，先生正铁青着脸，怒气冲冲地站在门口，手中晃动着令人恐怖的戒尺，要一一惩罚他们。粟裕见状挺身而出，大声说：

“这不关他们的事，是我带他们去的，要罚就罚我一个人。”

先生的嘴角被气得歪在一边，额上青筋隆起，像一条条难看的毛毛虫。他喝令粟裕伸出手板，举起戒尺狠狠抽打起来。打完，先生还不解气，又跑到粟裕父亲的书斋添油加醋告了一状。粟裕又挨了父亲一顿雷霆般的训斥。

但他没有屈服，铁心要转学，父亲无法可想，只得叹着气点头答应。家里的私塾不久便撤除了，他和同学们都顺利地进了第八国民学校。

除了学堂的仗义，粟裕还管起了家里的“闲事”。

一年夏天的某日，他放暑假在家，父亲让他去趟隔壁的塘口村，把佃户粟用礼家的租谷收上来卖掉，好做他下个学期的学费。

粟裕沿着山路连蹦带跳，高高兴兴跑到粟用礼家，粟用礼却愁眉苦脸，唉声叹气，说今年大旱，收成不多，交了租谷就揭不开锅了。

粟裕看了看他家的屋子，果然空空荡荡，一件像样的家具也没有，锅里煮了几个糊糊的烂红薯当饭。他心一横，自作主张免了粟用礼的租谷。回家后，他从其他渠道拿了够抵租谷的钱，交到父亲手上，扯了个谎说，粟用礼家的租谷已经卖好了。

父亲信以为真，很是满意，后来干脆把管家、记账的事情交给了他。他每天放学后，还要管理家中的账目，收入多少，支出多少，买了什么东西，都要分门别类详细记载，每月结一次账，送给父亲检查。

他的父亲检查账目很认真，但一天到晚关在家里，对市面行情一点也不了解，粟裕的行侠仗义也就更方便了。

看到有同学家生活困难，粟裕常常背着家人，拿出几升米送给他。其他诸如佃户还不起债，偷偷给予减免一类的事情也更多了。

粟裕晚年时回忆说：“我偶尔也做假账骗他，很容易骗过去。例如，有的时候，债期到了，欠债的佃户无力还债，或无力如数还清。我很同情他们，就在账上做假，或只记不收，或多记少收，再用其他办法把账、款弄平衡了，佃户还债的困难便圆满解决了。”

但他9岁那年，家中遭遇一些变故，原本还算殷实的家境衰落了。家里人口多，官府的苛捐杂税又重，约30亩薄田入不敷出，时常只能辣椒、干菜下饭。

屋漏更兼连夜雨。也就在这一年，袁世凯的北洋军和蔡锷的护国军在会同一带发生激战。北洋军战败溃退，四散而逃，一路像过境的蝗虫一般哄抢老百姓的财物，一股残兵正好途经枫木树脚村。

粟裕的父亲顾不上往日的斯文，慌忙带着全家人跑到后山厚密的森林中躲避。粟裕也跌跌撞撞跟着，藏在一人高的草丛里，远远看见官兵烧杀抢掠，如入无人之境。一村的男女老少惊惶失措，哭爹喊娘。

他既惊愕紧张，又愤愤不平，暗暗想，要实现自己的心愿，做一个为民除害的剑侠。

兵灾过后是匪患。

流经会同的沅江两岸土匪成群结队，出没无常，一两只商船已根本不能行使，必须聚集上百条船一齐开动，还要荷枪实弹的军队护送。而土匪真正行劫时，军队官兵又往往作壁上观，听之任之。

1918年，会同境内土匪更加肆无忌惮，枫木树脚村也时常有绑票的事情发生。粟裕一个堂叔家的孩子就遭到绑票，被勒索去了许多钱财，好在孩子最后没事。

乡下不能住了，粟裕的父亲匆匆忙忙把家搬到了会同城里。不久，粟裕进了县立第一高等小学上学。

城里这时也不大太平，没有公开打出旗号的土匪，却有一个连的北洋军阀部队，实则与土匪没有两样，对老百姓吃拿卡要，欺男霸女。老百姓恨之入骨，背地里管他们叫“痞子兵”。

粟裕和同学们很气愤，琢磨着怎么治治他们。

粟裕晚年回忆说：“我们湘西人，似乎特别好斗，我当小学生的时候就喜欢扎绑腿，在绑腿上插把匕首，还敢同正规军队的士兵斗一斗。”

一天放学后，他见迎面走来几个痞子兵，便一声响亮的呼哨，早已埋伏的几十个同学迅速行动，手挽手排成横队往前走，故意撞击他们。

痞子兵见有人敢“太岁头上动土”，凶神恶煞地骂开了。粟裕和同学们也毫不畏惧，痛痛快快对骂了一阵。

这件事以后，只要有机会，粟裕都要带上同学与痞子兵交锋，双方的仇恨也越来越深。

不久，他们和痞子兵再次冤家路窄，一同在城隍庙的广场看戏。

学生本来个子矮，痞子兵又偏偏在前排站着，大家只能看他们高高的背影，心里十分窝火。一个痞子兵还特意找了一条长凳，大模大样站在上面看。

粟裕和同学们实在忍耐不住，大声怒吼，叫他滚下去。痞子兵若无其事，不理不睬。几名高个学生随即冲上去，拉下了痞子兵。

痞子兵恼羞成怒，抡起长凳就砸，其他官兵也纷纷上前助阵。粟裕和同学们不顾赤手空拳，奋勇还击。广场顿时大乱，看戏的人四散逃避。

粟裕他们趁乱跑回学校，关上校门，拿出平时训练的木枪、匕首，守在校门内。一个排长带着痞子兵追了过来，准备强行冲进去抓人。

痞子兵的连长姓卢，平素耀武扬威，横行霸道，县长都要听他的话，是县城说一不二的“太上皇”。但这一次生怕事态扩大，制止了排长的举动。

排长虽然暂时撤离了学校，却不肯善罢甘休，扬言见到学生就打，就抓，就杀！随后，果然就有学生在街上遇到痞子兵的盘查，因为急中生智否认是学生，穿着也破旧，不像学生才脱险。

消息传回学校，学生们异常紧张起来。他们在老师的支持下开始罢课，还装备了木枪木棒，天天操练，准备对付痞子兵。

事情越闹越大，会同县长急了，生怕闹出大事弄丢头上的乌纱帽，连忙出面调停，两边讨好。卢连长也不得不做了“不打学生，不抓学生，不杀学生”的保证，一场一触即发的风波才平息下来。

然而，一些人不敢相信痞子兵的保证，想方设法离开会同转学到外地去了。

粟裕参与了事件全过程，也知道真干起来，在人多势众、真枪实弹的痞子兵面前，吃亏的肯定是自己和同学们。

他对单打独斗的剑侠生涯产生了怀疑，决心到外面世界去闯荡一番，自己搞一支队伍，带回来惩罚军阀部队，保护老百姓。

粟裕晚年回忆说：“经过这一场斗争，我产生了‘自己搞队伍’的念头，想到外面去闯一闯，搞一支保护老百姓的好队伍，带回来狠狠地惩罚卢连长那支作威作福欺侮老百姓的坏队伍。”

20多年后，粟裕的抱负实现了，这样一支“好队伍”终于来到了会同。尽管这支“好队伍”不是他亲自带领，却是他的战友指挥的兄弟部队。

1949年11月，粟裕指挥第三野战军经营浙江、福建等华东沿海，准备攻打台湾时，刘伯承和邓小平指挥第二野战军奉命远征大西南，多路向西开进时，他们麾下的第5兵团途经湖南会同。

5兵团司令员杨勇、政委苏振华过去在中原作战时，一度归粟裕指挥，可说是他的老部下了。他们派专人到会同，看望了粟裕家中尚健在的老母亲，告知了粟裕现在的情况。

粟裕的母亲已22年没和儿子见过面，心里异常牵挂，流着眼泪对来人说，想到南京见见儿子。

杨勇和苏振华马上报告刘伯承、邓小平，请他们将老人的意愿转告粟裕。

刘伯承获悉后，当即让作战科长章安翔负责办理。粟裕这才得悉母亲的近况，不久便派人将她接到了南京。

二野部队在会同没有停留多久，很快又开往贵州、四川，铲除会同军阀和匪患的是林彪指挥的第四野战军部队。当时，四野负责经营包括湖南在内的中南地区。

1950年10月开始，以和平方式消灭了湖南境内全部国民党正规军后，林彪麾下的47军军长兼湘西军区司令员曹里怀奉命指挥部队，对湘西一带的土匪进行全面会剿，沅陵、会同和永顺3个专区共捉拿土匪3万多名。

这些土匪中，2万多名杀人越货、罪大恶极者被依法处决，近1万名“罪行轻、表现好”者获释后参加了志愿军，随47军开赴朝鲜，参加抗美援朝作战。

会同和整个湘西的匪患得以全部肃清，重归宁静和平，粟裕少年时代的心愿终于实现。

少年粟裕渴望到外面去闯荡，拉一支队伍回来保护老百姓的时候，机会很快就来了。

1923年冬天，位于常德的湖南省立第二师范在湘西各县招生，会同有两个预备生名额，粟裕偷偷前去报考，一考即中，成为上榜的两人之一。

粟裕知道父亲不会答应他远行，不但要仰仗他管家，还早已包办代替，给他定下了一个大三岁的缠脚女人做媳妇，因而没有告诉父亲，只跟母亲说要去常德念书。

他的母亲担心外面兵荒马乱不太平，舍不得他走，说："等到外边太平了再出去念书也不晚呀！"

粟裕到外面闯荡一番的决心已定，经过一番波折，他不仅筹足了路费，还解除了父亲给他包办的婚约，于1924年3月辗转到达常德。

常德是湘西的重镇，也是兵家必争之地。第二师范由湘西名流、民国政坛要人熊希龄所创办，也是武昌起义总司令蒋翊武的母校。

因为路上耽搁，粟裕赶到时，第二师范1924年的招生考试已结束。在常德的亲戚帮助下，他只得先进别的学校就读，等待下一次招考。1925年春天，18岁的他才如愿以偿，终于正式走进了第二师范。

二师是当时常德学生界的中心，已有共产党和共青团组织，经常组织学生阅读进步书刊，还在上海"五卅惨案"后，联合各界民众罢课、罢工、罢市，举行游行示威、抵制日货等活动。

粟裕像一尾鲤鱼游进了波澜壮阔的大海，很快受到影响。他如饥似渴地阅读《共产主义ABC》和《新青年》等刊物，思想豁然开朗。

一段时间过去，粟裕彻底抛弃了过去独来独往、个人行侠的剑侠思想。他晚年回忆说："当我一旦明白必须推翻旧世界和建立共产主义新世界的道理，就觉得少年时代的'路见不平，拔刀相助'的行侠思想是多么幼稚可笑。"

随后，粟裕积极投入到共青团组织的学生运动之中，校园和常德城里的各种活动都能看到他忙忙碌碌的身影。

多年后的1992年，粟裕当年二师的老师仓愧吾回忆："他好学多才，品学兼优，在同学中颇孚众望，教师也很喜欢他，是全校有名的模范生。他喜欢唱歌、演戏，善于演讲。"

他还对粟裕的演讲印象十分深刻："每当上台演讲，他态度从容，缓缓走到台前，目光炯炯地环视一周，把众人的注意力吸引到他身上。演说有声有色，头头是道。演讲时，场内鸦雀无声。讲完后，全场掌声齐鸣。"

常德二师党团活动旧址

二师学生当时分为左右两个阵营：一个是共产党员、共青团员组织的“救国义勇队”，追求知识，对社会现状不满；一个是以富家子弟为主的“体育会”，讲究声色犬马、吃喝玩乐。

粟裕参加了“救国义勇队”，常常与“体育会”成员开展针锋相对的斗争。

1926年4月，桃源湖南省立第二女子师范学校学生为反对学校当局招生徇私舞弊，义愤填膺地开始罢课。随后，共产党员、常德学联和共青团负责人之一滕代远奉命前往指导。

滕代远也是二师学生，“救国义勇队”的骨干，比粟裕早一年入学，算得上是他的师兄。

“体育会”获悉滕代远前往桃源“煽动学潮”后，连忙召开所谓“全校学生大会”，宣布开除他的学籍。粟裕和“救国义勇队”其他成员奋起反击，与他们展开了唇枪舌剑的激烈争辩。

“体育会”学生腹中空空，口才有限，说理不过，便开始动手，预先埋伏30多人手持棍棒殴打“救国义勇队”学生。结果，他们打架也不行，一个“体育会”骨干被红缨枪刺死。这便是轰动一时的“二师事件”。

国民党右派控制的湖南省政府闻报，指令二师开除滕代远等39名共产党员和共青团员的学籍，常德县政府还抓捕了3名学生领袖入狱。粟裕因还不是共青团员，侥幸逃过一难。

1926年6月，他回到老家度暑假。家中境况大不如前，经济更为拮据，父母亲又担心他的安全，不准他再到外面读书。

粟裕“局促一室之内，欲出不得”，度日如年，十分苦闷，写下了“镇日读经，何堪国事？终朝面壁，愧作须眉”的诗句。直到四个月后，他才找到一个机会再次离家出走，返回常德。

这也是粟裕最后一次与父亲相见。一年后，父亲因受到他的牵连，被国民党政府迫害，在颠沛流离的逃亡途中得风寒去世。

粟裕重回二师时，国共合作的国民政府已经从广州出师北伐，浩浩荡荡开入湖南。驻扎常德的国民革命军师长贺龙，积极支持中共组织的活动，二师学生运动如火如荼。

粟裕随即奋然投入其中，这年11月加入了共青团组织，很快担任了团小组长。他和同学们一起，参加了反帝反封建、解放工农、打倒土豪、破除迷信、禁烟禁赌等活动。革命形势像一幅展开的绚丽画卷，令指点江山的粟裕心潮澎拜。

然而，天有不测之风云。

1927年4月12日，春风春雨里万木葱绿一片欣然时，原本信誓旦旦革命到底的左派领袖、国民革命军总司令蒋介石突然翻脸，发动“四·一二”政变，调集兵马血洗上海，镇压昔日并肩的同盟者共产党和国民党左派，成为一个最大的新军阀。长沙的许克祥早有此心，赶紧磨刀霍霍紧随其后，发动了“马日事变”。

一夜之间，常德的形势陡转直下。

5月24日，驻常德的军警也闻风而动，发动了“敬日事变”，大肆屠杀共产党人，镇压工农和青年学生，共产党员、二师新任校长兼国民党常德市党部主任胡佐武也被诱杀。

二中（二师改称）校园随即被两个营的军警团团包围，奉命而来的常德警察局长如临大敌，亲自带兵闯进校园抓人。

没有枪杆子的常德共产党组织，被迫通知学校的党团员迅速分头撤离。粟裕和滕久忠等同学坚持到最后一刻，才从校园的下水道安全撤到常德城外。

面对血腥的白色恐怖，粟裕又想起了第一次奔赴常德之前拉一支队伍的抱负。他决心投笔从戎，到还是国民党左派和共产党控制的武汉去参军，将少年时代铲除军阀的志向变为现实的行动，打倒新老军阀。

撤出常德城后，粟裕辗转奔波，坐船经洞庭湖、湘江赶到长沙火车站，避开许克祥戒备森严的军警，乘夜爬上北去的火车，藏在一把座椅下面，有些“狼狈”地奔赴武汉。

晚年回忆往事，他还幽默地说：“这是我第一次坐火车，坐了一个特等车。”

粟裕离家更远，他的抱负却更近了。

第二章 将帅起于卒伍

身是横戈马上行

——野战主将粟裕

第二章

将帅起于卒伍

挺立八百哀兵前列

1927年5月28日，粟裕顺利走下火车，踏上了武昌的青石板大街。与中共党组织联系上后，他被安排到叶挺的24师教导队，担任学员班长，时年20岁。

24师的前身为叶挺独立团。独立团是中共领导的第一支武装，北伐战争中作为开路先锋从广东肇庆一直打到武汉。师长叶挺也是中共最早的一员虎将，攻城拔寨遐迩闻名，粟裕久闻其名，对他很崇拜。

粟裕投身其间，成为叶挺的麾下，终于实现自己多年为老百姓拉队伍、拿枪杆子的夙愿，心情十分舒畅。

教导队的目标是培养基层军事指挥员，堪为中共领导的第一所军校，它实施的“四操三讲”超过了一般军队的“三操两讲”。

“四操”是：早晨一次跑步，上、下午各一次军事课目操练，黄昏一次军事体操。“三讲”是：上、下午各一次政治课或军事课；晚上一小时点名训话，实际上也是政治课或军人修养课。

经常到军校做报告的周恩来、恽代英等人，都是往日黄埔军校的主要教官，主讲的叶挺也是一代杰出的战将。

教导队的学员多是和粟裕一样，遭受国民党迫害而被迫走出校门的青年学生，但一些人经受不了近乎残酷的训练而离开了。粟裕有少年时代便开始自觉锻炼的体格，又非常珍惜实现抱负的机会，炎炎酷暑中始终坚持下来，不久还转为中共党员。

他以后再也没有上过任何正规军校，倒是在红军学校做过教官，新中国成立后又多次被刘伯承院长请到南京军事学院讲课。

多年后，顾祝同、刘峙、陈诚等黄埔军校的教官，李守维、翁达、李默庵、李仙洲、张灵甫、王耀武、邱清泉和杜聿明等不少黄埔军校的学兵，却先后成为仅为教导队学兵的粟裕手下败将乃至阶下囚。

其实，最好的军校还是刀光剑影、枪林弹雨的战争实践，正如恽代英对教导队学员所说“打仗总要在战争中才能学会的”。粟裕在沧海横流的战争中真正的“十年磨一剑”，很快就开始了。

7月15日，汪精卫的武汉国民政府突然发动“七一五”政变，紧随南京的蒋介石之后，也向昔日的同盟者共产党人举起了屠刀。

尽管劫后余生的共产党人多是白面书生，也因被逼入绝路而愤然反抗。毛泽东便说：“像我这样一个人，从前并不会打仗，甚至连想也没想到过要打仗”，“是什么原因使我到军队中去的？还是帝国主义、蒋介石杀人”。

他们被逼打响的第一枪，选在赣江边的南昌。中共领导的贺龙20军、叶挺的24师等部2万余人，随即衔枚疾进，向南昌隐蔽集中。

粟裕站在了第一批武装反抗者的行列。

他随24师东进到南昌后，所在的中队因为过硬的军政素质，奉命担任设于江西大旅社的起义总指挥部警卫队，他又成为警卫班长。

经过学生时代的斗争与思考，粟裕已经变得沉静好思，心细如发。他曾回忆说：“我的性格也变了，逐渐变得沉静起来，爱思考问题。”

担负总部的警卫之责后，他深知责任重大，丝毫不敢疏忽，悄悄将江西大旅社周

南昌起义时警卫班宿舍

围地形查看得一清二楚，做好各种应变准备。

8月1日凌晨，周恩来、贺龙、叶挺、刘伯承等人进进出出更趋频繁，硝烟味弥漫整个夜空，战斗即将打响。

粟裕也格外提高了警惕，不仅在旅社门口放了荷枪实弹的双岗，架起两挺俄式重机枪，还亲自带班到楼下往来巡逻，密切注视周边情况。

凌晨两点，总指挥部发出起义的命令，枪声骤然响彻夜空。按照作战计划和目标，全军各部迅速出动，南昌城内一时枪声大作，喊杀声震天。

这时，警卫队接到了新的任务——前往接应朱德为团长的第3军军官教育团。警卫队跑步到达驻地后，朱德顺利组织了教导团起义。这也是粟裕第一次见到朱德，多年后还清晰地记得这一情景，回忆说：“当时他蓄着长长的胡须，态度和蔼而慈祥。”

南昌城内的国民党守军很快被肃清，缴获枪支弹药无数，然而最艰苦的行军和战斗还是在城外。

获悉中共在南昌举事后，汪精卫大惊失色，急令麾下两员干将张发奎与朱培德火速出动，“进剿”南昌。敌众我寡，早有预案的周恩来、贺龙与叶挺等人按原订计划主动撤离南昌，率军南下广东。

他们打算仿效国共合作时期的第一次北伐战争，以广东为基地，争取外援，然后向北横扫，进行第二次北伐，最终问鼎中原。

粟裕所在的警卫队一直坚持到最后一刻，等所有部队撤退后，8月6日才从容撤出城外，除继续担负总指挥部的警卫外，还奉命押运南昌缴获的大批武器弹药。

多年后，粟裕对这一任务记忆犹新。

他回忆说，除随身携带的驳壳枪和子弹，还背有两支步枪、200余发子弹，加上背包、军毯等单兵军用品，重达30多公斤。此外，每班必须负责抬一顶大帐篷，每人负责照管一个挑枪支的民夫。

8月的南方，酷暑难耐，又是白日急行军，一些人因中暑或劳累而倒地不起。粟裕从小仰慕剑侠而习武不辍，又经教导队强化军事训练，体质不错，虽是第一次徒步长征，途经江西、福建和广东三个省，马不停蹄整整走了一个月，却始终精神焕发。

到达江西会昌时，粟裕又被加了一个任务。总指挥部命令他带一个班将6000多支沿途战斗新缴获的枪支，用船押送到广东东江。

起义军攻占潮州后，粟裕所在的排又奉命留在城内，负责警卫后勤部门与物资仓库，等待前方主力打通进军东江的通道。

令粟裕没想到的是，前方传来出师不利的消息，起义军主力在汤坑与国民党军陈济棠和薛岳部激战，最终不敌，损失惨重。国民党第八路军副总指挥黄绍竑指挥3个师，乘虚向粟裕所在的潮州扑来。

潮州留守的部队本来不多，坚持战斗到黄昏，也最终不支，只得匆匆撤出城外。粟裕等人保卫后勤部门负责人和其他军官，乘船东渡韩江，不久与朱德、周士第指挥的25师在饶平会合。

这时候，南下的主力几乎全军覆没，起义总指挥部和革命委员会也已解散。

25师也由叶挺独立团发展而来，师长为黄埔一期生周士第。25师原本是全军的开路先锋，后来奉命留守三河坝，没有继续南下，得以保存了2500多人的队伍。

朱德是第9军副军长兼军官教育团团长，在起义总指挥部解散，高级负责人纷纷撤离后，他成为战场和军队中仅剩的最高领导人。

他决心将这支劫后余生的部队带好，慨然说："'八一'起义这面旗帜绝对不能丢，武装斗争的道路一定要走下去。"他决定避敌锋芒，率部向北转移，到山高林密的闽粤赣三省交界一带去坚持。

粟裕也从周恩来等人的警卫队班长，成为这支孤军的一员和朱德的直接部下。

向北转移又是一次艰苦的小长征。

起义军主力覆没后，国民党的重兵转而"追剿"25师，国民党地方武装又沿途不断拦截。朱德率领部队只能且战且走，伤亡逐渐增多，官兵士气低落，不少人意志动摇。

部队从广东饶平到赣粤边的南康、大庾地区，一路不断有人或公开或秘密离队，其中有普通士兵，也有师、团高级军官。

粟裕刚到25师不久，人地两疏，但始终不曾有任何离队的念头，即使负伤后遭到战友的遗弃也依然如此。

10月16日，部队抵达福建江西交界处的武平，国民党钱大钧部紧追不舍，很快跟踪而至。朱德指挥部队奋力击退其进攻后，命令粟裕所在排抢占武平西门外的山坡，掩护主力转移。

激战中，粟裕右耳上侧头部颞骨突然中弹负伤，昏倒在地。他隐约听到以为他已战死的排长说："粟裕呀，我不能管你啦。"随后，排长卸下他的枪，丢下他径直离去。

不久，粟裕缓过神来睁开眼，四周寂静无人。他一心赶上部队，不断挣扎着艰难往前爬，不想力不从心，滑倒在路边的水田里。

幸而有几个掉队的起义军士兵刚好经过，急忙将他扶出水田，包扎好伤口后，搀着他追上了部队。

10月下旬，部队经艰苦转战，到达江西南部安远的天心圩。朱德命令清点人数，仅剩下800多人，中途战死、溃散超过三分之二。

为坚定信心，鼓舞士气，稳定部队，朱德决定进行整编，获得了73团政治指导员陈毅、74团参谋长王尔琢两人的支持。

不久，他将这800多人整编为一个纵队，下辖7个步兵连。为隐藏目标，甩掉追兵，部队采用“国民革命军第五纵队”的番号，朱德为司令，陈毅为指导员，王尔琢为参谋长。

粟裕与林彪1957年6月于毛家湾合影

这800多人的哀兵，后来与毛泽东的秋收起义余部一起，成为中共数百万大军的最早源头。

秋风萧瑟，战马哀鸣。粟裕与林彪大浪淘沙，九死一生，都站在这悲壮的800余哀兵之列。林彪依旧担任连长，粟裕则被朱德提升为连指导员。

多年后，他们也是这800人中百战余生的少数幸存者。陈毅后来于1952年6月接受采访时说：“这八百多同志，其后大多在战争中牺牲了。现在还在的，林彪、粟裕以外，几乎没有什么人了。”

“宰相必起于州部，将帅必起于卒伍。”

连指导员是粟裕的第二个军职，他从学员班长起步，除了排长外，从连指导员、连长到营长、团长、师长，直到野战军副司令员、代司令员、前委书记，一步一个脚印上升，战役指挥更符合战争实际，从而谋无遗策，百战百胜，赢得了常胜将军的称号。

与他一同站在800余哀兵行列的林彪，也同样从基层起步，与粟裕一样获得了“常胜将军”之称。不过，因人生机缘所致，他获得这一称号的时间要早得多。

林彪与粟裕后来分别指挥中共两支最大的野战军——东北野战军和华东野战军，与蒋介石麾下的将领角逐于东北战场与华东、中原战场。蒋介石苦心经营的800万军队最精锐的部分，也主要被他们两人所歼灭。

许多年后，粟裕从自己的成长经历出发，告诫即将从军的长子粟戎生说："在部队最好是从战士当起，取得逐级经验。半路出家，基础是不扎实的。"

粟戎生后来也从班长、排长起步，而且当个别人想方设法调离一线部队时，粟裕又将他调往另一个进入等级战备状态，时刻准备打仗的前线部队。

然而，朱德在天心圩整编的时候，蒋介石还远远未将包括林彪和粟裕在内的这800余残兵败将放在眼里，他以为共军已全部被"剿"灭，大功告成，正与麾下们弹冠相庆，论功行赏。

不久，朱德利用国民党军将领范石生是老同学的关系，化名王楷，将部队隐身于广东韶关一带，得到了短暂却难得的休整机会。

1928年1月，因隐身之计被范石生的上司张发奎发觉，朱德迅速回师湘南，随即发动了一次上规模的暴动，获得了饱受官府欺压的老百姓的欢迎。粟裕几次带一个班外出执行任务，返回时后面便跟着一长列要求参军的青壮年。

朱德再次对部队进行整编，改番号为工农革命军第一师，正式打出了中共军队自己的旗号。朱德、陈毅、王尔琢分任师长、党代表、参谋长，粟裕则依旧担任连指导员。

不久，朱德与秋收起义后走上井冈山的毛泽东取得了联系，湘南又面临国民党军重兵"进剿"，因而转兵江西，开赴井冈山，一路辛苦辗转，终于与毛泽东会师。

年仅21岁的粟裕跟随朱德，经历了戎马生涯的第一场超长距离和时间的实战，出生入死，艰难跋涉四个省，时间长达九个月，成为一名经受住了失败考验的真正英雄。

朱毛麾下实战中成长（上）

朱德和毛泽东会师后，两支部队合编为工农革命军第四军，不久改称工农红军第四军，简称红四军。朱德为军长，毛泽东为党代表兼军委书记，王尔琢为参谋长。

红四军虽然下辖六个团，但其他几个团武器装备差，要么枪支不多，要么干脆全是梭镖，很快又多数溃散，枪支比较多的只有28团和31团，当时被称作有枪的部队，是红四军两支主力。

28团由朱德指挥的南昌起义军余部组成，前身是25师；31团由毛泽东指挥的秋收起义余部组成，前身主要为原武汉国民政府警卫团；而25师和原武汉国民政府警卫团的前身都是叶挺独立团。可以说，朱德和毛泽东会师，也是叶挺独立团部队的一次会合。

部队会师合编时，粟裕依旧担任28团五连党代表，接连三次参加了毛泽东在砻市龙江书院主持召开的连以上干部会议。

当时，政治工作被一些行伍出身的人称为“卖嘴皮子”“卖狗皮膏药”，很受轻视。担任过团指导员的陈毅曾回忆说：“大家喊我是卖狗皮膏药的。”粟裕刚上任时，也有人故意问：“来卖膏药了吗？多少钱一张？”

粟裕受旧传统的影响，起初对政治工作也不以为然，觉得对于做坏事的人，需用变相的体罚才能奏效。他曾经体罚过一个喜欢赌博、屡教不改的通信员，但收效甚微。

粟裕仔细思考毛泽东关于官兵平等的规定，后来采用说服的方式，给通信员耐心讲道理。通信员流泪痛悔后，果然改掉了坏习惯。粟裕不禁感叹说：“对自己的同志，舌头真是比拳头还灵啊！”

多年后的1942年，已是新四军1师师长的粟裕，仍然注意将自己的这一深切体会传给手下的基层干部。时为1师三旅7团8连连长，后来担任成都警备司令员的张玉成晚年回忆过粟裕与他的一次对话：

粟司令问我，你们现在有没有打骂战士的？我答：前几天三排长任贵云查哨，一个哨兵在打瞌睡，他就打了这个战士。

首长说："哨兵打瞌睡是不行的，但不能打，难道打了他就不打瞌睡？主要靠教育。要告诉他，放哨是100多人的眼睛，是保护100多人安全和休息，他懂了责任的重大，才能自觉的、认真的放好哨。"

最好的政治工作手段还是以身作则，吃苦在前。

井冈山上缺吃少穿，异常艰苦，粟裕不仅自己学会染布、缝制军衣、熬制硝盐，几乎餐餐相似的红米饭南瓜汤，他也和士兵一样安之若素。

他终究不是地道的裁缝，缝制军衣便有些笨拙。

一次，官兵们每人发了一块缴获的布，要求自己动手做一条替换穿的短裤。粟裕拿到后，左比右画不知从何下剪，最后想到一个办法：脱下身上的短裤，一片片拆下来，放在布上比画一阵，照原样剪裁，终于缝起了两条短裤。

晚年时，他还饶有兴致地对子女们讲述过这一场景。

粟裕还常常跟着朱德从山下往山上挑粮食，朱德写有"朱德记"的扁担，多年后他回忆说："我就亲眼见过这根扁担。"

与粟裕同在28团的萧克后来也回忆说："全军上下除了病、伤残外，都去挑粮。我印象中，28团只有两个干部没有参加，一个是林彪，因为身体不好；一个是周子昆，脚上负伤。朱德军长同我们一样，每天步行几十里，用扁担挑粮上山。"

当时与粟裕同为28团连级干部的杨至成，几十年后还能清楚地记得和粟裕一起挑粮食的场景。

他说："黄洋界山高十五里，从山脚挑粮食到山上的五井，有30多里山路，一天挑两次。同志们不辞辛苦，累得汗流浃背。我和粟裕等同志挑着粮食到了半山上，放下担子休息。"

井冈山上的粟裕时而任党代表，时而任连长，多次变动岗位。他后来回忆说："连队里新战士和解放过来的战士多了，需要加强政治工作，就调我去任连党代表；某个连长军阀习气太重了，要调动他的工作，又让我去任连长。"

1978年5月，粟裕在黄洋界哨口

他担任连长时，对部队的训练抓得很紧，尤其注重少年时代便开始的跑步训练。每天清晨第一件事是身先士卒，带领全连队伍爬山。

红军弹药奇缺，作战时才能分配两三发子弹，因而粟裕格外重视射击训练，要求做到弹无虚发。他以自己少年时苦练的枪法为标杆，每天组织全连进行单手无依托举枪训练瞄准，带出了一批手起枪落、百发百中的神枪手。

刺杀、投手榴弹为主的近战、夜战训练，也是弥补枪弹缺乏的一项重要举措。粟裕别出心裁，常常夜晚带连队到荒山野岭苦练，培养战士一往无前的胆量，同时也强化夜战、近战本领。

流汗的苦练很快就在流血的战斗中见出了效果。

朱德和毛泽东两军会师不久，国民党军便调集人马再次“进剿”井冈山。粟裕率连队随朱德行动时，突然与调动中的国民党军刘士毅第31军一部遭遇。

31军是地方部队，未战先怯，刚一接触便慌慌张张后撤，朱德不肯轻易放过，当即下令追击。

粟裕带领全连队伍跑步前进，一口气猛追35公里，以平时训练锻炼出来的超强体力和耐力，直追得国民党官兵上气不接下气，一时七零八落，溃不成军，最终活捉对方营长以下官兵300余人，缴枪250多支。

作为基层连级干部，粟裕常常身先士卒，冲锋在前。

1928年6月，蒋介石又调集湖南、江西两省10个团的军队，分两路“进剿”井冈山。

毛泽东、朱德决定对湖南过来的国民党军采取守势，以红四军主力迎击江西国民党军杨池生、杨如轩部。他们下令主动撤出刚拿下不久的永新，退到井冈山中心地区的宁冈，等待时机歼敌。

杨池生、杨如轩进攻的必经之地是新、老七溪岭，地处要冲，地势险要，能否控

粟裕率部攻占的老七溪岭

制这两个地方关系到战役成败。粟裕这时已改任连长，朱德决定将艰巨任务之一——控制老七溪岭交给他担负。

粟裕带领连队迅速行动。但他们急行军迂回赶到老七溪岭时，制高点已被国民党的先头部队抢先一步占领。粟裕深知干系重大，多次组织强攻，从早上打到中午，都因地形不利而失败。

午后，激战双方都已疲惫不堪，山上守敌更是等枪声一停，迫不及待躺下休息。粟裕一直匍匐在前沿阵地仔细观察敌情，见此情形，当即抓住战机，突然发起攻击，一举突破对方的防守阵地。

他一马当先，最先冲上制高点，但身后只跟上来9个人，而前头是密密麻麻慌乱中奔跑的敌人。这时候，若退回去，等于前功尽弃，甚至完不成朱德当面交予的重任；若继续进攻，则敌众我寡，危机四伏。

粟裕没有犹豫，迅速将9个人分成两组，6人控制制高点，接应后续部队，自己则带其余3人，猛追溃逃之敌。

翻过一座山坳，他发现前头有百余名国民党官兵猬集一处，立即只身冲过去，喝令他们缴枪，其余3个战士也迅速跟上助阵。留在制高点的司号员也十分机智，“嘀嘀嗒嗒”吹起了冲锋号，旗手也不停挥舞红旗，声援他们。

不知红军虚实的国民党官兵一时目瞪口呆，丝毫不敢乱动，只得乖乖缴枪。粟裕命令俘虏们卸下枪机，背着枪支下山。四个人押着百多名垂头丧气的俘虏，满载而归。

时为泰和游击大队大队长、配合红军主力作战的萧锋见证了这一幕。

他多年后回忆说：“一天下午，战斗正在极其激烈地进行着，突然，有一位个子不高的红军指挥员，带着一支小部队，从右侧迂回到敌后，直插敌人指挥所，于是我们很快地取得了胜利。战斗结束后，我认识了这位巧妙迂回敌后的青年指挥员粟裕同志。”

随后，朱德、毛泽东指挥红四军主力乘胜出击，一举吃掉杨池生、杨如轩部1个团、击溃2个团，重占永新，“不费红军三分力，打败江西两只‘羊’（杨池生、杨如轩）”，取得了反“进剿”的胜利。粟裕的睿智神勇也在红军队里迅速传开，被称为“青年战术家”。

近7年后，红军官兵还记得他的这一“雅号”。

原华东野战军师长、浙江军区副司令员刘亨云回忆，1935年1月怀玉山突围后，时为连长的他见到了粟裕，“我赶紧跑回连队，十分高兴地向战士们宣布：‘我见到粟裕首长了。’”

他说：“战士们一下子都聚拢过来，急切地问，‘哪个粟裕？’‘是不是古田会议负责保卫工作的那个青年战术家？‘是不是我们的军团参谋长？’”

他肯定作答后，“于是连队顿时活跃开了，战士们的眼神中又露出了希望的火光。”

粟裕晚年，回忆老七溪岭战斗时，仍然不无后怕地说：“这是很惊险的，如果敌人对我们来个反扑，我们就要吃亏了。但敌人被我们的气势所吓倒，不敢进行反扑。这就是‘两军相逢勇者胜’。”

“胜败兵家事不期。”反“进剿”的胜利喜悦还没有完全退去时，红四军便遭受了一次重大挫折。

这年8月，中共湖南省委特派员杜修经趁毛泽东外出，将28团和29团从井冈山拉到湘南攻打郴州。

因奉命执行警戒的28团二营营长袁崇全疏忽，一度攻进城内的红军先胜后败，朱德匆匆下令撤出城外，所有缴获全部得而复失。

城外的耒水大桥上，粟裕看到朱德亲自带机枪班掩护部队过桥，连忙跑步上前说：“你先过河，我们留下掩护！”

朱德没有说话，紧紧握了握粟裕的手，随后转身撤离。粟裕等所有队伍过完后，又一路担任后卫，掩护部队前进。

29团是湘南暴动的农民组建而成，纪律观念不强，乡土观念严重，见部队失利，又到了自己的老家附近，便一哄而散，回家去了。

祸不单行。28团二营营长袁崇全又拉上6个连叛变，准备投靠国民党刘士毅部。红四军参谋长兼28团团长王尔琢急忙只身前往追赶，被袁崇全暗中开枪射杀。这就是红军史上惨痛的“八月失败”。

井冈山上的毛泽东闻讯，急忙带了31团一个营前来桂东迎接28团，粟裕随即重回井冈山，再度归于毛泽东麾下。

多年后，他回忆说："第28团在受到挫折后，情绪低落，听到毛委员来接了，非常高兴。部队一见面，非常亲热，有的同志说，这是第二次会师。"

1929年1月，因井冈山已不适合大部队发展，蒋介石又集结重兵准备联合"会剿"，毛泽东决定由刚上山的彭德怀带红五军留守井冈山，红四军主力则下山出击赣南、闽西，另外开辟合适的根据地。

粟裕跟随毛泽东、朱德下山，开始了新的征战之旅。

"世事茫茫难自料。"当他再次重返井冈山时，已是近50年后的1978年5月，同行的长子粟戎生也已成为和他当初一样干练的青年军人了。粟戎生回忆说："父亲对江西的感情很深，新中国成立后，父亲并没有带我回老家，而是带着我去了南昌和井冈山。"

重新站在黄洋界上，眺望四方宁静里的蓝天白云，粟裕或许也有毛泽东"犹记当时烽火里，九死一生如昨"的无限感慨。

红四军刚下山时，蒋介石慌忙集结各路人马前堵后截，红四军连战失利，很是被动。毛泽东、朱德决定利用农历除夕之夜反击，先打掉紧追不舍的刘士毅，于是将部队埋伏在大柏地，静静地等待他上钩。

第二天是大年初一，毫无防备的刘士毅部果然大摇大摆地钻进了伏击圈，憋屈已久的红军一跃而起，收缴丰厚的新年"礼物"。粟裕奉命带领连队扼守要隘，将刘士毅麾下官兵们死死堵在包围圈内。

战役很快干净利索结束。红四军歼灭刘士毅两个团大部，活捉团长以下官兵800多人，乘胜攻入宁都县城。粟裕冒着枪林弹雨冲锋陷阵之时，生平第二次负伤，幸而伤在臀部，并无大碍。

1929年6月，红四军"七大"会议上，毛泽东落选前委书记一职，前往福建永定的天子洞养病。粟裕也接到了一个特殊任务，奉命带三连随侍左右，保卫毛泽东的安全。

这是他与毛泽东的第一次长时间接触，十分尽职尽责，丝毫不敢疏忽懈怠。他把全连人马分为两拨，自己亲自带一部分跟在毛泽东身边；另一部分则安排在驻地附近活动，随时注意四周的动向。

毛泽东尽管心情不大好，但对粟裕这位“卫士长”开始有所近距离地了解，也很欣赏他的细心周到，觉得安全有了保障后，便放心地埋头写自己的文章。这些文章后来成为了古田会议的决议。

多年后的1978年，粟裕的老部下、原23军政委陈茂辉奉命到福建参加撰写纪念古田会议召开四十周年的材料，回来后向粟裕汇报说：“古田会议也有你一份功劳，写党史时应写一笔。”

粟裕坚决不同意写自己。他说：“当时毛泽东同志起草古田会议决议时，我只是带着一个连替他做警卫，我当时只是个基层干部，怎么能写我呢？”

保卫任务还没有结束，粟裕又接到了朱德新的命令，升任为红四军一纵队二支队党代表，不久改称政委，与支队长萧克搭档。

红四军共有三个纵队。一纵队由原28团改称，相当于师，司令员为林彪，下辖两个支队，支队相当于团。

粟裕随即告别毛泽东，前往履任新职，随朱德辗转征战广东、赣南和闽西。

当时还是一个懵懂少年，后来成为福州军区副政委的王直回忆说：“红军派出的一支武工队开到上杭蓝家渡芦丰、白沙一带来了。打土豪，分田地，还把百姓组成赤卫团，发大刀长矛，大家高兴得直放五百响鞭炮！这武工队是哪个领的头？就是粟裕同志！”

他还说，老百姓聚集在一处，纷纷议论粟裕。一个说：“那粟红军看上去年纪不过二十，怎会这样厉害？”另一个则反驳：“当年扫北的罗通，有多大？”说得对方连连点头。

1930年1月，重回红四军担任前委书记的毛泽东和朱德再度鞭指赣南，粟裕与萧克率部跟随行动。他们按照朱毛部署，奉命参与围歼国民党军唐云山旅，激战正酣时，粟裕头部突被炮弹击中，昏倒在地。

这次负伤，不仅使他被迫离开战场3个月，还几乎影响了他的一生。弹片留在头颅内，直到去世后火化才被家人发现。每到战事紧张，战役指挥思考过多时，他便头痛欲裂。淮海战役中如此，抗美援朝被毛泽东“钦点”为挂帅第一人选时，也因此遗憾地未能成行。

伤愈归队后，红军队伍已再次扩大，红四军和红六军、红12军整编为红一军团，朱德、毛泽东分任总指挥和政委，粟裕被调换为红12军五支队支队长。

1930年8月，李立三主持的中共中央命令红一军团从江西进入湖南，攻取省会长沙。粟裕随即率部跟随毛泽东、朱德到达长沙城下，任务是带领支队从南面大托铺攻城。

城中的国民党守军达31个团10万人，工事坚固，易守难攻，而且有外壕、铁丝网、电网等许多障碍物。彭德怀的红三军团、林彪的红四军攻城相继失利，粟裕也不例外。

他利用黑夜掩护，组织部队破坏守军守备，挖掘前沿工事。但天亮便遭守军疯狂反击，他被迫撤下来，挖好的工事也被破坏殆尽。如此再三，进展甚微。围城16天，毛泽东、朱德两次下令总攻都失败。

权衡之下，毛泽东果断放弃攻打坚固城市的错误战略，决定撤围南下。部队从长沙转移到醴陵休整时，疲惫不堪的粟裕睡了两天一晚才缓过劲来。

接着，毛泽东回师江西，拿下中等城市吉安后，又指挥红一军团和红三军团合编而成的红一方面军东渡赣江，准备迎击蒋介石发动的第一次大规模“围剿”。

粟裕改任红12军35师第104团团长，率部枕戈待旦，等待投入一场敌众我寡、前所未有的激烈厮杀。

朱毛麾下实战中成长（下）

1930年12月，蒋介石发现江西红军的“星星之火”有惊人的燎原之势，危及他的“党国”江山，便痛下血本，调集10万大军，由江西省政府主席兼南昌行营主任鲁涤平统领，下辖张辉瓒18师和谭道源50师，浩浩荡荡杀奔而来。

毛泽东不慌不忙，决定“诱敌深入”，与朱德一道指挥红军先行退却，准备寻找机会将张辉瓒和谭道源各个歼灭。他们原本先锁定谭道源，但两次设伏都落空了。

粟裕刚由红104团团长升任红12军64师师长，率领这支以梭镖为主的部队跟随毛泽东、朱德参战。这时，他获悉了一个张辉瓒即将进入龙冈地区的情报，便亲自化装侦察予以核实。

回来后，粟裕求见最高统帅毛泽东和朱德，汇报了掌握的情况，建议针对张辉瓒求胜心切的心理，派一支小部队引诱他到龙冈，主力红军则在龙冈设伏，一举歼灭18师。[①]

毛泽东和朱德欣然采纳了他的建议，命红12军军长罗炳辉派萧锋的独立营，前往富田到值夏一线，协助红12军35师做诱饵。

萧锋与张辉瓒的部队稍作接触后，便向龙冈边打边撤。大约走了90里山路，终于将张辉瓒诱到浓雾笼罩的龙冈，进入预设的口袋阵，成为插翅难逃的瓮中之鳖。

毛泽东和朱德出击的命令一下，嘹亮的冲锋号顿时响彻山冈。粟裕率部与兄弟部队一道，从埋伏已久的丛莽间一跃而起，痛快淋漓地将18师9000人马歼灭，包括师长张辉瓒在内无一漏网。

这是红军创建以来第一次打掉一个主力师。

战后，毛泽东、朱德连连向身边的人夸赞有侦察与献策之功的粟裕，说他有办法。

高兴之余，毛泽东还填写《渔家傲》词一首："万木霜天红烂漫，天兵怒气冲霄汉。雾满龙冈千嶂暗，齐声唤，前头捉了张辉瓒。"

乘战胜之威，毛泽东、朱德又开始筹划攻打剩下的谭道源。这一回，他们交给粟裕和红64师的任务是正面主攻。

粟裕奉命展开攻击后，谭道源也毫不示弱，以对红军的装备优势组织猛烈反击，瞬间冲开一道缺口，直扑仅有一个警卫排的粟裕师部。

粟裕临危不乱，掏出手枪，指挥警卫排奋力搏杀，还迅速清除了一名混入红军队伍，从背后打冷枪的奸细。

化险为夷后，粟裕冷静地指挥全师反击。不久，和其他部队一道打掉了谭道源一个旅，令其一下子丢掉了半壁江山，惊惶之间狼狈逃去，第一次反"围剿"结束。

① 徐学初：《大将粟裕》，黑龙江人民出版社2003年版，第68页。

蒋介石又输了一个回合，日夜忧虑，寝食难安。四个月后，他走马换将，让麾下第一大将何应钦带20万人马再度出征“围剿”。

为了迎敌，苏区最高领导机构中央局多次召开扩大会议，讨论作战方案。毛泽东主张继续以根据地为依托作战，遭到一些将领的异议，与会的粟裕等人则非常支持他的主张，最终取得了一致意见。

1931年5月，第二次反“围剿”之战开始。毛泽东和朱德盯住了何应钦手下的王金钰和公秉藩两个师，看准机会，迅速下达了作战命令。

粟裕率部与黄公略的红三军一起，衔枚疾进，斩将搴旗，在板坑一举打败了公秉藩。他与政委高自立当即给毛泽东、朱德写了一封匆匆急就的短信，汇报战况，请求指示下一步行动。

随后，粟裕率红64师和其他部队一道，兵不卸甲，马不解鞍，连续作战15天，横扫700余里，连打五个胜仗，歼敌三万余人。何应钦的人马被打得落花流水，狼狈而归，第二次反“围剿”结束。

蒋介石恼羞成怒，不容红军喘息，又从全国调集30万精锐人马开赴江西，还亲自披挂上阵出任“围剿”总司令，以分路围攻、长驱直入的战略进行第三次“围剿”。

毛泽东和朱德依旧从容镇定，安兵布阵。他们集中3万红军主力坚壁清野，避强击弱，六战五捷，又歼敌三万余人。蒋介石招架不住，顾不上“领袖”的颜面，下令撤退，第三次反“围剿”告捷。

粟裕又参加了这一仗。蒋介石撤退时，他还指挥红64师和林彪的红四军、彭德怀的红三军团一道，与强悍的蒋鼎文、蔡廷锴粤系部队打了一场恶仗。战后，粟裕反思说，不该与撤退之敌打这一场得不偿失的硬拼之战。

第三次反“围剿”后，粟裕又开始被频繁调动岗位。1933年1月，他调任新组建的红11军参谋长时，蒋介石经过悉心准备，再度亲任“剿匪”大军总司令，开始第四次“围剿”。粟裕奉命与红11军开赴东线的福建方面作战。

这时候，毛泽东受到了王明“左”倾中央的排挤，战役最高指挥员是红一方面总司令朱德和总政委周恩来。他们交给红11军的任务是，伪装成红一方面军主力，牵制、迷惑进攻之敌。

粟裕协助红11军军长周建屏、政委萧劲光，带领部队大张旗鼓、声势浩大地开进，果然迷惑、吸引了蒋介石。

红一方面军主力在红11军的掩护下，秘密转移，从容隐伏于东韶、洛口一带待机，随即在宜黄的黄陂山以逸待劳，一举打掉蒋介石的52师和59师，仅有一个团侥幸仓皇逃脱。

3月中旬，红11军又接到作战命令，钳制和吸引蒋介石长驱直入的先头纵队。

粟裕精细筹划，巧施妙计，将蒋介石的先头部队不断往南面吸引，逐渐拉开了与其他部队之间的距离。早已埋伏在东陂地区的红一方面军主力乘机出击，打掉了蒋介石的精锐嫡系11师大部和第9师一部。

连输两阵，蒋介石又丢掉近3个师，只得将第四次“围剿”匆匆“鸣金”收兵，赶回到南京偷偷舔舐伤口去了。

粟裕却还不能解鞍休憩。王明“左”倾路线代理人、中共中央负总责的博古要求红军“不停顿的进攻”，红11军随即奉命攻打硝石。

硝石守军是粟裕的宿敌——湖南军阀许克祥的一个师，战斗一打响便十分激烈。粟裕与军政委萧劲光命令红11军28师攻打一个山头，被许克祥强大的火力压制，前赴后继却屡攻不上。

粟裕和萧劲光亲自赶到前沿阵地指挥。战火纷飞中，一颗子弹突然击中粟裕的左臂，顿时血流如注，喷出一米多远。

萧劲光急忙派人将他送往后方的军医院。经过简单笨拙的治疗，原本需截肢的粟裕总算保住了左臂，但留下了终身残疾。

多年后，萧劲光回忆说：“在攻打硝石的战斗中，粟裕同志和我一起指挥部队，在战斗最紧张、最激烈的时候，我们一起带领部队冲锋，并肩战斗，直到攻下敌人的据点，全歼守敌。在这次战斗中，他身负重伤，至今还留有残疾。”

住院期间，粟裕还遭到一股敌特的偷袭，再度与死神擦肩而过。

这天清晨，国民党军的便衣队假装赶集，混进了没有武装护卫的军医院，大开杀戒，医患人员惊慌之下四散躲避。

粟裕获悉险情后，机警地往外走，但一出门便遇到4个剽悍的特务。他身负重

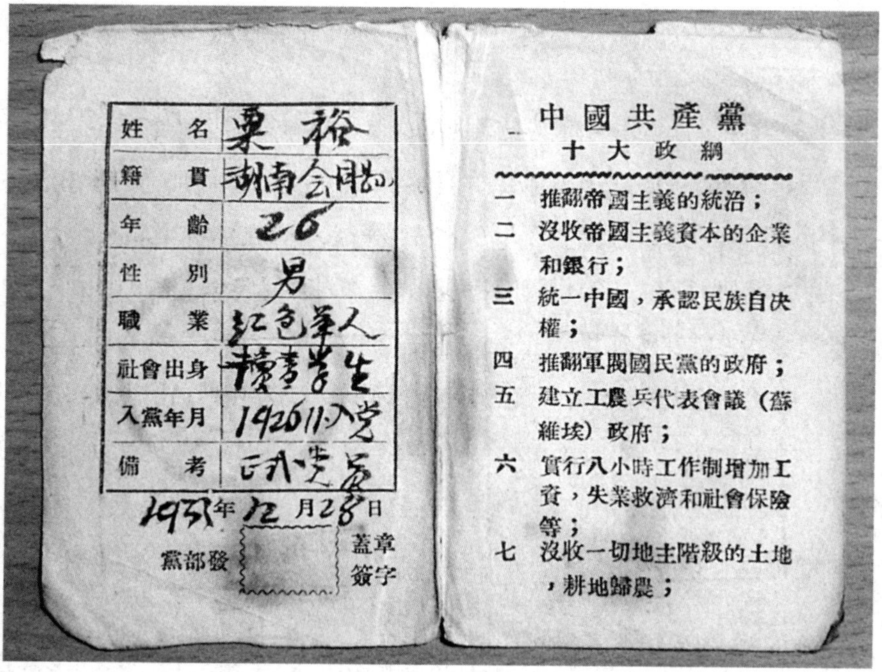

姓名	粟裕
籍貫	湖南会同
年齡	26
性別	男
職業	紅色軍人
社會出身	讀書学生
入黨年月	1926 11 入党
備考	团转党员

1933年12月28日

黨部發　蓋章簽字

中國共產黨
十大政綱

一　推翻帝國主義的統治；
二　沒收帝國主義資本的企業和銀行；
三　統一中國，承認民族自决權；
四　推翻軍閥國民黨的政府；
五　建立工農兵代表會議（蘇維埃）政府；
六　實行八小時工作制增加工資，失業救濟和社會保險等；
七　沒收一切地主階級的土地，耕地歸農；

粟裕1933年填写的中国共产党党证，现存于解放军档案馆

伤，腿脚却有少年时候锻炼的“飞毛腿”功夫，依然脚下生风，一口气跑出了10多公里，特务们大汗淋漓累了个半死，最终无可奈何地放弃了。

伤愈出院后，蒋介石已经调集上百万大军，发起规模空前的第五次“围剿”。粟裕被调任新组建的红七军团参谋长兼20师师长，很快走马上任，投入硝烟弥漫的战场。

这时，朱德和周恩来虽然依旧是总司令和总政委，但红军指挥权已归“左”倾中央最高负责人博古和他的洋顾问李德，作战指挥呆板机械，喜欢和对手打硬碰硬的阵地战，宣称要“御敌于国门之外”。

1933年11月，他们命令彭德怀的红三军团和萧劲光的红七军团攻打不久前丢失的黎川。而要拿下黎川，必须先攻下外围据点浒湾。

浒湾毗邻国民党军的战略要点江西金溪县，由黄埔一期生冷欣带了一个师据守。博古和李德命令红七军团正面进攻，红三军团则迂回侧后。

红七军团的攻击开始后，很快与装备精良、凭险据守的冷欣守军形成对峙的僵局，一时难分高下。

粟裕直接指挥的20师刚由地方部队改编，仅有2000来人，而攻击正面宽达10公里，还要派出两个营去掩护兄弟部队，主阵地兵力便更为捉襟见肘。红七军团下辖的另一个师19师由原红11军缩编而来，也只擅长游击战，阵地攻坚非其所长。

不久，彭德怀指挥红三军团从侧后发起攻击，守将冷欣为减轻压力，立即施展围魏救赵之计，倾力猛攻兵力弱小的正面，也就是红七军团。

粟裕与萧劲光等人指挥红七军团官兵奋力反击，战场上一时血雨腥风，喊杀声震天。第一天作战，红七军团损失虽然很大，但终于顶住了冷欣的猛烈攻势，还缴了几百条枪。

粟裕从侧后的枪声判断，红三军团也和守军打得很激烈，但因为通讯设备落后，彭德怀一次也没有和红七军团联络过。粟裕后来回忆说："三军团迂回到敌后，向敌人猛攻时，我们不知道；而当敌人向我们这边猛攻时，三军团又不知道，所以未能配合上，打成了消耗战。"

第二天一早，晨雾还没有完全散尽，冷欣又如法炮制，反守为攻，继续猛攻正面的红七军团，甚至前所未有地出动了飞机、装甲车，很快冲垮了从未见过这些现代武器的19师官兵阵地。

粟裕直接指挥的20师阵地也空前激烈，红军反复搏杀后弹尽粮绝。他亲自打光了全师最后几十发机枪子弹，然后和官兵们用枪托和石头砸，坚持到天黑，被迫沿抚河撤退。浒湾攻坚战斗以失利告终。

萧劲光晚年回忆粟裕说："在浒湾战斗中，他率领数百人防守十余里的阵地，阻击敌人一个师的进攻，英勇善战，多次打退敌人的进攻并缴获了一些武器装备，一直坚守了两天。"

战后，萧劲光被博古撤销红七军团政委之职，随即挨整判刑，政委一职由博古的支持者乐少华接任。不是军团主官的粟裕虽然免予撤职，但很快被乐少华扣上了"反对政治委员制度"的帽子，受到限制和监督使用。

浒湾战斗不久，因新的军团长没有上任，粟裕奉命率红七军团在福建西部活动，任务是拖住福建的国民党军，使他们不能增援江西战场。

红七军团兵力不多，又刚在浒湾失利，粟裕只得将全军团部署在交通要道附近的山头，居高临下，警惕地监视福建方面的国民党军。

一旦发现他们向江西方向行动，他便下令袭击其尾巴，将他们的大部队吸引回来。几个回合之后，福建国民党军果然被牢牢地牵制住了，始终不曾开往江西。

随后，粟裕还谋划了奇袭福建永安县城。

永安城墙高大，易守难攻，是国民党将领鲁涤平的后方基地，有精兵强将凭险据守。粟裕总结当年攻打长沙和最近浒湾战斗蛮干硬拼的教训，决定以智谋取胜，采取爆破的方式攻城。

他指令红军官兵趁着茫茫夜色，悄悄将坑道挖到永安城墙脚下，攻城的突击队员埋伏其中。随后，一批战士奉命抬着一口装满炸药的棺材，伪装成悲悲戚戚的出殡队伍，走到城门口时突然引爆，将城墙炸开一个巨大缺口。

埋伏的突击队员一跃而起，离弦之箭一般从缺口冲入城内。一阵激烈的枪声后，守军被打得晕头转向，很快丢盔弃甲，溃不成军，永安城毫不费力地归属了红七军团。

红军在城内缴获无数，鲁涤平一个规模不小的兵工厂成为最珍贵的战利品，里面堆积如山的武器弹药和机器设备，对弹药紧缺的中央苏区来说，都是雪中送炭的难得宝贝。

中央苏区不仅大张旗鼓通令表彰红七军团官兵，还将兵工厂设备全部运走，使红军自己的兵工厂迈上了档次和规模。一时间，根据地上上下下喜气洋洋，如同过节一样兴高采烈。

1933年12月，红三军团5师师长寻淮洲调任红七军团军团长。这时，残酷的第五次反“围剿”之战还远未中止，红军依然处处被动，形势相当严峻。

第二章 置之死地而后生

多是横戈马上行

——野战主将粟裕

第三章

置之死地而后生

北上抗日的先锋

1934年6月，中央苏区第五次反“围剿”已苦苦作战近一年，根据地内到处硝烟弥漫，断壁残垣，红军节节失利，处境危急。

以博古为首的“左”倾中央知道取胜无望，被迫决定放弃毛泽东和朱德开创了多年的中央苏区，率领八万红军主力向西突围长征。

为掩护红一军团、红三军团等主力突围，他们还决定采取声东击西之计，将红七军团改称“北上抗日先遣队”，向东边的福建、浙江和安徽等省开进，吸引一些“围剿”的蒋介石军队从中央苏区调回去。

红七军团仅有4000余人的战斗人员、不到1300支的长短枪，孤军深入重兵集结、虎狼环伺的敌后，任务艰巨而危险，很有可能“风萧萧兮易水寒，壮士一去兮不复还”。

因此，在中央苏区首府江西瑞金，博古和李德、周恩来、朱德等人面色凝重，特别接见了红七军团军团长寻淮洲、政委乐少华、参谋长粟裕和政治部主任刘英，当面交代了任务，还给予他们许多慰勉。

多年后，朱德回忆说，红军主力长征，“是准备退却，派先遣队去做个引子”[①]。

这也是粟裕离开中央苏区和中央红军主力部队的开始，从此多年天各一方，天涯孤旅。暮年岁月里，他回忆这一场景时还动情地说：“我们即将远征，中央苏区的前景使我们分外关切。对主力红军下一步的行动更一无所知。”

他说：“聊以自慰的是，我在毛泽东、朱德同志领导下学会了带兵打仗”，“我怀着革命事业最终一定会胜利的信念和克服一切困难的决心，又踏上了漫漫的征途”。

1934年7月，经过简单准备的红七军团开始出征。进入国民党统治区后不久，博古、李德突然命令他们改变行程和计划，相机袭取福建省会福州，还说市内地下党组织将予以策应配合。

福州城墙高大，工事坚固，守军兵力雄厚，武器精良。而红七军团仅有区区数千人马，装备粗劣，又是长途奔袭，不熟悉守军情况。因寻淮洲坠马负伤，再度承担全军军事指挥之责的粟裕不赞同这种盲目的硬拼，但军令如山，他不得不调整行军路线，制订作战方案。

8月7日深夜，急行军赶到福州城下的红七军团开始攻城。

红军官兵作战勇猛，前赴后继。然而，他们一无攻城器材，二不熟悉攻坚的近迫作业，城内地下党其实早已被破坏，没有半点策应之事的影子，因而几度强攻都未奏效。

第二天，蒋介石又紧急出动飞机轮番轰炸、扫射，红七军团损失巨大，粟裕忧心如焚。他多次劝说军团最高负责人中央代表曾洪易和政委乐少华，说明当前的危险境地，要求他们撤兵。

曾洪易和乐少华不愿违背博古、李德的命令，起初不同意。粟裕灵机一动，说中央只是命令“相机”袭取福州，并非绝对要求，情况不利时需要临机处置。

曾洪易和乐少华想了想，觉得有道理，终于勉强同意了。

---

① 《粟裕战争回忆录》，解放军出版社1988年版，第134页。

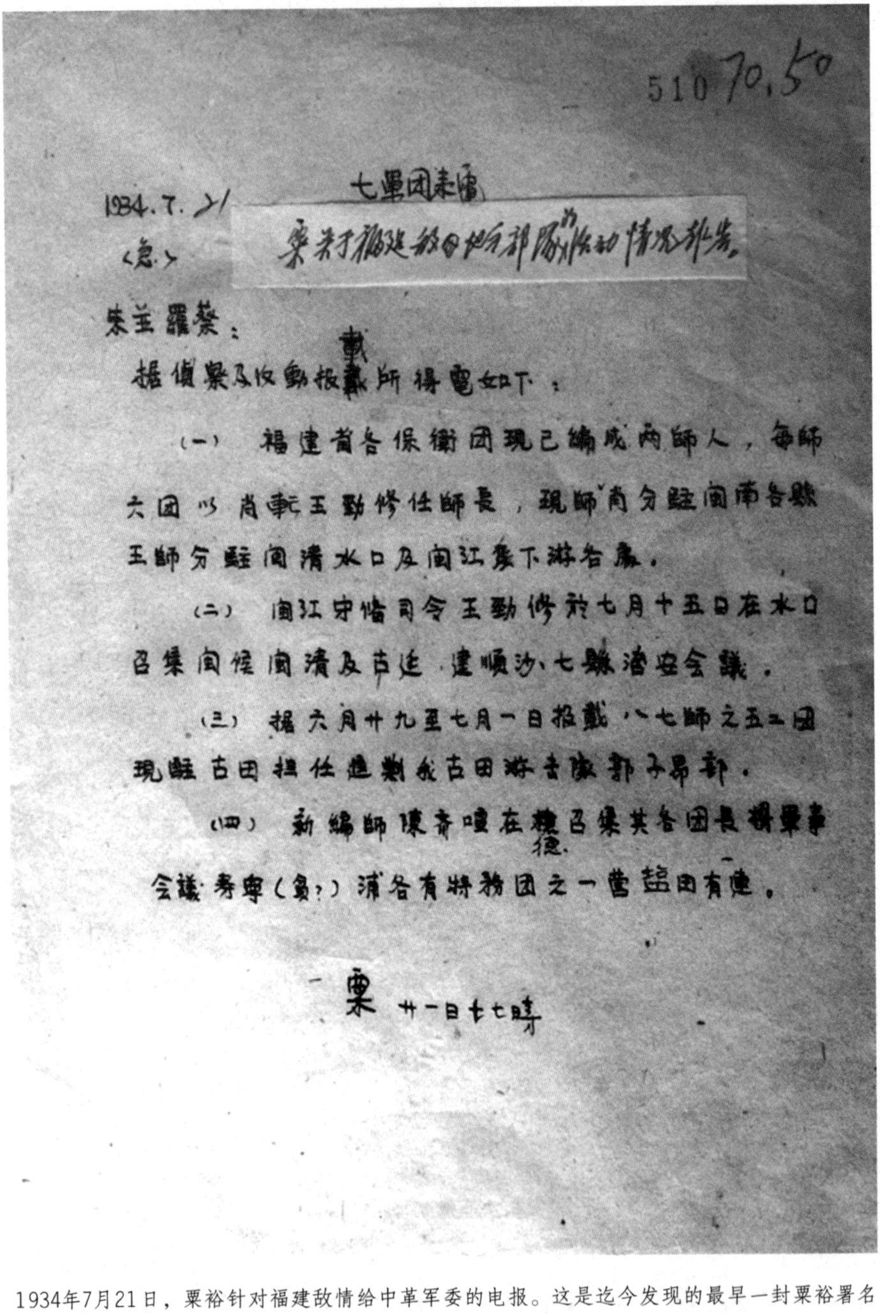
510 70.50

1934.7.21 七军团来电

〈急〉 粟关于福建敌自地方部队的活动情况报告

朱王羅蔡：

據偵察及收敌報載所得電如下：

（一）福建省各保衛团現已編成兩師人，每師六团以省軍王勁修任師長，現師尚分駐閩南各縣，王師分駐閩清水口及閩江集下游各處。

（二）閩江守備司令王勁修於七月十五日在水口召集閩侯閩清及古田、建甌沙、七縣治安会議。

（三）據六月廿九至七月一日報載，八七師之五二团現駐古田担任進剿我古田游击隊郭子易部。

（四）新編師陳齊暄在德召集其各团長舉行軍事会議。壽寧（泉?）浦各有特務团之一營駐田有連。

粟 廿一日十七時

1934年7月21日，粟裕针对福建敌情给中革军委的电报。这是迄今发现的最早一封粟裕署名发给中央的电报粟裕长长松了一口气，立即组织部队撤离，忙而不乱，井井有条。当晚，红七军团驻扎、歇宿于福州东北20公里的桃源一带。官兵们连续行军作战，早已疲惫不堪，很快沉沉入睡。

粟裕却不能稍稍歇息。宿营地距福州不远，他不敢丝毫大意，派出一支部队前出侦察，以防国民党军尾追袭击。

果然不出他所料，福州出动了一个团悄悄尾追而来。因暗夜漆黑，人地两疏，粟裕派出的侦察部队走错了路，与尾追的国民党军对面错过，使其悄然摸上了红七军团驻地。幸而警戒部队机警，发现敌情后立即开火。

粟裕果断下令部队投入战斗，将突入驻地的一股敌军迅速击退，挽回了危局。随后，他又紧急部署抢占阵地，迎击对手更大的反扑。

天亮后，双方又开始激战，你来我往，短兵相接，僵持不下。国民党军的援兵从福州源源开来，准备从两翼包抄，一举吃掉红七军团。

粟裕知道不可恋战，主张迅速撤出战斗，获得了政委乐少华的赞同。8月10日夜晚，粟裕指挥部队悄悄离开战场，迅速向闽东游击区转移。为保障安全，他还亲率一个连殿后掩护。

闽东游击区位于宁德、福安、霞浦之间，有两个红军独立团，力量不强，主要负责人是粟裕后来的老部下叶飞等人，叶飞也第一次见到了粟裕。

多年后，叶飞回忆说，红七军团“经过闽东地区时，我代表闽东特委和闽东红军在宁德赤溪、福安穆阳同北上抗日先遣队会师时同粟裕同志见面的，那时他是军团参谋长”。

红七军团进入游击区的罗源后，当地游击队请求帮助攻打罗源县城，得到了曾洪易、乐少华等最高领导人的同意，攻城战斗由粟裕负责。

罗源城内仅有国民党的地方民团驻防，但红七军团官兵刚在福州城下受挫，吃亏不小，听说又要攻坚，脸上便很有畏难情绪。粟裕决定智取，以作战胜利来提高大家的信心。

他和游击队负责人商定后，派出一队侦察兵化装混进城内，摸清了守军的兵力部署、工事设施和地形交通。随后，侦察兵又按他的部署分为两部，一部出城汇报情况，一部隐藏在城区做内应。

8月13日下午，粟裕召开战前会议，决定声东击西，佯攻东门和西门，真打南门。当晚，趁着夜色迷蒙，他果断发出了攻城命令。

守军果然中计，慌乱中将主力放在东门、西门防守。南门内应的红军侦察员乘机放火为号，策应主力部队攻城。战斗仅仅两个小时便告结束，活捉了包括县长等要员在内的1000余名守军。

随后，红七军团又奉博古、李德之令向闽北急进，而寻淮洲的伤势也已好转，接过了主要军事指挥工作，粟裕更多的是履行参谋长之责。

9月24日，满脸征尘、一路北进的红七军团到达皖赣边境的鲍家村宿营。夜里，粟裕正在检查警戒情况，突然四下枪声大作，部队遭到尾随而至的国民党军两面夹击，形势十分险恶。

粟裕当机立断，指挥部队奋力突围，但不久右臂中弹，血流如注。寻淮洲闻讯，很是关切，马上赶过来，让他随主力部队先走。

军情十万火急，可谓千钧一发。粟裕坚持留下，只用一块毛巾草草将手臂缠住，连子弹一齐裹在肉里（弹头直到1951年才在北京的医院取出），继续与寻淮洲一起指挥突围。

部队好不容易撤出后，粟裕忽然发现政委乐少华不见了。他没有半点犹豫，当即又带上侦察连，冒着密集的枪林弹雨杀回鲍家村，搜寻一阵，发现乐少华负伤倒在路边，一动也不动。

粟裕马上叫几个侦察员轮流背着乐少华先撤，自己带连队殿后，且战且走，借着夜色掩护，终于再次冲出了包围圈。

10月10日，中央红军主力正式离开中央苏区，开始前途莫测的长征。红七军团被舍弃在东南一带，不久奉命转移到方志敏负责的闽浙赣苏区休整，获得了暂时的喘息机会。

博古率中央红军主力向湖南突围途中，发来电报，命令红七军团和闽浙赣苏区的红10军合编为红10军团，依然称“北上抗日先遣队”，下辖3个师，兵力达两万余人。

红十军团宣传画

军团负责人也进行了变更，原闽浙赣军区司令员、黄埔一期生刘畴西任军团长，乐少华为军团政委，寻淮洲则被降为19师师长，粟裕也先是被调到地方部队，不久才担任军团参谋长。

蒋介石焦头烂额，坐卧不宁。他一面重兵“追剿”长征途中的红军主力，一面又先后调集20余万人“围剿”红10军团。

“黑云压城城欲摧。”红10军团不久奉命离开重兵压境的闽浙赣苏区，转到外线作战，12月13日经乌泥关抵达黄山东麓的谭家桥。

“围剿”的国民党军在蒋介石的严厉催促下，如影随从，蜂拥而至。补充第一旅旅长、黄埔三期出身的王耀武是蒋介石一员悍将，带领所部一马当先，甩开友军，成为追击红军的急先锋。

刘畴西很快获悉王耀武孤军突出，与他的友邻部队相距至少有8个小时路程。机会难得，他决心打掉补充1旅，改变长期被动挨打的局面。

参谋长粟裕随即拟订了初步作战方案，但在如何使用主攻部队上，他和刘畴西产生了分歧。

粟裕认为红七军团缩编而来的19师野战经验十分丰富，师长又是骁勇善战的寻淮洲，应该负责主攻；20师和21师则是闽浙赣军区升级不久的地方部队，担任主攻不大合适。

刘畴西坚持让自己的老部队担任主攻。粟裕只好更改部署，将19师改为打穿插，预备断敌后路。

随后，红10军团各路人马遵令埋伏在王耀武必经之路两边的丛林中。粟裕还精心指派了一些侦察员装成当地老百姓，像往常一样砍柴、种地，甚至装作寻常外出的行人，在路上自由来往。

12月14日，邀功心切的王耀武率部追到乌泥关，迫近伏击圈。他见道路两边山高林密，急忙命令部下仔细搜索，一步一个脚印谨慎前进，没有发现任何可疑之处。

然而，一个突如其来的意外发生了。因为没有经过正规对阵的场面，20师一个士兵紧张不安，手中的枪支忽然走火，而且一连3枪，暴露了全军的意图和目标。

王耀武颇为能干，知道大事不好，立即下令火速散开，抢占路边高地。一场近乎完美的伏击战，瞬间成为最不划算的攻坚战。

时为红10军团政治部主任的刘英后来回忆说："此时我高级指挥员已饬各部待敌行进时才开始动作，不料部队走火三枪，引起敌人注意，于是敌人立即集结部队并加派部队占领沿马路的阵地。"①

丛林中的红20师、21师官兵只好一跃而起，呐喊着杀向敌阵，以血肉之躯展开殊死硬拼。开始攻击还算猛烈，让王耀武有些被动，但他们不擅野战，很快抵敌不住，四散溃败。

红20师、21师打响后，埋伏在另一处的19师迅速出动，但也很快失利，师长寻淮洲中弹牺牲。刘畴西只得下令撤退，带残部向北转移。

多年后的1978年5月，古稀之年的粟裕在安徽省军区副司令员刘奎陪同下专程重

---

① 中共浙江省委党史研究室编：《刘英纪念文集》，中共党史出版社2005年版，第253页。

返谭家桥。他遥望四周崇山峻岭，似乎还能见到当年那悲壮的一幕，不禁潸然泪下。

尽管他不是战斗决策人，作战部署时有过保留意见，后来又指挥华东野战军活捉了王耀武，给九泉之下的战友们报了仇，他还是自责地对刘奎说："我一生基本上打的都是胜仗，就是在这里打了败仗！"

谭家桥战斗后，蒋介石闻报空前大捷，大喜过望。他一面通令嘉奖王耀武，一面下令其余国民党军乘胜追击红10军团余部。

1935年1月，仅剩3000余人的红10军团在浙江遂安召开军团师以上干部紧急会议。

会上，粟裕认为部队要摆脱困境，必须立即分兵，改变大兵团集结，"树大招风"的部署，迅速将正规军转为游击队，正规战转为游击战。

他主张由自己和刘英率19师到浙西南活动，方志敏率21师回赣东北坚持，乐少华、刘畴西率20师留皖南作战。

粟裕的主张遭到刘畴西等人的激烈反对，他们坚持全军返回赣东北，先休整后分兵。

军令如山，粟裕只好再次服从。为摆脱蒋介石30个团的追兵，安全返回赣东北，他又一次运用了声东击西之计，将国民党追兵主力引开后，突然掉头南下赣东北。粟裕带800余人在前面开路，主力则由军团长刘畴西率领跟进。

粟裕深知形势险恶，敌人很快就会醒悟过来继续疯狂追击，必须赶在包围圈合拢之前突破封锁线，靠拢赣东北苏区越近越安全。他将800余人的队伍编成3个战斗连队，在荒山野岭中艰难前进。

官兵们披荆斩棘，饥寒交迫，疲惫不堪，有人请求休息一下。"慈不掌兵"，粟裕断然制止了。直到冲出尚未合拢的封锁线后，他才下令休息，焦急地等候主力上来。

跟进的刘畴西却疏忽大意，几次中途下令住宿休息，甚至在离粟裕部队只有5里路时，还觉得部队太疲劳了，决定再次安营住宿。

粟裕听说后大吃一惊，找到跟随自己行动的方志敏说，情况这样紧急，决不能再迟疑延误了，部队今天晚上必须通过封锁线。

方志敏认为有道理，让粟裕以他的名义写信给刘畴西，限令今夜迅速跟进。信送走后，粟裕心里还是不踏实，向方志敏建议说，还是由他回去协助军团长连夜通过封锁线。

方志敏想了想，觉得粟裕职务低，说服不了刘畴西，决定让他带队先走，自己前往主力部队，以红10军团军政委员会主席的身份和政委的最后决定权，将部队带出险境。

刘英后来回忆："志敏同志坚持自己随主力行动，要粟裕同志率领先头部队进入基本地区"，"于是粟（裕）、刘（英）、乐（少华）三同志随前卫部队行动，志敏同志回去随主力行动"。[①]

当天晚上，粟裕奉命带队通过封锁线。方志敏却没有能够说服执拗的刘畴西，再次耽误了时间，主力很快被包围在风雪弥漫的怀玉山区，弹尽粮绝后全军覆没。方志敏和刘畴西也先后被捕，惨遭杀害。

焦虑中等待他们到来的粟裕，结果等来一个晴天霹雳般的噩耗，只能久久地凝望远山尽头，悲愤不已。

又见八百哀兵

粟裕带出来的800余人，成为红七军团和红10军团最后的"血脉"和火种。凄风苦雨、飘摇板荡中，如同当年朱德大庾整编一样，他又一次悲壮地站在了800余名哀兵行列。

突围后不久，长征途中的中共中央指令以这800来人为基础组建红军挺进师，粟裕任师长，刘英为政委，任务是到浙江境内打游击，创建根据地，从战略上配合主力红军行动。

浙江是蒋介石的老家，保甲严密，重点设防。到那里去活动等于投身虎穴，生死难料，但粟裕慨然说："请转告苏区中央分局和党中央，坚决完成任务。"他迅速选定了山高林密的浙西南为第一个开进目标。

---

① 中共浙江省委党史研究室编：《刘英纪念文集》，中共党史出版社2005年版，第257页。

多年后，时为挺进师3纵队战士、不久又担任粟裕和刘英警卫员的张金发，还记得粟裕在动员大会上慷慨激昂地说："我们这支部队要穿插到敌人的后方去牵制敌人，开辟新的革命根据地。我们的任务是打到蒋介石的老家去，打到陈诚的老家去！"

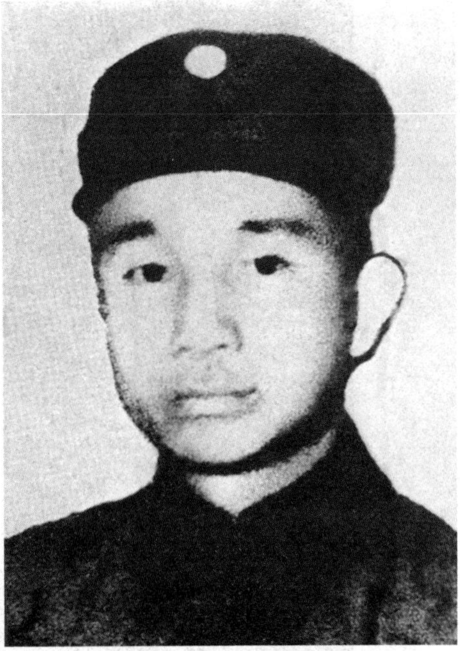

1935年，任工农红军挺进师师长的粟裕

从出发地到目的地，不仅横跨两个省，山高路远，而且沿途关隘重重，重兵围堵。粟裕率领挺进师闯重围，攀峭壁，跨信江，躲叛徒，可谓"过五关斩六将"，一路辗转向前。

时为第一大队大队长的余龙贵后来回忆这次行军时说："我们翻山越岭，走的是羊肠小路。天下着雨，黑得伸手不见五指，一不小心就会滚下山去。粟裕同志走着，走着，也滑倒在山沟里，幸亏下面没有大石头，才没受重伤。"

他说，粟裕的手、脚皮肤磨破了，腰也跌伤了，痛了好几天。"我们担心首长跌伤了，不能行走，他却安慰我们说：'不要紧，我可以自己走。咱们走吧！'这时大家才放心了。"

时为三支队副政委的张文碧也回忆粟裕说："行军时，他跑在最前面。部队疲劳了，他前后来回奔走照应战士，还站在路边喊鼓动口号：'同志们，加把油！大家比比看，谁先上山头！'"

他还说："粟裕同志兴趣广泛，会吹口琴，当部队休息宿营时，他常常吹起口琴为大家歌唱伴奏，鼓舞大家的斗志。有时还亲自指挥部队唱国际歌、红军歌，或者坐在士兵中间，给战士们解释歌词的内容。"

1935年4月，挺进师终于到达浙西南庆元县的斋郎地区。作战中，唯一一部电台

斋郎村红军挺进师卫生部驻地

被损坏，从此和远去的中共中央失掉了联系，一如断线的风筝飘荡天际，只能独立自主，绝处求生。

斋郎是一个三县交界的小地方，崇山峻岭，林深草密，路险沟深。蒋介石的福建、浙江两省保安团一路狂追，也很快赶到这里。他们从东北、正东和东南三个方向实行分进合击，准备一举吃掉挺进师。

红军只有劫后余生的区区数百疲惫之师，蒋介石眼里早已没有了粟裕，“追剿”的部队也从正规军换为保安团，甚至还有自诩为“刀枪不入”的地主武装“大刀会”。

粟裕自然不会等着束手就擒。他带上几个人，穿山过岭，登上海拔高达1248米的主峰，仔细勘察地形，很快想到了一个破敌之策。

苍山如海，松涛阵阵。粟裕将部队埋伏在丛林深处，静静地等待国民党军的到来。

4月28日早晨，山间的浓雾尚未散尽，漫山遍野的大刀会“神兵”出现了。他们认为红军不堪一击，披头散发，袒胸露乳，口念“秘诀”，争先恐后冲向挺进师的阵地。

他们不知道，保安团之所以让他们打头阵，并非好心地把“肥肉”拱手送给他们，而是利用他们的血肉之躯消耗红军有限的弹药，然后从容进兵，坐收渔翁之利。

与蒋介石精锐嫡系部队对阵过多年的粟裕，收拾大刀会算是小菜一碟，小试牛刀。出击命令下达后，挺进师官兵一如猛虎下山，三下五除二便将“大刀会”打得哭爹喊娘，腿长的人瞬间跑得无影无踪。

接着，粟裕派出一支小部队，边打边走，将浙江保安第一团诱入伏击阵地。

双方短兵相接，各不相让。一天激战后，挺进师大获全胜，打掉保安团500多人，几乎与挺进师全师人马相等。更让他们喜笑颜开的是，缴获了150多支长短枪，5挺轻重机枪，子弹万余发。

浙江保安第一团丢盔弃甲，落荒而逃，原计划一道合围挺进师的福建保安第二团顿时慌了手脚。他们知道红军不好对付，一时风声鹤唳，草木皆兵，很快撤出了浙西南。

粟裕随即开始着手建立根据地。

建立根据地的首要任务是发动当地的穷苦老百姓，让饱受压迫剥削、饥寒交迫的老百姓组织起来，成为红军的坚固靠山，这是当年井冈山毛泽东开创的宝贵经验。

粟裕跟随毛泽东多年，对这一经验驾轻就熟。他将集中作战的各个纵队分散开来，实行“分兵以发动群众，集中以打击敌人”，要求所有官兵学会打游击和做群众工作两套本领。

粟裕将挺进师编为4个纵队和两个独立支队，分配了各部队的具体任务：第4纵队留在浙闽边境活动，牵制敌人；第1、第2纵队开辟基本区，建立根据地；其余则跟随师部北上，在浙赣路以南游击。

然而，部队化整为零，粟裕遇到了一个问题。挺进师的最早前身是中央苏区的红七军团，擅长的是正规野战，对分散乃至单个游击十分陌生，更没有发动群众的方法。

官兵们听说要分散行动，都面露难色，一百个不情愿。

粟裕想到了一个先易后难的办法。他先让经验丰富的团级干部带小部队单独活动，约定会合的时间和地点。一次外出活动成功后，他又将带队人员更换，部队再度细分，单独活动时间也逐渐延长。

官兵们遵令而行。他们单独活动的次数一多，生存能力果然大有长进，再也不畏惧小部队外出，群众工作也逐渐得心应手。

不久，粟裕和政委刘英又成功收复了一支青帮队伍，首领陈凤生等人加入了中共组织。这支队伍有近5000人，来自社会各个阶层，成员广泛，使挺进师的分散游击和群众工作有了更可靠的基础。

不到5个月，浙西南游击根据地便建立起来，纵横百余公里，覆盖江山、浦城、龙泉、遂昌、松阳等五个县。根据地内部先后建立了临时苏维埃政府、群众武装和群众组织，星星之火再度燎原。

红军挺进师也发展到近千人，扩编为5个纵队和两个独立支队，还有地方武装近千人，建立了军需物资供应站、军械修理所和伤病员休养所。粟裕初步实现了中共中央交给的任务，不仅在浙江打出了一块地盘，建立了一个井冈山似的根据地，而且兵强马壮，站住了脚跟。

这年"八一"建军节前夕，粟裕这个当年南昌起义的参加者，和刘英一道还搞了一次声势颇为浩大的大示威，命令部队全面出击，"缴枪扩军"。部队跨州过府，攻城拔寨，斩获颇丰。

粟裕与红军的名声一时震惊了浙江大地，国民党的《东南日报》惊呼："浙江素称平安之区，自粟、刘窜浙后，匪化已波及全浙"，他们认为："以目下形势论，浙江共匪不亚于四川（张国焘、徐向前）、江西（朱德、毛泽东）之匪。"

他们还警告说："若当局未能迅速肃清，前途实堪可虑。"[①]

将粟裕与红四方面军的张国焘、徐向前和红一方面军的毛泽东、朱德并列起来，足见他的能量，也可知饱食终日的浙江官府要员们的惊恐。

① 北京新四军研究会一师分会编：《宏愿付青山》，2007年版，第236页。

鬼神不测之机

自家后院起火，而且火焰腾空而起，漫山遍野燎原开来，蒋介石自然脸上无光，也深知“前途实堪可虑”。

他终于重新认识了“打不死”的粟裕，开始动用惯于征战的正规军，代替那些不争气的保安团“清剿”粟裕。

1935年9月，蒋介石命令卫立煌和罗卓英担任正副总指挥的“闽赣浙皖四省边区清剿总指挥部”移驻浙西南附近，与保安团紧密配合，重点对付粟裕和挺进师。

卫立煌是国民党虎将，东征北伐，所向无前，号称蒋介石麾下“五虎上将”之一，曾在“进剿”张国焘、徐向前的红四方面军之战中立下过汗马功劳。罗卓英则是蒋介石的嫡系王牌18军的军长。18军装备精良，训练有素，战斗力强，后来成为国民党军五大主力之一。

蒋介石让这两员赫赫有名的大将和他们的精锐主力出动，专门对付仅有千余人马的粟裕，可算是痛下血本。粟裕当初受领的“从战略上配合主力红军行动”的任务，也得以悄然完成。

罗卓英老谋深算，精心敲定了一个清剿计划，决心“以各边区大部对粟刘”，命令部队“限10月15日前全部肃清之”。

他调集包括18军在内的正规军32个团近7万人、地方武装近40个团，里三层外三层，将浙西南地区围得水泄不通。他有理由相信，别说粟裕，即便一只苍蝇也飞不过去。

他还学以致用，借鉴“围剿”中央苏区时颇为见效的碉堡战术，下令在险要之处修建明碉暗堡，步步为营，处处为阵，严密封锁，限制挺进师的行动。

有人对他的如临大敌深感迷惑，认为过于谨慎，杀鸡焉用牛刀？“清剿”区区一个粟裕和挺进师不用如此劳神费劲。

罗卓英嗤之以鼻，解释说：“当时刘英、粟裕等仅有数百人，现在统计数达3000

人以上”，“其进展程度，比江西还要厉害”。[1]

他口中的“江西”，指的是毛泽东和朱德当年率领红四军，从井冈山开始，随后遍及赣南、闽西，滚雪球一般创建的中央苏区。

他命令所部严格按照蒋介石的“剿匪要旨”，迅速行动，“勿处被动地位，致失机宜”。

罗卓英没想到的是，粟裕参加了江西苏区创建的全过程，是毛泽东、朱德最优秀的学生之一。10年之后，他甚至还“青出于蓝而胜于蓝”，两次斗胆直陈，改变了毛泽东的战略部署，缩短了战争进程，使和平提前重新出现在大江南北、长城内外。

罗卓英黑压压的重兵一波一波压过来，久经战阵的粟裕并不心慌，而是调兵遣将，沉着应对。

因挺进师“本钱”有限，一次最多只能消灭对手一个营，罗卓英的人马过于强大，粟裕决定避实就虚，采取“敌进我进”的战略，留下一部就地坚持，其余主力跳出重重包围圈，到罗卓英的后方去作战。

他的设想是，尽可能调动罗卓英回援自保，减少其对根据地的破坏，万一不行，便可以寻机到新区开辟根据地。

浙南红军老兵杨进回忆，粟裕曾有意考问大家，说：“敌人以十分强大的兵力，对我们进行全面‘围剿’时，怎样才能使部队最安全？”

众人一时来了精神，纷纷“献计献策”，有的说：“把部队撤到深山老林的深处。”有的则说：“把部队分散活动，以减少目标。”

粟裕微微一笑，说出了办法：“出其不意，飞兵奇袭敌人后方基地，一定要狠狠地打，打得敌人老巢鸡犬不宁。”

他解释说：“这时，敌人势必要回兵援救，那么，我们又可以逸待劳，选择地形与时机，打伏击。只有这样不断地消灭敌人，夺取他们的装备来武装我们自己，使敌人逐渐变弱，使我们日益壮大，才是最安全的。”

计议已定，粟裕和刘英率领挺进师主力巧妙地突围而出，将罗卓英的数万大军远远甩在身后。随后，他们率军奔赴浙南一带游击，很快又成燎原之势，打出了一块新

① 《南方三年游击战争——浙南游击区》，解放军出版社1993年版，第478页。

的根据地。

罗卓英果然也非等闲之辈。他深知斩草除根的必要，不受粟裕任何调动，而是死死咬住浙西南，决心将这里连根拔起后再考虑其他。根据地也就乌云蔽日，久久不开，经受了一场旷日持久的严峻考验。

红军老兵黄知机后来回忆说："罗卓英部展开对浙西南根据地的大举进攻，到处烧杀，根据地的坚持发生了极大的困难。"

另一位老人吴高维回忆说："在白色恐怖下，革命进入低潮，老百姓过着饥寒交迫的生活。"他所在的乡，"外高山一次被抓40多人，宝溪各地坐牢数百人，上老虎凳、灌水、吊打，使用毒刑不计其数"。

处境险恶，随时有性命之忧，粟裕却处之泰然，常与部属开开玩笑。

追随他作战的张文碧晚年回忆，一次粟裕拍拍他的肩膀说："张文碧，我们去打土豪好不好？"

张文碧一听来了精神，马上应声："好，上哪里去打？"粟裕说："到我的家乡！"

张文碧很惊奇："你是湖南人，我们在浙南怎么去？"粟裕微笑着翻开一张油印地图，指着一个小镇说："看，这不是湖南吗？"

他指的是浙江汤溪县的湖南镇，众人回过神来，哈哈大笑起来，愉快的空气弥漫在苍翠的山林原野。

罗卓英踌躇满志，盘算和粟裕一较高低的时候，国民党突然爆发了"两广事变"的内讧，广东和广西军阀陈济棠、李宗仁和白崇禧三人再举反旗，又给蒋介石反戈一击。他们以北上抗日为名出兵湖南，与蒋介石争夺地盘。

双方你来我往大打出手，战事一时吃紧。蒋介石也顾不得擒拿粟裕，急忙下令罗卓英收拢主力，紧急开往湖南助阵。浙江一省顿时空虚起来。

粟裕乘机而起，四面出击，迅猛扩展浙南新区，又跃马回师浙西南老区。两个根据地如火如荼，空前鼎盛，范围增加到了30多个县，挺进师也再次发展到1500多人。

不久，"西安事变"爆发，蒋介石被结盟兄弟、东北军领袖张学良兵谏活捉，国共两党随即开始和平谈判。不过，粟裕不曾迎来和平的曙光，日子反倒更艰难起来。

对长征到达北方的毛泽东和中共红军主力，蒋介石被迫妥协，同意予以改编，但对南方“清剿”多年的游击队不肯服输。他决定“北和南剿”，在国共正式重新合作之前，全部肃清南方红军。

蒋介石再次调集6个主力师约10万人，设立“闽浙赣皖边区主任公署”，以在湘西“围剿”过贺龙红军的刘建绪为主任，专门“清剿”南方游击队，其中又以粟裕的浙南为主要目标。

刘建绪是“剿共”老手，颇有一番理论心得。他一到任便信誓旦旦，说“6个月内，将全区之匪，一律肃清”[①]。

粟裕的浙南根据地已今非昔比，罗卓英过去四面包围封锁的策略难以运用，刘建绪便改弦更辙，采取拉网战略，由北而南、由西而东、由外围到中心逐次展开，准备将挺进师压向东南，然后予以收网围歼。

命令下达后，各路“清剿”大军纷纷出动，52师急于建功，更是一马当先，冲在最前面。

1937年2月，粟裕前脚刚到泰顺地区的景宁三枝树，还来不及喘口气，喝口水，一路穷追猛赶的52师后脚便跟到这里。泰顺地区原本驻扎的新5师得悉红军“流窜”过来，也兴奋异常。

这时候，粟裕和挺进师处于刘建绪两大主力夹击之中，进退两难，处境十分危急。

吉人自有天相，一个与战事无关的情报令险情瞬间化解。粟裕获悉52师与新5师的两个师长素来互不买账，积怨颇深，马上想到一着棋：让刘建绪的这两个师相互打一仗。

随后，粟裕命令队伍偃旗息鼓，衔枚疾进，悄悄登上附近的敕木山。侦察一番地形后，看看雾霭升腾，暮色四合，夜晚将临，他布置几个战士对空鸣枪，有意暴露目标。

52师和新5师正为失去共军踪影纳闷，一听枪声，顿时来了精神，两个师长都下令立即出动。他们一前一后分别抢占东西两处山脚，随后枪炮齐鸣，争相扑向山顶。

---

① 《南方三年游击战争——浙南游击区》，解放军出版社1993年版，第524页。

粟裕从容调度，指挥队伍向东西两面山下一阵猛打。等两面的国民党军人头攒动，气喘吁吁接近山顶时，他迅速下令收兵，从山的一侧悄悄转移。

新5师抢先一步冲上了山顶，听到另一侧密集的枪声，赶紧一阵排枪打过去，瞬间毙伤了迎头赶上的52师不少官兵。

52师师长闻报，以为粟裕和共军还在山上，急令部队不惜一切代价，务必拿下山头。山上的新5师大感意外，没想到被赶得四处亡命的游击队火力还很猛，便利用山顶有利地形，调整火力加倍还击。

战斗逐步升级，双方为建树活捉粟裕的奇功，激战了整整一个晚上，战场一片狼藉，尸横遍野。等到天色微明时，他们才蓦然发现，原来是大水冲了龙王庙。

这时候的粟裕和挺进师，早已突出重围，喜笑颜开地休整多时了。

52师和新5师的两个师长原有宿怨，如今又添一段新恨。两人唾沫横飞互相指责，都说对方借“剿匪”之名打击自己。为报“一箭之仇”，他们相互拆台，相互抓人，甚至只要见到对方的人，不管官阶高低便开枪射杀。

刘建绪知道后，大为光火。他将两个师长叫来，劈头盖脸痛骂一顿，随后又将他们远远调开，才算恢复了往日的平静。

刘建绪把这个哑巴亏的账计到了粟裕头上，不断督促各部步步紧逼，“追剿”挺进师。军事行动之外，他还采取了两项狠招：

一是强迫老百姓组织“联甲”和“剿共义勇队”、壮丁队，协助军队“进剿”；二是移民并村，焚烧老百姓田间地头零散的房屋、茅棚，柴米油盐也按人头逐日配给。

他的目的是将老百姓和挺进师官兵隔离开来，釜底抽薪，“竭泽而渔”，最终完成“清剿”大业，向蒋介石告捷复命。

然而，粟裕让他失望了。

刘建绪的“网”拉过来，粟裕便带上队伍像猿猴一般灵活地钻过去；刘建绪占领了游击队的山头，粟裕便束马衔枚深夜急进，开到他的后方。

当刘建绪集结兵力时，粟裕便化整为零，避实击虚，人自为战。看准机会，粟裕又倏忽之间集合队伍，猛烈出击，痛咬刘建绪一口。

实践出真知。穿行于险象环生的封锁圈和碉堡之间，日日夜夜与死亡打交道，粟裕的游击战术也突飞猛进，达到了炉火纯青的境界，堪称“有鬼神不测之机，天地包藏之妙”。

他总结了几条游击战术原则，灵活自如地加以运用：

一、以最小的牺牲换取最大的胜利；二、不在消灭敌人，而在消磨敌人；三、支配敌人，掌握主动；四、积极进攻，绝少防御；五、飘忽不定，出没无常；六、越是敌人后方，越是容易成功。

游击队行动时，粟裕要求官兵们做到5点：

一、反敌人之道而行，竭尽欺诈之能事，敌进我退，敌集我散，敌大我避，敌小我欺，避实就虚，声东击西；

二、不要企图太大，只要常有小胜；

三、站在敌人翼侧、后方和圈子外围，不为敌人所合击；

四、一切作战行动必须迅速、勇猛、坚决，迟疑犹豫等于等死；

五、注意使用突然的白刃袭击，只要枪一响，刺刀就要杀到敌人肚皮上去。

粟裕还像古名将一般，格外善于隐蔽行动和意图。他给游击队规定了兜圈子、大小圈、“8”字形、“S”形、电光形、杀回马枪等多种活动形式，常常东去西返，早出晚归，可谓神出鬼没，行踪难测。刘建绪的“清剿”官兵往往晕头转向，疲于奔命。

然而，这还不是粟裕对付刘建绪韬略的全部，他的脑子里还有着层出不穷、绵绵不断的“绝活”。

行军途中，他要求派人清除沿路痕迹。有时，他又故意造出痕迹，布下迷阵，引诱追兵紧张兴奋之后白忙一阵。

部队每到一个地方，粟裕规定必须仔细勘察地形、道路。往前走多远有岔路，往右走通往何处，地形如何；大路如何走，小路有几条，都务必一清二楚、心中有数。一旦路上遭遇敌人，便能迅速摆脱。

晚上宿营，粟裕要求避开喧闹的集镇，选择偏僻宁静的小村。房间也要求最好选择单门独户，而且要有前后门，随时准备紧急撤离。

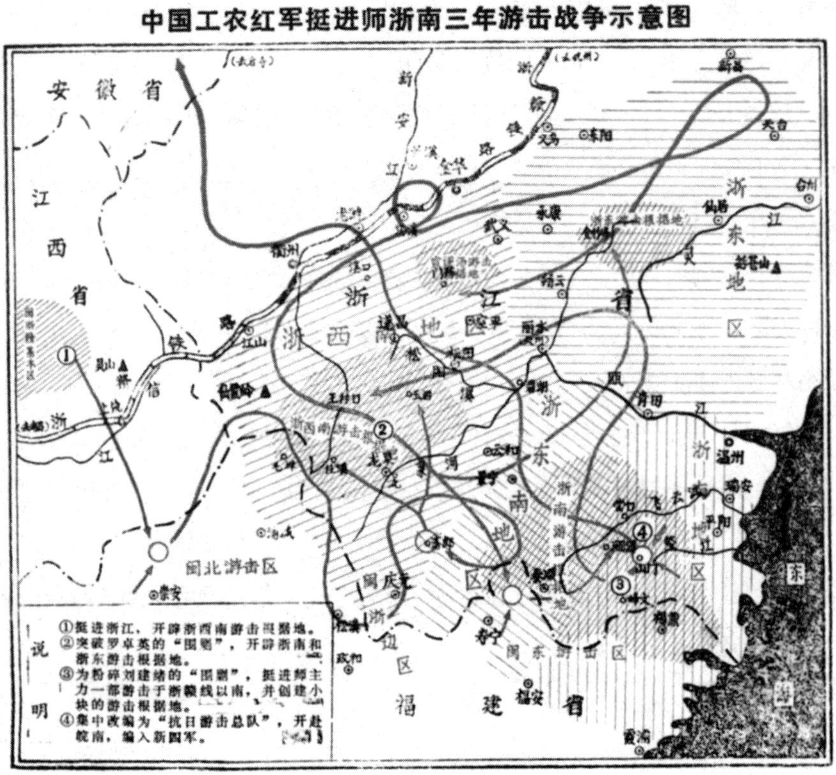

挺进师浙南三年游击战争示意图

宿营时的警戒，粟裕也考虑很周全。

他规定了“五班制”，自己和参谋、警卫员等人一个班，既是指挥机构，也要站岗、放哨、侦察和打仗，如同普通一兵。住宿时，这个班住在中间，其他四个班分别位于东、南、西、北面。

一有敌情，便由当面的班负责阻击掩护，其他班动如脱兔，迅速消失在夜色中。摆脱敌人后，各个班都到预定地点集合。

预定地点的选择，他也有谨慎的安排，要求至少有两个集合点，第一集合点有敌情，便迅速转移，前往第二个点集合。

“知己知彼，百战不殆。”粟裕十分注意情报的搜集，常常设法收集国民党报纸，从中分析判断情况；或者派人从电话线监听通话，也偶尔突袭乡镇公所，让其官员向县长紧急求援，需要的情报便唾手而得。

粟裕还常常主动出击，量力而行，零敲碎打，积少成多。主要目标是刘建绪后方的基层党政军人员，或者“清剿”部队的哨兵和侦探、掉队的官兵，让刘建绪防不胜防，麾下人心惶惶，军心涣散。

魔高一尺，道高一丈。

老谋深算的刘建绪见识了粟裕的功夫。他曾经横行过江西中央苏区，又“立功”于湘鄂西苏区，到了浙江则屡屡失手，虽然摧毁了浙南的中心区，却对神龙见首不见尾的粟裕和挺进师徒唤奈何。

1937年7月，抗日战争全面爆发，国共随后谈判成功，两党重新握手言欢，宣布并肩对外。刘建绪不得不下令收兵，遗憾地停止了“清剿”，当初“6个月内，一律肃清”的军令状也成为呓语。

粟裕赶到温州和刘建绪谈判时，老百姓万人空巷，争先恐后，都想目睹一下如雷贯耳的粟裕风采。

刘建绪见状感叹说：“粟裕这个人实在不可思议，你要打他时，年复一年地东征西伐，连个影子也没有看到。你要和他谈判时，城里乡下，四面八方都是他的人。”

挺进师奉命改编为“国民革命军浙闽边抗日游击总队”，不久由粟裕带领走出沟壑纵横的深山老林，编入了新四军行列，千里开赴抗日战场。

当年红七军团改称“先遣队”北上抗日的使命，经过长达三年的孤军血战，寻淮洲、方志敏、刘畴西等人血染疆场后，最终由卧薪尝胆、百战余生的粟裕完成复命。

第四章 坐断东南战未休

第四章

坐断东南战未休

先遣出江南

挺进师编入的新四军，全称是国民革命军新编第四军，由南方八省分散各地的红军游击队组编，与长征到达北方的红军主力改编的八路军一道并肩作战，是中共掌握的两支劲旅。

新四军仅有四个支队10个团，粟裕担任第二支队副司令，因司令张鼎丞调往延安，粟裕不久即代理司令，实际指挥部队，与一支队司令陈毅、三支队司令张云逸、四支队司令高敬亭并列。

1938年4月，侵华日军已击破蒋介石的几十万大军，占领第一大城市上海和首都南京，开始窥伺军事重镇徐州。

“国破山河在，城春草木深。”国难当头，哀鸿遍野之时，新四军秣兵厉马，准备出征。

毛泽东交给新四军的任务是以茅山为中心，创建苏南抗日根据地，同时要求实际最高负责人、副军长项英“先派支队去溧水一带侦察”。他还细心地叮嘱说：“须派电台及一有军事知识之人随去。”

这一“有军事知识之人”，自然是能征善战的将领。项英在几个支队正副司令中考虑良久，最终选择了当年中央苏区红七军团的参谋长粟裕，毛泽东很满意，当即复电同意。

项英又从长江以南的3个支队中抽出400多人，组成先遣支队，任命粟裕为司令员兼政委，开赴苏南敌后，执行了解日伪情况和风俗民情的战略侦察任务。

粟裕慨然上任，再次成为开路的年轻“先锋官”，宛如当年抗金名将宗泽麾下的先锋官岳飞，先遣支队便是岳飞帐下精悍的五百骑兵。

时为先遣支队政治部主任的钟期光晚年回忆说：“先遣支队的组成，每团派一个连，营长当连长，逐级下放，直到班长当战士，强中选优，勇中挑智，加之训练有素，所以部队质量高，战斗力强。”

一踏上征途，粟裕便与日军进行了一次智慧的较量。

先遣支队离开新四军军部驻地皖南歙县后，第一站到达距离芜湖不远的南陵。当晚，官兵们住宿县城东门外。大家白天行军疲惫，沉沉酣睡时，粟裕却辗转难眠，千斤重担在身，他不得不格外警醒。

他忽然想到，芜湖近在咫尺，早已被日军占领，先遣支队的行踪说不定已被无处不在的敌特知晓，可能会遭到突然袭击。

想到这里，他冒出一身冷汗，急忙传令下去，要求全体紧急集合，迅速隐蔽转移，开往城外的一个小山村宿营。

天刚蒙蒙亮，几架日寇轰炸机果然飞临南陵城东门上空，盘旋一圈，认准先遣支队原来的住处，一阵狂轰滥炸，顿时全城烟尘滚滚，一片狼藉。

先遣支队躲过一劫，毫发无损，多数官兵第一次见识粟裕的神机妙算，不由得肃然起敬。

后来成为福州军区副政委的王直回忆说：“当年的不少干部，不要说飞机，连汽车都没有见过”，“而粟司令不仅见机不惊，而且还能对它作出这样准确的判断，怎不叫人心服”！

到达苏南后，粟裕一面安排侦察，每天将情况汇报给军部，一面着手发动群众，宣传新四军抗日的主张。

老百姓却不肯买账。

1938年5月，率新四军先遣支队进军江南时的粟裕

蒋介石几十万装备精良的正规军节节败退，黄鹤一去不复返后，老百姓闻日色变，对抗战异常悲观。他们以为中国军队再也不会回来了，看到装备简陋、不期而至的新四军时，认定是打家劫舍的土匪。先遣支队派人上门联系，多是避而不见。

王直晚年回忆说："先遣支队所到之处，常常进不了屋，以至进不了村。有些村庄有自卫武装，你一去他就开枪打你。这就把先遣支队搞苦了：吃点干粮，露宿野地；一逢下雨，从粟司令开始，个个都成了落汤鸡。"

粟裕决定在江南打一仗，以壮新四军的军威，振奋沦陷区老百姓的抗日信心，作战地点是他侦察时发现的韦岗。

恰在这时，国民党第三战区司令长官顾祝同交给新四军一个作战任务，要求"派兵一部，挺进于南京、镇江间破坏铁路，以阻击京沪之敌"。时间限定为三天，"否则严厉处分"。

新四军虽然是中共掌管的武装，但按照国共合作协议，编入了第三战区作战序列。军长叶挺、副军长项英接到命令，马上想到了正在江南敌后的粟裕，要求他遵照执行。

粟裕立即收拢部队，急行军100公里，通过多道日军的严密封锁线，到达南京与镇江之间的下蜀。一声令下后，官兵们趁着沉沉夜色手脚并用，将京沪铁路破坏了40米，日军南来北往的交通一时陷入瘫痪。

兵不卸甲，马不解鞍，粟裕又悄然转兵韦岗，准备实施预想已久的伏击战。

他紧紧盯住的韦岗，位于镇江西南15公里，多是低矮的丘陵和小山地，镇（江）

句（容）公路从这里蜿蜒而过。他通过侦察得知，日军正调兵遣将，向武汉进攻。公路上的日军车队每天来来往往，多达五六十辆。

粟裕决定打击日军的嚣张气焰，竭尽所能策应武汉会战。王直回忆说："决心一下，粟司令又折断一根火柴棒，在地图上一段一段地量出韦岗到南京、到镇江的距离，计算出日寇增援部队赶到的最快时间。"

粟裕挑选了百余名精干人员参加行动，由自己亲自带队，下设6个步枪班、1个机枪班、1个短枪班。

战前，他做了一个简短的动员讲话，强调首战必胜。多年后，参加过战斗的原昆明军区司令员张铚秀回忆："粟司令对我们说，'我们挺进江南，第一仗十分重要，一定要打个胜仗'。"

粟裕还要求伏击队夜间急行军，拂晓前进入伏击阵地，以保持战斗的隐秘和突然。

午夜，大雨滂沱，四周一片漆黑，伸手不见五指。崎岖山道上，粟裕和参战官兵们冒雨摸黑急行，很快到达预定的设伏地点，隐伏于公路一侧有利地形。

第二天上午8点多，旁若无人的日军车队像往常一样，大摇大摆进入了伏击圈。粟裕一声号令，各种枪支一齐开火，日军顿时人仰马翻，鬼哭狼嚎。战斗仅半个小时便解决，击毙日军10余名，包括一名少佐，伤数十名，击毁汽车4辆。

时为侦察排长，后来担任南京军区装甲兵副司令员的邹志成晚年回忆时，犹自兴奋地说："我亲手打死了那个日军少佐。"

当时，一个鬼子打开车门，准备开枪射击。邹志成发现后，一个箭步冲上前去，猛关车门，将鬼子手死死夹住，枪便掉下来。他立即甩手一枪，将其击毙。

"没想到竟是一名少佐。"多年后邹志成回忆时，依然一脸自豪。

粟裕深知，日军不会善罢甘休，很快将出动大队人马增援，此地不可久留，于是下令迅速打扫战场，分路撤退。

当17辆卡车的日军在飞机、坦克的助阵下，急如星火地赶到战场时，只有一地狼藉的尸体和破败的车辆残片，新四军早已无影无踪。

韦岗出其不意，攻其不备，首战告捷，让江南老百姓为之一振，"中国军队又回

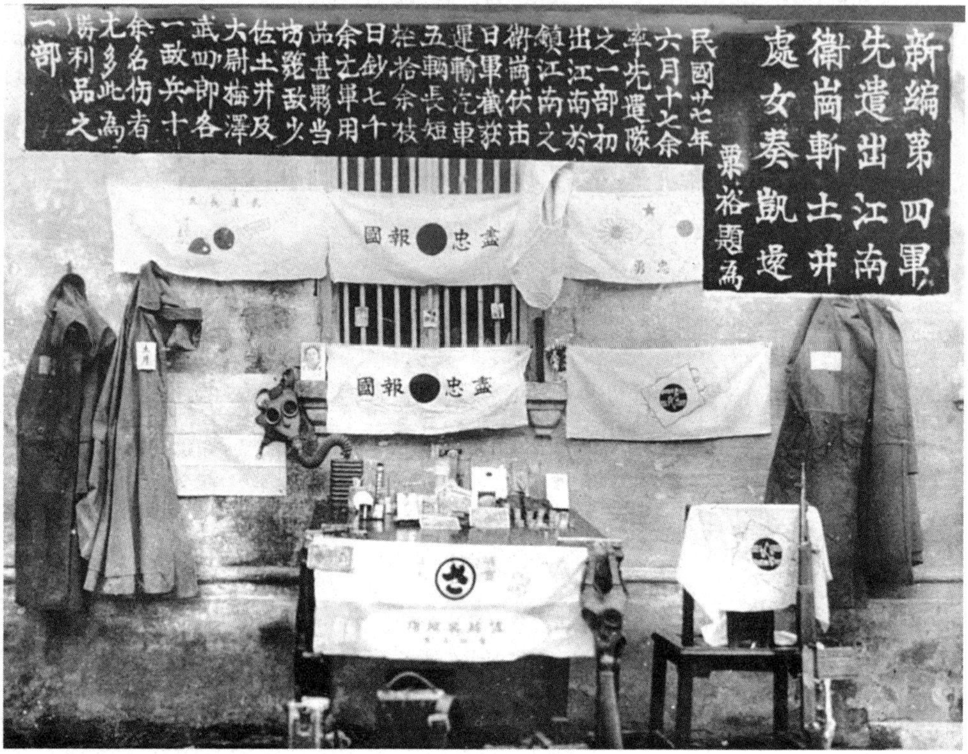

韦岗战斗缴获的战利品和粟裕的祝捷诗

来了”的消息迅速传遍开来。

日军也“吃一堑，长一智”，开始格外谨慎起来。他们知道，唐诗宋词里秀美的江南，几个士兵就能耀武扬威，横行无忌，让一村老少哭爹喊娘望风而逃的日子过去了。

叶挺和项英闻报大喜，通令“号召全军学习”，名义上的最高统帅蒋介石也千里传令嘉奖：“叶军长：所属粟部，袭击韦岗，斩获颇多，殊堪嘉尚。”

第三战区第二游击区中将副总指挥兼江南行署主任冷欣，当年曾在中央苏区的浒湾与粟裕对阵交手，算是打出来的“老相识”，客客气气派人前来洽谈，要“借”几样战利品。

张铚秀晚年回忆说：“他们向我们要日本步枪两支、手枪一支、军刀一把、望远镜一具、军大衣一件、军帽一顶、皮鞋一双等。甚至要以一挺机枪换一支日本步枪。”

粟裕却婉言拒绝，说：“你们要，我们可以送给你们，只要第三战区长官司令部打个收条给我们。”来人面面相觑，沉默不语，呆坐一会儿，悄然离去。

张铚秀回忆说，当时他们很不理解，埋怨粟裕说：“人家出高价同我们交换，赚钱的生意你不做，还要白送给他们。”

粟裕微微一笑：“你们都是小傻瓜，如果按来人的意思做了，我们就上当了。”他解释说，国民党若得到这些日本武器装备，就可以拍出照片，到处吹牛皮，说这仗是他们打的。

部下们有如醍醐灌顶，恍然大悟，咧着嘴笑了。

天兵天将

韦岗战斗不久，完成任务的先遣支队奉命解散，粟裕返回已开到江南的新四军二支队代理司令一职。二支队下辖第三、第四两个团，仅有1700人。

1938年6月，国民党军和日军进行的武汉会战正式开始。叶挺和项英为尽友军义务，要求新四军配合作战，命令“开展胜利的游击战来配合各方执行保卫武汉的总任务”。粟裕随即在敌后行动起来。

这年7月，他指挥二支队一个营伏击当涂至芜湖间的一列日寇火车，缴获军用品无数；不久又在芜湖以东与日军打了一个遭遇战，战果不菲，还首创新四军全军活捉日军纪录。

江南“治安”蓦然恶化，日军恼怒异常，获悉二支队驻在小丹阳，立即出动步骑兵4500人，外加20余架轰炸机前往围歼。他们兵分八路，水陆并进，志在必得。

粟裕迅速想出应对之计，采取浙南打游击时的“敌进我进”战术，将部队一分为三：

一部攻打当涂，造成敌人恐慌；一部攻打南京以南的陶吴，牵制日军兵力；另外一支精兵奔袭南京近郊，夺取雨花台制高点，袭击中华门内外日、伪军事目标。

气势汹汹的日军扑到小丹阳，发现空无一人，后方却连连告急，只得长叹一声，

1938年，担任新四军二支队代司令的粟裕

匆匆撤兵回防。粟裕乘机下令追击，毙伤日伪军50多人，自己无一伤亡。

神出鬼没的敌后游击战令日军胆战心惊，无奈地叫苦说："新四军是个神，你打他时一个也没有，他打你时都出来了。"

粟裕没理会日寇的叫苦，又连打两个漂亮仗。

1939年1月，外出的侦察员报告，100多名日军由安徽宣城的水阳镇沿水阳江河岸北犯。粟裕马上拿出地图，细细比画一阵，沉思一会儿，决定再打一个伏击战。

他迅速部署了两路人马：一路为4个连，埋伏于河岸预设阵地，作为进攻的主力；一路为一个连，隐蔽在水阳附近，战斗打响后从日军身后包抄，断其退路。两路人马连夜行动，悄然潜入各自阵地。

1月7日清晨，晓雾将歇，河水淙淙。日军衣着鲜明，刀枪明晃，迤逦而行，缓缓进入伏击圈。

粟裕果断下令出击，伏击部队号声嘹亮，枪声骤起，猛烈开火。日军训练有素，稍一迟疑，迅速组织反扑，一波一波冲向新四军阵地，但禁不住新四军的凌厉攻势，瞬间又狼狈退了回去。

粟裕一直冒着枪林弹雨，站在前沿指挥。参战老兵、原福州军区副政委王直多年后回忆："水阳激战，他（粟裕）亲临一线。当把冲上来的敌人打回去后，我觉得这里太危险了，建议他转移指挥位置。"

粟裕摇头说："敌人是被打退了，但没有被打垮，马上会发起第二次冲锋，我们的指挥位置只能在前，不能退后。”

王直回忆说：“果然不出所料，敌人接着就组织再次反扑，而且比第一次更凶猛。由于他胸有成竹，从容指挥，敌人终于被打得尸体成堆，狼狈逃跑。”

经过3个小时激战，新四军大获全胜，击毙日军31人，收复了著名的江南水乡水阳镇。

随后，粟裕又领兵奇袭官陡门，仅8分钟便鸣金收兵，破军杀将，声震江南。

官陡门与水阳镇一样，流淌着同一条清澈的水阳江，是芜湖东北郊一个乡间小镇，与湾里机场和（南）京芜（湖）铁路相邻，地形险要，易守难攻。

日军为拱卫芜湖，格外重视官陡门，不仅驻有重兵，还在左右两侧四五公里处设了两个据点，与官陡门互为犄角，三足鼎立，一处遭到攻击，其他两处可以迅速出动人马增援。

粟裕分析，日军满以为官陡门固若金汤，防范反而麻痹松懈，正可出其不意，打他们一个措手不及。他决定亲率第三团拔掉这一据点。

作战决心确定后，粟裕开始从容用兵。

官陡门在司令部驻地宣城狸头桥的西边，队伍原本应当直接向西而行。为了迷惑日伪军的耳目，保持战斗突然性，粟裕隐真示假，迂回行军，同时也没有将作战任务下达给部队。

1月18日，粟裕率部沿固城湖东岸向北前进，仅仅走了25公里便下令安营住宿；第二天又在原地停留半日，随即突然命令乘船横穿固城湖，翻过高高的湖埂后，又改乘小船沿内河西进。

午夜，月明星稀，寒气逼人，新四军官兵一路急行军，穿插到距离官陡门仅有40公里的一个小村庄，粟裕下令就地隐蔽休息。

午后，他召集排以上干部会议，宣布作战目标和任务。官兵们这才明白他几天来远距离兜圈子的意图，兴奋不已，纷纷摩拳擦掌，准备战斗。

1月21日凌晨，四野寂寥，明河在天，正是“鸡声茅店月，人迹板桥霜”，风景诗意般宜人。日伪军还在温暖的营房沉沉酣睡，粟裕下达了出击命令。新四军官兵如离弦之箭，猛扑官陡门。

枪声骤然而起，又突然沉寂，战斗仅8分钟就结束了。300余守敌被全歼，其中被活捉57人，缴获长短枪80余支。

1939年1月，官陡门战斗后合影，前左1为粟裕；粟裕为合影题词

当日军紧急出动增援时，粟裕早已带着队伍消失在江南水网的尽头，留给他们的只有惆怅和狂怒。

粟裕一时声名鹊起，不仅驰名江南敌后，也传到了千里之外的重庆和延安。重庆《新华日报》发表了他撰写《芜湖近郊官陡门的奇袭》一文，介绍战斗经验。延安总部不久还翻印了他和参谋长罗忠毅合著的《实战经验录》，向八路军和新四军将士推广他的经验。

国民党第三战区也慕名而来，邀请粟裕前往传授游击战的经验。粟裕慨然应诺，也不保留，一口气讲了几个小时，摆战例讲理论，深入浅出，生动活泼，让许多国民党将领受益匪浅。

一位当年参加过“围剿”红军的川军师长感慨说：“粟司令，从前我对你们共产党的军队是有点瞧不起的。可是今天听了你的报告，我才知道你们的水平太高了。共产党里有你这样的人，难怪立于不败之地！以后还请多多关照。”

然而，蒋介石没有这样的“雅量”。

武汉会战后，攻占了中国大片领土，兵力已捉襟见肘的日军，不得不停止了对蒋介石正面战场的进攻，开始着手巩固华北、华中的占领区，重点对付这里活跃的八路军、新四军。

蒋介石随之缓过气来。

他发现原来设想如同川军、西北军等杂牌部队一样，以抗日名义，假手日本人消灭的中共队伍，不仅没被削弱，反而日渐壮大，因而十分忧虑。1939年1月的国民党五届五中全会上，他提出了“溶共”“限共”“防共”“反共”的政策，把对付中共队伍视为头等大事。

国民党第三战区顾祝同和冷欣都是蒋介石麾下言听计从的黄埔系将领。他们接到指令，立即变脸，派出3个师监视江南新四军。“同声相应、同气相求”的日伪军也心领神会，频频出动“扫荡”。

1939年8月，为集中力量对敌，陈毅一支队和粟裕二支队奉命合并，不久改称新四军江南指挥部，陈毅为指挥，粟裕任副指挥，下辖1.4万余人。陈毅统揽大局，军事指挥由粟裕负责。

上任伊始，粟裕便从容调度，部署了延陵一战，击毙中队长武村以下日军168名，生俘3人，受到延安总部的通报表彰。

然而，江南新四军在国民党第三战区和日军的双重挤压下，处境日益艰难，形势十分严峻。毛泽东决定以一部坚持江南现有地区，主力向江北发展，同时派一支八路军主力南下，与新四军共同作战。

蒋介石对新四军北上和八路军南下，共同经营华中“不堪设想”的后果十分清楚。他命令江南的顾祝同和江北的韩德勤积极备战，随时准备围歼这两个地方的新四军。

1939年12月，毛泽东根据险峻的敌情提醒新四军军部：顾、韩兵力在冬季反攻名义下，从江南、江北两面包围新四军，各地必须在一切地方准备对付突然事变。

不过，这一“突然事变”因故推迟。1940年5月，蒋介石又制订了一个三路进攻新四军的计划：以顾祝同、冷欣部进攻皖南、苏南部队，以韩德勤部进攻苏北部队和皖东第5支队，以李品仙部进攻第4支队。[①]

粟裕和陈毅对江南新四军的危险处境颇为清楚，决定尽快执行毛泽东的指令北上。经过一番曲折，1940年7月，他们成功摆脱冷欣的包围、追击，率领江南指挥部主力渡过日军封锁的长江，进入苏北。

而皖南的叶挺和项英因种种原因推迟了北上。不久，毛泽东早就提醒过的突然事变——“皖南事变”爆发，新四军军部和主力9000多人被蒋介石重兵合围，弹尽粮绝，几乎全军覆没。

生死对决黄桥

陈毅和粟裕踏上长江北岸后，江南指挥部奉命改称苏北指挥部，下辖三个纵队约7000人。

苏北也非高枕无忧的平安之地。他们从江南脱险而来，“染指”了他人的“卧榻之侧”，不仅为占据各处城镇和要点的日军所不容，也为控制乡村地盘的韩德勤所痛恨。

保定军官学校出身的韩德勤是顾祝同的干将之一，任江苏省政府主席兼鲁苏战区副总司令，统领16万人，其中嫡系8万人，其余是非嫡系的李明扬、李长江部和税警总团陈泰运部。

韩德勤也在敌后坚持抗日，但颇为忌恨作为同盟者的中共，下手从未手软。

1938年10月，他以不符《江苏省民众组织条例》为由，取缔过中共组织的苏北抗日同盟总会；1939年春，他突然包围东海县八路军独三团，杀伤团长以下数百人；这年夏，他又围攻高邮湖北闵家桥，惨杀抗日游击队负责人陶容以下数百人。

有了蒋介石“溶共”“限共”“防共”“反共”的决策，韩德勤更是口含天宪，

---

① 王洪光：《皖南事变真相辨析》，《文史参考》2011年第8期。

决不允许新四军“染指”自己地盘。

料敌于先，方能决胜千里。粟裕深知韩德勤很快就会大兵压境，和陈毅确定了“联李、击敌（日军）、反韩”的策略，决定先发制人，攻占黄桥作为根据地，准备迎击虎视眈眈的韩德勤。

陈毅负责统战工作，设法争取李明扬、李长江的中立。粟裕则专注考虑作战，发现了一个不小的问题。

新四军来自各个山头，从红军时期的三年游击战开始，因兵力有限，装备简陋，又是分散作战，没有打过大规模的正规战，官兵们游击习气浓厚，而韩德勤即将发起的进攻，将是一场前所未有的大仗和恶仗。

粟裕为此召开专门会议整顿纪律，要求部队做到四点：第一绝对服从命令，第二严格遵守时间，第三树立兵团观念，第四协同一致。部队的游击习气得到初步遏制，

1940年黄桥战役行军途中，第二个骑马者为粟裕，第一个骑马者为陈毅

上下一心，将士用命，拧成了一股绳。

1940年7月25日，陈毅、粟裕开始挥师东进。韩德勤马上命令黄桥守将何克谦率部向北攻击，陈泰运则率部由曲塘南下，准备南北夹击，消灭运动中的新四军。

粟裕稍加调度，新四军便大展神威，以神速动作击溃陈泰运两个团，歼灭1个多营。枪声一停，他和陈毅便下令释放被俘官兵，叫他们转告陈泰运，只要不打内战就可相安无事。

接着，粟裕又乘胜进军，冒烟突火，一举拿下黄桥，全歼何克谦的保安旅，仅有何克谦带几个人落荒而逃。

一进黄桥，粟裕不敢丝毫松懈，马上筹划迎击韩德勤的作战方案，随时准备进行一场生死较量。他将自己关在房内，静静地对照地图，一一核对黄桥地区的桥梁、道路、村舍等，将地形烂熟于心。

韩德勤果然没有闲着。

他采取了软硬兼施、文武两手举措：一是鉴于自己主力还远在兴化，一时鞭长莫及，强令李明扬、李长江和陈泰运等人进攻新四军；二是派人怒气冲冲到黄桥向陈毅、粟裕问罪，责备他们“擅自江南北进”，“此次攻占黄桥各地，尤违中央抗战及团结御侮之旨”。

为迷惑陈毅、粟裕，争取调集兵马的时间，韩德勤最后假意宽宏大量，不究既往，同意与新四军“和解”：韩部驻姜堰、曲塘一线，不再南下；新四军驻黄桥等地，不再北进。

粟裕对韩德勤的心思洞若观火，通过精确计算调兵的时间，他判断还有半个月左右，韩德勤便会大举进攻新四军。

8月15日，因陈毅不在指挥部，粟裕以个人名义给中共中央、毛泽东和新四军军部叶挺、项英，以及管辖苏北指挥部的中原局书记胡服（刘少奇）发电报，提出了应对韩德勤的四个部署。

他的部署之一是，将新四军陶勇纵队驻守的塘头、宜陵地区交给李明扬和李长江，既可收缩集中兵力，又能争取“二李”中立。

报告的最后，粟裕慨然表示：“我们决以全力对付”韩德勤。

韩德勤兵强马壮，远远超过苏北新四军，毛泽东和刘少奇十分焦虑和担心，原打算等黄克诚的两万八路军南下增援后，与陈毅、粟裕一道合力解决韩德勤。为此，毛泽东还公开警告韩德勤，说“韩不攻陈（毅），黄（克诚）不攻韩；韩若攻陈，黄必攻韩”。

令他没想到的是，处境险恶的粟裕和陈毅都“一身是胆”，没有过分依赖远道而来的八路军，而是准备孤军奋战，独立对付兵多将广、数倍于己的韩德勤。

果然不出粟裕所料，主力人马刚集结完毕，韩德勤便不顾毛泽东的警告，于8月21日下达了一个标注为“极机密”的“第三三九号”作战命令，分左、右两翼进攻黄桥。

他还封官许愿，任命李明扬为“进剿军总指挥”，李长江为副总指挥兼“右翼进剿军指挥官”，拉拢他们给自己卖力，同时下令不准海安、泰州的粮食南运，以造成黄桥新四军的困难，不战自乱。

关系到生死存亡的决战即将开始，虽然刘少奇已催促黄克诚的八路军火速南下，却终究远水解不了近渴，仅以区区几千人对付韩德勤的10万大军，粟裕深知肩上的千钧之重，日夜坐在地图前，构想各种应对之策。

很快，他发现战场出现了有利的局面：

早先对“二李”和陈泰运的统战已经起到作用，他们不愿为韩德勤消耗实力，没有执行担负右翼进攻任务的命令；左翼虽是韩德勤的主力部队，但实际总兵力不过7个团。

粟裕和陈毅商量，为争取政治上的主动，决定不先放第一枪；同时逐步撤退、收缩，诱敌深入新四军防区，再集中兵力予以各个歼灭。

韩德勤的左翼部队果然上当，认为江南“逃窜”过来的新四军不过如此。他们长驱直入，鼓噪而进，保安1旅很快占领营溪，117师则炮火连天，猛攻古溪。

“来而不往非礼也”，粟裕当即部署反击。他下令叶飞率一纵攻打营溪，一举击溃保安1旅两个团，活捉数百人。王必成和陶勇也奉命率两个纵队出击古溪，117师见势不妙，慌忙缩了回去，得以保全。

陈毅和粟裕下令释放所有被俘官兵，发还枪支，保1旅旅长薛承宗喜出望外，很是感激，在随后的决战中保持了中立，没有向新四军放过一枪。

韩德勤初战失利，发现新四军不可小觑，便决定暂缓进军，只派兵进驻姜堰封锁新四军粮源。他还软硬兼施逼迫“二李一陈”上阵，意图将新四军压缩在沿长江的狭小地区，与日伪军一道予以合击。

姜堰是丰饶的粮食集散地，一旦被卡死，黄桥军民很快便将陷入无米下锅的困境，不战自乱。粟裕认为与韩德勤长期僵持不利，必须打下姜堰，才能摆脱困境。

他与陈毅商量后，决定一面揭露韩德勤粮禁真相，争取政治上主动和老百姓支持；一面主动出击，由粟裕指挥攻打姜堰。

姜堰驻有韩德勤的6个团，与粟裕手中9个团的兵力相差不大。为减少伤亡，粟裕决定声东击西，调虎离山，命令一个纵队东进佯攻海安，威胁如皋等地，迫使韩德勤从姜堰抽兵增援。

韩德勤果然再度上当，慌慌张张一次便抽出了4个团。战后粟裕在全军干部会上回顾时，幽默地说：“我们的意思是他姜堰的兵力太多了，请他调开一部分。结果他真是像听我们的命令一样，把姜堰的兵调了一部分到海安，只留下了两个团。”他的部下们一阵开怀大笑。

粟裕立即部署王必成和陶勇率两个纵队主攻，叶飞的一纵负责打援，仅一个昼夜便拿下了姜堰，歼敌千余人。

军事获胜，陈毅开始打擅长的政治仗。他向韩德勤公开呼吁“停止内战，团结抗日”，建议召开苏北各界军民代表会议，商讨双方和谈事宜，邀请韩德勤、李明扬、陈泰运和地方名流的代表参加。

这时，韩德勤已铁心与新四军势不两立，决心一周内把陈、粟“赶下长江”喂鱼。他认为陈、粟绝不会轻易放弃富裕的姜堰，提出了一个与会条件，说“新四军如有合作诚意，应先退出姜堰，再言其他”。

韩德勤的设想是，只要陈、粟舍不得吐出到口的“肥肉”，破坏国共合作，拒绝两军和谈的便是他们，他便可以名正言顺出兵讨伐。

陈毅识破了这一险恶用心，马上宣布退出姜堰。

韩德勤闻报，顿时傻了眼，但又不甘心和谈收兵，便食言而肥，要求新四军立即

1940年黄桥战斗期间粟裕（右1）与陈毅（右2）合影

撤出姜堰，经黄桥开回江南，否则无商谈余地。

他的出尔反尔引起了苏北各界军民代表们的公愤，大骂韩德勤言而无信，姜堰的普通老百姓也被深深激怒了。

接着，陈毅和粟裕又下了一步棋，决定不将撤出的姜堰还韩德勤，而是交给李明扬和李长江，同时慷慨送给陈泰运100多条好枪。

“二李”和陈泰运顿时感激涕零，拍着胸脯保证说，如韩德勤进攻新四军，他们决不参战，还尽可能提供情报。

陈毅信守诺言，很快撤军姜堰。无计可施的韩德勤只有图穷匕首见，杀气腾腾下令所属各部“务集中力量”，对黄桥新四军“包围而歼灭之”。

黑云压城城欲摧，双方决战已不可避免。陈毅、粟裕向中共中央和毛泽东紧急报告说："韩之进攻企图已极明显，一周内大战必爆发。"

黄桥上空一时阴云笼罩，烽烟滚滚，韩德勤26个团共3万余人杀奔而来，分为右、中、左三路：中路为嫡系部队，是进攻的主力；右路为"二李一陈"的部队；左路为保1旅等5个保安旅。

他又将中路分为三路，分配了直指黄桥的作战任务：左翼为89军33师，从加力、分界攻打黄桥东面；右翼是独立6旅，从高桥南下，攻打黄桥北面；居中的则是军长李守维亲自统领的89军117师和军部直属队、炮兵，从营溪南下，攻打黄桥东北。

陈毅、粟裕指挥的全部兵力仅有7000人，而能上阵作战的不过5000人，与韩德勤任何一路相比都处于劣势。但背靠滔滔长江的新四军没有退路，必须破釜沉舟一战而胜，否则就真会被赶下长江"喂鱼"，从此与苏北告别。

粟裕的老部下、原中央军委副主席兼国防部长迟浩田说，两军对阵，不仅是兵力、火力、士气的较量，也是双方指挥员谋略水平和指挥艺术的较量，"在一定情况下，胜负往往取决于指挥员的一念之间"①。

这"一念之间"，对这时的粟裕而言，绝非"眉头一皱，计上心来"那么简单。他深知责任重大，慎之又慎，最终决定以黄桥为轴心，诱敌深入，既各个击破进攻之敌，又保住黄桥不失。

方案确定后，他又开始考虑首战对象。

对韩德勤几支主力分析对比后，粟裕将目标锁定了翁达的独立6旅。多年后，对为何选择翁达，他还记忆犹新地说：

> 这个选择的主要根据，一是两李和陈泰运虽然已表示中立，但在韩德勤大军向我进逼的形势下，疑虑很大，如果我首战歼灭了翁旅，对于拉开两李、陈泰运同韩德勤的距离，稳定李、陈的立场将起重要作用。这样就使韩德勤的右翼失去了掩护。
>
> 二是翁旅是韩德勤中路右翼，把它消灭了，就把韩德勤的中路军打开了缺口，使我军可以实现对韩军主力的包围与迂回。

---

① 迟浩田：《粟大将军雄风长在，指挥艺术历久常青》，《解放军报》1994年2月5日。

第三，翁旅是韩德勤嫡系主力，如首战被歼，可以给敌军士气以严重打击，并使其他杂牌军不敢动作。

翁旅是韩德勤仅有的劲旅之一，号称“梅兰芳式”部队，全旅3000余人，军官多是饱读兵书战策的军校毕业生，清一色的“中正式”七九步枪，每个步兵连都配备崭新锃亮的捷克式机枪9挺。

旅长翁达也算是“天之骄子”，毕业于黄埔军校第四期，与中共将领林彪、刘志丹，国民党将领张灵甫、胡琏等人是同期同学，能征善战，颇有智谋，蒋介石对他恩宠有加，称之为“翁虎将军”。

韩德勤也是沙场老将，久经战阵，早年便“围剿”过红军，知道共军的作战原则是先打弱敌，后打强敌。

他和翁达都万万没想到，粟裕这一次反其道而行之，先拣强敌下手，从而出其不意，打了他们一个措手不及。

确定了作战方案和首歼目标，粟裕又决心大胆运用奇兵，精心部署麾下的三个纵队。

叶飞的一纵和王必成的二纵队兵力比较充足，粟裕将他们用于突击方向，隐蔽集结于黄桥西北的顾高庄、严徐庄、横港桥地区待机。他还让二纵派出两个营实行运动防御，诱敌深入。

陶勇的三纵不到2000人，粟裕决定安排其守备黄桥，同时令其派出一个营进至分界以西地区，用散兵战积极阻击敌人，迟缓其行动，疲惫其兵力。

苏北的日军也是新四军的死敌，对于他们会不会前来趁火打劫，粟裕也做了细致分析，最终认为，日军和韩德勤联合攻击的局面不会出现，只会坐山观虎斗，盘算着坐收渔翁之利。

他最担心的还是答应保持中立的“二李一陈”，手中已没有兵力对付他们，一旦他们翻脸，背后捅上一刀，后果不堪设想。陈毅听说后，让他放心，说“泰州方向由我和朱克靖顶着”。

为防万一，陈毅和粟裕商量，将留在江南的两个主力营调过来，而且照会李明扬和李长江："敝军两个团即将过江通过贵军防区"，暗示他们不要轻举妄动。

粟裕由此下了战役的最后决心。

9月30日，韩德勤下令进攻开始，所部倾巢出动，却突然遭遇倾盆大雨，连日不开，国民党军不得不放缓行军速度，最后只能停止开进了。新四军各部赢得了周密布兵、巩固阵地的充分时间。

一、二纵队展开后，粟裕将重点放在了黄桥。他和三纵司令员陶勇冒雨巡查所有的工事，一一亲自过目。

因兵力严重不足，他叮嘱陶勇部署防御不要墨守成规，而是积极灵活，将主要兵力放在东门，西边和南边不安排部队，仅由后勤和伙夫担负警戒，北门也只放一个班。

10月3日，大雨终于停了，阴沉的云缝里漏出几缕阳光，愁眉苦脸的韩德勤长吁了一口气。

他麾下的干将89军军长李守维马上抖擞精神，下令部下攻击前进。叶飞和王必成前出的部队节节阻击，佯装不敌，"仓皇溃退"，迫使其提早展开攻击队形。

89军官兵见共军不堪一击，一触即溃，极其兴奋，摇旗呐喊，争先鼓勇，分为几路扑向黄桥，当天中午便开始炮击黄桥外围阵地。第二天凌晨，89军的33师又枪炮齐鸣，猛攻黄桥东门。

战场上硝烟弥漫，大打出手，苏北各种政治势力都紧张地盯住黄桥。李明扬和陈泰运观望着战局，随时准备站在赢者一方，获取最大利益；日军和伪军的各路侦探也忙忙碌碌，穿梭来去，窥伺下手的机会。

10月4日上午，李守维发起首次总攻，为彻底冲垮黄桥防线，一次便投入了3个多团。一时枪炮声震天，战场上尘沙蔽空，天昏地暗。

陶勇三纵的防御工事大部被炮火摧毁，官兵伤亡巨大，炊事班警卫班都拿出来顶了上去。不久，33师一部突进了东门，防线被猛然撕破。黄桥一旦失守，后果不堪设想。

粟裕紧急赶往东门坐镇。时为三纵营长的恽前程晚年回忆说："当时最紧张的时候粟裕同陶勇在一起。"

危急之时，长途跋涉的江南一个营奉命赶来，离黄桥只有20里了。兵力虽不多，却也是一场宝贵的及时雨。粟裕闻报，马上告诉陶勇："增援部队来了，你们要坚决守住黄桥！"

陶勇马上将消息传达下去，又卷起袖子，拿起大刀率先冲了出去，三纵官兵顿时士气大振，冒着枪林弹雨奋勇冲杀，打退了李守维的总攻。

这时候，粟裕精心挑选的首歼对象独立6旅还没有登场。翁达之所以姗姗来迟，是因为打着自己的如意算盘。他以为新四军主力正和李守维在黄桥东门血拼，自己等着他们消耗殆尽，然后不费吹灰之力突入北门，一举夺得头功。

翁达迟迟不出场，粟裕却稳如泰山。尽管黄桥防守的陶勇打得异常艰苦，他仍然命令埋伏中的一纵、二纵不得轻举妄动，继续严阵以待。

下午3时，翁达终于现身。他估算新四军主力已经是强弩之末，带着独立6旅大摇大摆从驻地出发，开始向黄桥进军。

改变战局的关键时刻来到。

粟裕命令陶勇坚决守住黄桥，全力阻止李守维的突击，尤其要打破他黄昏时的第二次总攻。为求先发制人，他叮嘱陶勇以一个团左右的兵力先敌出击，打破其总攻计划。随后，粟裕离开指挥所，直奔北门，直接指挥叶飞的一纵收拾翁达。

打掉翁达便满盘皆活，因而粟裕十分慎重，思考也异常缜密，尤其是什么时候出击，他认为至关重要。

他分析，如果突击过早，只打到它的先头部队，独立6旅不但马上龟缩，还会暴露新四军的部署和意图；如果出击过晚，韩德勤的几路人马又将会攻黄桥，陶勇难以坚守，观望徘徊的"二李一陈"乃至日伪军便可能争先扑杀过来，形势会更危险了。

不久，侦察员跑步前来报告，说翁旅前锋已抵黄桥以北两三公里处。为慎重起见，粟裕亲自登上土城高处观察，发现不少老百姓惊慌地向西南奔跑，确定了侦察员所说的情况。

他马上开始计算，独立6旅采用一路纵队前进，如果两人之间相距1.5米，全旅3千余人的队形将长达四五公里。从黄桥到高桥约7.5公里，独立6旅的先头部队抵达黄桥以北2.5公里时，后尾必然已过高桥，也就是说已全部进入了一纵的设伏地区。

他决定立即出击，采取“黄鼠狼吃蛇”的战法，实施多路突击，特别要首先打掉独立6旅的指挥机关。

决心已定，粟裕给陈毅通话。陈毅问是否再等等，粟裕说：“不能再等了，再等就错过时机了！”随后，他向突击部队下达了攻击命令。

等待已久的叶飞率一纵火速出击，分四路插入翁达的行军纵队，将其切成几段，首先打掉了旅部和后卫团，迫使他的先头团回援。接着，叶飞以一部迂回到翁达的后方，乘势将其包围。

整个战斗干净利落，仅3个小时便告结束，独立6旅大部被歼灭，中将旅长翁达羞愤难当，自杀身亡。一纵腾出手来，立即被粟裕转调战场，准备和二纵一起合围黄桥的李守维。

与此同时，李守维果然集中3个团，准备黄昏时第二次总攻。陶勇按照粟裕的叮嘱先发制人，派出一个团先行出击，打乱了李守维的部署，总攻被迫偃旗息鼓。

李守维不甘失败，一面集结前线部队，一面让后方第二梯队迅速进军，打算以两个师的兵力，第二天拂晓对黄桥做第三次猛攻。

事不过三，粟裕已不容许他从容准备，命令陶勇当天晚上12时便带两个团出击，打破他拂晓的总攻计划，并配合叶飞、王必成夹击李守维。

10月5日凌晨3时，黄桥以东西官庄附近枪声密集，粟裕判断王必成的二纵已抄袭到敌后，急令陶勇加速猛攻，李守维的计划破产。

他情知大事不好，急忙将89军大部集结在黄桥东北，意图最后猛扑黄桥或固守待援。

这时候，叶飞率领一纵到达八字桥以南地区，李守维已落入四面包围之中，粟裕决定5日下午发起总攻。

命令下达后，粟裕得到密报，说韩德勤8个团的援军已到达黄桥东北不远处。他分析援兵不可能有8个团，但两三个团也许有可能，便果断应变，决定提前总攻。

更改命令已来不及下达，粟裕心生一计：命令三纵以小部队向黄桥以东佯攻，引起敌人回击，造成浓密的枪声，以此作为同一、二纵的联络信号。

叶飞和王必成果然心领神会，听到枪声后，一个迅速南下，一个立即西进，粟裕也命令陶勇率三纵全部出击。

李守维做梦也没想到，一天前他还叱咤风云，大张旗鼓猛攻黄桥，转瞬之间形势突变，沦为了新四军的网中之鱼。89军部和所属的两个师很快被围歼，李守维慌慌张张渡河逃窜时，不慎淹死。

粟裕一不做二不休，下令不顾疲劳，日夜兼程，一举攻占海安。时为新四军战士、不久担任粟裕机要秘书的徐玉田晚年回忆说："他（粟裕）六七天没有很好睡过觉，疲劳极了，在跟随追击部队前进的途中，禁不住白天打瞌睡，从马背上摔了下来。"

原本气壮如牛的韩德勤输了个干干净净，仓皇之间，带着千余人残部狼狈逃回兴化。

黄桥生死对决见出了分晓，新四军以少胜多，大获全胜，共歼灭韩德勤1.1万余人，缴获枪支弹药和军需物资不计其数。陈毅和粟裕险中取胜，绝处逢生，获得了一片广阔而自由的天地。

南方红军游击队改编而来的新四军，从此与多年前长征北上的兄弟——红军主力改编而来的八路军重新会师。苏北大部地区一时红旗招展，连成一片，成为华中最大一块根据地。

韩德勤主动进攻，以多打少反被打个落花流水，赔了夫人又折兵，蒋介石是哑巴吃黄连——有苦说不出。而毛泽东的喜悦自不待言，中共中央书记处便兴奋地发文，说黄桥战役"对全国有绝大意义"。

这一战役，粟裕首创了中共战史上的合围新战术：以一部兵力正面阻击，主力从进攻之敌的翼侧向其后方卷击，用侧正合击的方法合围对手。

具体来说，便是以防御部队节节抗击，将韩德勤主力诱至黄桥，形成严徐庄方向新四军主力突出敌后的态势，造成防守兵团和突击兵团侧正合击的有利战机。

王必成对粟裕的指挥十分钦服，说他"组织指挥作战竟是如此得心应手"。多年后，他回忆黄桥战役时说："那时，粟裕同志才三十刚出头，已显露出战略家的才能和气质。我对粟裕同志就更加敬佩，坚信跟着他打仗，无论在什么样的情况下，都一定能取得胜利。"

硝烟散尽几天后，苏北指挥部在海安西寺召开干部大会总结黄桥战役。

大会由陈毅主持，宣布了会议程序后，他当众说到了粟裕。时为三纵7团8连连长，后来担任成都警备司令员的张玉成晚年还清楚地记起陈毅的话。

陈毅说："大家一定要问：哪里来的粟副总指挥？告诉大家，粟副总指挥早就来了，过去因为统战关系，没有公开。因为他们（苏北国民党）说我陈毅是诗人、文人、是来宣传抗日统一战线的。"

他解释说："如果把粟裕同志公开了，他们一定说：你们把军事干部带来，是否准备来打仗啦！这样，就不利于做统战工作，因此过去没有公开。"

他还说："粟副总指挥，是很强的军事指挥员，他指挥打了好多漂亮仗，这次黄桥决战，我们决定后全由粟裕同志指挥的。现在，请粟副总指挥做总结报告。"

掌声过后，粟裕以实际战役指挥的身份，做了《黄桥战役总结》的报告。他结合自己谋划、指挥的心路历程，口若悬河，如数家珍，对烂熟于胸的战役筹划、经过、得失等侃侃而谈。部下们如沐春风，不时微笑。

时为团政治处主任的姚力晚年也回忆："指挥部召开干部大会，由陈毅司令员主持会议。他宣布开会后，风趣地先说了一段话，接着就介绍由粟裕副司令员做黄桥决战的总结报告。"

这是姚力第一次见到粟裕，他回忆说："粟司令身材瘦小，文质彬彬，像个文化教员，他讲话很精神，条理清楚，有说服力。报告内容生动，材料丰富，会场上不时地爆发出热烈的掌声和欢笑。"

参谋人员当场做了报告记录。这份长达16000多字，每到精彩之处，还特意标注了"众笑""热烈鼓掌"的详细记录稿，被存入军史档案，成为粟裕指挥黄桥战役的永恒记忆。

平原水网里"斗法"

粟裕和陈毅绝处逢生后不久，一个毛泽东早有提醒的"突然事变"发生了。

对新四军分处皖南和江南的两处主力，蒋介石和他的将领们也早有估计，说：

“叶、项如瓮中之鳖，手到擒来；而陈、粟如海滨之鱼，稍纵即逝。”

陈毅、粟裕“鳌鱼脱得金钩去”，急速渡江北上，又破军杀将，险中取胜，蒋介石鞭长莫及，再难控制，便紧紧看住了皖南的叶挺、项英。

1941年1月，他在安徽茂林重重设伏，将叶挺和项英9000余人围歼，叶、项两人一囚一死，新四军番号被号令取消，造成惨痛的“皖南事变”。当初“十年生聚”的南方红军游击队，除陈、粟部队外的精华几乎毁于一旦。

毛泽东不是胶柱鼓瑟的迂腐书生，惊怒之余，当即将苏北指挥部和驰援而来的八路军第五纵队等部重建新四军，陈毅为代理军长、刘少奇为政委，下辖7个师。原苏北指挥部所属部队改编为第1师，粟裕为师长，不久兼任政委，负责苏中一带征战。

粟裕掌管一片不小的敌后战略区，再次独当一面，自如地驰骋抗日战场，开始与侵华日军“斗法”。

新四军在苏北重新崛起，蒋介石徒唤奈何，日军便接过了接力棒，从江南调来强悍的独立混成12旅团（南浦旅团），横冲直撞，大肆扫荡。李长江等国民党将领纷纷响应，望风而降，苏中的“皇协军”一时增加到13个师，与日军联手“追剿”新四军，必欲除之而后快。

粟裕席不暇暖，或分散或合兵，或游击战或运动战，击日寇，打伪军，因势而变，如同岳飞所说：“运用之妙，存乎一心。”

这年4月，日军结集重兵“扫荡”泰州、泰兴，寻歼新四军1师。粟裕改换招式，将化整为零、以团营单位活动的3个旅集中起来，进行攻势作战。

叶飞奉命率1旅攻打泰州、靖江一带的日伪军据点，仅在姚家垡战斗中，便击毙日军泰兴城防司令以下20余人，活捉两名日军；王必成率2旅在兴化水田地、梓辛河战斗中，击沉日军汽艇1艘，歼敌1个小队，也活捉了两名日军；陶勇则率3旅部队在海安、东台间公路沿线时隐时现，灵活出击，使日军无法如愿攻占盐城。

日军受到猛烈打击，不得不匆匆收兵。

这时候，日本最高统帅部开始谋划太平洋战争，为积累战争所需物资，密令加紧掠夺和控制华北、华中等占领区。华中日军随即加紧“伪化苏北”，一面增设据点，修筑纵横交错的公路线；一面频繁“扫荡”，以“铁壁合围”“梳篦拉网”战法寻歼新四军。

1941年7月，1.7万日伪军倾巢而出，分四路长驱直进，目标对准盐城的新四军军部。苏北一时风烟滚滚，山雨欲来。

粟裕马上抽调一个旅北上协助黄克诚的3师保卫盐城，同时指挥剩下两个旅在苏中南部积极作战，不断袭击日伪据点和交通干线，打击和钳制日军。乘日军后方空虚，他还以"围魏救赵"的战法，突然回师泰州，猛攻驻在这里的日军南浦旅团部。

粟裕解释说："敌人集中兵力在北线'扫荡'，南线就空虚了，好比光着屁股等着挨打。我们就狠狠地打他个皮开肉绽。"

新四军1师很快在南北两线奏捷，战绩斐然：攻克古溪，收复黄桥，拿下日伪重要据点裕华镇、大中集，迫使攻打盐城的南浦旅团南撤，打掉日伪军2100多人，日军合围新四军军部的意图随之夭折。

1941年，新四军1师师长兼政委粟裕在苏中

"偷鸡不成反蚀一把米"，日军最高指挥官南浦少将丢城弃地，损兵折将，不免恼羞成怒，痛感粟裕和新四军1师威胁最大，转而重点对付苏中。

8月13日，他们开始报复性"扫荡"，出动了1万余名日伪军，一路耀武扬威，高歌猛进，先后攻占苏中的李堡等10多个集镇。

粟裕沉着应对，避其锋芒，开展神出鬼没的游击战，连续作战42昼夜，战斗130多次，毙伤日伪军1300多人，活捉800人。

南浦不甘失败，又转为小规模分区"扫荡"，控制河流，修筑公路，封锁交通，把苏中地区分割成零碎的小块，准备一一蚕食，将新四军1师歼灭或赶出根据地。

粟裕马上实施三年游击战时运用过的战法，敌进我进，挺进日军后方，袭扰其相对宁静的后院。他派遣麾下3个旅的参谋长张藩、杜屏和梅嘉生，各带一支队伍，乘虚而进，到敌后开辟新区。张藩等人很快完成了“开疆拓土”的任务，苏中根据地得以扩大。

不久，粟裕又决定针锋相对，与日军反复争夺根据地内的要点。

他分析说，日军把苏中作为重点进攻的目标，基本区的争夺和反争夺、“扫荡”和反“扫荡”将成为苏中抗日斗争的主要形式。因而必须对苏中的基本区域和重要基点，采取各种有效战法，坚决与敌人争夺，使其久占企图不能得逞，保障基本区相对稳定。

这时，日军攻占了三仓和丰利两个基本区，准备修通公路，将这两个地方作为分割苏中的据点。

粟裕随即指挥部队与日军展开了你来我往的激烈争夺战，长达8个月之久，两个地方反复易手。三仓镇仅有20多户人家，被炮弹夷为一片平地，日军始终无法立足生根。南浦旅团长为争夺丰利，先后5次增兵，亲到前线指挥，最后也是损兵折将，伤亡800多人。

南浦争夺要点的同时，还处心积虑策划了大规模的冬季“扫荡”。

粟裕也随之变招，指挥麾下3个旅和地方武装，发起了与北方彭德怀“百团大战”相似的“十团大战”，攻打日伪军的薄弱据点。“十团大战”纵横数百里，持续一个月，拿下了掘港、临泽等据点，歼敌500余人。南浦受到猛烈打击，“扫荡”无果而终。

时为新四军1师4团8连连长、后来荣获华东野战军“一等战斗模范”称号的陈宝富，晚年时对“十团大战”战记忆犹新。他回忆说，“我们和他们的战斗也相当艰苦。但在如皋的扬州大桥，我们打死了他们一个大队长，还有一个大队长自杀了”。

粟裕带一个十几人的指挥机构和一个负责警卫的加强排，始终留在“扫荡”圈内活动。他曾与日军周旋，连续行军一天两夜，行程100余公里，多次身陷险境，但从容应对，指挥若定，最终化险为夷。

时为师部参谋的薛元恺后来回忆：“不管情况如何恶劣，只要粟司令在，我们的胜利就有把握，我们的行动就有秩序，我们的安全就会有保证。”

他还说：“师部在左右或前后皆有敌人的情况下活动，从来没有遭到过不测之敌的袭击。在与敌人紧张的周旋中，敌来我去，敌去我来，往往我们紧紧在敌人后面跟进，同走一条路，同奔一个方向，甚至敌人在海堤上面走，我们就在海堤下面潜伏着，也没有发生一次意外情况。”

陆地上厮杀紧张时，粟裕还将战场扩展到一望无际的大海上，首创了中共第一支海军，组建了海防大队、海防团，3旅旅长陶勇兼任团长。粟裕叮嘱说：“我们创建的是中国人民的第一支土海军，你们来干一定要干好。”

海防团纵横驰骋东海的万里碧波之上，神出鬼没痛击倭寇，日本《朝日新闻》惊叫：“华东沿海从连云港到上海，有游弋不定的水兵。”海防团后来发展为海防纵队，又划入白手起家的华东海军。

冬季反“扫荡”终止后，1941年也随之结束。这一年，粟裕指挥1师主力和地方武装作战500余次，毙伤日伪官兵6800多人，俘虏日伪官兵5300多人。

华中局书记兼新四军政委刘少奇格外满意，称赞说：新四军1师“在抗战中建立了最大的功劳。在我全军中以第一师部队作战最多，战果最大。”

能者多劳。进入1942年，粟裕的任务更为艰巨，原因有三个：

一是日本发动了太平洋战争，需要更多战争物资，对富饶的苏中继续残酷“扫荡”外，又开始“清剿”和“清乡”；二是蒋介石忌恨新四军之心有增无减，不断制造军事“摩擦”；三是新四军6师被并入1师，粟裕负责的范围扩大到了江南，实际成为两个师的师长。

苏中多是水网和半水网地带，河渠纵横，密如蛛网，城镇村落，港汊环绕。日军“扫荡”时坐着汽船，一路畅通，行动迅速，依靠木船和两条腿行军的新四军损失不小。

粟裕久久思考对策，终于有了一着好棋：“人定胜天”，发动老百姓动手，改造苏中的地形。

于是，苏中沧海桑田，成为了一座日军眼前的迷宫：众多河道构筑了明坝、暗坝、交通坝、阻塞坝；往日的大桥改为小桥，固定桥变为活动桥，大路改为小路，直路变为弯路；河流之间还新开凿了许多小运河。

战争的天平很快倒了个个儿，新四军的平底木船通行无阻，行军作战来去如飞，日伪军的尖底汽艇寸步难移，出动时困难重重。

焦头烂额的南浦少将冥思苦想，不久也找到了新办法。他决定实施“交通政策”，加紧修筑公路，加强对占领的点和面控制，步步为营、稳扎稳筑，分割、缩小根据地。

粟裕马上部署三种武装力量反击，四两拨千斤，将南浦构想良久的“妙策”轻轻化解。

一是命令地方武装、民兵和群众展开交通破击战，日军被迫屡屡推迟打通公路的计划，好不容易建成，却常常被截断，始终不能全线通车。

二是组织精干部队和短枪队袭击日军腹背，迫使他们不敢出动主力到第一线，小分队则不敢单独离开据点活动。

三是指挥新四军主力部队机动作战，选择有利战机，采取突然袭击动作，猛扑日军一路，或攻其一点，屡战屡胜。

这一轮“斗法”相持了3个月，粟裕部署的破袭战、袭击战进行了168次，攻克20多个据点。日伪军损兵折将，精疲力竭，“扫荡”也再度偃旗息鼓。

“扫荡”之后是“清剿”。

1942年6月，南浦借鉴蒋介石当年“围剿”红军经验，又出台“三分军事，七分政治”的新招，实行军事、政治、经济、文化的“总力战”，对苏中和新四军1师实行持续半年的“清剿”。他们的措施是：

军事上，日军为主的机动部队与特务队、“清乡”队配合，先水陆封锁“清剿”区，然后分进合击或多路合围，寻歼新四军主力部队和地方武装。

政治上，采取软硬兼施、威逼利诱手段离间军民关系，宣传“只打新四军不打老百姓”，摧毁根据地基层政权和群众基础。

经济上，设立统制委员会，控制一切物资，封锁根据地，重要地区还实行“三光政策”，杀光、抢光、烧光，不给新四军利用。

苏中根据地一时陷入前所未有的困境。

粟裕却依然镇定自若，回顾了当年浙南游击战，说：“当时的条件比现在困难得多，我们熬过来了，撑持住了。”他分析说，当前敌我力量的对比，敌人虽有相当的优势，但我们并不是绝对的劣势，我们在社会基础、群众基础上更有强大的优势。

为防止根据地和部队“丧失坚持原地斗争的信心，消极地化整为零”，他要求“坚持武装斗争，坚持原地斗争”，办法是以武装斗争为主，同时处理好武装斗争与非武装斗争、公开斗争与秘密斗争、合法斗争与非法斗争的关系，打破日军的“清剿”。

部署和要求下达后，苏中各个分区各显神通，互相策应，攻石港，袭海门，战如西，克二鸾，接连打破了日军的一、二、三期“清剿”。

粟裕以身作则，始终留在“清剿”区内指挥，多次亲临前线战斗。

3旅7团攻打三阳镇损失不小，粟裕将团长严昌荣等人召到师部“面授机宜”，帮他们总结教训，改进战法，要求利用日军骄狂求战的心理，引蛇出洞，将其消灭于运动之中。

严昌荣回去后依计而行，很快在三阳镇以东的斜桥地区伏击成功，全歼日军70余人、伪军100多人，缴获其全部武器装备，包括重武器平射炮一门。

日军南浦旅团长低声下气写信，要求拿回大炮：“贵军三阳镇伏击，可谓英勇神速，殊堪钦佩。如蒙归还皇军前所丢失之平射炮，尔后贵我两军当和睦共处。”粟裕自然嗤之以鼻。

南浦不免羞恼交加，气急败坏。

这年9月25日，他命令日军悄然出动，兵分两路长途奔袭1师师部，目标是擒拿粟裕。粟裕巧妙设伏，以逸待劳，毙伤日军保田大队长以下官兵110多人，生俘日军3人，迫使其第一期“清剿”仓皇结束。

战后，粟裕不待南浦老着脸求情，命令将保田中佐的尸体装进棺材还给日军。南浦不想有这等好事，喜出望外，连忙回信说：“贵军战后归还遗骸，宽仁厚德，诚贵军政略之胜利。”

鉴于南浦屡战屡败，“清剿”不利，让“皇军”颜面扫地，侵华日本总部将其就

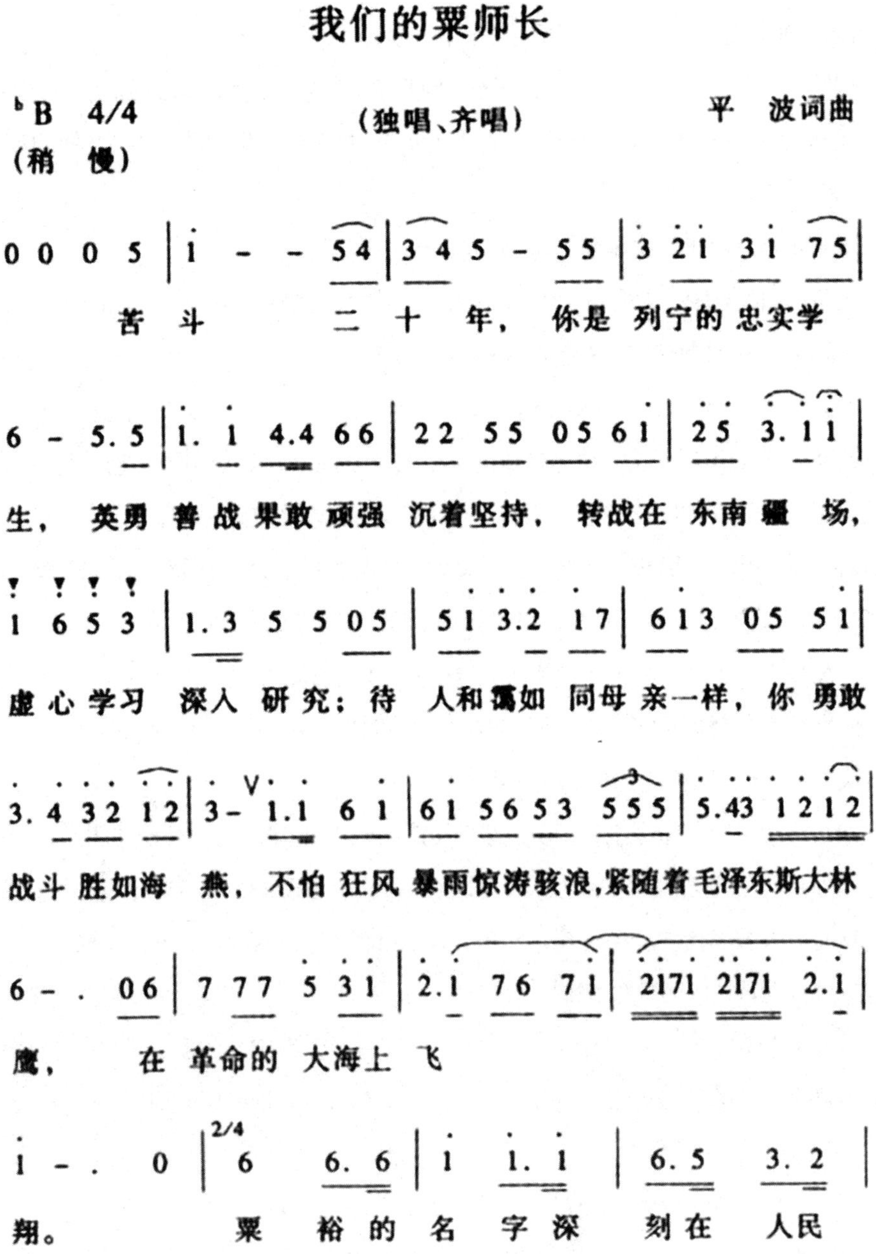

新四军歌颂粟裕的歌曲：《我们的粟师长》（节选）

地免职，遣送回日本，独立第12混成旅团的建制也遭撤销，被新调小林中将的第13师团接替，同时增调3个伪军师到苏中“清剿”。

侵华日本总司令官烟俊六发誓说，要把新四军赶到黄海边统统消灭，建成苏中“大东亚圣战的华中确保区”。他给予小林师团消灭粟裕和新四军1师的期限是6个月。

这一年是1943年，也是新四军1师敌后抗战最艰苦的一年。

为打乱日军部署，粟裕决定先发制人，趁小林师团的“清乡”尚未准备就绪、日伪军调防和一些据点空虚，发起迅猛攻势。

2月23日，他亲自指挥发起曹家埠战斗，全歼伪军1个营200多人，拔除孙家窑等据点，随后又派兵攻克三阳镇等12处日伪军据点，摧毁40余座碉堡。他还调一部人马挺进长江北岸，掩护群众烧毁日伪军用来构筑篱笆封锁线的大批毛竹。

对助桀为虐，帮助日军作战的伪军，粟裕也加强了分化瓦解，大显成效。南通500多名伪军一夜之间弃枪而逃，海门伪军则暗中表示中立。

“清乡”还没开始便损兵折将，小林中将被迫屡屡推迟，直到这年4月才开始行动。他集结人马封锁长江大小口岸，占领沿海集镇，切断海陆交通，在“清乡”区边界构筑了竹篱笆封锁线，长达175公里。

粟裕早有对策，命令主力部队、地方武装和民兵迅速出动，各司其职。

主力部队进退自如，灵活机动，时而跳到“清乡”圈外奇袭守备薄弱的日军据点，时而突入圈内掩护和配合群众斗争，仅4、5两个月便进行了42次主要战斗，攻克金沙等日伪据点，平毁碉堡108座。

地方武装和民兵则在“清乡”区内开展游击战，组织武工队重点打击日伪军。粟裕还号令“每乡每支部每月捕杀一个敌人”，苏中各地一时展开了热火朝天的杀敌竞赛。

两个月里，武工队神出鬼没，处决汉奸、特务274人，日军抽调而来的“清乡”骨干被捕杀过半。侥幸余生的其他人胆战心惊，夜不能寐，许多人开小差，请长假，龟缩在南通城里不敢上任。

小林中将的“清乡”持续到1944年2月，最终无奈中止，与南浦少将半斤八两。

侵华日本总司令官烟俊六当初踌躇满志的誓言，也成为一道贻笑千秋的笑柄。

粟裕后来感慨说：“征战倥偬未下鞍。”这一年中，新四军1师主力部队和地方武装作战624次，毙伤日伪军15054人，生俘日伪军11949人；民兵作战2855次，毙伤俘日伪军4105人。

日军将所有招式轮番使尽，力竭神疲，黔驴技穷时，粟裕却越战越勇，开始组织局部反攻。1944年2月，他决定发起车桥战役。

车桥坐落在淮安县境涧河两岸，日军筑有53座碉堡，四周围墙高达2丈，外壕宽1.5丈，外围还有10几个坚固据点互相拱卫。这里驻有日伪军500余人，凭险据守，易守难攻。

粟裕知难而上，并非鲁莽蛮干，而是知己知彼，稳操胜券。早在1943年9、10月间，利用到新四军军部驻地黄花塘开会的机会，他往返时特意绕道而行，对车桥一带

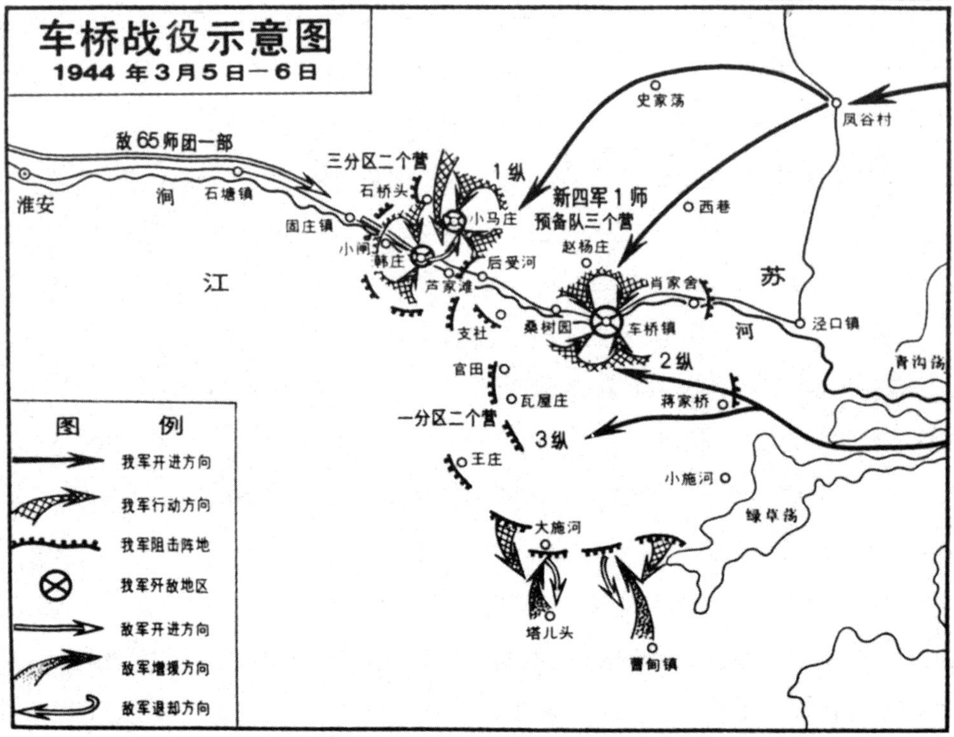

车桥战役示意图

进行了详尽侦察。

时为1师侦察科副科长的严振衡晚年回忆说："粟师长带领我们完成了向军部汇报工作的任务之后，他深谋远虑，决定不按原路返回苏中，而是舍近求远，另辟新径，预先勘察战场。"

粟裕调集了5个团的主力，外加地方部队参战，胃口也不仅仅是拿下车桥，而是攻坚打援并举。他将部队划为3个纵队，具体部署是：

第2纵队为7团，任务是主攻车桥；第1纵队由1团、3分区特务营及泰州独立团1个营组成，任务是警戒两淮方向，担负阻援、打援；第3纵队由52团和江都独立团、高邮独立团各1个营组成，任务是警戒淮安、曹甸和宝应方向，负责阻援和打援。

他还安排了总预备队，由剩下的师教导团1营、4分区特务团和炮兵大队组成。

全面部署完成后，粟裕将战场指挥之责交给老部下、1师副师长兼1旅旅长叶飞，由他前往车桥，具体组织实施战役。

但粟裕终究不放心，又悄悄跟随参战的4分区特务团1营赶往前线。为避免出现两个指挥部，令前线部队无所适从，他要求对自己的行踪保密。叶飞和其他将领始终不知道粟裕也在前线。

时为特务团政治处主任的姚力晚年回忆说："粟司令没有带参谋人员，只带了几个侦通人员，一部小电台，共20来个人，等特务团一营一到就下令向车桥出发。我们日夜兼程地赶路，用了两天多的时间，才赶到车桥。"

战役于3月5日深夜打响，仅两天激战便顺利结束，歼灭三泽大佐以下日军460余人，其中活捉24人，歼灭伪军500多人。

被活捉的日军中尉山本一三心服口服地说："粟裕埃拉伊！埃拉伊（日语'了不起'）！"延安新华社随即播发了"车桥大捷"的消息，称赞粟裕和他指挥的新四军官兵打了一个"大歼灭战"。

这一战役是粟裕"从战略上考虑，战役要同战略相结合"的关键一仗，打通了苏中和苏北、淮南、淮北四块根据地的联系，是华中抗战史上最大的一次攻势作战，苏中敌我相持状态从此被打破。曾经凶悍的日寇成为强弩之末，再无力量发动上规模的"扫荡"。

“一年三百六十日，多是横戈马上行。”1944年一年中，粟裕指挥部队又与日伪军作战825次，打掉日伪军1.6万人。

正如国民党桂系将领白崇禧所说：“积小胜为大胜。”粟裕与日军冬去春来、你来我往“斗法”多年，终于以日军的衰落而接近尾声，苏中也从沉沉暗夜里迎来了黎明的曙光。

毛泽东的预言

侵华日军日薄西山，往日的骄横不再时，毛泽东又交给了粟裕一个新的重任。

他决定派粟裕渡江南下，开赴东南沿海日占区，争取控制苏、浙、皖、闽、赣等几个省。他电令说：“设立苏浙军区，以粟裕为司令员，谭震林为政委，统一指挥苏南及全浙。”谭震林未到职，粟裕又独任其劳。

粟裕慨然赴任。1944年12月27日，他离开苦战多年的苏中，带3个团南渡万里长江，与已转战江南的王必成会师于浙江长兴，所属部队整编为3个纵队。之所以用“纵队”番号，是他为了让对手摸不清虚实的巧思。

粟裕将征战目标首先锁定浙西天目山。

这里处于顾祝同的第三战区东北侧。第三战区与日伪军一样，也是新四军的宿敌，曾将陈毅、粟裕的江南指挥部逼过长江赶入苏北，还在“皖南事变”中大开杀戒，打掉了叶挺、项英9000余人，苏北新四军则被他们视为“漏网之鱼”。

粟裕分析认为，天目山一带的日伪军已穷途末路，主动“招惹”新四军的行动不会太多；而第三战区则会处处掣肘，人数又远远超过苏浙军区部队，觊觎之心必然高涨。

他说：“我们去向日寇收复失地，国民党顽军就向我们‘收复失地’，历来如此。”有备无患，他不能不做好迎战准备。

“卧榻之侧，岂容他人酣睡”，第三战区获悉粟裕南下后，果然十分忌惮，紧紧盯着他的一举一动。

1945年1月，粟裕作出进军敌后部署：先以一部进入天目山支脉莫干山地区，而后深入杭嘉湖，打通与浦东、海北[①]的联系，再向浙东发展。

2月10日夜晚，正是传统的农历新年前夕，浓云密布，雨雪交加，日伪军和国民党军都沉浸在节日的欢腾中，粟裕下达了出击命令。麾下虎将、1纵司令员王必成随即兵分3路，在陶勇3纵所属7支队掩护下，出其不意，闪电般地进入莫干山区。

1945年，粟裕在浙江长兴仰峰岕居住的房间

顾祝同的部下、苏浙皖挺进军总司令陶广回过神来，不免急怒攻心，命令麾下62师“迅将该匪歼灭，毋使坐大”；总指挥由国民党特务头子戴笠兼任的“忠义救国军”等部则协力围堵。

两天后，陶广看准机会，突然猛攻位于孝丰的新四军掩护部队3纵7支队。支队相当于团，7支队也就是车桥战役中担负主攻的7团，是苏北远道而来的“客军”，

① 指杭州湾北的乍浦、平湖、嘉兴、海宁、海盐地区。

陶广一次便集中了5个团，兵力对比是5比1，因而踌躇满志，认为两天便能轻松解决战斗。

然而，他抢先动手攻打新四军，政治上便棋输一着。遭遇攻击的7支队名正言顺、理直气壮地奋起自卫，很快击溃武器精良、号称“猴子军”的“忠义救国军”。但陶广兵多将广，险情依然没有解除。

粟裕急电王必成日夜兼程，火速回师孝丰以北增援。两天后，他又命令陶勇带3纵的8、9两个支队投入战场。

未曾想，陶广的主力也不堪一击。

王必成还没赶到，他的62师也已被陶勇迅猛还击而败下阵来，慌不择路而逃。一队溃兵竟然跑进了相对而进、赶来增援的王必成1纵队伍里，稀里糊涂当了俘虏，堂堂185团的团长竟也在其中。

2月17日上午，赶到战场的王必成开始大展神威，一如猛虎扑食，又将62师184团残部击溃，很快占领孝丰城。第二天，他与陶勇珠联璧合，互相配合，还收拾了一部“忠义救国军”。

捷报传来，粟裕审时度势，下令停止追击，第一次天目山战役结束。

这是他南征以来的首次告捷，自卫反击一招制胜，共歼国民党军1700余人，缴获数量不菲的枪支弹药，特别是有不少汤姆式枪、卡宾枪等美制新式武器，令新四军官兵大开了一次“洋荤”。

苏浙军区布告

战后，粟裕发挥师范出身的文采，亲笔给第三战区司令长官顾祝同写信，让被释放的俘虏带回去，说“卑职率师南下抗日，正缺武器弹药，承蒙你慷慨解囊”，“你如愿再次相送，我仍来者不拒”。

名义上仍然是新四军和粟裕上司的顾祝同收到信件，自然五味杂陈，有苦难言。

新四军的战果原本还可以扩大，顾祝同也会更为难受，粟裕之所以停止追击，是出于3个方面的考虑。他晚年时回忆说：

“一则本着有理有利有节的原则适可而止；二则要抓紧时间深入农村工作；三则从军事上考虑，天目山易守难攻，顽军（国民党军）有纵深配备，过于深入顽区对我不利，而且强攻凭险据守的顽军，必将付出较大伤亡。”

粟裕估计，顾祝同这一次损失不算大，很快便将重整旗鼓，卷土重来。他决定以逸待劳，等对方进攻时，在天目山外歼其有生力量于运动中，然后乘胜而进，以较小的代价拿下天目山。

果如粟裕所料，不甘被击败乃至羞辱的顾祝同，很快密令陶广相机围歼粟裕，严防新四军打通海北和浙东，将天目山作为根据地。

他到底是第三战区司令长官，知道国共合作尚未完全破裂，十分顾忌国际政治影响，再三叮嘱陶广说：“对剿匪部队行动严守秘密，勿使盟军（美军）发觉，以重国际听闻。”

陶广早年毕业于南京江南讲武堂，也算是行家里手，马上调集12个团，以28军军长陶柳为前线总指挥，兵分四路，烟尘滚滚，直指孝丰，打算分进合击，合围仅有6个团的粟裕。

粟裕又开始久坐地图前，一遍遍分析敌情，思考最佳破解之策。

他发现，陶广进攻的重点在孝丰以西，主力是左中路的52师和192师各1个团，都是蒋介石的精锐嫡系部队。52师更是军中翘楚，训练有素，装备精良，曾是“皖南事变”中围攻叶挺、项英的急先锋。

粟裕决定利用山地地形，采取“任凭几路来，我只打一路”的战法，打破陶广的分进合击。他的设想是：用少量部队钳制其他几路，重点打掉陶广的左路，求歼52师的156团和“忠义救国军”。

计策既定，粟裕又做了精心的部署：

1纵3支队一部及独立2团在孝丰周围担任正面守备；3纵8支队担负孝丰西北一带的阻击；1纵和3纵主力则分别控制孝丰及其西北地区，待机实施迂回包围，南北对进，合击进至孝丰西侧的国民党军。

通俗地说，粟裕是将麾下人马分为三股，一部分正面防守阵地，吸引对方注意力，一部分外出阻击援兵，其余主力部队则隐伏起来，准备重点突袭陶广的一路精兵。

王必成和陶勇等将领随即遵令而行，各路人马很快各就各位，静静等待陶广前来。

3月3日，陶广严令“有我无敌”，国民党军潮水般赶到孝丰城下，炮火连天，杀声四起，开始猛攻。正面守备的新四军官兵人数不多，却一无所惧，勇猛还击。连续激战近4天，阵地反复争夺后，陶广仍然没有前进一步。

3月7日，最佳战机出现，粟裕下令隐伏多日的1纵和3纵主力出击，战场攻守之势顿时逆转。

西路的“忠义救国军”发现不妙，急忙撤退，倏忽之间不见了踪影。粟裕锁定的目标——52师156团孤零零地暴露在新四军的枪口之下。

陶勇随即将156团的退路切断，经过一阵激战，将其全歼，团长也被击毙。随后，陶广的另一支主力192师也被吃掉了一部。粟裕打掉他4路进攻人马中的重点一路设想实现了。

其余3路接到友邻覆灭的战报，有如惊弓之鸟，生怕成为粟裕第二道“下酒菜”，纷纷掉头逃跑，陶广分进合击的计划瞬间化为乌有。

粟裕下令乘胜追击，新四军追亡逐北，长驱直进，一举占领了天目山。第二次战役结束，顾祝同又损失了1700余人和许多枪支弹药。

令他更为沮丧的是，一个偶然机会，几个美国盟军官兵在天目山顶获悉了他攻打新四军一事，丑事外泄，政治上被动。一怒之下，他将陶广、陶柳都撤职查办。

然而，得胜的粟裕对战果却不是很满意。陶广打仗不行，麾下逃跑保命有上乘功夫，迅如脱笼之鹄，两次天目山战役累计仅被歼灭3000多人。

粟裕反思原因，感觉最突出的问题是手中兵力不足。他用兵善于使用预备队，现在手中仅有两个纵队，另外一个何克希为司令员的2纵还远在浙东，难以就近调用。没有预备队可用，导致围歼战变成击溃战。

粟裕设想："如果手中有三个纵队，就可以拿一个纵队堵截，两个纵队突击，仗就好打多了，就能成建制歼灭敌人。"因此，他期待苏北的后续梯队尽快到来。

毛泽东原本对发展东南气魄很大，计划在粟裕南下后，第二梯队甚至可能派第三梯队跟进，但日军的衰落异常迅速，不但停止了正面进攻，还先后撤出了广西南宁、福建福州和浙江新昌等地，这些地方已不再是沦陷区，毛泽东决定暂缓大举南下计划。

粟裕坚持后续梯队尽快南下，多次建议至少让叶飞带一个旅前来，以利于苏浙地区的巩固和发展。

毛泽东考虑再三，终于同意，说："叶部可即令其南渡"，"粟、叶两部以加强苏、浙、皖交界根据地工作为主要任务"。

叶飞很快南渡长江与粟裕会合，所部被改编为苏浙军区第4纵队，叶飞为苏浙军区副司令员，粟裕终于实现了有一支预备队可用的愿望。

随后，他一面建设和巩固根据地，部署主力休整，总结实战经验；一面派出两支队伍开辟新区：一支渡富春江前往金（华）萧（山）地区，一支进入杭嘉湖地区。

蒋介石对江浙一带出没的粟裕深感芒刺在背，更咽不下两次天目山战败的"恶气"。

5月23日，他任命第三战区副司令长官、"皖南事变"主将之一上官云相为总指挥，率领10个师进攻粟裕，期待再来一个"皖南事变"，建树一番惊世骇俗的"剿"共奇功。

敌人的敌人就是朋友。为消灭共同的敌人新四军，顾祝同也在煞费苦心。他派专人与日本人的傀儡、南京伪国民政府3号人物周佛海密谋，让他出动"皇协军"，密切配合重庆方面"进剿"粟裕。

然而，粟裕不是宋襄公似的迂腐书呆子，对蒋介石和他麾下将领的进攻，他早有胸有成竹的应对方案。

5月29日，当证实上官云相已经出兵时，粟裕便决定先发制人，乘他们立足未稳，集中手里3个纵队的主力支队（团）主动出击，打破他的部署，也便于收拢分散在各地开辟根据地的新四军部队。

他任命叶飞为前敌指挥，准备开战，同时公开发表《告浙西同胞书》，揭露蒋介石勾结日伪进攻新四军的阴谋，争取政治上的主动。

叶飞随即组织攻打新登，这里驻扎的国民党军79师，也曾是“皖南事变”主力之一，手上沾满了新四军将士的鲜血。激战3个整晚后，叶飞突破79师的筑碉防线，很快拿下新登城，79师残部退守城西地区。

上官云相大惊失色，急令突击总队所属的突击第一队赶赴战场增援。突击总队也是蒋介石的嫡系精锐部队，1个突击队相当于师，全部美械装备，由英国教官训练而成。

6月3日，79师在突击第一队、独立33旅配合下反击新四军，一夜激战后，再次受到重挫，被歼灭2300余人，但新四军也损失不小，伤亡900余人。

双方激战难分难解时，粟裕已将分散在其他地方的部队逐渐收拢，上官云相派出的援军也源源不断到来。战场阴云密布，更大规模的对阵交锋即将开始。

下一步如何作战，粟裕也在反复思索、权衡。他设想了3个方案：一是增援新登，继续在新登作战；二是撤退一步，在临安与国民党军决战；三是大踏步后退，诱敌深入，寻机再战。

最后，他敲定了第三个方案，命令部队不可恋战，必须主动撤离新登、临安，乃至撤出天目山。

叶飞随即率军撤退，因撤离仓促，人员纷杂，道路拥挤，追击的国民党官兵眼睛猛然一亮，认为新四军已“伤亡惨重，溃不成军”。

粟裕马上投其所好，因势利导，隐真示假，派4纵所属的11支队佯装全军主力，且战且走，一路不停“败退”。他还交代有意放走俘虏，让他们带回去“新四军真的在败逃”的消息，诱使国民党军上当。

接替陶广担任前敌总指挥的李觉毕业于保定军校，久经沙场，经验老到，红军时期便打败过好几个中共将领，抗战开始后又参加过淞沪会战、武汉会战、长沙会战，骁勇善战。

然而，这一回他遇到的劲敌，是中共党内已屈指可数的大兵团作战指挥高手粟裕。

新四军撤兵后，李觉起初还算老沉谨慎，一再告诫部下小心埋伏，但粟裕一撤新登，再撤临安，三撤天目山，他终于相信新四军的确已溃不成军。到后来，他的上司顾祝同也确信无疑了。

6月9日，顾祝同电令李觉肃清东西天目山的新四军并筑碉固守，主力组成左右两个“进剿”兵团向孝丰分进合击，务期一举拿下孝丰，求歼粟裕的主力。为稳操胜券，他还命令突击总队第二队和146师前来参战。

李觉马上将麾下15个师7.5万人部署为三路大军，目标直指粟裕的司令部驻地孝丰。他要求完成准备的期限是6月15日，四天后务必开始全面进攻。

他认为自己不是庸才陶广，对付仅有两万多人且已“溃不成军”的粟裕，胜算全操在手中。他豪迈地报告顾祝同：“据各部报称，18日止，东西天目山已无敌踪，扫荡之战，于焉告终。”

顾祝同、李觉乖乖听话上当，粟裕便开始上演一场好戏。

他仔细分析李觉的部署，认为左右两路“进剿”兵团依然是分进合击的老套路，对其中任何一路，已集中在手的新四军部队都占有优势，完全有把握予以歼灭，剩下的只是先打哪一路的问题。

不久，李觉分头开进的两个兵团拉开了距离：右路兵团按部就班前进，又有新四军小部队的麻雀战阻击，行动迟缓；左路兵团中的52师为抢头功，放胆进军，成为孤立突出的出头之鸟。

粟裕当即决定先阻东打西，后阻西打东，通过战场转用兵力，连续作战，各个击破李觉的两路人马。他将作战设想为两个阶段：

第一阶段，先歼西边李觉的左翼骨干52师，相机求歼独立33旅；第二阶段，视情况发展移兵东向，再歼其右翼兵团。

为此，粟裕又将麾下所属部队分为突击集团、阻击集团和隐伏待机三部，部署妥当后，战机很快出现。

6月18日，他从偶然活捉的俘虏嘴里得知，52师已与其后续部队相距20公里。他估算，以自己突击集团6个支队（团）围歼52师两个团，两天就能解决战斗。

机不可失，时不再来。第二天夜晚，粟裕果断下令出击。

52师在第二次天目山战役中已被打掉一个156团，三去其一，却依然不肯服输，扬言“再打一个茂林，完成皖南剿共未竟之功”。新四军官兵听说后，群情激昂，发誓“为‘皖南事变’死难烈士报仇”。

哀兵必胜，他们很快将52师剩下的两个团和它的友军独立33旅隔离开来，分别予以包围。

独立33旅被打掉一个营后，赶紧脚底抹油，溜之大吉。52师一时孤苦伶仃，完全成为瓮中之鳖。

天亮后，粟裕与政治部副主任钟期光爬上山头观察战场，望远镜里突然发现对面山头的52师正在组织炮击，马上拉着身边的钟期光离开。跑不多远，炮弹便呼啸而来，击中他们刚才站立之处。

多年后，官居上将的钟期光对这一死里逃生的场景还记忆犹新，感叹说：“那次要不是他，我早被‘报销’了。”

6月20日，李觉急忙命令中路部队驰救52师，但他们担心粟裕打援，落个自身难保，不敢轻举妄动，52师覆灭已毫无悬念。

粟裕随即将作战重点从西线转移到东线，迅速作出三个部署：

一是阻击集团放开道路，让国民党右路兵团进入孝丰空城，同时抽出8支队，乘夜潜入对方阵地，切断其东南退路；

二是突击集团留下9支队收拾52师残敌并负责西线警戒，其余全部东移；

三是隐伏在莫干山以东的12支队6月21日早晨赶到白水湾、港口地区，抄袭国民党右路兵团后路，堵住其被包围后的唯一缺口。

52师残敌当晚就被9支队全部解决，左路兵团事实上已不存在，但李觉竟毫不知情，以为新四军主力仍然在和52师激战，因而电令右路兵团连夜向孝丰、鹤鹿溪挺进，协同左路兵团夹击。

右路兵团的突击1队一部进入孝丰，发现是空城后，粟裕围歼右路兵团的行动已经开始。

10支队奉命从孝丰正面向东出击，打乱了李觉的部署；8支队奉命由正面阻击转为乘夜间东进，插向79师和突击第2队的腹心地带；奉命从围歼52师战场转移到东线的7支队则猛攻79师阵地。

阵地上一时硝烟弥漫，敌我难分，互相分割、互相包围。但不多久，国民党军到底支撑不住，被打得狼奔豕突，四处逃窜。

这时候，一直隐伏的12支队奉粟裕之令，远从莫干山地区赶到孝丰战场，有如神兵天降，突然出现在国民党败兵面前，战场局势胜负已定。

6月23日，粟裕一改夜间出击的常规，下令白天发起总攻，很快便解决了战斗，第三次天目山战役结束，他运用预设口袋，以伏击方法达成合围的战术取得全胜。

顾祝同和上官云相精心策划的围歼之战又以惨败告终，自己反被粟裕歼灭少将司令胡旭盱、副师长韩德考等以下官兵6800余人，还再度慷慨“奉送”新四军大批枪支弹药，当了无可奈何的运输大队长。

时为3纵7团3营营长的秦镜，晚年回忆一次战斗时说：“集中10挺重机枪、27挺轻机枪，正面攻打一个只有几十米宽的敌阵地，在老七团历史上还是第一次。”

他微笑着提到了天目山战役，说：“这一点，不得不感谢国民党战区司令长官顾祝同，如果他不发动江南三次战役，我们也绝不会缴到那么多的轻重机枪和迫击炮。”

比这些锃亮的轻重机枪和迫击炮更重要的是，粟裕在全国各战区率先完成了从抗战时期的分散游击战到大兵团运动战的转变，为随之而来的国共全面大打做好了军事上的准备，也为苏中、宿北、鲁南、莱芜和孟良崮等战役提前做了一次大兵团作战的实兵演练。

他的老部下、原第三野战军9兵团政委郭化若晚年回忆说，这是粟裕创造的三野“十大奇迹”之一。

正在延安主持中共“七大”的毛泽东，闻获捷报后喜不自禁，预言说：“粟裕同志将来可以指挥四五十万军队。”四五十万军队是后来一个战略区大野战军的规模，他的预言很快得到了惊人的准确验证。

第五章

血战华东半壁红（上）

又是横戈马上行

——野战主将粟裕

第五章

血战华东半壁红（上）

通令全军仿效的开门红——战苏中

天目山战役后不久，曾经不可一世的日本终于低下傲慢的头颅，公开宣布投降，举国顿时一片沸腾，国共两党也开始坐在一起和谈。

粟裕奉命带6万多人北渡长江，返回苏中，出任新组建的华中军区副司令员兼华中野战军司令员，下辖6、7、8、9四个纵队，负责原新四军除苏浙军区和5师（中原军区）之外全部区域的征战事宜。

华中野战军是华东野战军的两个前身之一，也是中共最早冠以“野战军”番号的一支战略方面军。

因早先被任命为华中军区司令员的粟裕再三谦让从延安返回前线的“老资格”张鼎丞，中共中央接受粟裕的建议后，为使他能实际负责华中军事指挥，又在华中军区组建了华中野战军，以适应大规模作战的需要。

之后，与华中军区并列的晋察冀、中原、晋绥、晋冀鲁豫和山东等其他五大军区（司令员分别是聂荣臻、李先念、贺龙、刘伯承和陈毅），才借鉴这一先例先后组建野战军，而林彪的东北民主联军长期只有军区，直到1948年才有野战军番号。

华中野战军所在的苏北、苏中，北枕山东，南扼长江，俯视国民党的首都南京和全国最大城市上海，与过去威胁侵华日军大本营一样，成为蒋介石“卧榻之侧”的心腹大患。

和谈中，蒋介石曾逼迫中共让出苏北，说：“苏北地方并不大，让出来不算什么，你们还有许多地方可以生存。现在大家都看到，你们在苏北，对南京、上海威胁很大。”毛泽东当然没有答应。

就任新职的粟裕很快忙碌开来，整编野战军所属部队，攻打拒不缴械的日军，参加与徐州绥靖公署主任顾祝同的和平谈判。

顾祝同也终于见到了这位多年的老对手，当面赞许说“粟将军，你很会打仗”，转身却向部下李默庵描绘：“个子不高，文质彬彬，寡言少语，面带杀气。”

他最后一句是提醒即将出征，与粟裕当面对阵的李默庵，遇到此人要格外小心。

仇者痛恨而亲者称快。

粟裕后来的主要助手、第三野战军参谋长、时为华中野战军9纵司令员的张震，前往淮安军区司令部汇报工作时，平生首次见到了久闻大名的粟裕，兴奋不已。

两人畅谈良久，张震如沐春风，粟裕对这位原属名将彭雪枫部下的参谋处长也分外满意。张震晚年回忆说：“粟裕同志渊博的军事知识，他对当时战争形势的精辟分析，都给我留下了深刻的印象，使我感到相见恨晚。”

1946年7月，通过和谈的缓兵之策，已将麾下158万人马从后方调到前线的蒋介石，豪气干云地撕毁国共双方签署的“双十协定”，集结重兵围攻中原的李先念新四军5师，国共全面内战重新爆发。

他在中原很快得手，李先念在重重围困中分路突围而出，撤往邻近的根据地。下一个急于解决的对象，蒋介石锁定了威胁南京、上海的粟裕和华中野战军。

他和麾下将领们日夜磋商，几经筹谋，决定采取“多路向心突击”的战法，兵分三路，会战两淮（淮阴、淮安），消灭华中野战军，至少逼迫粟裕北撤山东，第一个目标是先拿下苏中、苏北。

这时候，国民党军已浩浩荡荡跨过长江，集结在苏中南部的南通、靖江、泰州、扬州等地，多达5个整编师（军）共12万人，由第一绥靖区司令官李默庵统领；长江南岸的武进、江阴一带，蒋介石还部署了两个整编师（军），随时待命跨江参战。

李默庵是蒋介石黄埔系名将，毕业于黄埔一期，当年号称“文有贺衷寒，武有胡宗南，又文又武李默庵”，他麾下的“整编师”又多是先进美械装备的精锐大军，与以往交手的国民党军不可同日而语，粟裕却依然镇定自若，可谓“泰山崩于前而色不变，麋鹿兴于左而目不瞬”。

他也曾焦急地反对过内战，呼吁和平。在1946年5月6日的《人民日报》上，他“向全国人民呼吁，向全国及国民党内、国民党军队内一切爱好和平民主的人士呼吁，要求他们立即反对内战，制止内战”。

但当所有的口舌徒劳无益，内战不可避免地到来时，他只能遵照《司马法》所说“以战止战，虽战可也”，厉兵秣马，严阵以待，准备以战争来制止战争，迎来老百姓渴盼的和平。

这时候的华中野战军，下辖编制已有所变化：第8纵队改编为1师，第6纵队改编为6师，新增加了一个第10纵队。

然而，华中野战军能调集到前线的部队仅有区区3万多人，与李默庵摆在一线的兵力对比是1比4，更不用说他江南随时待命的第二梯队了。国共再次全面内战以来，中共也还没有一次战胜对手的战役，更没有打赢美械装备整编师的先例。

蒋介石对自己的计划和指挥官李默庵都充满信心，认为稳操胜券，手到擒来，三个星期便能解决苏中问题，因而坐上专机，欣然前往庐山避暑，闲观山水，静候佳音。

延安的毛泽东没有专机可以自如来去，只能在窑洞里来回踱步，翘首南望，揪心不已。

粟裕决心打赢第一仗，一是打击蒋介石和李默庵的嚣张气焰；二是提高根据地军民信心；三是让中共中央和毛泽东宽心。此前，因他三番五次坚持在苏中内线作战，毛泽东改变了令其外线出击，开往淮南作战的战略，同意“先在内线打几个胜仗再转至外线”。

粟裕深知大敌当前，只能斗智不能斗力，告诫部下说："敌众我寡，敌强我弱，不能硬拼，只能智取。"他关上房门，倒坐在一张椅子上，静静地面对墙壁上的地图，缜密思考，慎之又慎。

最终，他决定前往苏中南部，到李默庵进攻的出发地宣家堡和泰兴去作战，以整编83师为首歼目标。决心既定，他迅速调兵遣将：

集中华中野战军两大主力1师和6师共12个团，攻打李默庵驻扎在宣家堡、泰兴的整编83师2个团。同时，以7纵3个团监视他的东路大军，以10纵3个团牵制邵伯方向的国民党军。

这样一来，对整编83师而言，华中野战军原本1比4的劣势，突然之间倒了过来，变为6打1的绝对优势。

粟裕在旌旗蔽空、投鞭断流的12万大军中首先锁定整编83师，让颇为自负的李默庵十分意外。多年后，垂垂老矣的他仍然钦佩地回顾说，当时确实没有想到。

整编83师原来的番号是100军，是蒋介石的嫡系中央军，师长李天霞，曾经远征缅甸，半美式装备。他的1个团驻守宣家堡，耀武扬威，骄横无比，说"如果共产党打下宣家堡，那么他们可以倒扛着枪，一弹不发进南京"。

他们果然一语成谶。粟裕很快打下宣家堡后，不过三年时间，又指挥第三野战军65万人横渡长江，"一弹不发"地拿下成为了一座寂寥空城的南京，包括"总统"蒋介石在内的大小官员早已落荒而逃。

粟裕运筹帷幄，调兵遣将时，李默庵也在紧张地召集会议，商讨完善作战计划。他左思右想，权衡得失，最后敲定进攻粟裕的时间是7月15日。但未等他动手，深知"等敌人攻到跟前再抵御就晚了"的粟裕已先发制人，提前两天也就是7月13日下达了作战命令。

他麾下两员虎将陶勇和王必成再展神威，分别率领1师和6师，以神速动作兵临城下，猛攻宣家堡和泰兴，仅三天便将整编83师两个多团3000余人全歼，首创歼灭美械装备的蒋介石嫡系部队的纪录。

远在千里之外的毛泽东正焦急地翘首以待。

收到粟裕取胜的简短电报，他犹自不敢相信，急忙回电询问："我在泰兴及宣家堡所打者是否即83师？该师消灭多少，尚存多少？”粟裕肯定的答复破空而来时，他才舒展眉头，欣然释怀。

毛泽东没想到的是，粟裕的捷报还在长江北岸继续飞驰，他的喜悦也才刚刚开始。

7月15日，遭到当头一棒的李默庵回过神来，急忙调整部署，调动整编49师等部在内的三路人马，准备在如皋和黄桥之间夹击华中野战军主力。多年后，他回忆说，当时自己“信心很大，决心很硬，严令各部要不惜代价，一举突破”①。

粟裕将计就计，命令陶勇和王必成悄然转兵东进，倏忽之间急行军一百几十里，隐伏在如皋东南，准备歼灭正在运动中的整编49师。

为让李默庵打消顾虑，放胆进兵，他还布置了一支疑兵，令王必成留下一支队伍继续大张旗鼓、炮火连天攻打泰兴城内残敌，造成华中野战军主力仍在宣家堡、泰兴一带的假象。

李默庵很快上当。他三路人马中的整编49师，随即被粟裕团团包围，经过四昼夜激战，被吃掉1个半旅；其余两路人马的整编65师和整编99旅也被歼灭一部，合计达1万多人，整编49师师长王铁汉和他的旅长胡坤也成为粟裕的阶下之囚。

不过，张学良东北军出身的王铁汉果然是一个“铁汉”，不久便化装侥幸逃脱，辗转率军到了东北战场，从此远远躲开了让他噩梦不已的粟裕。

粟裕大获全胜，便又虚虚实实，来去如飞，主动撤离了如皋。李默庵伤痕累累之际，又茫然失去了华中野战军主力的踪迹，兵无所用，气无可出，只有惊恐地等着不知何时会突然而至的挨打，不免怅然若失。

李默庵连输两战，庐山上的蒋介石十分震惊，再也没有了“日照香炉生紫烟，遥看瀑布挂前川”的雅兴。他急令参谋总长陈诚指挥江南待命的第二梯队10多万人火速过江，集中攻打华中野战军的属地海安。

陈诚赶到前线后，紧急召开党政军联席会议，部署围攻海安的方略。

他认为，海安是苏北重镇，自古为兵家必争的咽喉要地，战略位置重要，粟裕放弃其他地方可以，但海安势在必争，抓住华中野战军主力加以围歼的战机也就唾

① 李默庵：《世纪之履——李默庵回忆录》，中国文史出版社2012年版，第261页。

手可得。

为了防止分进合击的部队被粟裕故伎重演，各个击破，陈诚让李默庵命令麾下各旅小心谨慎，靠拢前进，采取锥形攻势，正面不足30华里，纵深也只有10余华里。

粟裕没有上当。

他认为战争的胜负决定于双方有生力量的消长，而不是一城一地的暂时得失，决定佯守海安，等大量杀伤李默庵的兵力后主动撤出。

于是，他下令华中野战军主力3万人在海安东北隐蔽休整，等待战机，仅让管文蔚带7纵3000多人佯装成全军主力，大张声势防守海安城。

7月30日开始，天空万里无云，骄阳似火，酷暑如蒸，5万多国民党军潮水般地轮番猛攻海安。

7纵司令员管文蔚不慌不忙，按照粟裕战前运动防御的要求，不时主动出击，仅一次夜间袭扰便让李默庵白白消耗了1万多发炮弹，而一次伏击中便缴获100多箱子弹。

5天过去，7纵杀伤了李默庵3000余人，自己仅伤亡200多人，创造了罕见的战损比奇迹。粟裕见达到了预定目标，命令管文蔚主动撤离，李默庵这才气喘吁吁开进了海安。

尽管鼻青脸肿，尸横累累，但他依然异常欣喜，认为拿下了重镇海安，一洗前耻，连忙向陈诚和蒋介石告捷。

随后，他开始调整部署，分兵占地，摆出长达300里的封锁线，像古小说里的一字长蛇阵，准备先“清剿”封锁线以南的占领区，“肃清”残存的华中野战军部队，然后实行第二步计划，与徐州南下的国民党部队会攻淮安和淮阴。

8月9日和10日，李默庵命令整编65师经海安去泰州、黄桥，接替整编25师和99旅的防务。与此同时，他又下令新7旅由海安东开李堡，接替整编65师所属105旅的防务。

李默庵频繁调整部署，调动部队，给了隐伏在不远之处，一直睁大双眼寻觅战机的粟裕一个稍纵即逝的机会，粟裕紧紧盯住了李堡。

李堡位于李默庵“一字长蛇阵”的东端，驻有105旅1个团。当新7旅副旅长田从云带1个团前来接替防务，交防者的电台、电话刚刚拆除，接防者又还没有架好，双方挨挨挤挤，吵吵嚷嚷，一片混乱时，粟裕命令华中野战军火速发起攻击。

刹那间，枪炮齐鸣，火光四起，猝不及防的两个团匆忙迎战，一夜之间便被全歼，金亚安和田从云两个少将云里雾里间被活捉。

新7旅旅长黄伯光闻报，急忙带上1个团匆匆赶来增援，又被粟裕早已安排的打援部队装进“口袋”，顷刻之间也全军覆没，黄伯光只身落荒而逃。

不到一天工夫，粟裕便三下五除二，打掉李默庵1个半旅9000余人，李堡之战全胜收官。

李默庵连败四阵，损兵折将，不仅丢掉了3万多人，相当于粟裕手中的全部兵力，三个星期解决苏中问题的计划化为泡影，而且手中机动兵力锐减，再也无法像开战之初一样豪爽阔气地全面进攻。

他总算领会了当初顾祝同告诫他粟裕“面带杀气”的深意，只得忍痛含悲，重整旗鼓，除正面加强占领区的“清剿”和防御，扼守南通经如皋到海安的公路干线外，还重点进攻邵伯、高邮两地。如此一来，他在南通、如皋一线兵力比较薄弱的侧翼暴露出来。

这一薄弱之处很快又被粟裕发现。

粟裕设想，如果避开李默庵的正面，攻其侧翼，在南通、如皋之间打开缺口，必将严重威胁他的后方基地，打乱他的部署，创造歼敌良机。

这一侧后，是李默庵在其占领区构筑的的封锁圈，东西百余里、南北数十里，南临浩瀚的长江，东、北、西三面是众多据点构成的封锁线，封锁圈的中心是黄桥。华中野战军主力一旦深入其中，既是出其不意的奇兵，也是一步踏上绝地的险棋。

不入虎穴，焉得虎子。粟裕权衡之后，断然决定走这一步险棋，从李默庵侧翼南通、如皋之间的丁堰、林梓打开缺口，以黄桥为进攻方向。

他盯住的丁堰、林梓，是（南）通如（皋）公路上的两个集镇，位于李默庵的东面封锁线中部，驻有号称“袖珍王牌军”，拥有美械装备的交通警察总队3700余人。

8月21日夜间，星河皎皎，月白风清，粟裕一声令下，突如其来的进攻开始。

连战皆捷的华中野战军官兵士气高昂，所向披靡，一昼夜激战后，交警总队等部被快刀切豆腐一般利索歼灭，缴获大批军火物资。特别是美国制造的锃亮机枪、卡宾枪，让华中野战军官兵大开眼界，几乎全部换装，顿时人人簇然一新，精神抖擞，笑逐颜开。

李默庵急令黄桥守军增援如皋，同时命令以剽悍著称的名将黄百韬，火速率整编25师进攻北面华中野战军10纵驻守的邵伯。

这时候，华中战场上，徐州出发的国民党军已占领山东野战军负责的北线淮北睢宁一带，正准备进攻华中根据地首府淮安、淮阴。

李默庵认为粟裕的主力在如皋东南，如果要增援邵伯，从北面绕过他的封锁圈，需要一段时间。他可以乘机拿下邵伯，配合北线进逼淮安、淮阴，可谓东西呼应，一举两得。

邵伯是苏中的侧翼和淮安、淮阴的屏障，粟裕不能不救，马上拿出了三步应对之策：

一是命令管文蔚的7纵在东线控制海安、贲家集以北一线，在海安、姜堰之间发动钳制性攻势；

二是命令西线的谢祥军10纵和地方武装共5个团积极防御，坚守邵伯，阻止黄百韬北进；

三是命令1师和6师等华中野战军主力向李默庵封锁圈中心挺进，进攻黄桥，准备以“围魏救赵”的战法来调动李默庵，寻歼国民党军于运动之中，并解除邵伯之围。

8月23日晚上，当华中野战军主力开向黄桥时，粟裕从司令部技术侦察部队“四中队”获悉了一个情报：黄桥守军99旅奉命增援如皋，因害怕被歼，行军迟缓，还一个劲地要求如皋守军出城接应。

他计算了一下时间，两路国民党军将与华中野战军在路上相遇，当即命令部队严密注意敌情，准备打一场遭遇战。

两天后，王必成的6师果然与99旅在黄桥东北的分界遭遇。早有防备的王必成动作神速，一声号令，将其四面包围，随之展开激战。

李默庵这才发觉华中野战军主力西进，急令如皋守军187旅加79旅1个团、99旅1个营前往增援。结果，这些部队又被陶勇的1师等部在加力、谢家甸之间包了饺子，同样动弹不得。

不过，令粟裕稍感意外的是，被包围的部队实际兵力远比原来侦察得知的要多，而且采取了集团固守的战法，苦苦支撑待援。一夜激战后，华中野战军在分界和加力两地都没有解决对手。

参战的老兵顾计晚年回忆时，犹自感叹说：“那种战斗激烈的枪炮声远比我们过年时放鞭炮声厉害，几个小时响个不停。”

这时候，西线邵伯的战斗也异常激烈，形势危如累卵。坚守的10纵两个月前才由地方部队升级，加上助阵的地方武装也仅有5个团，黄百韬找到一个“软柿子”，狂攻猛打，已乘虚突破部分阵地。

粟裕深知，华中野战军主力如果在如黄路上拖延，邵伯一旦失守，战局将大为不利。而要想歼灭被包围的两路国民党军，快速脱身，必须集中绝对优势兵力才行。但他手中兵力有限，又无预备队可用。

于是，粟裕被迫使出了“撒手锏”：在战场上及时转用兵力。

他命令先对加力围而不攻，抽出陶勇1师一个旅紧急调往西面，配合王必成的6师攻打分界的99旅。一个旅前来增援，王必成有了5比1的优势兵力，两个小时便迅速解决战斗，全歼被围之敌，活捉少将旅长朱志席、少将副旅长刘光国。

随后，粟裕又火速向东转移兵力，下令分界取胜的王必成等部全部开往加力。战场一时又形成15个团对3个团的绝对优势，瞬间如巍巍泰山压顶，将被围的187旅等部一扫而光，接着乘胜进兵，夺取了黄桥。

如黄路上两个半旅1.7万余人被打掉的消息传到邵伯，黄百韬惊出一身冷汗。他发觉侧后受到粟裕主力的严重威胁，下一个目标很可能便轮到自己。他不得不放弃到口的“肥肉”，急忙撤围，退往扬州。

坚持了4天4夜，歼灭黄百韬2000多人的邵伯保卫战随之结束，整个苏中战役也画上了一个句号。

“伯仲之间见伊吕，指挥若定失萧曹”，粟裕以3万余人迎战李默庵12万余人，破军杀将，七战七捷，不仅在中共将领中首创一个战役歼敌5.3万余人的纪录，而且是重新开战以来的首次大捷，提高了全国所有根据地打赢蒋介石的信心。

毛泽东喜上眉梢，亲自动笔撰文通令全军仿效：“这一经验是很好的经验，希望各区仿照办理，并望转知所属一体注意。”

中共中央机关报《解放日报》则罕有地不吝词句，称赞粟裕是“常胜将军”，说“他的军事天才和保卫人民利益卓著的功绩，光辉地照耀着苏皖解放区”。

有人欢喜有人愁。

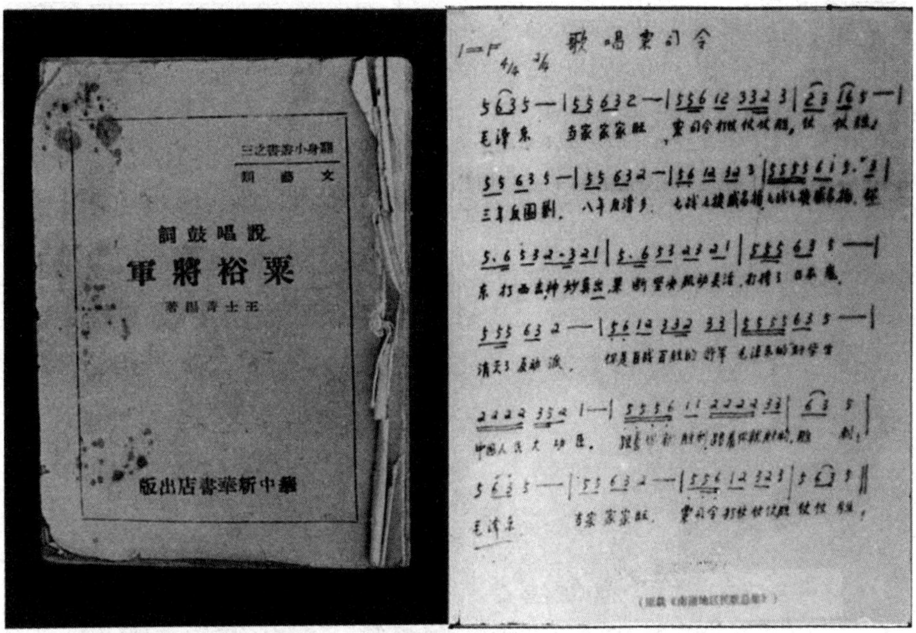

当年的苏中民谣：“毛泽东当家家家旺，粟司令打仗仗仗胜。”

曾经在战场叱咤风云的黄埔名将李默庵，国共刚全面交手便连遭粟裕“算计”，损兵折将，却始终不承认自己输了。多年后回忆时还说：“我部虽然受到较重的损失，但是，实现了第一期作战计划。”

然而国民党统帅部心知肚明，指责他“进剿时使用兵力不充分，未能将匪主力击破，嗣后分散防守贻匪以各个击破，招致重大损失”。

李默庵回忆时虽然也肯定粟裕“以较少的代价歼灭了国民党较多的部队，从这一点上看，粟裕部是胜利的。特别是粟裕卓越的战斗指挥艺术很值得总结”，却又遮遮掩掩地说：“由于我指挥的部队较多，损失一些，也算正常。南京政府从来没有怪罪我什么。”

事实上，蒋介石不能容忍他的丧师“辱国”，一怒之下将其边缘化。李默庵早早退出了征战第一线，淡出了众人的视野，从此落寞无聊，郁郁寡欢。直到1948年，才被重新起用为长沙绥署副主任兼第17绥靖区司令官，一年后又完全退出军政界，客居香港。

冷处理李默庵后，蒋介石还未解气，也没有善罢甘休。他手中的“本钱”还相当雄厚，5万多人对他麾下数百万大军而言仅仅是九牛一毛，底气十足的他又开始调兵遣将，华中上空依然烽烟滚滚。

粟裕不敢丝毫懈怠，整顿兵马，准备再战。

1946年8月，苏中七战七捷后的粟裕

负责华东战役指挥第一捷——取宿北

粟裕在苏中连战皆捷时，奉毛泽东之令从山东南下外线出击的山东野战军，由司令员陈毅统率，也早已开到华中战场，负责在淮北一带作战，与在苏中的华中野战军一北一南，从两个方向拱卫华中根据地。

1946年9月23日，毛泽东接受粟裕等人的建议，决定山东野战军和华中野战军集中行动，又接受陈毅的建议，将两个司令部合二为一，新的司令部他“提议陈毅为司令员兼政委，粟裕为副司令员”。

因战场阻隔与战局变幻，两个野战军暂时尚未集中。不久，负责淮北的山东野战军对蒋介石的主攻方向判断失误，部署失策，防守不及，华中首府淮安、淮阴先后失守，蒋介石的悍将张灵甫获胜一局，华中战场一时陷入被动局面。

10月4日，山东野战军司令员陈毅向部下开诚布公地说：“三个月来仗未打好，……主要是我这个统帅犯了两个错误。”他最后还坦然地说：“我应以统帅身份担负一切，向指战员承认这个错误。”①

“闻鼙鼓而思良将。”近两周后的10月15日，出于对华中乃至整个华东危局的忧虑和对粟裕的信任，毛泽东再次指令两个野战军集中作战，特别明确了两个司令部合二为一后的分工：“在陈（毅）领导下，大政方针共同决定，战役指挥交粟（裕）负责。”②

于是，粟裕能者多劳，接过了一副更沉重的担子，开始掌管一支更大的战略方面军——集中行动后的华中野战军和山东野战军，以及稍后正式合并为华东野战军的战役指挥。

这时候，中共其他两个重要战略区大野战军负责战役指挥的人，分别是东北民主联军（后称东北野战军）林彪、晋冀鲁豫野战军（后称中原野战军）刘伯承。几个月后组建的西北野战军，战役指挥则是彭德怀。

粟裕与他们的相同点是，都负责一个大野战军的战役指挥；不同点则是他处于蒋介石重点进攻的主战场，而且是在司令员在位的情况下，以副司令员身份负责战役指挥。

军人的真正价值在战争舞台而不是官衔，对粟裕而言，能登坛拜将，走上这一舞台成为一个战区战场上的主角，就已经足够了。

---

① 《人民日报》1981年12月16日。

② 《毛泽东军事文集》第三卷，军事科学出版社、中央文献出版社1993年版，第525页。

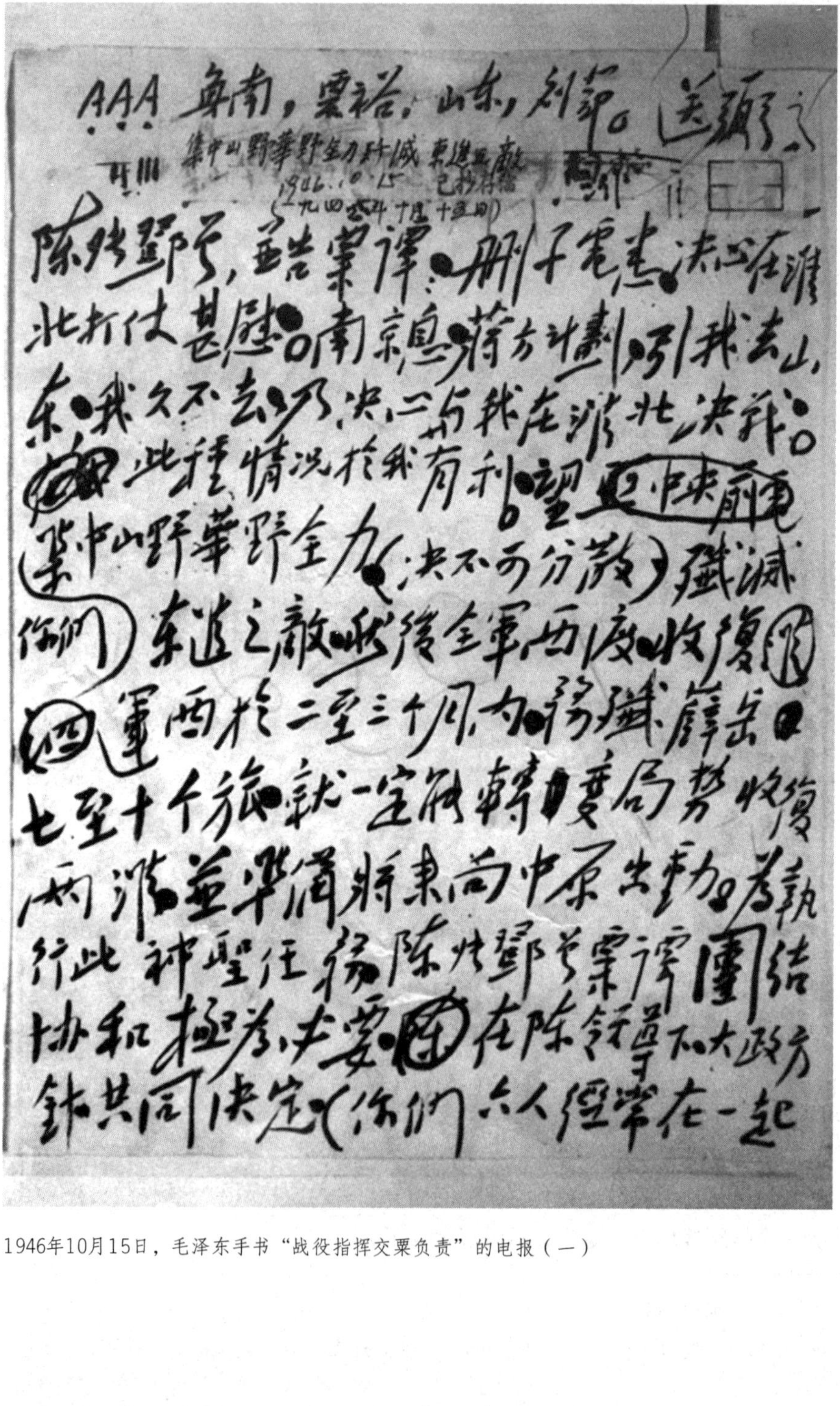

1946年10月15日，毛泽东手书“战役指挥交粟负责”的电报（一）

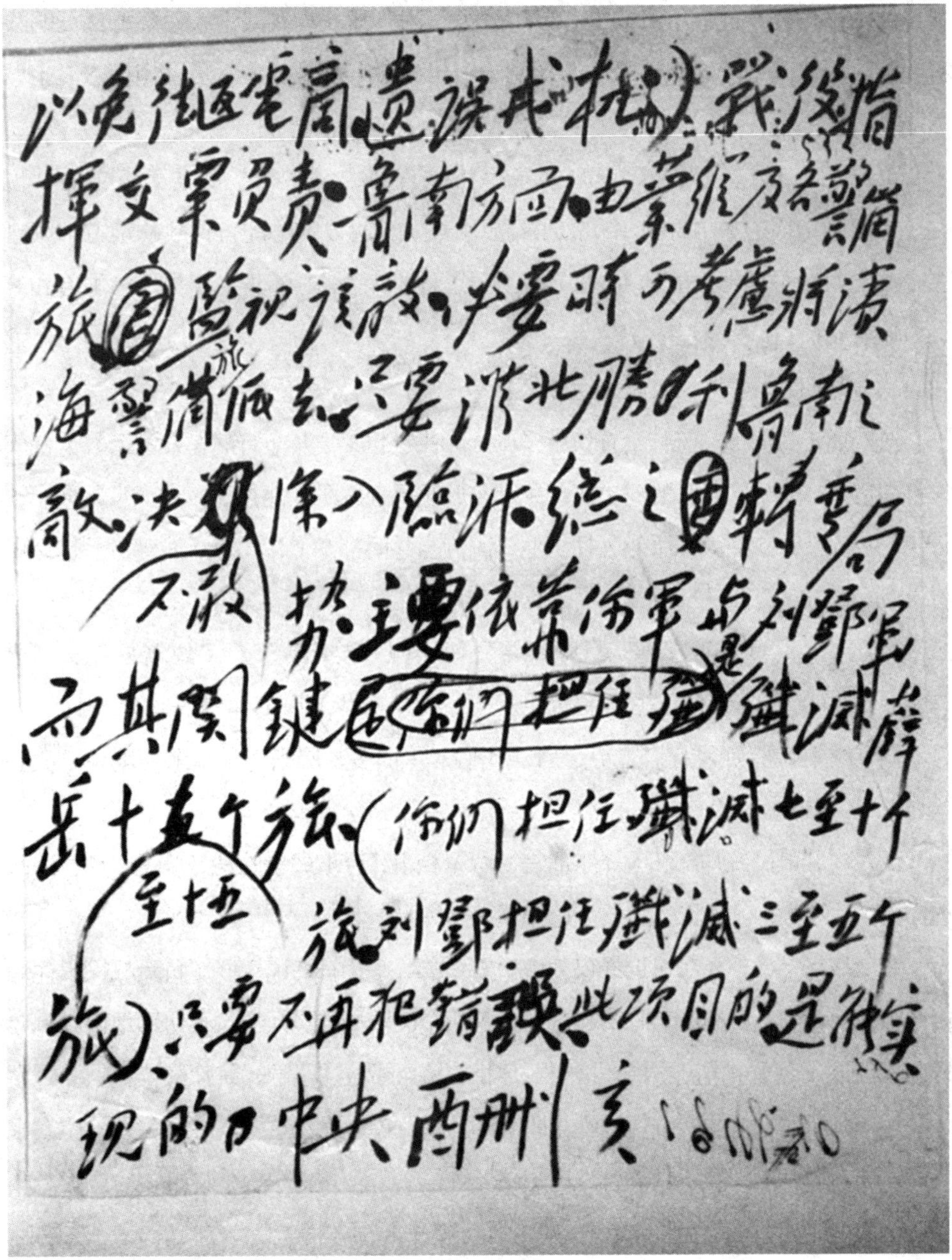
以免往返电商贻误战机）战役指
挥交粟负责，鲁南方面应由黄、张及各警备
旅监视该敌，你们要时刻考虑将滨
海警备旅去，只要消灭北犯的鲁南之
敌，决不怕敌侵入临沂，总之目前主要依靠你们军与刘邓军，
而其关键在你们担任歼灭七至十个旅，刘邓担任歼灭三至五个
旅，只要不再犯错误，此项目的是能实现的。中央酉删亥

1946年10月15日，毛泽东手书“战役指挥交粟负责”的电报（二）

他从黄桥战役、天目山战役和苏中战役等回肠荡气的实战走来，犹如汹涌的钱塘江潮，一浪高过一浪，毛泽东心如明镜，早就预言过他“将来可以指挥四五十万军队”。

而10月15日这一天，毛泽东又亲手将预言中的“将来”变成了真实的“现在”。粟裕指挥的华中野战军和山东野战军，加上可以随时配合作战的地方部队已有42万之众，不过真正能征善战的还是野战军主力，地方部队主要是保守地方和给主力输送兵员。

战争时期，能打胜仗才是硬道理。

对普通士兵而言，统帅会打仗就多了一分生存机会。华东野战军九纵老兵于晋庆晚年回忆粟裕说：“九纵的战士大部分都是胶东人，胶东兵能打仗，也直爽，谁能领着我们打胜仗，我们就佩服他、拥护他，因为当兵的都知道，司令无能，自己也会跟着送命。”

他还说：“我们很多连队称呼粟裕一般会叫‘粟司令’、‘粟老总’、‘粟总’，因为我们当时都是些年轻的兵蛋子，那个年代，野战军首长肯定得称呼老总。渡江之后，特别是打进上海之后，我们27军很多基层指战员都亲切地说‘我们粟老总’。”

而对中共最高统帅部和毛泽东而言，两军相争，夺取战争胜利是第一要务，因而选择一个战略区的领导人，主要是选择军事指挥员。

东北战场上，毛泽东已选择仅为中央委员的林彪为东北民主联军负责战役指挥的司令员，而让彭真、高岗、陈云和张闻天等四个政治局委员处于党政协助地位。如今华东战场上，毛泽东再度不拘一格登坛拜将，将粟裕放在了野战统帅位置。

毛泽东不仅预言如神，这一别具匠心的登坛拜将也没有选错。

一个月后，蒋介石踌躇满志，再起战云。

他调集包括五大主力中的整编74师、整编11师和第五军在内的12个整编师（军），由徐州绥靖公署主任薛岳统领，分四路从东台、淮阴、宿迁、枣庄和峄县进攻，准备切断山东和华中的联系，围歼华中野战军，或者逼迫其退到陇海路以北。

接替顾祝同担任徐州绥靖公署主任的薛岳，是非黄埔系出身的名将，景仰岳飞，智勇双全，粟裕称之为“用兵尚机敏果断”，是仅有的两个获得粟裕赞赏的国民党高级将领之一。

这时，华中野战军和山东野战军依然没有集中，前者位于苏北盐城、涟水，后者退入山东南部一带。薛岳的几十万大军从三面杀来，华野和山野处于被半包围的态势，情形异常危急。

12月6日，急于改变不利局面的陈毅与参谋人员商议，先后提出四个作战方案，上报毛泽东并告粟裕，征求他们的意见。他认为四个方案中，“以集中力量确保沭阳，歼击11师之一路为最好”。

粟裕正在盐南指挥华中野战军作战，接到陈毅的方案后，认同在沭阳打一仗，但建议山野主力迅速南下，至少进至陇海路边，以便能在两天内赶到淮北一带的宿迁、沭阳地区参战，获得了陈毅的同意。

这将是华中野战军和山东野战军会合的第一仗，毛泽东认为必须打赢，因而对战役的组织指挥异常关注。

12月9日，他回复陈毅并告粟裕等人：“应待盐城作战结束，粟（裕）率一师北返，并待敌情完全明了后再考虑部署。”他还特别叮嘱：“届时请粟提出计划电告。”

毛泽东隔空而来的几行字可谓字字珠玑、一字千钧，体现的是他对粟裕军事才干的相当信任和倚重。

也就在这一天，粟裕在盐南大获全胜。毛泽东很快千里驰电祝贺，要求他“望对指战员传令嘉奖”，同时指令“望粟即日北返，部署沭阳作战”。[①]他以更明确的方式，再次明令粟裕负责战役指挥。

军情紧急，军令如山，接到电报的粟裕放下手中事务，日夜兼程北上。时任华中野战军司令部参谋的黄毅后来回忆说，粟裕只带了他和另外一个参谋周志英等人赶往山东野战军指挥部。

粟裕只身前往“救驾”，很快赶到位于涟水、沭阳交界处的张集，与山东野战军和陈毅会合，开始筹划和指挥宿北战役，也就是毛泽东电文中所说的“沭阳作战”。

① 《毛泽东年谱》下卷，人民出版社、中央文献出版社1993年版，第154页。

这时候，已经开始使用两军合并后的“华东野战军”的番号，战役的预备命令便署名“华东野战军司令员兼政委陈毅，副司令员粟裕，副政委谭震林，参谋长陈士榘”，但实际上直接参战部队多为山东野战军。

山东野战军出击外线以来，已近5个月未打过一次好仗。11月初曾在傅山口战役中与山野叶飞1纵交手的国民党整编26师师长马励武后来回忆说：“通过几小时的战斗，在峄县东二十余里的圈沟镇沿铁路线附近的新四军叶飞将军所部残余千余人，死者断臂残腿，尸体累累。”

叶飞原是粟裕麾下将领，华中野战军组建前便奉命率部北上，不久编入山东野战军，离开粟裕已有一年多了。

长时间缺少胜仗激励，山东野战军将士情绪不高。粟裕晚年回忆说：“由于我军（山东野战军）这一段战事进展不算顺利，部分同志产生了一些埋怨和怀疑情绪，虽然做了许多工作，思想认识有所提高，但是真正解决问题还是要靠打胜仗。”

粟裕几乎只身一人到山野司令部负责战役指挥，人地两疏，而且必须打赢，因而难免有些紧张。

多年后，他回忆说：“这一仗是山野和华野会合后第一次协同作战，也是华东战场上化被动为主动的关键一仗。直接参战的部队大部分属于山东野战军，指挥机关也是山东野战军司令部，我对指挥机关和参战部队不熟悉，感到心中无底。”

他说：“如何完成中央军委交给的战役指挥任务，又处理好上下左右的关系，是一个棘手的不得不认真考虑的问题。”

毛泽东的嘱托，陈毅的渴望，还有山东野战军官兵的期待，粟裕别无选择，只能迎难而上。

他面对插满红蓝小旗的地图，静静地思索，反复分析薛岳四路杀奔而来的人马，认为东台、两淮、峄枣三路都曾遭到过打击，顾虑重重，进展不会太快，而由宿迁东进一路国民党军，误以为山东野战军、华中野战军主力还在鲁南和苏北地区，可能乘虚冒进。

他还敏锐地发现了这一路中可打的两个有利条件：

一是其中的整编11师虽然是蒋介石五大主力之一，装备精良，作战顽强，师长胡琏为人狡黠，颇有谋略，人称“狐狸”，但刚远从中原战场调来，对淮北地形、民情陌生。

二是另一支人马整编69师由三个不同建制的旅合编而成，战斗力较差。师长戴之奇曾任徐州绥靖公署副参谋长，国共和谈时与到徐州谈判的粟裕有过一面之缘，但只能算是一名政客，对蒋介石个人忠诚，军事上却乏善可陈。

粟裕决定先打这一路。他的设想是，将华东野战军（山东野战军和华中野战军）全军分为突击和监视、阻援两部分：

以24个团组成突击集团，集中兵力实行中央突破，首先围歼立足未稳的整编69师于宿迁、沭阳，新安镇三角地区，分割、阻击并视情歼灭整编11师；以28个团担负监视和阻援任务，防止其他三路国民党军增援。

陈毅十分支持粟裕的战役指挥，同意他的作战设想和决心。粟裕随即做了详细的部署。

突击部队的部署是：

一、原山东野战军1纵、8师按原计划于15日拂晓前进到新安镇西南新店子以北地区集结；

二、原山东野战军7师、华中野战军5旅于15日拂晓前进至西鲍圩（宿迁北），并准备西渡沭河，控制宿新公路峒（山吾）镇地区；

三、原山东野战军2纵于15日拂晓前进到韩集、泰山集地区；原华中野战军9纵坚守五花顶、叶海子、来龙庵等既设阵地、迟滞敌前进，掩护主力开进；原华中野战军1师昼夜兼程北上，准备参战。

监视和阻击其他三路国民党军的部署是：

一、以原华中野战军6师、10纵的6旅、山东野战军7师的19旅共13个团的兵力，在涟水一带监视和阻击自淮阴出犯之敌整编74师和整编25师，以保障主力在宿北的翼侧的安全。

二、以原华中野战军7纵的31旅、10纵的30旅及13旅共10个团的兵力，监视和阻击自东台、兴化向盐城进犯之敌。

以上两个监视和阻击方向，由华东野战军副政委谭震林率一个指挥所在涟水城北

1946年12月，粟裕在宿北战役指挥所

郯负责指挥。

三、以原山东野战军10师及滨海警备旅共5个团的兵力，位于峄县以东，协同鲁南地方武装，阻击由台儿庄、峄县、枣庄东犯之敌，确保临沂、郯城地区。

部署已定，粟裕和陈毅联名于12月14日将这一计划上报毛泽东，并且报告他已经按照中央军委指令北返，和陈毅在一起。

早已明确叮嘱“届时请粟提出计划电告”的毛泽东获悉这正是粟裕的部署，第二天便欣然回复说：“决心与部署甚好。战况望随时电告。”

粟裕的判断很快得到证实。由宿迁东进的一路国民党军，向沭阳、新安镇攻击前进时，整编69师和整编11师主力呈扇形展开，两军逐渐拉开了距离，出现了各个歼灭的战机。

机会难得，粟裕自然不会轻易错过。他马上调整部署，下令部队隐蔽接敌，出其不意向整编69师发起迅猛攻击。

12月15日黄昏，宿北战役打响。华东野战军一如神兵天降，突然出现在胡琏和戴之奇的面前。胡琏和戴之奇当时正在作战会议上互相指责，一个说整编69师轻举冒进，一个说整编11师推进缓慢。

突如其来的枪声让他们呆住了。

两人面面相觑，终于停止了唾沫横飞的争执，国共双方随即展开激战。

仅仅一个小时后，叶飞率1纵便扬眉吐气，将一年多来的憋气抛之脑后，迅速打掉了胡琏的工兵营和骑兵营大部，攻占距离胡琏师部仅300公尺的曹家集，随后又切断了整编11师与整编69师的联系。

多年后，叶飞还对粟裕的指挥钦佩不已，说：“粟裕同志指挥大兵团作战的特点是大胆、机动、果断，尤其善于使用迂回包围，大胆使用部队向敌人纵深进行穿插，实施分割包围战术。”

他回忆说：“宿北战役中，命令我纵队于夜间，从峰山以南、晓店子以北楔入敌人纵深，在敌心脏夺取十余庄子，控制了一条长约6.7公里、宽约1.2公里的狭长走廊，构成向北、向西、向东南的三面防御，割裂敌整编69师与整编11师的联系，达成战役上的合围。”

泗县失利过的何以祥8师也不甘示弱，经过一整夜激战，先后四次猛攻据守峰山的整编69师，第二天拂晓成功占领峰山，打退了戴之奇的多次反扑，牢牢控制了这一关系全局的战略要地。

谭希林的7师、成钧的5旅和张震的9纵3支部队也各展神通，奋勇争先，先后控制了嶂山以北以东阵地，进一步切断了整编69师师部与它所属41旅的联系。

眨眼工夫，整编69师陷入华野重重包围之中，戴之奇连连向胡琏呼救，哀求说："拉兄弟一把！"

胡琏急忙派出两个旅增援，但都被叶飞死死堵在阵地前，只能干瞪着眼，徒唤奈何。到后来，距离戴之奇最近的一个旅因顶不住叶飞的猛烈反击，还撇下重围中的落难"兄弟"，仓皇溃逃而去。

粟裕也绝不容许戴之奇成为漏网之鱼，命令部队以迅猛动作，向被包围在人和圩等地的整编69师展开进攻。

12月17日下午2时，粟裕和陈毅再次命令："9纵归2纵指挥，并于今日集中全力解决人和圩之敌。"2纵司令员韦国清和9纵司令员张震当即调整部署，运动接敌，但到第二天零时仍然未展开攻击。

粟裕随即下令：务限于18日拂晓前坚决攻下人和圩！韦国清奉命发起攻击，因准备不足，未获成功。

战况紧急，粟裕焦虑地要通2纵司令部的电话，对韦国清说："你们要不顾一切代价把人和圩搞下来，拖下去不好，要注意联络，决心要贯彻。如果今天不能解决，明天敌人增援，情况可能发生变化。"

韦国清不免焦急，刚要组织进攻时，粟裕又打去电话，指令他先集中所有炮火包括刚缴来的大炮，将戴之奇的火力点、军事设施全部轰平，然后于黄昏发起总攻。

麾下爱将陷入重围，命悬一线，蒋介石也在焦虑不安。11月18日早晨，他亲自给胡琏打电话，再次严令他不惜一切代价解救戴之奇。

韦国清遵照粟裕的命令，激战3个多小时，最终攻克敌阵，全歼整编69师。中将师长戴之奇在四面喊杀声中绝望地举枪自裁，中将副师长饶守伟等人被活捉。

粟裕端详着部下们笑容满面送过来的戴之奇胸徽、日记和短剑，沉思一阵，指令用一副好棺木将他厚葬。

接到蒋介石电话后的胡琏，慌忙重整旗鼓准备再度带兵解围时，已怎么也联络不上戴之奇。

短短几天之内，整编69师全军覆没，蒋介石又被打掉2.1万余人。粟裕的合围战术又见新招，成功运用了从多个方向向心攻击，用分进合击的方法，完成对对手的合围。

这是原山东野战军长久沉寂，换上新的战役指挥员后的第一次胜仗，也是华中野战军和山东野战军启用华东野战军新番号后的第一场大捷。陈毅异常高兴，“长期抑郁的心情为之一扫”。

毛泽东也在欣慰中发出贺电，“庆祝宿沭前线大胜利”。中共中央机关报《解放日报》则兴奋地说：“这是苏皖解放区超过以前十一次大捷的空前的大胜利，也是今年七月以来整个爱国自卫战争中空前的大胜利。”

“苏皖解放区”即粟裕统领的华中战区，“前十一次大捷”是从苏中“七战七捷”以来的所有胜仗，都与粟裕的指挥息息相关。“整个爱国自卫战争”则是指全国各战场。

殊荣都属于过去，欢乐也属于其他将士，粟裕没有沉浸其中，很快又投入下一仗的构想，开始准备与薛岳新的过招。

再来一个更大的歼灭战——围鲁南

宿北战役后，不信邪的薛岳又整顿人马，抖擞精神，督促麾下大军往前开进。

他的四路大军虽然被粟裕猛然打了一路，丢掉了两万多人，但其他三路完好如初，仍然从南面、东南面和北面杀奔而来，被半包围的山东野战军和华中野战军仅仅打开一个缺口，危机依然如故。

薛岳的南面一路是胡琏的整编11师和钟纪的桂系第7军；东南面一路为李良荣的整编28师和张灵甫的整编74师。

北面的鲁南一路集中了4个整编师，情形尤为严重：王长海的整编77师驻台儿庄地区；周毓英的整编51师和刘振三的整编59师驻枣庄地区；与原山东野战军叶飞1纵交过手的马励武，率领他的整编26师及第1快速纵队，已经开到临沂西南30公里处。

“巧者劳而智者忧。”粟裕又开始按照老习惯，一个人独自面对满墙的作战地图，苦思破解之策。

两三个月前，山东野战军和华中野战军还没有集中行动时，陈毅曾有一个西进淮北，逼近津浦路及徐州的主张，当时粟裕未同意。

但宿北战役后，国共两军态势发生变化，他认为西进淮北有一定合理性，因而将其具体化，构想了一个作战计划，以调动薛岳回援，寻找机会打掉他一路人马。12月18日，他与陈毅联名上报毛泽东，准备实行。

华东战场吃紧，险象环生，毛泽东也忧虑不已。

粟裕和陈毅西进淮北的计划还没收到时，他设想华东野战军下一步可以先打薛岳的鲁南一路，致电说：“第二步作战，似以集中主力歼灭鲁南之敌。”他用的是商量口气，并未严令他们务必遵照执行。

获悉他们准备西进后，常常给前线将领足够发挥空间，并不僵化遥控的毛泽东马上回复说：“如你们觉得这样有利，可以这样做。”

最高统帅部已批准，粟裕却也未如释重负，照本宣科机械地执行，而是因时而变，随时考虑战场的变化，不断变更部署。

12月19日，薛岳下令张灵甫的整编74师和钟纪的第7军所属171师由涟水向北进攻，限期攻占沭阳。

沭阳正是宿北战役中戴之奇覆没的战场，粟裕获悉后，马上决定先打这一路，准备以主力南下，歼灭正在运动中的整编74师，再来一个宿北战役。这也是粟裕负责华东野战军战役指挥后，第一次锁定蒋介石的悍将张灵甫。

张灵甫也不是平庸之辈，知道自己部队与友军近则安全，远则危险，因而与第7军、整编28师“抱团取暖”，紧密衔接，互相照应，让粟裕难以分割，无从下口。

“退一步海阔天空”，粟裕果断放弃攻击计划，决定按原来毛泽东的设想，主力回师鲁南，寻找作战机会。12月24日，他下定最后决心后，与陈毅联名将新的方案报告了毛泽东。

毛泽东依然尊重他们的选择，回电支持说，如放弃打整编74师的计划，似宜集中25个团的兵力，歼灭鲁南之敌。随后，他又叮嘱说“鲁南战役关系全局”，“有必要之部署准备时间，以期打一比宿北更大的歼灭战”。[1]

这时候，蒋介石在华东战场重兵云集，集结的整编师居全国各战场之冠，华东野战军稍有不慎，后果将不堪设想，因而毛泽东千里叮嘱，期望粟裕准备更充分一些，能打一个比宿北战役更大的歼灭战，改变华东战局。

人到晚年，粟裕回顾说：“如果继宿北战役之后再在鲁南打一个大歼灭战，不仅能打破敌人的包围圈，使山东、华中两路野战军完全会合，而且能为今后在山东作战创造良好的战场条件。鲁南巩固了，以后南下、北上或西进，都会取得行动的自由。”

然而，攻打鲁南也绝非易事。

薛岳这一路人马中，整编26师及第1快速纵队属于蒋介石的黄埔系中央军，全部美械装备，配有坦克、榴弹炮、山炮与反坦克火箭炮等，甚至连官兵的胶鞋也由美国提供，是一支与世界接轨、傲视群雄的强悍主力。

第1快速纵队更是牛气冲天，由蒋介石次子蒋纬国创建，装备一流，枪炮锃亮，是蒋介石最为得意的装甲步兵混成部队。

时为华东野战军政治部副主任的钟期光晚年回忆鲁南战役时，提醒说：“后人千万不要从我的上述轻描淡写的文字中，误认为蒋军是那么不堪一击、我军是那么轻易地大量歼敌。”

他说：“当时实际的敌我形势是很严峻的，两军交锋的过程，是十分激烈壮观的，充满了谋与勇、智与力、血与火的顽强对抗。”

钟期光回忆说，由马励武统率的整编26 师及第1 快速纵队，“它的武器装备是全部美国货。尤其是第1 快速纵队的坦克与大口径火炮，在当时的中国、亚洲，乃至世界，不是一流二流，也是上乘的”。

整编26师师长马励武也是人中龙凤，毕业于黄埔一期，是李默庵、杜聿明和中共将领徐向前、陈赓等人的同期同学，做过蒋介石耳提面命的侍从副官，曾在印缅战场

① 《毛泽东军事文集》第三卷，军事科学出版社、中央文献出版社1993年版，第591页。

与日军作战三年，表现上佳，深为当时的美国盟军赏识。

不过，这一路中的整编51师和整编59师、整编77师分别属原东北军、西北军，是“后娘”养的地方军阀部队，装备较差，补充困难，与蒋介石嫡系部队的待遇不可同日而语，自然满腹怨气。

锁定鲁南后，首先打哪一支人马，粟裕又陷入久久沉思之中。

反复分析、权衡后，他认为，整编26师是鲁南一路主力，消灭了它，华东战局即可好转；若先打相对弱小的整编59师，即使全胜，恐怕一时也不能从根本上解决鲁南问题。

他说：“选弱敌打，这是我军常用的一条原则。但有时为了迅速改变态势，扭转战局，我们也在有把握或既有一定把握又有一定风险的情况下先打强敌。”

他认为整编26师和第1快速纵队虽是强敌，攻击时“有一定风险”，但它孤军突出，态势对它不利，又与整编59师有矛盾，后者不会积极增援，存在着强中有弱的因素。这就带来“有一定把握”。

对粟裕而言，先打强敌已不是第一次，当年黄桥战役中一反常规，首打装备精良的翁达独立6旅，便是出其不意攻其不备的成功范例。

粟裕还发现，如果首打整编26师，他手中可以集中27个主力团打马励武6个团，兵力四倍半于敌，占有绝对优势。

这时正临近年关，原粟裕的警卫员、后来担任绵阳军分区副参谋长的季清明，晚年回忆当时的情景说，粟裕在作战地图上马励武的位置划上一把红色的大叉，断然说：“就打他！他过年，我们也过年。”

决心既定后，他又开始调兵遣将：

叶飞1纵、何以祥8师、陶勇1师秘密兼程北上，会同已由鲁中到达鲁南的钱钧9师、孙继先4师一个团，及原在鲁南方向作战的贺健10师、滨海警备旅和鲁南军区特务团，准备首先歼灭整编26师及第1快速纵队；而后再乘胜扩大战果，直下峄县、台儿庄，歼灭整编59师一部或全部。

与此同时，以韦国清的2纵、王必成的6师、谭希林的7师、张震的9纵及13旅，由华野副政委谭震林指挥，在沭阳东西地区进行防御，迟滞薛岳的其他部队北进，并相机歼其一部。

这些师、旅和纵队番号杂乱纷纷，令人眼花缭乱，其实都属于同一级别的编制。山东野战军与华中野战军指挥机关于12月29日正式合并为华东野战军指挥机关，因作战任务紧张，部队番号还来不及统一，因而依然同时出现了各种的番号。

1947年1月2日，战役打响前的几小时，毛泽东仍然不放心粟裕这一战役指挥员是否到位，特别致电询问陈毅："粟及一师是否已至鲁南与你们在一起？"①

他还再次强调："你们应以宿东战役（即宿北战役）为例，力争打大歼灭战。"粟裕与陈毅随即联名报告说，他们已经会合在一起，原属华中野战军的1师已经参战，那一头的毛泽东才沉静下来。

战役发起前，粟裕要求参战部队夜行晓宿，隐蔽开进，到达指定地域集结待命，要能做到对马励武一开战，便突然发起进攻，迅速将其包围分割，各个歼灭。

唯一例外的是远从苏北赶来参战的1师，因为路途很远，被粟裕破例批准昼夜兼程北进。1师白天越过陇海铁路时，被盘旋头顶的国民党空军侦察发现。师长陶勇连忙请示，是否继续白天行军？

粟裕稍作沉思，决定将计就计迷惑薛岳，命令陶勇以营连为单位，继续照常行军。薛岳获悉后，果然认为共军一贯夜间活动，现在竟在大白天行军，断定他们"败退山东，不堪再战"。

他的部下马励武也随之放松警惕，让麾下的官兵们张灯结彩，吃吃喝喝，大过新年，自己也欢欢喜喜离开部队，回到峄县城里参加歌舞升平的新年晚会，结果一去便再也回不来了。

粟裕抓住机会，下令提前两小时打响战役。一夜激战后，群龙无首又沉浸在节日欢乐中的整编26师被华东野战军打掉一大半，残部和第1快速纵队也被紧紧包围，成为惶恐不安的瓮中之鳖。

粟裕随后又一鼓作气，下令发起总攻。

这时，天空突然阴云笼罩，雨雪霏霏，道路难行。参谋马上请示粟裕："计划有无改变？"

① 《毛泽东军事文集》第三卷，军事科学出版社、中央文献出版社1993年版，第599页。

鲁南战役战场

粟裕没有丝毫犹豫，断然说：“不变！这是天老爷帮我们的忙。雨雪交加，道路难行，把敌人的重装备陷在那里，他就更难逃脱了。”于是，华东野战军各路人马顶风冒雪，奋勇出击。

峄县城里的马励武过了这一生中最倒霉的新年，为保住整编26师残部和第1快速纵队，经请示薛岳同意，他远远电令他们火速突围，薛岳还答应出动飞机掩护。

这时雨雪越下越大，纷纷扬扬，漫山遍野，铺天盖地，辽阔的战场变成了银装素裹、粉妆玉砌的世界。

对马励武的部下而言，这世界毫无诗意而是“天亡我也”。奉命突围的部队从华野密集的火网中好不容易冲出来，笨重的坦克、汽车和装甲车又全部陷入深深泥沼里，答应前来掩护的空军也是望穿秋水，杳无踪迹。

华东野战军官兵多数人平生第一次见到模样古怪的坦克和装甲车，一时想不出对付办法，便不管三七二十一，拿着炸药包、手榴弹和铁锹、洋镐一齐上。激战几个小时后，泥沼里一片狼藉，号称“国军精华”的第1快速纵队灰飞烟灭。

多年的心血毁于一旦，马励武伤心欲绝，喜欢写战地日记的他记录了自己的心情：“此诚余带兵以来对外对内作战损失最惨痛之一役也！”他认为，造成这一“空前覆败之局”的原因，是他们战略指导错误，而共军作战计划完善。

囿于官衔和机密，他当然不知道，这个“完善”的作战计划，是从未进过军校大门却有21年一线实战经验的粟裕杰作，也是他新的合围战术——沿敌军集团两翼向合围终点快速机动，用钳形攻击方法合围对手的成功运用。

前方战斗还没有完全结束，胜券在握的粟裕又开始盯住地图，反复考虑第二阶段如何作战，以实现毛泽东巩固鲁南的意图。

他的预设方案其实早已拟订，就是寻歼刘振三的整编59师，相机收复台儿庄、峄县。但随着第一阶段作战的进程，他改变了原来的设想，“胃口”也大了一倍。

粟裕认为，为了打开鲁南局面，为继续打大歼灭战创造较好的战场条件，只打下峄县不行，还要拿下枣庄。

他分析说：“枣庄是敌人在鲁南的重要据点之一，位于我军出击方向翼侧，如果不打下来，敌人就会依托这个据点从侧后攻击我军，对我很不利。枣庄有日伪时代就开始修筑的坚固防御工事，攻克它可能要付出较大的代价，但对打开鲁南局面极为重要。”

下一阶段的攻取目标确定后，粟裕与陈毅联名上报毛泽东，很快得到批准。为就近指挥作战，他随即又率一个轻便指挥所，马不停蹄赶到峄县、枣庄前线。

攻打峄县进展很顺利。

1月9日晚，粟裕下令发起攻击，各种刚缴获而来的重炮一时“翻脸不认人”，大发虎威，一齐射向城内过去的“战友”。新年里跑进城里再也没能出来的马励武第一次感受到了共军炮火的猛烈，他的炮兵阵地也受到了压制。

马励武没想到的是，共军的多数火炮几天前还属于他的整编26师和第1快速纵队，是他引以为豪的宝贝家当。

炮火准备过后，多是矿工出身的主攻部队8师利用爆破一举攻入南门，随即又在巷战中熟稔运用火力、爆破和突击结合，打得马励武叫苦不迭。

1月11日凌晨，峄县守军已经作鸟兽散，多数成为愁眉苦脸的俘虏。马励武找到一套皱巴巴的普通士兵服，换下了笔挺的中将制服，也混在俘虏队里低着头往城外走，试图和王铁汉一样溜掉，但很快被华野将士识破，只得老老实实当了“阶下囚”。

原粟裕的警卫员季清明晚年回忆说，当马励武见到如普通一兵的粟裕时，仰天叹道：“天不助我。”

粟裕用浓浓的湖南口音纠正说：“不是天不助你。你忘了一点，你要过年，我们也要过年，而我过年更喜欢热闹！”

峄县枪声一停，粟裕就进城研究爆破技术，要求8师师长何以祥组织部下详细介绍经验，随后立即将这些经验通报给攻打枣庄进展较慢的1师。

枣庄守军整编51师虽不是蒋介石的中央嫡系部队，但这里过去是日伪军的重要据点，遗留有大量坚固的工事。师长周毓英在这基础上，又绞尽脑汁，构筑了大批集团地堡，增设了电网等各种障碍物，形成了核心与外围紧密连接的防御工事。

周毓英不无自得地说，枣庄防守“固若金汤”。

1师属于原华中野战军，最早又是新四军1师3旅，是粟裕倚重的主力部队，打过黄桥战役、天目山战役和苏中七战七捷，所向披靡，战无不胜，但擅长的是大兵团野战，少有城市攻坚经验，尤其不大会爆破，因而两次攻城都失利。

这时候，心急如焚的薛岳严令整编11师和刚到华东战场的整编64师火速增援，已全部开到台儿庄和韩庄一线，张灵甫的整编74师也正奉命急急忙忙开过来。1师必须在薛岳的援兵到达之前拿下枣庄，否则将前功尽弃。

“磨刀不误砍柴工。”1月14日，粟裕下令暂停攻击，研究对策。

他决定增加枣庄的兵力，命令叶飞的1纵派两个团，何以祥的8师派1个团，协助1师攻打枣庄。为尽快推广攻城爆破技术，他又将1师师长陶勇和3团团长康林找来商量。

康林也是粟裕的老部下，担任过原新四军江南指挥部的工兵参谋，对爆破颇为内行，他在粟裕的要求下谈了对攻城作战的想法和建议。

他认为，要攻破坚固防御工事，必须使用连续爆破的办法，建议组建一个五六十人的攻城先遣组，分成爆破、火力和突击几个小组，进行专门训练。另外还挖一条坑道，直通枣庄城墙脚下，这样爆破更加安全可靠。

粟裕肯定了康林的想法，至于爆破坑道，他在红七军团时就成功使用过，因而询问火线练兵需要多久才能掌握爆破技术，康林回答说："有三天时间就可以训练出爆破组。"

三天后，康林果然完成了任务，还组织进行了多次抢占突破口的实兵训练，粟裕非常满意。

多年后，康林回忆说，"训练进行到第三天，粟裕同志又一次派人把我叫去，了解爆破组的训练情况"，"我觉得攻城问题不大。粟裕同志听完很是高兴，并笑着点点头说：'很好！'这时，兵力、火器配置完毕，地道也已挖通，一切准备就绪，只等总攻的时刻到来了"。

总攻发起前，粟裕以陈毅、粟裕的名义给周毓英送去一封劝降信，最后争取这支原属张学良东北军的部队，但周毓英置之不理，还在空军掩护下反扑粟裕的指挥所，被粟裕冷静地组织击退。

1月19日下午，万事俱备又仁至义尽的粟裕下令总攻开始。

陶勇率1师和1纵、8师增援部队一道，进行连续爆破，炸出5个巨大的突破口，随即顺利突入市区，与守军逐屋逐堡展开激烈争夺。不久，全歼整编51师，活捉中将师长周毓英。

薛岳的各路援军迎来的是周毓英覆灭的消息，救援行动黯然而止。鲁南战役随之结束，经过前后两个阶段，又打掉薛岳5.3万余人，特别是缴获的坦克和火炮，成为粟裕组建特种兵纵队的基础。当年的"小米加步枪"，在蒋介石"运输大队长"的慷慨解囊下，已今非昔比。

毛泽东闻报，高兴异常，连连致电华东战场的陈毅、粟裕，说："甚好甚慰。望对有功将士予以嘉奖"，"35天内你们歼灭第69、第26、第51等三个整师，取得空前大捷"。

蒋介石自然脸色难看，恼怒交加地处分了一批将领后，又开始了新的"会战"计划。会者不忙，粟裕从容不迫，等着他的新招数。

隐形于南击之于北——夺莱芜

鲁南战役10天后的2月1日，趁着蒋介石忙于新的“会战”计划，华东战场的枪声短暂沉寂，早已使用华东野战军番号的华中野战军和山东野战军正式合并与整编，统一了编制和番号，下辖11个步兵纵队和一个特种兵纵队，纵队相当于后来的军。

叶飞、韦国清、何以祥、陶勇、王必成、成钧、王建安、许世友、宋时轮、管文蔚和陈庆先，或儒雅或忠厚，或勇武或直率，是华野著名的纵队司令员，也是陈毅、粟裕麾下敢打必胜的虎将。

经过一段曲折，华东战场完全实现了几个月前毛泽东关于“山野、华野集中行动，两个指挥部亦应合一”的设想和指令。

除毛泽东早已明令两个指挥部合并后，“战役指挥交粟负责”外，华野司令部参谋金子谷后来还回忆，陈毅对粟裕说：“我们一如既往，军事上主要由你考虑，我给

1947年1月，鲁南战役后华东野战军成立，粟裕（右3）与陈毅等人合影

你出出题目。粟司令说：我还像过去那样，尽力当好你的助手。”

粟裕负责全军的战役指挥，关注重点是如何提高整编后的战斗力，使华野成为一支能征善战的劲旅。他和蒋介石新的“会攻”抢时间，紧张地抓了两件事，一是提高全军大兵团作战能力；二是组建特种兵纵队。

粟裕召集专门会议，强调各级干部，特别是纵队司令员、政委等高级指挥员树立协同作战的整体观念，同时组织学习大兵团作战的战略战术。为适应大兵团作战的要求，他提议每个步兵纵队人数由万余人增加到两万人，每个团由1000多人增加到2000人，获得了司令员陈毅的同意。

粟裕很早就格外重视技术兵种的发展和技术人才的培训，1940年便利用黄桥战役和曹甸战役中缴获的3门山炮，创建了新四军1师第一个炮兵连，随即又开办训练班，培养出一批炮兵指挥员和技术骨干。华中野战军组建时，他更是创建了骑兵团和野炮团。

他对技术兵种建设还有一套系统的理论，说：“我们不能满足于用‘小米加步枪’作战，而要积极创造条件改善武器装备，积极学习和掌握使用新式武器装备的战术和技术，逐步实现技术装备上由劣势到优势的转化。”

因而，鲁南战役缴获的大批坦克和各种火炮，令他如获至宝。

整编中，司令部的分工是由粟裕分管特种兵纵队组建。他决定将这些马励武的“宝贝”，连同宿北战役缴获的火炮和车辆，加上原华中野战军的骑兵团和野炮团，组建一支“如虎添翼”的特种兵纵队。为解决炮弹问题，他还派人远赴东北大连筹建制造炮弹的工厂。

粟裕与新任特种兵纵队司令员的陈锐霆做了一次专门长谈，要求重点突出炮兵建设。他说：“这和作战一样，必须集中兵力、火力于主要突击方向，才能取胜。就是说，在你们特种兵纵队骑、炮、装、工四个兵种中，突出炮兵建设。”

他认为，华东地区部队半年战争的体验，仗是越打越大，打大的运动战，歼灭敌人的大兵团，没有炮兵是困难的。

他要求陈锐霆将当前的重点放在美式榴弹炮团的建设，集中最主要的力量赶急火，把榴弹炮兵突击出一部分，拿到前方去打仗。

粟裕说："我考虑过，对美榴炮兵部队的要求有三点：第一要求很快编组起来，拿到前方作战，以应战争急需。第二要有过硬的战斗作风。因为摩托化炮兵威力大，目标也大，是敌人空袭和炮击的对象。"

他说的第三点是"要重视掌握技术"，叮嘱陈锐霆争取部分被俘的炮兵官兵做教员，同时从打过仗的步兵团中，每连调一个打过仗、军政素质好、有点文化的班长来当炮手。

陈锐霆晚年回忆说："从这次谈话中，使我更加体会到粟裕同志是一位经验丰富、知识渊博的领导者，是一位相当老练成熟的领导者。"

他还说："粟裕同志这次谈话，事实上为初建的特纵制定了建设发展的纲领"，"炮兵成倍地发展，并没有感到干部不足的困难，主要得力于华野前委和粟裕同志的远见卓识、正确领导"。①

华野特纵的美式榴弹炮团很快组建起来，后来开赴战场果然出手不凡，神威令对阵的国民党官兵震撼不已。陈锐霆回忆说："敌人对美榴炮很怕，听到他们在报话机中连声惊呼：'那个买卖来了！''那个买卖来了！'（指美式榴弹炮）"

华东野战军的整编还没有完全停妥时，蒋介石和他麾下智囊新的"会战"计划已经新鲜出炉。

他决定集结15个整编师（军）31万人到华东，仅用于突击集团的兵力就有11个整编师（军），包括了"五大主力"中的整编11师和整编74师。他准备以投鞭断流的雄厚兵力逼迫华东野战军决战临沂一带，一劳永逸解决华东问题。

蒋介石以华东野战军主力所在的临沂为中心，将华东战场划分为南北两线，南线主要突击集团由欧震集团8个整编师（军）组成，从陇海路向北攻击；北线辅助突击集团由第2绥靖区司令官王耀武所属的李仙洲指挥3个军组成，从胶济线向南攻击。

他要求这两个突击集团南北对进，夹击临沂地区的华东野战军。

与此同时，蒋介石还将晋冀鲁豫战场与刘伯承角逐的王敬久集团4个整编师（军），紧急调到鲁西南地区，一是隔断华东野战军与刘伯承晋冀鲁豫野战军的联系；二是随时准备开往临沂一带参战。

① 《一代名将——回忆粟裕同志》，上海人民出版社1986年版，第210页。

为避免重蹈覆辙，被华东共军各个歼灭，蒋介石和他的参谋部颇费了一番心思，想出了一些新的战法和战术。

战法上，他们决定采取“集中兵力，稳扎稳打，齐头并进，避免突出”，让华东共军无从下口；战术上，则采取“烂葡萄里夹硬核桃”，以精锐主力部队夹带次强的部队，加强己方的战斗力。

南线主要突击集团三路人马中，胡琏的整编11师、张灵甫的整编74师和黄百韬的整编25师等三支王牌部队，便是响当当的“硬核桃”。

为保证决战取胜，蒋介石还派参谋总长陈诚亲往徐州坐镇，和徐州绥靖公署主任薛岳一起指挥。

陈诚早在苏中战场“指导”李默庵时便输给粟裕一阵，随后李默庵做了替罪羊，他也便好了伤疤忘了疼，杀气腾腾地对薛岳等人说：“党国前途，剿匪成败，全赖于此，只许成功，不许失败！”

陈诚与薛岳催促各路人马开始进攻，陈毅和粟裕只得匆匆结束整编，准备迎战。这时，距鲁南战役结束还不到两个星期。

毛泽东对陈毅居领导位置，粟裕负责战役指挥的华东野战军司令部特殊指挥体制已相当放心，再也没有前几次战役前不断催促或者询问粟裕是否到位的焦虑和不安。

即将开始的新战役，他交给他们的是“1个半月到2个月内歼敌10个旅左右”①的任务，居全国各战区第一位，可谓重任在肩。

“韩信点兵，多多益善”，华东野战军整编后，粟裕手中有了27万多人的兵力，这还不包括留在苏中根据地坚持的两个纵队。他与陈毅商量后，决定集中华野50个团的兵力，打破蒋介石和他麾下将领的新攻势。

粟裕运筹一阵，原准备先打南线的主要突击集团，由何以祥的3纵正面抗击中路之敌，诱使左右两路国民党军急进突出，进到临沂外围后，予以各个歼灭。

然而，薛岳在粟裕面前吃亏过多，恪守“稳扎稳打，齐头并进，避免突出”的战法，命令部下谨慎行军，随时就地构筑工事，并有向中路靠拢之势。

不过，原本属于辅助突击集团的北线李仙洲却反辅为主，一路急行，进展较快。

---

① 《毛泽东军事文集》第三卷，军事科学出版社、中央文献出版社1993年版，第651页。

黄埔一期毕业的李仙洲是第二绥靖区副司令官，屈居黄埔三期生王耀武之下，大概太想建树功业扬眉吐气了，又不曾经过粟裕和华野的打击，可谓“初生牛犊不怕虎”，他的人马也处于华野后方，可以毫无拦阻乘虚南下，因而一路长驱直入，2月4日便已进占莱芜。

粟裕一时没找到下手的机会，千里之外的毛泽东及时给予宽慰。

李仙洲占领莱芜这天，他致电陈毅、粟裕，叮嘱说“敌愈深进愈好，我愈打得迟愈好”。他还提醒说：“只要你们不求急效，并准备于必要时放弃临沂，则此次我必能胜利。”①

临沂是华东局、华东军区和山东解放区首府，是华东战区党政军最高机构汇聚的中枢，也是蒋介石认为共军必定严防死守的要地，毛泽东却说“必要时放弃临沂”。

粟裕也一贯主张“不计较一城一地的得失，以歼灭敌人有生力量为主”，但对放弃临沂这一令天下震动之举还是相当谨慎，毛泽东的话顿时给了他很大启发。

多年后，粟裕回忆说：“中央军委关于必要时放弃临沂的这一方针性的指示，给我们以很大启示。敌人逼我在临沂地区决战，我们有了必要时放弃临沂的准备，作战的回旋余地就大得多了。”

他马上对着作战室墙上的地图，一遍遍分析南北两个国民党进攻集团的优缺点，思索新的破敌之策。

金子谷后来回忆这一场景说：“作战室四周墙上挂满了五万分之一军用地图，红、蓝色小旗标示着我军部署和敌军团以上部队的位置。粟裕在作战室来回走步，低头凝思。这时除参谋人员报告最新敌情外，谁也不敢打扰。”

粟裕认为，南面的欧震集团在兵力及其他条件上占有优势，且行动谨慎，不易各个击破。而北面李仙洲集团兵力较少，战斗力相比较弱，中央军和桂系军队之间矛盾较多，且孤军深入，已威胁华东野战军后方。

粟裕深知，蒋介石“估计我军必定固守临沂”，如果华野放弃临沂，主力隐蔽北上，既可避免不利条件下与南面重兵集团决战，又可“出其不意，攻其不备”，歼灭北面的李仙洲集团，从而打破蒋介石南北夹击的攻势。

---

① 《毛泽东军事文集》第三卷，军事科学出版社、中央文献出版社1993年版，第655页。

他还认为，北面得手后，华野可乘势进击胶济线，打通鲁中、胶东和渤海地区联系，将便于华野今后集中更大兵力南下出击，向津浦线、向中原以至大别山发展。

粟裕心无旁骛分析运筹时，陈毅也突发灵感，提出了一个“舍南取北”，与粟裕不谋而合的设想。他说：“与其在南线待机过久，不如置南线之敌不顾，而以主力转兵北上，歼灭李仙洲集团。”

他将这个设想交给粟裕参考，要他“就此设想熟思”。

不过，粟裕除想到北上的有利之处外，也发现一个“最大的顾虑”，就是李仙洲一旦发现华野主力北上便可能回缩，让华野扑空。

他马上设想了两个应对之策：

一是北上时采取种种佯动措施，示形于南，击敌于北，迷惑敌人，引诱其上当；二是万一李仙洲回缩，便乘机进击胶济线，打通鲁中、胶东和渤海三区的联系，然后休整部队，以逸待劳，从容迎击跟踪而至的南面欧震集团。

对突然转兵北上的困难，粟裕也估计了两个：一是华野官兵们对于大踏步远程北上作战没有思想准备；二是由南到北路程遥远，粮草、弹药转运困难。但他认为这些都能克服。

筹划已定，粟裕拿出了三个作战方案，并认为第三个最好：“除以一个纵队留临沂地区与敌纠缠外，其余主力急行北上，彻底解决北线敌人，平毁胶济线，威胁济南，以吸引南线敌人进入临沂以北山地或增援胶济线，而后我再举全力反攻，各个歼灭之。”

2月5日，经与陈毅、谭震林一起署名后，粟裕将作战方案上报毛泽东，电报中还侧重讲了北上歼敌的好处，提请他考虑。毛泽东很快复电，赞许说“这可使我完全立于主动地位，使蒋介石完全陷于被动”①。

粟裕马上转入第二步行动，采取了“示形于南，击敌于北”的许多策略，以迷惑、调动蒋介石和他的麾下将领们：

一、他和陈毅于2月6日命令韦国清率领2纵，打掉投诚后又叛变，反复无常的国民党将领郝鹏举，造成华野准备南下大打的假象；

---

① 《毛泽东军事文集》第三卷，军事科学出版社、中央文献出版社1993年版，第658页。

二、命令华野主力协同地方武装，在临沂及其以南构筑三线阵地，摆出决战架势；

三、下令主动放弃临沂，使蒋介石、陈诚和薛岳等人产生华东野战军连战疲惫，不堪再战的错觉；

四、主力部队隐蔽北上后，留两个纵队伪装成华野全军，由华野参谋长陈士榘指挥，在临沂以南地区阻击欧震集团，造成华野主力仍在南线的假象；

五、组织得力地方武装积极进逼兖州，在运河上架设浮桥，在黄河边筹集渡船。

时为华野司令部参谋的金冶晚年回忆说：“粟裕同志还亲自布置津浦路兖州附近的地方武装，积极进逼兖州，并在运河上架设桥梁，造成我军主力将要西渡运河的声势，迷惑敌人。”

粟裕解释这一步棋说：即便蒋介石和他的将领们发现华野主力离开临沂，也难以立即判明华野北上的真实意图，将误以为西进与刘伯承的晋冀鲁豫野战军会合。

临沂是后来《孙膑兵法》出土的地方，山东则是孙膑和他的祖先“兵家鼻祖”孙武的故土，他们总结的“兵者，诡道也”“兵不厌诈”等谋略精髓，被粟裕运用自如，出神入化，不由蒋介石和他的麾下将领们不信。

国民党后来的《戡乱战史》说，华东野战军主力北移时，他们“一时竟不知匪军主力所在”。蒋介石和陈诚则被粟裕的虚假动作迷惑，判断“华东共军伤亡惨重，无力与国军决战，企图西渡运河与刘邓会师”。

2月9日，粟裕根据侦察获悉李仙洲的最新进展：前锋46军于8日进占新泰城；李仙洲总部率73军的15师、93师和12军的新编36师居中，位于新泰以北的颜庄地区；12军主力111师和112师担任后卫，位于莱芜城和城北吐丝口镇。

这些部队中，46军属于桂系人马，12军属于东北军，73军才是第2绥靖区司令官王耀武的嫡系，也就是蒋介石的黄埔系中央军。

粟裕认为，46军想保存实力，王耀武却偏偏强其所难，令其打头阵，而将自己的73军放在中间，让12军殿后掩护。华野可以充分利用他们的内部矛盾，予以各个击破。

第二天，粟裕开始动手“围猎”。

他与陈毅联名指令南线的华野1、4、6、7纵和北线的华野8、9、10纵昼伏夜出，翻山越岭，冒着北国隆冬的雨雪严寒，铁流一般向莱芜战场隐蔽开进，预定2月16日到达莱芜、新泰地区集结。

为了迟滞南北两线国民党军的行动，粟裕还安排了另外两路阻击人马：成钧7纵所属的19旅一部在陇海线阻击北进的整编74师；鲁中军区第二分区3个团阻击由莱芜南下的46军。

第二分区司令员封振武听说要阻击一个齐装满员的军5到7天，面露难色。

粟裕向他面授机宜，告诉他可以打出主力部队的番号，虚张声势，还可以反用古代孙膑战庞涓的减灶法，进行增灶，让对方摸不清虚实。

封振武一听信心大增，愉快地接受了任务，后来果然圆满漂亮地完成了。

2月15日，华野主力秘密北上的第五天，粟裕与陈毅联名，命令牵制、阻击南面欧震集团的部队撤出临沂，同时下达围歼李仙洲的作战预备命令，决定先打掉他的73军、12军，再解决46军。

粟裕深思熟虑的围歼部署是：

一、叶飞的1纵、王必成的6纵及独立师组成左路军，攻歼莱芜、口镇之敌；

二、陶勇的4纵、成钧的7纵组成中路军，以一部监视46军和新36师，主力攻歼颜庄之敌；

三、王建安的8纵、许世友的9纵组成右路军，歼灭和庄之敌193师和可能由博山南援的77师；

四、宋时轮的10纵主力抢占口镇北约20公里的锦阳关，截断李仙洲集团北逃退路，并准备阻击和歼灭自明水南援之敌，另一个师负责破击明水、济南之间的铁路；

五、原在南线担负阻击的韦国清2纵留下一个师后立即北上，在新泰、蒙阴寨以北和以西地区阻截46军和新36师北援或西窜，而后视战役进展，协同友邻部队围歼这批敌军。

这时候，“攻克”名城，“拿下”中共山东首府临沂的蒋介石和陈诚亢奋不已，认为是开战以来“最伟大的胜利”，判断华野“全面退却”，“已无力与国军决战，欲与刘邓部会合”。

蒋介石还难得欣慰地说：“国军克服临沂以后，陇海路两侧军事暂时可以告一段落，以后的问题都在黄河以北了。”

督战徐州的陈诚也踌躇满志，电告济南的王耀武，说“我军在苏北和鲁南与敌作战，歼敌甚众”，“务需增强黄河防务，勿使其窜过黄河以北，俾便在黄河以南的地区歼灭之”。

众人皆忘我陶醉，唯有王耀武算是冷静，时时担心着属于自己第2绥靖区的李仙洲集团安危。

得知华野主力隐秘向北运动，南线国军轻而易举占领临沂，王耀武马上判断华野可能有包围李仙洲的企图，便果断自行命令李仙洲全线后撤，不得继续孤军冒进，同时致电陈诚，要求“准予机动作战”。

陈诚和蒋介石却先后回电和写信，警告他不得擅自撤退，“切勿失此良机”。

王耀武无可奈何，只得命令46军重占新泰，73军军部率1个师折返颜庄。但“将在外，君命有所不受”，他还是打了点折扣，要求其余部队原地不动。

不久，他查明华野主力的确有北上攻打新泰、莱芜之意，当即不顾蒋介石、陈诚的一再严令，急忙下令新泰、颜庄部队星夜北撤。

战前便早已顾虑到王耀武有这一回缩之举的粟裕，开始与他斗智。

李仙洲第一次突然后撤时，华野许多将领担心他跑掉，有人还向粟裕请求提前出击，截敌退路，并向莱芜挺进。

粟裕很冷静，他仔细分析后，认为华野主力尚未全部到达预定集结位置，不能达成合围，仓促发起战役，无取胜把握，并且可能将李仙洲集团赶跑，因而坚持原定决心，督促各部加速隐蔽开进。

战后，粟裕总结说，幸亏当时没有同意提前出击的意见，否则这5万多敌人就很难消灭了。

王耀武查明华野意图后，再次下令46军和73军星夜北撤，并令73军所属的77师迅速自张店经博山南下归建。

粟裕自然不容许到手的“猎物”溜走，果断决定于2月20日发起战斗，首先在博山地区伏击歼灭77师，然后攻打莱芜、颜庄的李仙洲主力。他后来回忆说：“这样，待李仙洲查明情况时，我总攻已经开始，他想再调整部署也来不及了。”

华野8纵和9纵奉命出击，经过一夜激战，全歼李仙洲的77师，击毙师长田君健。李仙洲一时更为恐慌，取胜的8纵和9纵马上又被转用于主要方向作战，粟裕手中的兵力更为宽裕。

这时候，华野其余部队也奉命全部展开，基本上完成了对李仙洲集团的战役合围。

粟裕随即判断王耀武和李仙洲的下一步行动有两个：一是固守莱芜城；二是向王必成6纵尚未攻克的口镇方向突围。

他认为，两个行动都不利于李仙洲。如果固守莱芜，因为集中了两个军，城小兵多，挤成一团，华野可以首先集中炮火予以大量杀伤，而后再集中兵力攻城；如果突围，则可以在运动加以歼灭，对华野更为有利。

粟裕马上做出了相应部署，对麾下部队的任务也做了具体区分。

李仙洲被合围，守撤两难，束手无策，只有不断向直接上司王耀武呼救求援。

王耀武认为固守极为不利，与其坐而待毙，不如突围而出，向距离仅13公里的口镇靠拢，与那里的新36师会合，或许还有一线生机。

打定主意，他除电令李仙洲实施突围外，还派参谋长罗辛理将突围计划带往南京，当面请蒋介石审定。

知道上当的蒋介石有苦难言，给王耀武写了一封亲笔信，照例称兄道弟一番后，同意他的部署，说自己将严令空军司令王叔铭出动空军掩护，信的最后还祈祷上帝“保佑我北撤部队的安全和胜利”。

接到王耀武指令的李仙洲匆匆整顿人马，决定于2月23日开始北撤。

王耀武的决策早已在粟裕的预料和掌握之中。粟裕还决定“帮”他一把，采取围三阙一、网开一面的战法，命令城北正面阻击部队稍稍向后缩，大大方方让李仙洲出城。

李仙洲已力竭智穷，无心辨别真假，带着两个军急急忙忙撤出莱芜城。等他们挨挨挤挤全部进入设伏阵地以后，粟裕又从容调度，采取四面包围的战法，连发数道命令：

一是城北部队坚决卡住李仙洲北撤的咽喉要道；二是已攻占莱芜城的部队积极向北进击，防止李仙洲回窜；三是预伏于东西两翼的突击集团乘势猛烈夹击。

刚出城不久的李仙洲集团，很快被严阵以待的华野部队截成数段，团团包围，处处挨打，寸步难行，可谓叫天天不应，叫地地不灵。

蒋介石的“上帝”哑口无言，不见有任何“保佑之举”；口镇的新36师师长曹振铎也落井下石，不但不出城接应李仙洲，反而向淄博方向溜之大吉；王叔铭派来了几十架飞机轰炸掩护，但地面硝烟弥漫，国共双方混战在一起，空军也爱莫能助了。

仅仅五六个小时后，突围的国民党军便被一扫而光，堂堂中将副司令官李仙洲也被狼狈地活捉，莱芜战役随之结束。

这一战役，粟裕又运用了沿对手两翼向合围终点快速机动，用钳形攻击方法合围对手的战术，打掉蒋介石5.6万余人，提前完成了毛泽东交给的1个月至1个半月内歼敌10个旅左右的任务。

随后，他按照战前构想，下令乘胜进军，几天之内便控制山东北面胶济线250公里，拿下13座县城和几十个重镇，使鲁中、渤海、胶东和滨海4个区连成一片，蒋介石可谓“赔了夫人又折兵”。

不过，蒋介石也让粟裕小惊一场。

战后的一天中午，他的空军3架B-25、6架B-51轰炸机，突然飞临华野司令部驻地坦埠上空狂轰滥炸。警卫员们急忙将粟裕推进防空洞，粟裕却急得大喊：“不要管我，快去看看机要科，如果机要科炸掉了，我怎么指挥部队！”

华野司令部参谋左金祥等人后来回忆说：“敌轰炸机刚过，地上仍一片硝烟，粟司令员踏着瓦砾废墟，大步流星地来到机要科，问我们有没有伤亡，密码有没有损失，对如何做好善后工作做了许多重要指示。”

华东战场带给毛泽东的惊喜是一次大过一次，他兴奋地给陈毅、粟裕发来贺电，嘉奖华野全体将士。延安总部发言人还“盛赞华东人民解放军全体将士及其领导者陈毅、粟裕两将军”。

陈毅也坦诚而由衷地对记者说：“证明了我军副司令粟裕将军的战役指挥一贯

保持其常胜纪录，愈出愈奇，愈打愈妙。”不久，粟裕在华野高级干部会议上不用讲稿侃侃而谈，一口气讲了两个多小时，从谋略思想和指挥艺术上总结了战役的经验教训。

1947年3月莱芜战役后，粟裕在山东淄博华野高级干部会上

国民党方面则由狂喜到大悲，朝野上下一片哀伤沮丧。

蒋介石说：“莱芜和吐丝口一带作战的失败，匪军能集中兵力，攻击我们的弱点，消灭我们的大军”，“可以说是（国军）最可耻的失败”。王耀武也哀叹：“莱芜战役，损失惨重，百年教训，刻骨铭心！”

急怒之下，蒋介石开始连珠炮似的痛斥麾下几个将领，说陈诚指挥失当，王耀武失职，李仙洲无能。曾在红军时期、抗战之中战功累累的徐州绥靖公署主任薛岳也因“江郎才尽”，难逃他的诘责和处分。

蒋介石认为他“指挥无力，名声低落”，撤销了徐州、郑州两个绥靖公署，组成“陆军总司令部徐州司令部”，以陆军总司令顾祝同坐镇徐州统一指挥，薛岳也就被变相解职了。

顾祝同两年前便是粟裕手下败将，听闻蒋介石用他更换薛岳后说：“薛岳用兵尚属机敏果断，而顾祝同则历来是我军手下的败将，这无异以庸才代替干才。”

庸才上阵，粟裕一生导演的最精彩活剧之一也便开始上演。

百万军中取上将首级——攻孟良崮

莱芜战役收官时，国共重新全面开战才不过8个月，苏中战役前被逼应战，一度只求“迫蒋议和”的毛泽东豪气倍增，而曾经信心百倍、声称最多6个月内扫平中共的蒋介石却连连损兵折将，仅在华东战场便基本上打一仗输一仗，丢掉了30万人。

他的“家底”再宽裕，也禁不住这种山崩地裂般的神速损耗。

再也无力全面进攻的他只得改弦更辙，实施新的“黄河战略”，重点进攻延安和山东。这两个地方，一是中共的政治中心，一是直接威胁南京、上海的“卧榻之侧”，而山东又是他重点进攻中的重点。

为报苏中、宿北、鲁南和莱芜之仇，忍痛含悲的蒋介石调集了24个整编师（军）45.5万人对付山东和华东野战军，包括“五大主力”中除早已开赴东北的新1军和新6军外的3个：整编74师、整编11师和第5军，占其进攻中共解放区全部总兵力的27%，重点进攻兵力的66%。

他与麾下智囊精心筹划后的部署是：

一、以“五大主力”中的3个为骨干组成3大机动兵团，共有17个整编师（军）25万余人：汤恩伯的第一兵团，辖整编74、83、65、25、28、57师；王敬久第二兵团，辖第5军、整编85、75、72师；欧震第三兵团，辖整编11、第9、20、48、64、84师及第7军。

机动兵团的特点是往来倏忽，机动作战，执行突击任务。汤恩伯兵团由临沂向北，欧震兵团由泗水向东北，王敬久兵团由泰安向东，从三个方向形成弧形包围态势，直指华野主力。

二、徐州、济南为中心及鲁西南等地区配置 7个整编师约20万人马，担任守备和随时策应。

蒋介石还再次吸取教训，变更战法，决定由顾祝同统一指挥，采取“密集靠拢，加强维系，稳扎稳打，逐步推进”策略，加强兵力密度，成纵深梯次部署，做弧形一线式推进，使华东野战军啃不动、吞不下。

作为华野全军的战役指挥，粟裕千钧重担系于一身，再次面临险境和考验，又到了迟浩田所说“胜负往往取决于指挥员的一念之间，担子不可谓不沉重，心情不能说不紧张”的时刻。

他密切注视国民党军的动向，一个人关在房间内筹划作战方案，或者在地图前静坐，或者来回踱步，部下们各种热闹的庆功会、联欢会和“打牙祭”会餐都与他无关。陈毅也特别规定：“粟总在地图前构思歼敌方案时，任何人不准打扰。”

时为粟裕警卫员的唐洪等人后来回忆说，陈毅自己也担心粟裕身体吃不消，有一次“强拉”他外出打猎，结果问到一只打下的兔子该怎么吃时，粟裕的心思却依然在战场，若有所思地回答说：“这是蒋介石五大主力中的王牌，硬吃不行，必须智取，而且一定要全歼。”

他想到的不是陈毅手中耷拉着脑袋的兔子，而是正烟尘滚滚向华野杀过来，号称“五大主力”之首的整编74师。

兵来将挡，水来土掩，粟裕开始迎战。

他指挥华野10个纵队20多万人，虚虚实实，在沂蒙山区大踏步进退，与顾祝同的三路大军进行了几次试探性接触，一面调动和迷惑对方，一面寻找他们的破绽，创造有利战机。

一是4月初，粟裕指挥华野大军分路南下，出击郯城、马头和新安镇等地，寻歼汤恩伯兵团主力。汤恩伯大惊失色，立即乌龟缩头一般火速缩拢，加强防御。粟裕马上改变决心，掉头北上另寻战机。

二是4月20日，粟裕抓住一个战机，突然发起泰（安）蒙（阴）战役，打掉了王敬久麾下的整编72师2.4万余人。

粟裕原本计划“围泰打援”，多吃掉一些援军，不想无论整编72师师长杨文泉如何哀声连连，苦苦呼救，王敬久和其他将领担心成为华野的打援目标，整编72师又是非黄埔系的杂牌川军，因而始终按兵不动。粟裕乘胜攻克宁阳后，从容回师鲁中。

三是4月29日，粟裕又盯住了汤恩伯，以4个纵队出击进占桃墟和青陀寺的汤恩伯兵团，准备将其分割，打掉其中一部。

然而，相当警觉的汤恩伯又故伎重演，立即收拢后缩，粟裕吃掉他3000多人后，主动放弃了继续攻打的计划。

四是5月3日，粟裕看准一个时机，指挥4个纵队突然包围刚刚进占新泰的整编11师。

整编11师是“五大主力”之一和陈诚起家的老本，也是蒋介石疼爱有加的黄埔系王牌，王敬久大吃一惊，不敢怠慢，急忙带兵团主力赶来救援。粟裕发现不能速战速决，便主动撤围而去。

一个月的时间内，粟裕从容不迫，真真假假，虚虚实实，指挥华野大军时东时西，忽南忽北，犹如“耍龙灯”。

华野司令部参谋金冶晚年回忆孟良崮战役时说：粟裕“为调动敌人，创造与捕捉战机，曾先后五次下决心，求歼敌人一部，但因种种原因，五次改变决心”。

顾祝同和他几十万人的重兵集团，被迫跟着粟裕的指挥棒来来去去，疲于奔命，被调动往返行程1000公里以上，国民党官兵们苦不堪言。

原本兵强马壮的3大兵团肥的拖瘦，瘦的拖死，晕头转向，怨声载道，实力开始削弱，战前整齐的部署也逐渐错乱，高级将领内部矛盾重重，大歼灭战的战机渐渐出现。

不过，一些华野官兵对粟裕大兵团作战的大踏步进退一时也颇不理解。

普通战士以为是司令员陈毅在调度，编了顺口说：“陈司令的电报嗒嗒嗒，小兵的脚板扑扑扑。”粟裕晚年回忆说：“我们的战士实在是令人喜爱的，他们渴望着以自己的英勇作战来换取战争的胜利。”

性情直率的9纵司令员许世友，也在一次行军开进途中突然接到返回原地命令时，电话里对粟裕发牢骚说：“你们只晓得在地图上一卡一卡的，当兵的是两条腿。”

这是比谁更有耐心的时候，异常镇定的粟裕没有受到丝毫影响。

他又深思熟虑，构想了一步棋：命令位于新泰以西的王必成带上6纵就近南下到平邑以南地区，隐伏于鲁南敌后待命，以作必要时的奇兵使用；华野主力则后退一步，在莱芜、新泰、蒙阴以东地区集结待机。

远在南京翘首北望的蒋介石果然开始按捺不住。

他期望的是速战速决，认为华东共军的高度机动是“攻势疲惫”，开始退却，而自己的重兵集团空耗时日，久无战果，因而严令前方的顾祝同加快“进剿”，限期5月初“打掉陈、粟主力”。

5月10日，被蒋介石催逼的顾祝同紧张不已，急忙命令欧震、汤恩伯和王敬久带上3个兵团向前推进。

汤恩伯也是蒋介石的爱将之一，收到命令后，一时晕头晕脑，不等欧震和王敬久统一行动，便指挥所部向沂水、坦埠方向进攻。他的第7军和整编48师很快暴露在整个兵团右翼，出现了围歼的战机。

说时迟，那时快，一直等着大歼灭战机会的粟裕当即决定，首先打掉这两个整编师（军），但作战命令下达后，他的心里又隐隐感觉不太满意。

粟裕认为，第7军和整编48师都属于桂系，号称“猴子军”，多年在蒋介石的歧视和排挤中生存，养成了一套“保命”的本领，不仅打仗狡猾，而且很顽强，不是最理想的打击目标。按以往的经验，同他们作战往往容易打成消耗仗，很难有俘获。

想到这里，粟裕做了两手准备，一是准备围歼“猴子军”；二是继续注视敌情的细微变化，捕捉更合适的战机。

5月11日，汤恩伯麾下的张灵甫率整编74师从垛庄出发，经由孟良崮西麓，向坦埠以南的华野9纵阵地进攻，显然意在华野司令部驻地坦埠。

粟裕马上注意到了这一行动，命令司令部情报处火速核查情报的准确性，并进一步搜集有关情报，查明汤恩伯的具体部署。

当天晚上，他从各种送来的情报资料中分析、理清了汤恩伯的意图：

以张灵甫的整编74师为中心，黄百韬的整编25师、李天霞的整编83师为左右翼；又以整编65师保障整编25师翼侧，第7军和整编48师保障整编83师翼侧，限于5月12日（后改为14日）攻占坦埠。

情报处还查明了顾祝同另外两个兵团的一些行踪：王敬久兵团所属的第5军、欧震兵团所属的整编11师等部已由莱芜、新泰出动向东开进。整编74师与左右两翼国民党军相距只有1至2天行程，尤其距整编83师和65师更近。

情况尽管还没有完全明朗，但经冷静思索，地图前的粟裕已断定顾祝同在发动全线进攻，部署显然是以整编74师为主要突击力量，在两翼和后续兵团掩护下实施中央突破，目标直指华野司令部驻地坦埠。

粟裕也分析了他的两个企图。多年后，他回忆说："一是企图一举击中我指挥中心，陷我军于混乱与四面包围之中，便于其聚而歼之；二是敌人估计也许我不敢迎战，那就可将我逼压至胶东一隅或赶过黄河。"

顾祝同终究是当年的黄埔教官，蒋介石的"五虎上将"之一，这一计策不可谓不毒辣，却也给粟裕带来了一个绝佳的战机。

粟裕马上决定停止攻打"鸡肋"似的第7军和整编48师，改为以中央突破对中央突破，以"猛虎掏心"的办法，从对方重兵集团中将整编74师分割出来，予以干净、全部歼灭。

整编74师由王耀武担任军长的74军整编而来，有"荣誉军""御林军"的美誉，是蒋介石的"五大主力"之首，属于黄埔嫡系中的精锐之师和王牌军，全军3万多人，全部美械装备，战斗力一流。

王耀武担任军长时，它曾多次与日军在战场上搏杀，有过不菲的战绩；张灵甫接任师长后，它被蒋介石投入华东战场，一直是打头阵的急先锋，曾连下淮阴和涟水，虎将王必成还为之受过处分。粟裕多次试图围歼它，都因未遇有利战机而没能得手。

蒋介石倚整编74师为"党国"干城，不无自豪地说它是"国军模范"，参谋总长陈诚则多次说："全军多几个74师，战事就会平定了。"

再次锁定整编74师的粟裕认为："把它消灭了，将给敌人实力上、精神上以最沉重的打击，将宣示我既能歼灭第74师，还有什么敌人不能消灭呢？"

不过，他也深知，这一决策既有取胜把握又有一定风险。能否获胜，关键在于正确的决策和巧妙的指挥。他认为，只要缜密部署，指挥上没有失误，就可以实现全歼整编74师的意图。

陈毅听说粟裕要打整编74师，赞叹说："好！我们就是要有于百万军中取上将首级的气概！”

粟裕决定，以华野五员虎将和最强的5个纵队担任主攻，即叶飞的1纵、陶勇的4纵、王必成的6纵、王建安的8纵和许世友的9纵，战场选定在坦埠以南、孟良崮以北地区。

同时，他决定以另外4个纵队担负阻援，即韦国清的2纵、何以祥的3纵、成钧的7纵和宋时轮的10纵；陈锐霆的特种兵纵队则配属主攻部队作战。

决心确定后，当务之急是将已出发攻打第7军和整编48师的部队从半路上追回来。

但行进中的各个纵队为了保密，电台都处于静默状态，无法呼叫。粟裕急中生智，命令司令部所有参谋出动，或骑摩托车，或骑自行车，或骑马，或跑步，争分抢秒，汗流浃背，终于将部队全部追了回来。

华野司令部参谋的金冶晚年回忆说：“时值黄昏，参战的各纵队都已开始出发，陆续向沂水以东方向开进。粟裕交代我立即分路派出参谋，找各纵队司令员马上到指挥部开会，接受新的作战任务，并要我立即命令各纵队原地待命。”

风尘仆仆的纵队司令员们赶回华野总部，听说改打张灵甫和整编74师，顿时喜形于色，高高兴兴重新接受了粟裕的具体任务和部署。

蒋介石重点进攻的华东战场也让毛泽东的心提到嗓子眼上。

5月12日，他致电陈毅和粟裕，告诫说：“敌5军、11师、74师均已前进。你们须聚精会神选择比较好打之一路，不失时机发起歼击。究打何路最好，由你们当机决策，立付施行，我们不遥制。”

粟裕第二天便与陈毅联名，将已“聚精会神”构想的作战计划上报毛泽东，毛泽东马上回复批准，赞许说：“以一、四、八、九纵歼击七十四师极为正确。”

5月13日黄昏时分，夜幕开始笼罩四野，粟裕下令进攻开始。为及时掌握战况和适时指挥，他决定亲临前线，将指挥所设在坦埠以西云头崮脚下一个叫“千人洞”的岩洞里。

他的警卫员季清明晚年回忆说，当时想给他找块老乡家的门板当床用，粟裕批评说：“门板是关门用的，不是用来睡觉的，你拿了老乡的门板睡觉，那老乡家敞着大门还睡不睡觉？”警卫员们只好买了些高粱秆和麦秸给他铺了张简易床。

要打掉整编74师，将其从顾祝同的重兵集团割裂出来，然后予以合围是关键的一步。粟裕采取了诸多措施，一道道命令破空而去：

一、命令陶勇和许世友分别带领4、9两纵，全力抗击向坦埠进攻的整编74师，堵其前进之路；

二、命令原来奉命在鲁南隐蔽待机的王必成带上6纵，由叶飞的1纵协同抢占孟良崮西南的垛庄，切断整编74师的退路；

三、命令叶飞和王建安分别从1、8两纵派出小部队，向张灵甫左右两翼的整编25师和整编83师发起攻击，使他们一时无法判明华野矛头所向而无暇他顾，1纵和8纵主力则乘机向纵深猛插，隔断整编74师与左右两翼的联系；

四、命令韦国清、成钧、何以祥和宋时轮分别带2纵、7纵、3纵和10纵，在整编74师左右两翼外围阻击其援军。

他麾下的虎将们迅速行动，第二天上午便基本上包围了整编74师。5月15日拂晓，由鲁南北上急行军100公里的6纵在1纵配合下攻占垛庄，8纵攻占万泉山，最终封闭了合围口，张灵甫被里三层外三层团团围住，成为上天无路入地无门的瓮中之鳖。

金冶晚年回忆说：“粟裕同时又指挥两侧穿插分割的第一、第四、第八、第九纵队，以及第二、第三、第七、第十纵队，把靠近74师的两翼敌军，完全割裂开来，形成对74师的内三层外三层的分割包围，使74师完全陷于死地。”

战役合围之所以最终成功，粟裕后来也回忆说：“动用隐伏于鲁南的6纵队是关键的一着。”

他认为，“在战役指挥中，设想可能出现的情况，走第一步就预想到第二步，有时要巧妙地预留伏笔，是灵活用兵的重要一着”，而“此次我军诱敌深入，而又预伏第6纵队于鲁南待机，这着棋一旦动起来，全盘就活了”。

长期追随粟裕作战的虎将王必成对他的指挥已有默契。

他晚年回忆说，粟裕“每一次战役战斗的决心都建立在知彼知已与深思熟虑的基础之上，对战役发展的进程作出科学的预测，胸有多种方案。什么情况下采取哪一种方案，他心中有数，下级也很清楚。因此，每仗都能做到准备充分，‘锣鼓齐全’，配合默契。”

张灵甫做梦也没想到，自己的整编74师被“吃了熊心豹子胆”的粟裕锁定。

进入华东战场以来，共军每每遇到他的这第一王牌军，往往选择退避三舍，主动退让。这次奉命攻打华野总部驻地坦埠，他和别的高级将领一样依然踌躇满志，估计共军不是主动后撤就是被无情突破。

更让他兴奋的是，当面的华野阻击部队9纵虽然也是一个军，却只能节节阻击，常常“被迫”放弃阵地，张灵甫始终认为他们无力阻挡。

这时候，突然传来后方基地垛庄受到王必成攻击的消息，他派出一个团增援又被悄无声息打掉，垛庄完全失守。张灵甫这才如梦初醒，知道到自己被“瞻之在前，忽焉在后”的华野重兵包围了。

他急忙下令全师向孟良崮和芦山地区收缩，因为山陡路险，不得不忍痛将引以为傲的美式重炮和许多现代装备弃于山下。

孟良崮位于蒙阴东南60公里的芦山山区顶峰，海拔500余米，四周陡峭，形同圆柱，山顶怪石林立，草木稀疏。整编74师上山后，据守在芦山、孟良崮和大崮顶等几个相通的山头和几条山谷里。

尽管被逼上了光秃秃的山头，也算是蒋介石麾下一名悍将的张灵甫却不忧反喜。

他认为，凭借整编74师的实力，华野根本啃不动，只要以顽强的防御将其牢牢吸引住，四周密集的友军乘机上前合围，就能创造出一个与共军决战的机会。而这样的时机，以前日思夜想，反复求之不得。

蒋介石也“英雄所见略同”，兴奋地说这是“歼灭共匪完成革命唯一良机”。

他和顾祝同马上命令张灵甫据险固守，吸引共军主力；命令整编11师等6个整编师（军），分别从西北、西、南、东四个方向火速向整编74师靠拢，准备内外夹击，围歼华野主力。

为增加保险系数，争取一战而胜，蒋介石还就近增调人马，命令位于莱芜的邱清泉带上另一支王牌军第5军火速南下，位于鲁南的整编64师和整编20师则全力北上，两路人马随即向孟良崮方向奋力开进。

1947年孟良崮战役前，粟裕（左2）视察炮兵实弹射击

国共开战以来一次前所未有的巅峰对决开始，战场一时出现了令人震惊的一幕：华野以5个纵队包围了整编74师，国民党军又以10个整编师（军）在外面包围着华野。

战场上空愁云惨淡，杀气冲天，国共双方互相包围，彼此交错，狭窄的区域内聚集了数十万大军。

整编74师固然已是瓮中之鳖，但华野处境也岌岌可危。对负责战役指挥的粟裕而言，能否迅速攻上孟良崮，打掉整编74师和挡住蒋介石、顾祝同严令下蜂拥而至的各路援军，成为战役成败的关键。

“慈不掌兵”，非常时刻来到，粟裕果断命令各级指挥员都下到第一线督战，作战形式主要转入刺刀见红的阵地战，艰苦而惨烈的战斗随即开始。

困兽似猛虎，丢了重装备的张灵甫终究是倾注蒋介石心血的唯一“御林军”，美国配备的步兵轻武器同样凶猛异常，官兵们训练有素，战术动作娴熟敏捷，而且居高临下，占据地形优势。

华野主攻部队只能从险峻的岩壁上仰攻，又无遮蔽物隐蔽，却依然冒着密集的枪林弹雨奋勇向前，“刀从扑去争山顶，血雨飘来湿战袍”，双方反复争夺每一道岩石棱线和每一个山头高地。

为和蒋介石的各路援军抢时间，5月15日，粟裕下达了总攻令，陈毅也给各纵队指挥员打电话：“谁拿下孟良崮谁就是英雄！”

阵地上枪炮声、喊杀声一时惊天动地，战斗更趋白热化，一个个山头被华野苦战后拿下，张灵甫一步步后退，被压缩到更为窄小逼仄的一隅。

他已闻到了山顶弥漫开来的死亡气息，得知各路友军进展缓慢时，脊背更是一阵发凉，不得不放下“御林军”悍将的架子，向从前有些瞧不上的兄弟部队不停呼叫求援。

张灵甫不知道的是，蒋介石严令下的各路援军也正在拼死向前，炮火连天，成群结队，一波又一波地冲击华野阻援部队。

整编25师冲在最前列，师长黄百韬采用密集的人海战术，轮番攻击当面的华野1纵阻击阵地，一步一步用士兵的血肉之躯往前推进，最终离张灵甫仅有5公里左右，炮火已能打到孟良崮。

整编83师师长李天霞毕业于黄埔三期，是黄埔四期张灵甫的学长，两人一同在74军多年。他的资历和官阶都高于张灵甫，但一年前争夺74军军长一职时因靠山不过硬而失败，心底一直愤愤不平。

李天霞巴不得张灵甫倒霉，出出胸中这口恶气，增援时行动便有所保留，但蒋介石“军法从事”的军令一道道飞来，他不敢驻足观望，最后也只相隔了5公里左右路程。

其余8个整编师（军）也都拼着老命，努力向前，最后距整编74师只有1至2天行程，有的甚至不足1天，可谓近在咫尺。

让他们上不了孟良崮的是华野顽强的阻援部队。

粟裕下令总攻这天，华野10纵将邱清泉的第5军牢牢钳制在莱芜方向；3纵将整编11师阻挡在蒙阴以北；1纵和6纵则阻住整编65师，一天行进不到10公里；南面北上的第7军和整编48师被7纵死死拦住；整编20师和整编64师则陷入地方武装和民兵的汪洋大海中，寸步难移。

10纵29师师长萧锋指挥部队，将阻击工事巧妙地挖成猫耳洞形式，挡住了第5军劈天盖地呼啸而来的榴弹炮、炮弹，多次打退邱清泉的猛攻，毙伤其2000多人，自己仅伤亡300人，战后获得了粟裕的表彰。

粟裕说："一个指挥员在阻击战中，指挥恰当，在阻击战中不断改进工事，既很好地保护自己，减少伤亡，又充分发扬火力，消灭敌人，那么就是最大最好的爱兵！"

阻击部队异常勇猛，不仅顶住凌厉攻势，死战不退，还不时猛烈反冲锋，国民党援军一时晕头晕脑，都觉得自己才是华野真正攻打的目标，竟然慌慌张张向张灵甫呼叫求援。

张灵甫永远来不了。

5月16日早晨，晨雾尚未从山顶散尽，华野主攻部队开始炮击张灵甫藏身的山洞，不久便集中攻打这最后的栖身之所。

激战到下午，一支精悍的劲旅华野6纵特务团突兀而出，一马当先，突破山洞西侧的阻击阵地，向洞内一阵猛烈扫射，将龟缩其中，等待奇迹出现的张灵甫击毙。

6纵司令员王必成晚年回忆说："那个飞扬浮躁、横行无忌、死心塌地'效忠党国'的张灵甫，也被我纵战士射出的仇恨子弹结束了他可耻的一生。"

他未记涟水城下败阵的前仇，奉粟裕之令，寻遍方圆数十里，花了400块大洋买到一具上好的棺木，将张灵甫厚葬在沂水县野猪旺村边。空军指挥学院教授乔良对粟裕这一义举钦佩不已，说"仅此一点，足见其甚具古名将风"。

各路援军只能遥望孟良崮，眼睁睁地看着整编74师覆没。

枪炮声渐渐停止时，粟裕反复核对各部队上报的歼敌数字，发现还有7000人左右与整编74师3万多人的编制数字对不上。

他马上命令缓发向毛泽东告捷的电报，同时下令："各部队重新汇报战果，歼俘敌人的数字要力求准确无误。命令各部队继续搜查，不可放松警惕，特别是比较隐蔽的山沟更要仔细搜查。没有命令，不许停止。"

正在兴高采烈的部下们大惑不解，粟裕解释说："我们主张打歼灭战，硬是要追穷寇，不论这只狗发疯也好，跳墙也好，都必须把它确确实实地打死才行。”他还格外提醒说：“7000人不是个小数目，弄不好会给我们带来不必要的损失。”

华野各纵队马上奉令而行，一阵紧张地搜索后，果然在一条山谷里发现了张灵甫的残部7000多人。他们正人头攒动挤成一团，准备突围而出。

粟裕闻报，立即命令成钧、王建安和许世友3人紧急出动，带所部3个纵队前往围歼，很快便风卷残云，将这股残部全歼。到这时为止，孟良崮上的整编74师上至师长下至马夫，一个也没有漏网。

孟良崮顶顿时一片响彻山谷的欢呼声。时为9纵司令部参谋处处长的叶超后来回忆说：“我们和兄弟部队一起担任正面攻击任务，虽然伤亡不小，但看到一举歼灭蒋家‘王牌军’，无不雀跃欢呼。”

华野司令部也欢声雷动。

余力、崔协祥、俞杰和唐洪等参谋、警卫员后来一同回忆说：“捷报传来，在场的人，无不钦佩粟裕首长料敌如神和高明的指挥艺术。”他们还回忆：“特别是陈毅首长格外高兴，紧紧握着粟裕首长的手说：‘老伙计，这个仗，你硬是越打越神了！’”

这一仗是粟裕一生的军事杰作之一，运用了新的合围战术：正面反击，分割两翼，断敌退路，同时坚决阻击各路援敌，以对进攻击和钳形突击相结合的方法合围对手。

王必成晚年回忆说：“这次战役，从调动兵力创造战机，到战役实施的全过程，无一不是按照粟裕同志提出的方案实施的。”

不过，粟裕的老搭档陈毅同样居功至伟。

战役中，他以司令员兼政委身份，给予仅为副司令员却负责战役指挥的粟裕很大支持。性格直爽的9纵司令员许世友以部队伤亡太大为由，曾在电话中同粟裕讨价还价。

陈毅拿过话筒说：“刚才粟裕同志讲的，就是我的意见，你们要坚决执行。部队伤亡大一些，不要紧，我手里还有预备兵力，你伤亡多少，我给你补充多少。”

许世友见拥有人事权，可以代替中央军委执行军法的陈毅说话，且条件不错，也就悄无声息地平静了。

孟良崮上“猛虎掏心”一举成功，“五大主力之首”整编74师被全歼，全国其他战区将士们一时也奔走相告，振奋不已，最感满意和意外的还是正在陕北牵着胡宗南满山跑的毛泽东。

他于5月22日致电陈毅和粟裕，说“歼灭74师，付出代价较多，但意义极大”。一年后在西柏坡见到粟裕时，他仍然一脸兴奋，说：“能歼灭74师，有两个人没想到，一是蒋介石，一是我毛泽东本人。”

延安新华社则发表文章，再次不吝其词地夸赞说：“华东人民解放军和华东解放区的人民，在全中国人民的爱国自卫战争中，担负的任务最严重，得到的成就也最荣耀。”

中共阵营有着节日的狂欢，国民党阵营则是“天柱折，地维绝”，凄凄惨惨戚戚，哀婉不已。痛失第一王牌军的蒋介石又悲痛欲绝，哀叹是“空前的大损失”，是“剿匪以来最可痛心最可惋惜的一件大事”。

以整编74师起家的王耀武，莱芜战役的伤痛尚未抚平，胸口又挨上一刀，如丧考妣地说：“74师之失，有如丧父之痛。”

“剿匪”大业还得继续下去，士气“宜鼓而不可泄”，蒋介石哀伤过后，决定丧事喜办，追授张灵甫为陆军上将，借被华野释放的战俘之口假造张灵甫“自杀殉国”，甚而伪造一份他的“遗书”，塑造出一尊党国“忠义”的大神，以激励其他将领疆场用命。

安抚了死者，他又警告生者，照例追究一批将领的责任。

张灵甫的直接上司、第一兵团司令官汤恩伯被撤职；他的老上司、整编83师师长李天霞遭到国民党军事法庭的审判；卖尽死力、距离张灵甫最近的黄百韬则被撤职留任，以观后效。

稍稍处理了善后事宜，蒋介石新的进攻又开始酝酿，粟裕“以战止战”之路任重道远，还远未有穷时。

粟裕题词："英雄孟良崮"

常胜将军罕见的"铩羽而归"——斗南麻临朐

张灵甫覆亡后，病急乱投医的蒋介石起用第一号战犯、原侵华日军总司令冈村宁次为顾问，商讨之下，决定采用"并进不如重叠，分进不如合进"的战法继续"鲁中会战"，进攻华东野战军。

他还派遣陆军副总司令范汉杰前往战场，接替汤恩伯的第一兵团司令官一职，担负前线指挥之责，将三四个整编师摆成方阵，前后重叠，交互前进，准备在狭窄的鲁中山区围歼华野主力。

树欲静而风不止。粟裕夙夜不懈，席不暇暖，又开始苦行僧一般面壁静坐，久久思索破解之策。

考虑到正面重兵云集，蒋介石和新到任的范汉杰又更为小心谨慎，一时难以骤然分割，他决定派3个纵队分别向其侧翼和后方出击，迫其回援，创造战机，华野主力则隐蔽在沂水一带待机。具体部署是：

王必成带6纵出击临（沂）蒙（阴）公路，陶勇带4纵奔袭费县，破坏国民党军后方补给线，成钧带7纵佯攻汤头，迫敌分兵回援。

然而，正当粟裕准备付诸实施时，1947年6月29日，为配合相邻的晋冀鲁豫战区刘邓大军第二天外线出击，南渡黄河，毛泽东突然发来急电，命令华野全军远距离分兵三路。

因不久前还指令华野六七个月内仍然内线作战，他解释说，蒋介石"正面既然绝对集中兵力，我军便不应再继续采取集中兵力方针，而应改取分路出击其远后方之方针"[①]。

粟裕对毛泽东的决策感到十分突然，晚年回忆说："当时山东还有五十多个县城在我手中，而且连成一片，胶东、渤海、滨海三个地区还可以回旋，在内线歼敌的条件还是存在的。"

陈毅则与毛泽东的决策意见保持一致。陈毅传记之一《传檄到中原》记载："在

① 《毛泽东军事文集》第四卷，军事科学出版社、中央文献出版社1993年版，第113页。

山东时，他俩（陈毅、粟裕）为了分兵的问题，曾昼夜争论。粟裕对分兵很有意见，对远距离外线出击的做法不理解。”

因种种原因，粟裕最终同意立即执行毛泽东最新的指令，改变华野内线作战的部署，将华东野战军分为三路大军：

一是叶飞和陶勇两个纵队司令员带领1纵、4纵越过临蒙公路向鲁南出击；二是华野参谋长陈士榘、政治部主任唐亮带领3纵、8纵和10纵向鲁西的泰安、大汶口方向挺进；三是陈毅、粟裕直接指挥2纵、6纵、7纵、9纵和特种兵纵队在沂水地区待机出击。

6月30日，也就是接到毛泽东指令的第二天，这一部署就被上报给毛泽东，说准备7月1日开始执行。

毛泽东马上回复“布置甚好”，同时催促说：“我军必须在七天或十天内”，“打开与刘邓会师之道路，如动作迟缓，则来不及”。

因为毛泽东指令的突然和紧迫，华野的“7月分兵”异常匆忙，从接到指令到全军开始行动，仅用了一天多时间，致使3路人马随后接连受到损失或打成消耗战，粟裕也罕有的“马失前蹄”。

叶飞等华野5个纵队出击鲁南、鲁西后，蒋介石急忙下令从鲁中地区抽回第5军等7个整编师追击，留下范汉杰和他所属4个整编师原地固守要点。

这4个整编师分别是：胡琏的整编11师驻南麻，黄百韬的整编25师在东里店，王凌云的整编第9师驻沂水，黄国梁的整编64师在东里店以西的大张庄等地。此外，李弥整编第8师（即第8军）驻临朐，配合行动。

见此情形，华野主要领导人喜形于色，认为蒋介石对山东的重点进攻已被打破，留在鲁中的几个整编师必定很快撤退，为执行毛泽东配合刘邓大军的新指令，急于像过去一样打大胜仗，发生了轻敌急躁情绪。

负责战役指挥的粟裕有过谨慎的保留意见，但因为也有一定的乐观情绪和其他方面的考虑，没有始终如一的坚持。

7月中旬，他在华野司令部其他负责人的坚持下，以蒋介石从鲁中全部退却为前提，制定了一个作战部署：

一是指令陈士榘、唐亮的3个纵队迅速西进，围攻济宁、汶上，密切配合刘邓大军作战；

二是指令叶飞、陶勇的两个纵队迅速攻克滕县、邹县，然后转兵北上，寻歼西援的国民党军；

三是华野司令部直接指挥4个纵队，乘国民党军还没有全部后撤前，首先打掉位于南麻的整编11师，切断整编第9师等部队退路，然后与叶飞、陶勇两个纵队协力歼灭整编25师和整编64师。

这是一个前所未有的宏大计划，除陈士榘3个纵队配合刘邓大军外，华野其余6个纵队准备一个战役打掉整编11师在内的4个整编师，原因是华野主要领导人判断蒋介石已经开始退却。

于是，胡琏的整编11师继整编74师之后，成为“五大主力”中又一个被华野锁定的目标。

整编11师原为18军，是蒋介石第一爱将、参谋总长陈诚起家的老部队，装备精良，训练有素，战斗力不输于整编74师。师长胡琏是张灵甫的黄埔四期同学，作战同样勇猛强悍，却比他稳重狡黠，更富有心计，人称“狐狸”。

胡琏征战华东以来，参加过宿北、鲁南、莱芜和孟良崮战役，诸多友军一个个先后被粟裕和华野吃掉，他却“命大福大”，安然无恙，常常有惊无险。

整编74师覆没之前，粟裕指挥华野大踏步进退时，曾在新泰突然包围过整编11师。因援军很快云集，又不能速战速决，粟裕随即飘然撤围而去，胡琏却吓出了一身冷汗。

孟良崮上整编74师短短3天之内便全军覆没，增援失败的胡琏更是大为震动。兔死狐悲，虽然整编11师战斗力一流，但他从此处处更为小心，时刻提防重蹈覆辙。

整编11师原本驻扎在鲁村，那里四面是山，中间一块小盆地。胡琏查勘一阵后，感觉地形不利，一旦开战，部队压在村里无法施展，只有把守四面高山，才能保住鲁村，但手中兵力又不足。他马上向上司范汉杰坚决请求移驻南麻，很快获得了批准。

南麻地处鲁中山区，也是一块小盆地。三面是山，东面为低矮的丘陵，北面高地有一个通向博山的隘口，沂河从南麻以南流过。这一地形利于防守而不利于进攻。

选中这块“宝地”后，胡琏也不急于向前推进，而是驻扎下来，慢工出细活，花了20多天工夫全力构筑工事，以求先保全自己。

于是，南麻的村庄和周围大小山头，很快被密密麻麻构筑了2000多个子母堡，形成了火力互相支援的地堡群，地堡外有散兵坑。各个据点间又修建有连接的交通壕，外围设有多道铁丝网、鹿砦等障碍物。

工事完工时，胡琏仔细巡视一番，猛然发现还有不利于作战的问题，随即下令将阵地前500米以内的树木、庄稼一律砍光，驻地村民男女老少全部赶走，一个不留。

对麾下3个旅的官兵，他也做了精心安排，自己带4个团驻守南麻，另外两个旅分别驻于北麻和高庄等地，以便互相策应，随时增援。

胡琏如临大敌的未雨绸缪，没想到“无心插柳柳成荫”，粟裕不久果然盯上了他，他的防御工事很快见到了意想不到的效果。

这时候，因为“7月分兵”，粟裕手中仅有4个纵队可用，既要攻坚又要打援，与攻打整编74师时5个纵队主攻、4个纵队阻援的阵容不可同日而语。

他只能将手中4个纵队做最优化的配置部署：以韦国清的2纵、王必成的6纵、许世友的9纵共3个纵队围歼整编11师，以成钧的7纵担负阻援。他和陈毅率领华野司令部进驻南麻东北的三岔店，一同指挥作战。

7月17日，华野4个纵队奉命分路开赴南麻战场，但一开始便很不顺利，途中突遭罕见的暴雨，行动受阻。第二天一早，因时间紧迫，刚刚到达指定位置的主攻部队来不及充分准备，便仓促开始攻击。

然而，攻击很快在胡琏密集的子母堡前受阻。

许世友和王必成是孟良崮攻打张灵甫的两员主将，他们和韦国清一起分别率部猛攻，每攻克一个堡垒，都要付出伤亡数十人上百人的代价。粟裕这才发现先前获悉的南麻构筑工事尚未建成的情况有误。

不得地利，天公也不作美。

这时正是山东雨季，连日间大雨滂沱，山洪暴发，流经南麻的沂河河水陡涨，3个主攻纵队行动异常艰难，2纵的全部人马、枪械和弹药甚至全被泡在水里，弹药受潮失效。

毛泽东指令华野分兵3路，却对打掉整编11师隐隐充满期待。

战役发起的这天，他致电陈毅和粟裕，急切询问“歼击11师结果如何”。他还说：“整个山东局面之改变主要依靠你们这一计划成功，造成继续歼敌的有利条件。”

他对粟裕的期待第一次落空了。

粟裕亲临南麻东北高地的观察所，一面观察前线情况，一面进行适时指挥。当看到主攻部队在子母堡群前遭到交叉火力封锁，一次次进攻受挫时，他对身边人员说：“这是一个教训啊！这次战役结束后，要认真总结经验教训，要重视攻打子母堡的战术技术训练。”

天时、地利终归不如人和。经过三昼夜浴血苦战，华野部队一寸一寸推进，最终将整编11师压缩在纵横5公里的包围圈内。胡琏不甘坐以待毙，不断组织反攻，有时一天之内多达十几次，但都被华野部队击退。

这时候，重围中的整编11师粮弹两缺，士气低落。

胡琏深知子母堡群只能凭借一时，终将被前赴后继的华野官兵顽强攻克，再等几天，自己便是第二个张灵甫，因而万分焦虑，频频向蒋介石求救，请求速派援兵，空投粮弹。

蒋介石刚丢掉整编74师，又要失去整编11师，“五大主力”将去其二，等于刘备的五虎将失去关羽、张飞，一时肝肠寸断，急令范汉杰敦促整编第9师、整编25师、整编64师和整编75师火速出动增援。

4个整编师刀枪明晃，齐装满员，黑压压开过来，而粟裕手中兵力有限，阻援部队仅部署了一个成钧的7纵。

增援格外卖力的又是悍将黄百韬。孟良崮战役时他救援张灵甫失败，被蒋介石撤职留任，这一次一心想戴罪立功，将功补过。

一路狂飙赶到7纵构筑的阻击阵地前，黄百韬命令先用炮火猛轰，然后采用3个营为一个单位的滚动式战法冲锋，一批垮下来，另一批立即接着上，持续不断，昼夜不停。

他甚至还活学活用，用上了粟裕常用的战术，夜里也不断派出小部队袭扰，使7

1947年，粟裕与谭震林、陈士榘等人合影

纵官兵得不到任何休息。

7月20日，黄百韬终于突破了7纵的阻援阵地，其他各路增援部队随即跟进，前进到距南麻仅有10公里的地方，很快将靠近南麻。

粟裕估计打掉胡琏还需要三天时间，但手中已无预备队投入阻援打援，只得下令于7月21日晚上撤出战斗，另寻战机。

这一仗，华野歼灭整编11师9000多人，自身也伤亡4000余人，没有完成预期作战目标，打了一个得不偿失的消耗仗。胡琏尽管损失不小，却终于死里逃生，再次有惊无险，没有成为张灵甫第二。

9纵司令员许世友杀红了眼，奉命撤退时，犹自对胡琏咬牙切齿，给粟裕打电话说："胡琏这只狡猾的狐狸，……下次我定叫他碎尸万段！"[①]

一个月后总结时，"马失前蹄"的粟裕也颇为遗憾地说："如我们再有三天时间也还可以打下的。可是我们打援的部队不大得力，甚至在敌我相等的兵力下还堵

① 丁炳生：《第三野战军征战记》，军事科学出版社1997年版，第279页。

不住他。”[①]

然而，他阻援兵力不足的恶果很快再度重演。

恶战南麻后，华野参战官兵本应休整一个时期，但前来增援南麻的国民党李弥第8军占领临朐，阻断了华野向胶济线以北转移的通道。

粟裕得知第8军刚进临朐，只有一般性防御工事，主力也还没有全部到达，可以乘其立足未稳将其歼灭，以鼓舞士气，于是决定速战速决，进攻临朐打掉第8军，搬开这只“拦路虎”。

手中没有宽裕兵力，他只能依照攻打南麻时的部署使用部队：2纵、6纵和9纵纵围攻临朐城，7纵负责阻援，战役发起时间定于7月24日黄昏。

不料第8军开进很快，军长李弥7月23日中午便带着5个主力团进入临朐城内，随即仿效胡琏的做法，控制周围各个制高点后，每班构筑起至少1个地堡工事。

李弥没想到的是，他这一举措歪打正着，挽救了第8军。

天时也又一次照顾了蒋介石。华野各部7月24日下午向临朐分路开进时，天空突然再次变脸，下起了倾盆大雨，行军异常困难，与攻打南麻的情形完全一样。

临朐有一条浅浅的季节河弥河，平时随处可以徒涉，但暴雨骤至，河水陡然泛滥，城外一片汪洋，平地水深过膝，攻城部队行动处处受阻。

战役打响后，李弥凭借天时地利，一时占尽上风。

经过两天两夜艰苦激战，许世友、王必成和韦国清3员虎将奉粟裕之令多次攻城都未能奏效。王必成带着6纵冒险徒涉弥河时，许多人员装备还被激流冲走淹没。

仅有一次，韦国清所属的5师付出不小的代价，趁夜将城墙炸开一个缺口，冲进去7个连，但突破口很快被火力封锁，突入城内部队被李弥两个团包围，苦战后伤亡殆尽。

这时候，整编第9师和整编64师在蒋介石“连坐法”的严令和高价悬赏下，快速杀奔而来，成钧7纵在临朐以南的三岔店阻击阵地不久被突破。

粟裕战后总结时，说到了蒋介石增援部队的变化：“过去敌人不敢增援，但近来在蒋（介石）、顾（祝同）连坐法及所谓‘总动员’和高价奖励（赏守临朐之顽8军3

① 《南麻战役》，黄河出版社1992年版，第125页。

亿元）下，较前大为积极，其增援队攻击甚猛。”

华野部队面临腹背受敌的境地，粟裕当机立断，再次决定撤出战斗，转移到诸城、莒县山区休整。临朐之战，仅仅歼灭第8师7000余人，没有达成全歼的预期作战目标，又打成没有缴获的消耗战。

粟裕直接指挥的部队两次“铩羽而归”，分兵外线出击鲁西、鲁南的两路人马也连遭失利，损失不小：叶飞1纵和陶勇4纵各损失1万多人；何以祥3纵有2个师被迫缩编为团；宋时轮10纵也伤亡近2000人。

当初基于蒋介石从鲁中全面退却，设想打掉整编11师后，与叶飞、陶勇纵队南北夹击，协力歼灭整编25师和整编64师的宏大乐观计划，也就无果而终了。

负责战役指挥的粟裕心情异常沉重。

他久久反思7月作战的决策和指挥，代表华野前委写出了一份长长的检讨，认为战略上的“7月分兵，失去重点”是重要原因之一。

他说，华野总部直接指挥的4个纵队，兵力虽然比外线出击的两路人马多，但占整个华野不及九分之四，战斗力也不如外线5个纵队的平均水准，尤其是2纵和7纵不充实。而外线出击部队尽管有5个纵队，却又分为两路，也不是重点。

因此，“既无足够打援部队，即不能取得充分的攻坚时间，于是南麻、临朐、滕县诸役，均因此而被迫退出战斗”。

粟裕还认为，“过分乐观与轻敌”也是导致失利的重要原因之一。

他说，过去华野9个纵队集中使用时，每次战役只要求歼敌一个整编师，同时歼灭其援军的一部或大部。但7月分兵后，“由于过分乐观与轻敌所致，仍作歼敌一个师（南麻）与对付其援队之打算，故兵力与要求不相称，致不能取胜”。

因为陈毅和华野副政委谭震林不同意，认为战略上没问题，也非过分乐观与轻敌，而仅仅是粟裕“军事部署上的错误与战术上的不讲究”①，因而粟裕始终未曾将这份检讨发给中央军委和毛泽东。

代替这份检讨的是他个人署名，向中央军委和毛泽东直接引咎自责，请求处分的一份电报。电报说：“战役组织上当有不少缺点及错误，我应负全责，为此请求给予

① 《粟裕传》，当代中国出版社2000年版，第628页。

应得之处分。”

深知粟裕指挥环境特殊，也清楚“7月分兵”是自己决策的毛泽东不仅未加责备，反而复电宽慰，一反往常的冰冷文字，亲切地称“同志”，说“粟裕同志支午电悉。几仗未打好并不要紧，整个形势仍是好的。请安心工作，鼓励士气，以利再战”。

毛泽东还连发几份电报，指令粟裕速去鲁西南指挥华野外线出击的5个纵队作战，而战斗力不如“外线5个纵队的平均水准”的内线4个纵队由陈毅负责。

将华野主力和主要作战方向放心地交给粟裕负责，毛泽东的信任和倚重依然如初。

粟裕的指挥环境不久也获得空前改善，很快走出“败走麦城”的阴影，不断向毛泽东出谋献策，华野战事一浪高过一浪，捷报又频频隔空而来。

千里逐鹿到中原

毛泽东不断催促粟裕前往外线指挥华野主力，是因为与华东相邻的中原战场战况十万火急。

此前，他让华野突然兵分3路，是因为他构想了一个缓解陕北压力，夺取中原的战略：以刘伯承、邓小平晋冀鲁豫野战军10万人马外线出击挺进大别山，华东野战军主力和刘邓麾下的陈（赓）谢（富治）兵团则从两翼协助，三路人马呈品字形共同经营中原。

他说：“总的意图，将战争引向国民党区域，使我内线获得喘息机会，以利持久。”

全国主战场将从山东转到中原地区。毛泽东深知得中原者得天下，豪迈地说：“中国历史告诉我们，谁想统一中国，谁就要控制中原。今天的中原逐鹿，就看鹿死谁手了。”

一年前全面开战之初，费尽移山心力才将李先念的中原军区部队从中原挤出去的蒋介石，也深谙“自古逐鹿在中原”的古训，绝不容许中共卷土重来。奉命外线出击的刘邓大军便遭到他的严防死堵和重兵围攻，处境十分险恶，甚至比3路分兵后的华野更严重。

毛泽东焦虑之下，只能不断指令刘邓的友邻华东野战军配合，而奉命配合的华野陈唐与叶陶两路人马虽然已合兵一处，却没能达到目的。

时危思良将，他又想到了粟裕。

8月4日，也就是粟裕自请处分电报发出时，毛泽东对他连打南麻、临朐两个消耗战不以为意，多次指令他带炮兵速去鲁西南，统一指挥陈士榘、唐亮和叶飞、陶勇，积极策应刘伯承、邓小平作战。

他解释要粟裕亲自前往的原因："刘邓南下作战能否胜利，一半取决于陈唐叶陶五个纵队是否能起大作用"[①]。

粟裕接到电令后，仔细分析毛泽东的意图和华野现状，考虑到主战场已由山东转移到中原，而华野司令部机构比较健全，如果他只身前往，便只能带去少许参谋人员，若陈毅同去，司令部机关就可以全部带去，这对于指挥作战将带来极大的便利。

因而，粟裕找到陈毅，提出了三个建议：一是考虑到"人事关系及指挥便利"，请陈毅一同西去；二是增调王必成的6纵到西线；三是留在山东的2、7、9三个纵队组成东兵团，即"以谭（震林）为司令，许世友为副司令，黎（玉）兼政委"，执行内线作战任务。

事关重大，陈毅也不能做主，两人便联名将建议发给毛泽东。随后，为引起毛泽东的重视，粟裕又单独致电重申了这些建议。

毛泽东很快复电批准，说"谭黎许组成东兵团"，同时催促"惟陈粟应速西去，愈快愈好"。不久，他又将刘伯承、邓小平麾下的11纵拨归陈粟指挥，使华野外线部队增加到7个纵队。

这时候，蒋介石已调集8个整编师（军）约14万人，烟尘滚滚，分进合击，准备在鲁西地区聚歼刘邓大军。他还心生一条毒计，与部下密谋炸毁黄河大堤，仿效当年关羽水淹荆州，让刘邓大军死无葬身之地。

刘伯承、邓小平率领部队离开鲁西火速南下，按照毛泽东的预定部署，直奔千里

① 《毛泽东军事文集》第四卷，军事科学出版社、中央文献出版社1993年版，第165页。

之外的大别山，蒋介石的合围部队随即尾追而去，紧跟不舍。刘邓大军长途跋涉，人地两疏，前有重兵堵截，后有蜂拥追兵，依然危机重重，险象环生。

最能给予刘邓援助的还是距离最近的华东野战军，毛泽东焦急地致电陈毅、粟裕，询问华野西线兵团即华野主力的行动计划。

收到电报时，粟裕率领华野司令部和6纵正在紧急赶往鲁西南的路上，陈毅则已离开司令部，前往华东军区所属的渤海军区处理后方工作。

粟裕受命统兵出击外线后，也一直在关注刘伯承、邓小平的战况，设想援助的最佳办法。他以个人名义回电毛泽东，先说到了对刘邓大军艰难处境的认识："依近日情况判断，敌有大部随刘邓南去可能。果如是，则刘邓很吃力，我们应尽一切努力多拖住一些敌人。"

他提出了自己深思熟虑过的援助刘邓，拖住尾追国民党军的计划："西兵团目前应位鲁西南及陇海线上行动，必要时以一部挺入路南，破袭津浦，威胁徐州，才能有效拖住敌人，并寻机歼灭薄弱之敌。"

粟裕给毛泽东分析说，这个计划"不仅可拖住一部敌人不能南去，且可迫使鲁中、胶济线抽一部分敌西来"①。

也就是说，既能拖住一部分尾追刘伯承、邓小平南下的国民党军，还能将一部分进攻山东内线的范汉杰部队调出来，减轻谭震林、许世友东兵团的负担。

毛泽东原来只要求华野从内线牵制、拖住一部分尾追刘邓大军的国民党部队，粟裕的设想中却主动给自己加码，将作战区域扩展到了外线的陇海路以南。

收悉电报的毛泽东大为赞赏，说粟裕的意见"极为正确"，很快便将华野主力的作战范围扩大为黄河以南，淮河以北，运河以西，平汉路以东。

他还表扬华东野战军"在第一年作战中，已表现自己为全国各区战绩最大的军队"，同时再次催促粟裕："希望你们尽速赶至鲁西南，统一指挥西兵团各纵。"②

粟裕其实一刻也不曾耽搁，始终在马不停蹄的急行当中，但一是山河阻隔，路途遥远；二是蒋介石"追剿"刘伯承、邓小平异常迅猛，刘邓丢弃了所有重武器，

---

① 《粟裕文选》第二卷，军事科学出版社2004年版，第344页。

② 《毛泽东军事文集》第四卷，军事科学出版社、中央文献出版社1993年版，第207页。

仍然疲于招架，毛泽东很快又连连发出急电，通报刘邓大军的险境，不断催促粟裕和陈毅。

他在8月27日的电报便焦急地说："敌大军向刘、邓追击，情况异常紧迫"，催促粟裕和陈毅"星夜兼程急进"，"歼灭与抓住几部敌人，直接援助刘邓"，电报结尾是异乎寻常的"至急至要"。

不是刘邓大军处境千钧一发，危在旦夕，毛泽东的语气断不会如此从无先例的严厉，粟裕急需尽快在鲁西南打一个大胜仗，以回报他的殷殷期待，同时解救刘邓之危。

他一路快马加鞭火速西行，又在马背上根据国共双方态势，构想了打一仗的两个作战方案：

一个是先到鲁西南与陈士榘和唐亮指挥的华野4个纵队（宋时轮的10纵尚未靠拢）会合，休整几天，然后从容部署战役；

一个是不等会合，先命令陈士榘、唐亮派部队将国民党军诱至适当地点，集中3个纵队，包围整编57师或整编68师，另外派一个纵队牵制可能增援的第5军；然后，他和陈毅率华野司令部及6纵、10纵迅速赶去参战。

这两个方案，粟裕认为前一个稳妥，但拖的时间较长；后一个能迅速取胜，缺点是战前来不及召开参战部队指挥员会议，不便取得密切协同。

正在犹豫采取哪一个方案时，毛泽东又急电陈毅、粟裕，通报说"现在欧震、张淦、罗广文、张轸、王敬久、夏威各部均向刘邓压迫甚紧，刘邓有不能在大别山立脚之势"。

他还又一次催促说："务望严令陈唐积极歼敌，你们立即渡河，并以全力贯注配合刘邓。"①

刘邓大军处境一次比一次更危急，毛泽东的援助指令也一次比一次更严厉，粟裕已不容自己再从容部署，立即决定采用第二方案，同时和陈毅联名下达了作战命令。

至于起初担忧的各部协同问题，粟裕决定在战役之前力求周密部署，战役中还可以及时协调。

---

① 《毛泽东年谱》下卷，人民出版社、中央文献出版社1993年版，第224页。

陈士榘和唐亮按照他的计划迅速行动起来。

在华野1纵和3纵的引诱下，鲁西南的国民党军于9月初向北进攻，其中五大主力之一的第5军居中，整编57师为左翼，整编84师为右翼，其余整编68师、整编55师（残部）等部队则负责策应，积极协同配合。

被粟裕盯上的整编57师原称98军，师长为中将军衔的段霖茂，曾两次被他打个落花流水，一次是天目山战役中遭到全歼，后来才被蒋介石恢复重建；一次是宿北战役时被打掉1个整编旅。

整编57师两遭粟裕重创，原本小心翼翼，“夹着尾巴”做人，如今看到华野7月分兵后迭遭失利，刘邓的晋冀鲁豫野战军也“大势已去”，于是胆壮起来，行军时旁若无人，逐渐与第5军拉开了距离。

9月7日，整编57师大摇大摆开到郓城西南的皇姑庵附近，与邱清泉的第5军已相隔了20公里。

对粟裕而言，有这20公里就已足够了，他果断向麾下7个纵队下达了攻击命令。

他的部署是：以王建安的8纵、何以祥的3纵和王必成的6纵共3个纵队攻歼整编57师；以陶勇的4纵、宋时轮的10纵和配属华野指挥的晋冀鲁豫野战军王秉璋的11纵共3个纵队加1个师，阻击增援的国民党军，叶飞的1纵则作为战役预备队。

手中有了7个纵队，粟裕的主攻、打援阻援和预备队安排便运用自如。

如果当初有这一阵容，南麻、临朐的整编11师和第8军便难以逃脱覆没的命运，华东战史必将改写。如今用来对付手下败军整编57师，算是杀鸡也用牛刀了。

正兴致勃勃追赶“溃逃”共军的整编57师师长、与胡琏和张灵甫一同毕业于黄埔四期的段霖茂，猛然发现祸从天降，陷入华野悄然而来的重围之中，连忙龟缩到沙土集，很快成为恓惶的瓮中之鳖。

华野暴风骤雨般的进攻随即开始。粟裕发现从内线带过来的6纵外，其他两个久在外线的主攻部队3纵和8纵弹药不足，立即亲笔给华野后勤司令员刘瑞龙写信，要求他尽一切努力迅速将弹药往前送。

为便于他操作，粟裕还在信后附有炮弹和其他弹药的分配原则，具体规定每个纵队发多少，不必全部发完，余数暂留黄河以北。刘瑞龙遵照他的命令，很快完成

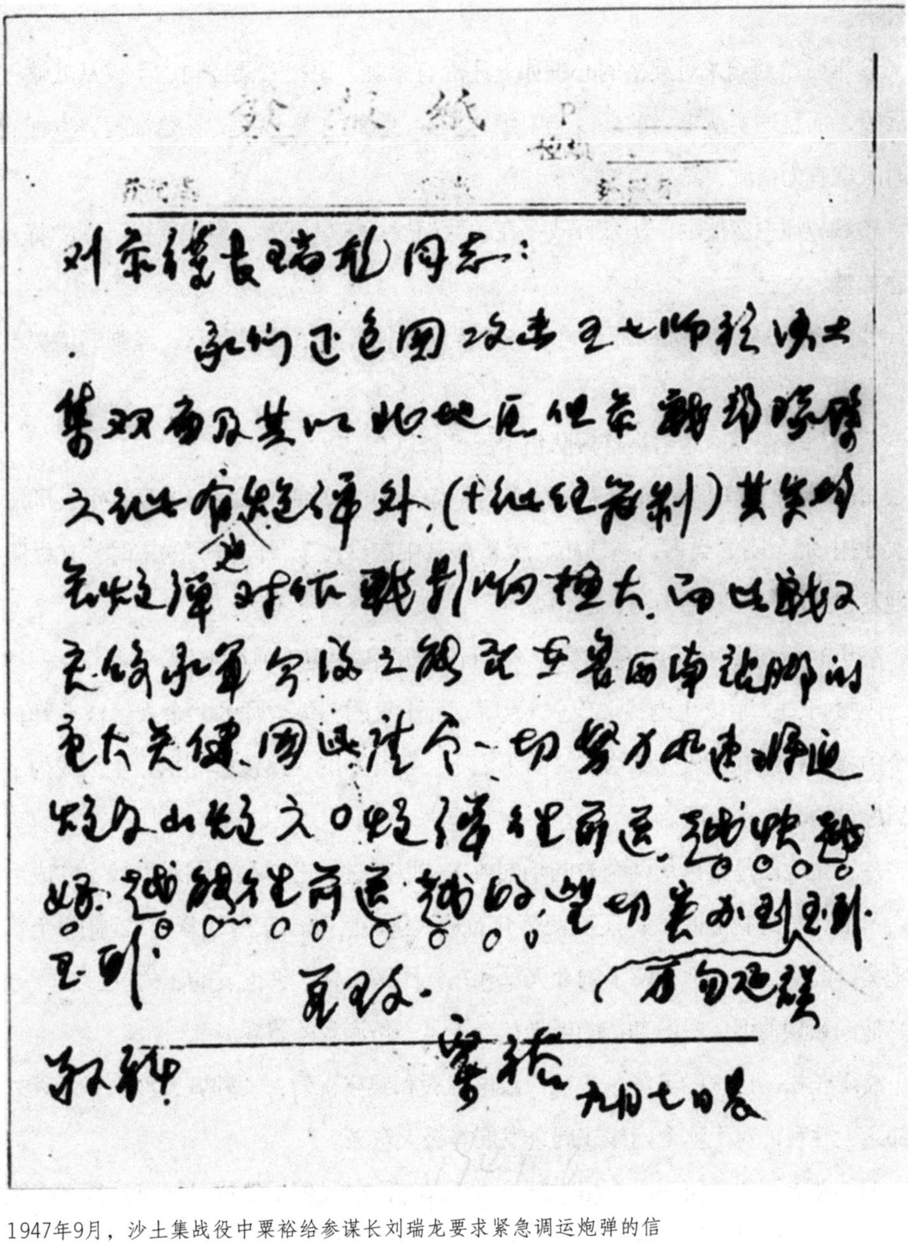

1947年9月，沙土集战役中粟裕给参谋长刘瑞龙要求紧急调运炮弹的信

了任务。

多年后，刘瑞龙对粟裕的心细如发还深有感触，说："粟裕同志不仅从战略上部署战役，而且切实从事当前战役的组织和指导，随时了解战役的补给情况，发现问题及时采取有力措施，满足前线需要。"

整编57师忽然被围，华东野战军在鲁西南战场雄风再现，不知粟裕已到的蒋介石心急如焚。

他严令第5军、整编84师和整编68师火速前往解围，期望南麻、临朐的增援奇迹再度出现。

粟裕部署在郓南的阻援打援队伍早已严阵以待。

第5军是全部美械装备的王牌军，与整编74师、整编11师并驾齐驱。军长邱清泉一次便出动3个团的兵力，在飞机、大炮和装甲车支援下，向当面的宋时轮10纵阻击阵地发起猛攻，但"撼山易，撼10纵难"，10纵始终岿然不动。

陶勇的4纵是粟裕手中的铁拳，蒋介石的增援部队更难前行半步。

阻援得力，主攻也迅猛。仅仅3天后，沙土集的整编57师9500余人就被全歼，又一个中将师长段霖茂成为粟裕的"阶下囚"。蒋介石的各路援军闻报，生怕成为下一个目标，顿时作鸟兽散。

沙土集战役是粟裕从两个方向相向攻击，以对进突击方法合围对手战术的成功运用，不仅让华野扬眉吐气，还迫使蒋介石从大别山区和山东内线紧急抽调出4个整编师驰援鲁西南，极大地缓解了刘邓大军和东兵团谭震林、许世友的压力。

他向频频催促、殷殷期待的毛泽东交上了一份满意的答卷。

终于长松一口气的毛泽东，很快致电陈毅和粟裕祝贺："郓城、沙土集歼灭57师全部之大胜利，对于整个南线战局之发展有极大意义。"

但刘邓大军的危机还没有根本解除，毛泽东同时又催促他们迅速统兵南下中原地区的豫皖苏，协助刘邓创建位于大别山区的鄂豫皖根据地。

粟裕和陈毅马上将麾下7个纵队兵分两路向豫皖苏挺进，正式开向中原战场。

他们一路横扫国民党地方武装，摧毁其地方政权，一周内便在300公里正面前进150公里，攻克13座县城，切断了津浦和陇海两条铁路线。

大别山的刘伯承和邓小平马上再次感受到压力得到缓解，致电陈毅、粟裕说：“你们越陇海路，南面敌人已有强烈反应。”

华野主力到位，毛泽东按照最初构想，开始在中原排兵布阵。

他于10月3日要求陈毅和粟裕“一个月至两个月内，只打小仗，不打大仗”，主要创建豫皖苏根据地，与刘邓的鄂豫皖、陈赓谢富治的鄂豫陕三足鼎立，共同经略中原。

陈毅11月8日又离开了华野司令部，直到第二年4月才返回。粟裕接过了华野领导和战役指挥重任，提出“打中原，定中原，以中原为家”的口号，不久便将豫皖苏建成中原实力最强的根据地。

毛泽东安排3路人马逐鹿中原，蒋介石有如芒刺在背，寝食难安，与智囊们商量后，提出了一个“确保中原”的策略。

他调集33个旅重点“围剿”品字形最前出的大别山，由国防部长白崇禧坐镇指挥；调集11个旅对付豫皖苏；另外还集结22个旅守备陇海、平汉两线上的要点。

大别山的刘邓大军一时又陷入艰难处境，粟裕获悉后，于12月8日主动请缨“直接配合大别山作战”，决定转兵平汉路郑（州）许（昌）段，以调动大别山“围剿”的国民党军。

毛泽东批准后，粟裕指挥华野主力部队，先后发起攻势凌厉的平汉路郑（州）许（昌）段破击战和陇海路郑（州）兰（考）段破击战，切断了这两大军事动脉，攻克国民党军后方基地许昌，拿下11座县城，打掉蒋介石3.2万人。

然而，蒋介石没有轻易上钩，死死“咬住”大别山不松口，粟裕没有达到给刘邓解围的目的。

粟裕判断，蒋介石“似拟集中全力，弄垮我大别山后，再转移兵力，以对付其他地区”，因而再次主动请缨，致电刘伯承、邓小平并报毛泽东：“我们及陈谢必须长期配合刘邓行动，直至完全粉碎敌人对大别山之进攻为止。”

毛泽东倍感欣慰，回复说：“完全同意粟皓丑电意见，粟及陈谢两部长期配合刘邓行动，直至粉碎敌人对大别山之进攻为止。”

他还授权粟裕指挥原本由他直接指挥的陈谢部队，即品字形的另一路大军，“提

1947年，粟裕与陈赓在平汉战役中

议由粟亲率（1、3、4、6等4个纵队）南下与陈谢会合，并归粟统一指挥，沿平汉向南直迫武汉”。

毛泽东要求粟裕不受以前划定的活动区域束缚，希望能歼灭蒋介石五六个旅，调动大别山的“围剿”大军。

粟裕马上开始行动。

12月25日，他指挥华野4个纵队和陈谢大军发起平汉路战役。部队迅猛出击，围歼由南阳经驻马店北上的国民党第5兵团部及所属整编3师，同时准备打掉前来增援的整编20师。

两天激战后，第5兵团部和整编3师被全歼，仅中将司令官李铁军等少数人突出重围，落荒而逃。整编20师失去增援目标，慌忙退入确山城，一面利用原有防御设施，一面紧急添筑各种坚固工事。

粟裕马上挥师南下包围确山，于12月28日下达了围歼命令：

以华野3纵和4纵主攻东面和南面，以陈谢部队主攻西面和北面；已从大别山跳转出来的刘邓大军所属的杨勇、苏振华1纵这时也归粟裕指挥，负责阻击由南向北的国民党援军。

经过两天激战，整编20师的新旧工事发挥了作用，华野和陈谢大军协同作战，彼此之间还不大熟悉，因而进展不大。

这时候，奉白崇禧之令星夜驰援的增援部队突破了杨勇、苏振华的阻击阵地，已靠近确山，大别山"围剿"刘邓的国民党军也开始调动，毛泽东电告说："此役牵制战略任务已经完成，敌从大别山调出美械装备三个整编师的兵力北援，援敌已抵明港附近。"

粟裕估计，"如继续攻击，至少尚须三昼夜时间"，因而果断下令撤出战斗，罢战收兵，主力转移到确山西北休整待机。

尽管整编20师未被完全收入囊中，但粟裕指挥华野主力和陈谢大军作战，已如期完成了毛泽东交予的任务，一举打掉了蒋介石4.5万多人，攻克城镇50多座，迫使白崇禧紧急抽调13个旅增援，其中就有用于"围剿"大别山的8个旅。

更重要的是，原本三足鼎立、互相阻隔的豫皖苏、鄂豫皖和鄂豫陕连成一片，人员往来，相互驰援大为便利，蒋介石和白崇禧封锁孤立鄂豫皖，先期解决刘邓的图谋随之夭折。

刘邓大军主力又获得了喘息的机会，但危机和困境还没有完全解除，粟裕开始了对中原战局的长久思索。

第六章 血战华东半壁红（下）

always 是横戈马上行

——野战主将粟裕

第六章

血战华东半壁红（下）

毛泽东面前的军令状

平汉路战役的枪声止息几天后，粟裕与中原战场的华东野战军主力跨入了1948年。

他们为配合和援助刘邓大军，奉命从山东千里转战而来，“打中原，定中原，以中原为家”已有3个月，共歼灭蒋介石7万多人。

这一战果，虽然曾不断给刘邓解危释压，但与过去多次一个战役便能打掉蒋介石5万人，被毛泽东绝无仅有夸为“第一年作战中，已表现自己为全国各区战绩最大的军队”的辉煌，终究不可同日而语。

究其原因，主要有两个：一是奉毛泽东之令前两个月内“只打小仗，不打大仗”，分兵发动群众，全力创建豫皖苏根据地；二是蒋介石集结精锐重兵到中原，大歼灭战的战机难寻。

全国主战场由山东转到中原后，蒋介石也因势而变，急忙出招。

他又倾全国之力重点“照顾”中原大地，告诫部下说“今后军事重点将转到长江、黄河之间”[1]，紧急从徐州顾祝同、九江白崇禧和西安胡宗南3个战略集团中抽出37个整编师共66万多人，“车辚辚，马萧萧”，烟尘滚滚调往中原。

为确保关乎“党国”社稷和神器的中原，他和麾下智囊们又颇费了一番排兵布阵的心思：

一是以重兵守护菏泽、信阳、商丘、合肥、南阳、阜阳、襄阳和宜昌等8个绥靖区的重要点线；

二是以邱清泉、胡琏、孙元良、张轸、裴昌会、张淦等将领统领6个机动兵团和4个快速纵队，在要点之间往返驰援，避实击虚，与共军作战。

机动兵团都装备上佳，训练有素，久经沙场，除张轸和张淦属于白崇禧桂系多年经营的精锐外，其他4个都是蒋介石的黄埔系中央军王牌，曾在山东与粟裕角逐、名列“五大主力”的第5军和整编11师（即18军），便是其中首屈一指的骨干。

与他们对峙的是刘邓的晋冀鲁豫野战军主力、陈粟的华东野战军主力和晋冀鲁豫野战军陈谢集团。

这3路直属中央军委指挥的人马分处中原的鄂豫皖、豫皖苏和鄂豫陕三个地区，按照毛泽东的构想三足鼎立，各自为阵，分兵作战，互相配合，彼此呼应。

然而，这一布局的实战效果却不尽理想。如果由一路对当面国民党军作战，则很难获得全胜；如果等3路人马远距离奔驰集中，又往往失去战机，只能打一些中小规模的歼灭战。

蒋介石和他的将领们早已“吃一堑，长一智”，机动兵团常常抱成一团，动作敏捷，增援迅速。因而3路人马有时连中小规模的战役也只能中途戛然而止，忍痛割爱，粟裕指挥的确山之战便如此。

更令人揪心的是，品字形最前端的刘邓一路还长期被蒋介石围困在大别山，人困马乏，只能缩小目标分散行动，处境异常困难。

粟裕晚年便回忆说：“晋冀鲁豫野战军主力，进行了艰苦卓绝的斗争，但因长期在无后方依托的条件连续行军作战，处境相当困难。”

---

① 《中国人民解放军第三野战军战史》，解放军出版社1996年版，第182页。

为解救刘邓倒悬之危，粟裕和陈赓两路人马或奉毛泽东急令，或主动出击，曾多次攻城拔寨，斩将搴旗，试图调动大别山的国民党军，但未能解决根本问题。

毛泽东估计说："在歼灭敌人几十个旅之后，方能在中原建立起巩固根据地。"然而，没有大规模的歼灭战，短时间内难以打掉几十个旅，中原3个根据地也就难于巩固。

于是，国共双方在中原形成了你来我往，势均力敌的拉锯战，战局一时陷入了僵持状态。

进入中原不久，粟裕便在实战中发现了这一难分难解的僵局，创建根据地和指挥作战之余，一直在静静寻思打破的办法。

他认为，僵局的根子在于解放军在数量上和技术上仍然处于劣势。蒋介石还能凭借他这方面的优势，在局部地区组织战役进攻。

中原战场上，蒋介石将兵力尽可能集结起来，总是三四个整编师集中行动，让中共军队难以下手，更难于"下咽"。而解放军却各处一方，分成三路人马，无形中分散了力量。

面对这一局面，粟裕认为，如果不能集中更大兵力，打更大规模的歼灭战，而是打中小规模的歼灭战，战机势必难寻。即便出现大歼灭战的机会，但中原"我军主力较为分散，因而许多战机不得不放弃"。

粟裕缜密思考，长久分析后，认为随着敌我力量的消长，战略战术的变化，"我军的歼灭战将进一步向更大规模发展，这可能是个客观规律"。

因而，他提出了一个改变中原僵局的大胆构想：只有"高度集中兵力，打更大规模的歼灭战，才能逐次歼灭敌军主力，迅速改变中原战局"。

他所说的"高度集中兵力"，不是通常的野战军内部几个纵队兵员集中，而是要集中中原战场刘邓、陈粟、陈谢三个野战军（兵团），打掉蒋介石几个往来驰援的机动兵团。

粟裕认为，这种大仗的条件已经成熟。

他分析说，中原三路大军共有十几个能打硬仗的纵队，又有华东、华北和中原新老根据地为依托，能及时得到大批人力物力支援；蒋介石虽然在中原驻有重兵，但除了8个要点需要守备外，机动兵力其实也捉襟见肘，相对不足。

他认为，如果刘邓、陈粟、陈谢三军能各自以积极动作调动敌人，必然能创造有利的战机，歼敌于运动之中。

粟裕还展望了实施这一战略构想的前景：只要三路大军能打两三个大歼灭战，并在数量上技术上取得优势，就能在中原取得决定性的胜利，战争形势即可急转直下。一旦如此，全国政局也将迅速变化，战争就能很快全面取胜。

1947年12月10日，粟裕将这些分析、思考和最终构想写成了长长的文字，题目为《对今后作战建军之意见》。

当他打算将它通过军中绝密电台发给毛泽东，建议采取忽集忽分的战法，集中兵力打大仗时，却又犹豫了。粟裕有两个顾虑：

一是他的想法不仅事关全局，甚至关系到未来战局的走向，因而不能不慎重；

二是毛泽东这一时期不主张大规模集中，要求的是不要后方的战略跃进和避免打大仗。就在《对今后作战建军之意见》写成前一天的12月9日，粟裕还收到他的叮嘱："目前时期，华野仍以打中等规模之仗为有利。"[①]

思前想后，粟裕格外谨慎，最后又将准备发出的电报稿小心收了起来。他还要继续观察思考，多方求证。

不久，在白崇禧重兵"围剿"下的刘邓大军处境更为艰难，不得不在1947年12月分兵行动。

司令员刘伯承率中原局机关和杨勇、苏振华的1纵转出大别山，移往豫西，杨勇和苏振华随即奉命率部参加了粟裕指挥的确山战役。

政委邓小平则带晋冀鲁豫野战军2、3、6纵等3个纵队留在大别山深处，以旅为单位分散活动，与"围剿"的国民党军兜起了圈子。一个月后，邓小平也率部转出大别山，与刘伯承会合。

对蒋介石而言，这是一个难得的好消息。

12月29日，他在汉口军事会议上志得意满地说："现在刘伯承匪部在大别山只留了三个纵队，其他几个纵队，虽已窜逃在我们包围圈外，而其第10纵队窜到柳林

① 《毛泽东军事文集》第四卷，军事科学出版社、中央文献出版社1993年版，第343页。

附近，遭受国军歼灭性的打击，伤亡殆尽，我们此次围剿的计划，可以说已获初步的成功。”

陕北的毛泽东则忧心不已。

他曾设想过挺进大别山的3个结果：“第一，付出代价，站不住脚，返回来；第二，付出了代价，站不稳脚，在大别山周围打游击；第三，付出代价，站稳了脚，恢复大别山根据地。”[①]眼下的局面似乎仅仅达到第二个。

他在稍后的1948年1月27日不无焦虑地说：“现在南线最要紧的战场是大别山，该区是否能站住脚的问题，尚未解决。”[②]

这一段时间里，粟裕为解刘邓之危，统一指挥陈粟大军和陈谢部队围歼整编3师，打了一个久违的歼灭战，证明集中兵力在中原打大仗的构想完全可行。

战局已不容他再犹豫，他决定将自己当初的构想上报毛泽东。

1948年1月22日，率华野司令部移驻河南许昌、临颍和漯河一带的粟裕，将已问世40多天的《对今后作战建军之意见》电报稿郑重地发了出去。这就是凝聚着他过人军事智慧的“子养电”。

他向毛泽东建议：“三军（刘邓、陈谢和我们）在今后一个时期，采取忽集忽分的作战方式，以求能较彻底地歼灭敌人一路。”

粟裕认为：“只要邻区能及时协同打援或钳制援敌迟进，歼敌一路是很可能的。在此区歼灭战结束，敌向此区集中，则我又分散或转至邻区，总以何区便于歼敌，即向何区集中。”

他自信地展望说：“如此能有两三次歼灭战，则形势可能变化。”

中原3路大军都直属中央指挥，陈粟大军实力强于刘邓大军，华野豫皖苏的巩固也强于刘邓的鄂豫皖，刘邓应对白崇禧“围剿”自顾不暇，粟裕又是主动提出这一构想的人，但他主动向毛泽东提请，如果觉得三路大军忽集忽分打大仗的办法可行，“则请刘邓统一指挥”。

他是在向毛泽东避嫌“揽军权”，表明自己并非为了逞个人英雄主义指挥更多军

---

① 参见张群生：《解放战争全记录》，四川人民出版社2007年版。

② 参见王树增：《解放战争》上，人民文学出版社2009年版。

队，而是为了改变中原战局，赢得战争胜利。

然而，对中原战局同样忧虑的毛泽东，这时候以诗人的浪漫也设计了一个打破僵局的构想，决定抽出一部分主力渡长江南下，迫使蒋介石的部分中原主力回援。

这是和“千里跃进大别山”思路一脉相承的第二个“跃进”，与前线统帅粟裕的构想刚好相反：让原本已打不到大歼灭战的中原三路大军，不是集中起来，而是更加分散。

1947年12月25日至28日，在周恩来、任弼时、彭德怀和贺龙等人出席的陕北杨家沟中央工作会议上，毛泽东将自己的这一构想公之于众，随即形成了正式的决策。

10天后，离开华野司令部已一个多月，准备出席杨家沟会议又路途耽搁的陈毅赶到了陕北。

毛泽东征询他对这一决策的意见，陈毅听后，说“热烈主张把解放战争第三年（1948年7月中旬起）上半年战略重点放在跃进江南的行动上”。

他还向毛泽东表示：华东野战军“可于秋季出三个纵队作机动使用”。这正合毛泽东的心意，中原三路人马刘邓陷入困境，陈赓、谢富治兵力弱小，只有陈毅、粟裕的华野实力最强，也最合适分兵南渡。

毛泽东随即决定，由华野主力执行南进战略任务，南进的主将和“先锋官”由华野战役指挥员粟裕担任，具体步骤是：

先由粟裕率领华野第1兵团（1、4、6纵），在1948年夏季或秋季渡江南进；另外3个纵队（3、8、10纵）组成第3兵团，在1949年二三月间继续渡江南下。

为保证南进的顺利，毛泽东专门设了两个重要战略方面机构：中共中央东南分局与东南野战军。

东南分局书记由粟裕担任；东南野战军由华野主力改称，番号在渡江成功后即行公布；陈毅任司令员兼政委，粟裕除担任副司令员兼副政委外，还同时兼任即将率先渡江的第1兵团司令员兼政委。

毛泽东将这一安排亲笔写下书面手令，准备让陈毅带回去交粟裕执行。粟裕再次成为毛泽东“破局”的“种子选手”。

万事俱备，只等粟裕“接诏”出征时，粟裕“唱反调”的“子养电”到了。

“众人诺诺，一人谔谔”，毛泽东不免意外。

他将这份绝密级的“子养电”反复阅读，用毛笔逐字逐句勾画标注，格外仔细。看完后，他批示送中共中央书记处其他两位书记周恩来、任弼时以及陈毅传阅，征求他们的意见，最后特别注明：“再送毛。”

毛泽东“第二次跃进”的战略构想自然也非“眉头一皱，计上心来”，而是思前想后运筹良久，让他轻易放弃而改变既定决心并不容易，而且陈毅等人传阅“子养电”后仍然表示支持他的决策。

另一件事使毛泽东更坚定了既定决心。

1月26日，刚出大别山的刘伯承和邓小平向他告急，说“如无友邻（指陈粟、陈谢两军）协助，至少将11师（即胡琏的整编11师）调走，部队集结均发生困难”。

他们说：“改变此不利局面，有赖友邻协助和新兵到来。”[①]

“友邻协助”“至少将11师调走”，正是毛泽东战略构想的主要目的之一，他最终拍板决定：按原计划进行。

第二天，也就是毛泽东焦虑大别山“站住脚的问题，尚未解决”的当天，他正式电告粟裕带华野3个主力纵队渡江南进。

毛泽东估计：粟裕渡江以后，“势将迫使敌人改变部署，可能吸引敌20至30个旅回防江南”。他要求粟裕用“半年至一年之久”，“以跃进方式分几个阶段达到闽浙赣”，也就是跃进到福建、浙江和江苏一带。

军令如山，粟裕似乎已别无选择，但他仍然希冀奇迹出现。

三天后，他将执行南进方案详尽的准备措施上报毛泽东，文字之间却插了看似不相干的一段话，重申他在“子养电”中的观点与建议，提请毛泽东注意。

他再次认为，如果在最近一段时间，将中原的刘邓、陈粟、陈谢三军集中起来统一指挥，打几个大歼灭战，必定能够改变中原的战局。

他说：“将三个野战军由刘邓统一指挥，采取忽集忽分（要有突然性）的战法，于三个地区辗转寻机歼敌（华野除叶王陶外可以三至四个纵队参战），是可能于短期内取得较大胜利的。”

---

① 《粟裕年谱》，当代中国出版社2006年版，第300页。

他还说，因为战役的胜利，就能够取得较多的休整和提高技术的时间，“如果我军再能在数量上及技术上取得优势，则战局的发展可能急转直下，也将推进政治局势的迅速变化。”

毛泽东读懂了粟裕的意思。

他将正打算返回华野的陈毅留下来商量，结果还是坚持南渡决策。他们认为，向蒋介石的要害地区也就是江南出击是最有效的。

不过，毛泽东对粟裕两次提到的“忽集忽分”战法很感兴趣。

2月1日，他复电嘉许粟裕提出的渡江方案，同时指令暂时留在中原的华野陈士榘、唐亮第3兵团，可以按粟裕提出的办法，“集中配合刘邓、陈谢两军，由刘邓统一指挥，采忽集忽分战法，机动歼敌”[①]。

“忽集忽分”到底怎么打，谁也不清楚，还得问粟裕。毛泽东又特意致电说：“请粟裕提出两陈（陈士榘、陈赓）及刘、邓三月上旬作战方针意见。”会者不难，粟裕第二天便上报了三个作战方案。

虽然毛泽东“恩宠优渥”，建议内容被采纳了不少，但粟裕苦心设计的“暗谏”失败，仍然必须渡江南下。

古人说“文死谏，武死战”，粟裕是武将，却也“死谏”。

他一面率部队做远距离出征前必要的休整，一面反复比较自己和毛泽东的两个战略构想。

华野副参谋长张震晚年回忆说：“在那段时间里，他常常拿着中央军委的来电，仔细阅读、琢磨，陷入沉思。又常常一个人站在地图前面，用铅笔和手指在图上比来画去，一看就是半天。”

粟裕认为，要改变中原战局，最后与其他战区一起打败蒋介石，中原还要打几个大歼灭战，尽可能多地将他的主力消灭在长江以北。从国共态势来看，要打大规模的歼灭战，分兵渡江南进显然做不到，而在中原黄淮地区打大仗的条件却正在成熟。

华野3个主力纵队如果渡江南下，他“估计能调动的敌人为（整编）25、28、83、63、20师等部及留华南各地之后调旅”，但是难以达到预定的战略，特别是调不

① 《毛泽东军事文集》第四卷，军事科学出版社、中央文献出版社1993年版，第385页。

走中原蒋介石的4个主力军：整编7师、48师、第5军和刘伯承、邓小平急盼调走的胡琏整编11师。

粟裕说："桂顽（白崇禧的桂系）之7师、48师等部，蒋不至纵虎归山，仍可能留于大别山；5军及11师则因系美械重装备，亦可能留中原。"

他认为，这4个军战斗力最强，是蒋介石在中原战场的精锐骨干，如果华野主力渡江南进仍然调不动，或者不能吃掉其中一、两个，那么中原僵局将依然如故。

一旦如此，就会既难以减轻老区的负担，也难以在中原得到新的人力物资补充，甚至还会因华野主力南渡，解放军兵力更加分散和减弱后，中原地区将遭到残酷的摧残。

他忧虑地说，这样一来，中原"将造成今后更大困难"。

而到了长江以南的华野3个纵队，首先面临的将是长途跋涉后巨大的非战斗减员。

他后来回忆当时的顾虑说："我三个纵队，加上地方干部，约近十万人，渡江后要在敌占区转战数省"，"估计减员也不会少于二分之一"，也就是"预计会有约5万人的减员"。

粟裕分析说，如果以这种减员，作为在中原打大仗的伤亡，那么，"每一万人的减员，至少可歼灭敌人一个主力师"。

当时国民党主力师（整编师）一般下辖3个旅（整编旅），一个旅8000人左右，一个主力师便是24000人。南渡长江后长途跋涉5万多人的减员代价，在中原战场便可以打掉蒋介石12万人。

谨慎地正反对比，左右权衡之后，粟裕深感对战争全局而言，留在中原打大仗比渡江南下有利得多，因而决定不计个人进退得失，冒犯毛泽东"虎威"，第三次"斗胆"进谏。

多年后，亲眼见证了粟裕决策过程的张震回忆说："粟裕同志这个决心并不是容易下的，因为部队已为渡江南下作战做了大量准备工作，重新进行了编组，开展了新式整军运动，进行了以水网稻田地区作战和攻坚、巷战为主要内容的军事训练。"

他还说："中央还为一兵团调集了一大批地方干部和民工，准备了到新区使用的银圆，印制了‘东南流通券’，计划南下后由金明同志去协助粟裕同志做地方党的工作，由骆耕漠同志负责财经工作。真可以说是‘万事俱备，只待渡江’了。”

4月18日，一份再次请求集中兵力在中原打大歼灭战的电报发了出去。

粟裕详细列出了五个不宜南进的理由后，建议说：“以刘邓、陈谢及华野主力，依托后方（陇海路北）作战”，“发挥现有装备之作用而大量歼灭敌人，并求得雨季与夏收前在中原地区（主要战场应在豫皖苏及淮北路东、路西）打几个较大歼灭仗”。

对毛泽东念念不忘的蒋介石江南深远后方，也就是江苏、浙江、安徽、江西、福建、湖南以及贵州等地，粟裕也提出了合适的对策。

他说，可以派出多路精干的远征游击队，每路至多3000人，少则1000人，配成犄角之势，采取宽大范围的辗转游击，同样“能大量的调动敌人”。

他最后具体设想了几个可以在中原进行的大歼灭战：“如中央认为上述意见可行，则建议集中华野之大部佯攻（或真攻）济南，以吸引五军北援而歼灭之。而后除以一部相机攻占济南外，主力则可进逼徐州，与刘邓会师，寻求第二个歼灭战。”

这里包含了他设想中的三个大仗：一、围点打援，歼灭第5军（吸引5军北援而歼灭之）；二、济南战役（相机攻占济南）；三、徐州战役（进逼徐州，与刘邓会师，寻求第二个歼灭战）。

犹如当年诸葛亮与刘备的隆中对，战争的进程很快将见证粟裕惊人而准确的预见。

他设想的三个战役后来都一一实现，仅仅因战场和国共双方态势变化，战役的具体名称和内容有所改变。它们是：

一、“先打开封，后歼援敌”，歼灭蒋介石9万多人的豫东战役；二、“攻济打援”，打掉蒋介石10余万人的济南战役；三、国共生死对决，陈粟和刘邓协力歼灭蒋介石55万人的淮海战役。

粟裕的电报再次惊动了毛泽东。

他一而再、再而三的“固执已见”，从黄桥战役、天目山战役、苏中战役到孟良崮战役又一直在创造震慄天下的战争奇迹，全面开战以来更是指挥华野打出了全国各战区最大的战绩，毛泽东不能不反过来审视自己的战略设想是否真是唯一的最佳方案。

他电告粟裕和刚返回华野的陈毅前往中央驻地，“商量行动问题”①。粟裕随即和陈毅“奉诏”，日夜兼程赶到河北阜平的城南庄。

已17年未和毛泽东见面的粟裕，在这里上演了一段兵圣孙武所说的“将听吾计，用之必胜”佳话。

1948年5月，粟裕在西柏坡与朱德等人合影。左起：薄一波、蔡树藩、李先念、粟裕、彭真、朱德、陈毅、聂荣臻

经过粟裕当面条分缕析的陈述，毛泽东最终从善如流，放弃了自己的设想，决定华野3个主力纵队暂不渡江南下，而是留在江北打大歼灭战。

不过，他也给粟裕开出了一个近乎“苛刻”的条件：少则4个月多则8个月内，必

① 《粟裕年谱》，当代中国出版社2006年版，第313页。

须“歼灭五军等部五六个至十一二个正规旅”，“完成准备渡江之任务”。[1]

这个条件近似古人“军中无戏言”的“军令状”，远比渡江南下的任务更要艰巨：

目标：一、歼灭蒋介石五大主力之一的第5军；二、歼灭蒋介石五六个至十一二个正规旅（一个旅相当于整编前的一个师，约8000人。十一二个旅约10万人，第5军的人数可以累积在内）；三、完成渡江的准备。

期限：4—8个月

立状人（责任人）：粟裕

粟裕慨然受命。

晚年回忆时，他仍然心潮起伏不已，说：“我深感自己的担子沉重，觉得这次是向中央立下了‘军令状’，一定要把仗打好，以战场上的胜利来回答党中央和毛泽东同志的殷切期望。”

毛泽东将打掉第5军任务放心地交给粟裕，一是基于粟裕集中兵力打大歼灭战的战略构想；二是对曾经将五大主力之首的整编74师全歼的粟裕一种信任和期待。

疑人不用，用人不疑。

被粟裕的战略构想折服的毛泽东，为给他逐鹿中原，完成“军令状”提供便利，紧接着又采取了三项前所未有的特殊举措：

一是给予充分的指挥权，以便“事、权、责”统一。

毛泽东决定将陈毅调离华野，前往中原军区和中原野战军担任副司令员，由粟裕担任华东野战军司令员兼政委一职。

因粟裕坚持谦让，他最后同意保留陈毅华野司令员兼政委的名义，但依旧必须迅速前往新的岗位，“建立中原军区及中原局的经常工作”。粟裕则担任华东野战军代司令员兼代政委，成为华野名实一致的一把手。

二是明晰中原3路大军的指挥关系。

① 《毛泽东军事文集》第四卷，军事科学出版社、中央文献出版社1993年版，第459页。

1948年5月，朱德到华野司令部驻地河南濮阳为华野动员，与粟裕、陈毅等人合影

毛泽东没有采纳粟裕“子养电”中“三个野战军由刘邓统一指挥”的建议，而是指令其他野战军协助粟裕和华野作战。

他致电刘伯承、邓小平和陈毅等人说：“以歼灭五军为夏季作战之中心目标”；“粟裕全权指挥（华野）1、3、4、6、8及11纵之作战，并指挥（华野）许（世友）、谭（震林）在津浦线上之配合作战”。

不久，他又再次叮嘱：“夏季作战的重心是各方协助粟兵团（即华野主力）歼灭5军”，“望本此方针，部署一切”。

三是动员华野参战将士齐心用命，完成粟裕的战略构想。

他派全军总司令朱德亲自前往华野总部驻地濮阳，代表最高统帅部和毛泽东本人慰问华野将士，动员他们用“钓大鱼”的战法，寻歼第5军，想方设法歼灭蒋介石几个主力部队。

粟裕被深深感动了，“士为知己者死，女为悦己者容”，一种无形的压力也涌上心间。

压力也是动力。他又开始闭门谢客，独对满墙地图，紧张地运筹帷幄，思考设想中的三个大歼灭战，兑现已呈给毛泽东的军令状。

海阔凭鱼跃，天高任鸟飞。中原战场新的一页即将翻开了。

兑现军令状之一——逐鹿豫东（上）

粟裕盯上第5军，日夜筹谋打大歼灭战时，蒋介石和他麾下的将领们也在仔细琢磨对付他和华东野战军。自诩“河朔家家望五军”的第5军军长、黄埔三期出身的悍将邱清泉便发下狠话：“活捉粟裕。”

他傲气十足的底气有其来由。

第5军是蒋介石第一支现代化装甲部队，也是关内仅剩的两个“五大主力”之一；关外另两个正与林彪作战的“五大主力”新1和新6军，都从第5军一个师衍生而来，两个军长郑洞国与廖耀湘曾是它所属的师长。

也就是说，第5军不仅是王牌军，还是王牌军的“摇篮”，辖有2个整编师4个旅，装备精良，步炮协调，战斗力居于上乘。

这时候，蒋介石在中原的25个整编师，除13个担负要点守备外，其余组编为高度机动的兵团作战，纵横驰骋，往来驰援。

邱清泉第5军和它所隶属的兵团屯驻在鲁西南，一个由黄河、运河以及陇海铁路徐州至开封段构成的地区，一有战事，驻马店的胡琏兵团、郑州的孙元良兵团和南阳的张轸兵团都能即刻响应，凭借机械化部队的优势迅速调动，朝发夕至，随时增援。

粟裕和他的华东野战军主力不仅只能靠两条腿徒步行军，而且因先前准备实施渡江南进战略，还分散在各处。他麾下8个纵队和进入中原战场便配属他指挥的中野11纵，布阵散乱：

华野司令部和叶飞1纵、陶勇4纵、王必成6纵、曾生的两广纵队、陈锐霆的特种兵纵队驻于黄河北岸的河南濮阳；孙继先3纵、张仁初8纵和宋时轮10纵远在河南中部的许昌与襄樊；王秉璋的中野11纵则位于豫皖苏地区。

邱清泉的任务是高度戒备，随时堵截濮阳的粟裕和华野主力部队渡黄河南下。

又一次巅峰对决将开始，中原逐鹿，鹿死谁手尚未可知。

粟裕按照军令状的第一条内容锁定第5军后，发现攻打这条大鱼的条件尚未成熟：一是华野兵力尚未集中，打援兵力不足；二是渡过黄河之后将是背水作战，鲁西南战场地形对华野不利，难以稳操胜券。

一旦华野围歼它，已痛失“五大主力之首”整编74师的蒋介石必然不惜血本，出死力相救，他的其余机动兵团便会倾巢而动。

正犹豫迟疑时，粟裕获悉开封守军兵力薄弱的情况，心里马上有了一个“鬼神莫测”的主意。他在部署攻打第5军的同时，又构想了一个“先打开封，后歼援敌”的腹案。

人到垂暮的晚年，粟裕回忆当时谋划的心路历程说：“我还想到，中央军委作出三个纵队暂不渡江、集中力量在中原黄淮地区大量歼敌的决策，第一个战役必须旗开得胜，只能打好，不能打坏。”

他说：“既然寻歼整编第五军不能稳操胜券，作为战役指挥员，就应当在部署寻歼整编第五军的同时，根据战场的实际情况，考虑其他更有把握取胜的作战方案。”

这一腹案没有上传下达，但粟裕在部署作战时做好了两全的准备：既能围歼第5军，又可先打开封。

5月23日，粟裕发布了寻歼第5军的作战部署，下达了第一道命令：华野参谋长陈士榘带3纵、8纵从许昌向淮阳方向开进，吸引第5军南下。

这一招包含了古代兵家调虎离山、瞒天过海、暗度陈仓、 假道伐虢、浑水摸鱼等诸多元素。

粟裕清楚邱清泉发现南边的陈士榘突然异动，必然如临大敌，带第5军火速离开鲁西南南下迎战，他则可以趁机率1纵、4纵、6纵和两广、特种兵纵队南渡黄河，争取快速歼灭鲁西南守军一部。

而邱清泉发现粟裕主力遽然南渡，必然又将慌忙掉转北上。这时，他便可以命令陈士榘乘机尾随第5军北进，邱清泉和第5军一来一去，便不知不觉落入华野一南一北两个集团的夹击之中。

这只是粟裕的妙计之一。

他的全部设想是，如果歼灭第5军的条件成熟，便南北夹击、围歼第5军，战场预设在鲁西南地区；如果条件不成熟，也可造成国民党军的错觉，使他们误以为华野将在鲁西南与其决战，华野便乘机出其不意攻打开封，再打必然增援开封的援军。

岳飞说：“阵而后战，兵法之常，运用之妙，存乎一心。”与岳飞同样非正规军校出身却久经战阵的粟裕，也深谙此中之理。

他背负毛泽东和最高统帅部改变中原战局的殷殷期待，首先考虑的是军令状的第一条——歼灭第5军，但没有作茧自缚，拘泥于此，而是将军令状的所有内容通盘考虑，着重点是可以迅速改变中原战局的一条：歼灭蒋介石“五六个至十一二个正规旅”。

多年后，有人仍然对他不打第5军却大张旗鼓动员迷惑不解。

粟裕解释说：“我们当时的考虑，就是用打五军的物质和精神准备来打比五军更弱的敌人，造成力量对比上的优势，这样把握更大，并且用这样的部署调动敌人，造成敌人的失误，创造有利的战机。”

邱清泉果然“听话”。

当陈士榘开向淮阳时，他警觉地闻风而动，指挥第5军南下准备攻击；而当黄河北岸的粟裕又乘机南渡时，他更为震惊，连忙丢了陈士榘这一头，手忙脚乱掉头北返堵截。

蒋介石也感觉到粟裕这回南渡不同寻常，仔细一查，发现华野两大集团南北对进，马上认定是企图夹击邱清泉的第5军。

他急令增调整编83师、整编25师、整编72师和整编63师一个旅到鲁西南，一是援助邱清泉，二是准备与华野部队决战。

这样一来，鲁西南很快便将密集地摆放9至11个整编师，而且左有运河，右有黄河，南有陇海线，战场地形极其不利于华野。

粟裕以过去与整编74师和整编11师作战的正反两方面经验，早就精心计算过，要打掉和它们相似的第5军，主攻的突击集团至少要4至5个纵队，同时还需要同等兵力打援、阻援。

当初孟良崮上成功围歼整编74师，他便总共用了9个纵队，而南麻攻打整编11师失利，主攻和打援的全部兵力也只有4个纵队。

1948年，粟裕和华野副参谋长张震在豫东战役指挥部

这时候，陈士榘所带的3、8两个纵队还远离鲁西南，即便快速调过来，粟裕手中也才6个纵队。其中，曾生的两广纵队还是一支受保护的特殊部队，仅有几千人。

多年后，粟裕回忆时解释说："在平原地区无险可守的情况下，用一两个纵队是难以阻止敌人大量增援的。如果我突击集团三五天内解决不了战斗，敌人援兵赶到，我军就可能陷于被动。"

东方不亮西方亮。第5军不好打，另一个机会却出现了。

有着两手准备的粟裕发现，尾随邱清泉北上的3纵、8纵已进至河南通许、睢县和杞县地区，距离开封只有一日行程。

他当即决定，采用"先打开封，后歼援敌"的腹案作战，将战场由蒋介石重兵云集的鲁西南转向豫东。

"出其所必趋，攻其所必救。"粟裕清楚，开封是河南省省城和中原重镇，如果攻克，必将对中原和全国都产生巨大影响，蒋介石绝不会置开封于不顾，势必紧急调兵增援。而无论从哪一路增援，华野都可以在运动中寻机歼敌。

6月16日，他果断下达了新的作战命令，具体部署是：

一、以3纵、8纵为攻城集团，由陈士榘和唐亮指挥，先采取奔袭手段夺占开封城关，而后依托城关迅速攻城。

二、为确保攻城作战胜利，以近三倍于攻城集团的兵力，由华野司令部即粟裕直接指挥，担任阻援和牵制任务。

其中：新配属华野指挥的秦基伟中野9纵插入郑州、开封之间，阻击郑州可能来援之敌；王秉璋的中野11纵和冀鲁豫军区独立1旅位于巨野地区，由北向南从侧后牵制邱清泉兵团；以鲁西南的叶飞1纵、陶勇4纵和王必成6纵迅速楔入定陶、曹县、民权和考城（今堌阳）地区，用运动防御阻击邱清泉西援开封。

粟裕还调动了其他地方部队参战，命令冀鲁豫军区和豫皖苏军区一部兵力相机攻占东明、兰封（今兰考县），并破袭陇海路兰封至野鸡岗段铁路。

他的作战目标变化后，邱清泉的第5军也就由歼灭对象改为了重点阻援对象。

为抓住难得的战机，粟裕一面上报毛泽东，一面下令部队执行。

毛泽东很欣赏粟裕的机智，第二天便追认批准他的临机处置，还索性慷慨放权，说："情况紧张时，独立处置，不要请示。"[①]

开封战事一起，蒋介石在中原的其他几个机动兵团也必然紧急出动增援。粟裕直接指挥的华野打援阻援部队仅能对付邱清泉兵团，其他几路便只能仰仗友军了。

按照粟裕中原3路大军"忽集忽分"打大歼灭战的构想，中原地区南部由晋冀鲁豫野战军改称的中原野战军必须配合，而此前毛泽东已有"各方协助粟兵团歼灭五军"的指令，明确了指挥关系。

因而，获知粟裕作战计划的中野司令员刘伯承、副司令员陈毅和政委邓小平电告毛泽东和粟裕，说为配合华野此战，决定调5个纵队全力阻击胡琏兵团北援，要华野部队对南面"可勿顾虑"。

南面问题解决了，还有东面。

这时候，华东野战军留在东面内线山东和苏北作战的部队还有两个兵团，按照粟裕1948年3月的统一组编命令，序列分别是第2兵团和第4兵团。前者即原山东兵团，

① 《毛泽东年谱》下卷，人民出版社、中央文献出版社1993年版，第316页。

由许世友和华野副政委谭震林指挥；后者即苏北兵团，由韦国清和陈丕显指挥。

粟裕以华东野战军代司令员兼代政委的身份，采取了两个举措：

一是命令许世友和谭震林指挥所部继续在津浦路徐（州）、济（南）段扩张攻势，包围山东兖州，调动黄百韬的整编25师或整编83师北援，以免蒋介石将其调入豫东战场增援；

二是命令韦国清指挥所部在陇海路新安镇（今新沂县）至海州段发动攻势，以牵制国民党军。

阿基米德说："给我一个支点，我就能撬动地球。"粟裕也牵一发而动全身，指向开封的令旗一动，中原和华东两个战场的中共将领们都绷紧了神经，他本人则是绝对的中心和主角。

粟裕改换了招式，蒋介石和他的智囊们仍然蒙在鼓里，始终认为他意在南北夹击邱清泉和第5军，因而依旧十万火急向鲁西南调兵遣将，不断催促麾下各路将领前进。

一幕壮阔的大剧拉开了。

6月17日凌晨，向北行进中的陈士榘指挥3纵和8纵突然转兵，挥师开封城下。

开封守将是河南省主席刘茂恩，辖有整编66师和一些地方部队，实际指挥是蒋介石的黄埔系将领、黄埔六期出身的66师师长李仲辛。

李仲辛多次率部与粟裕对阵，苏中战役时攻打过海安，孟良崮战役时救援过张灵甫，眼见老资格的王铁汉被活捉、黄埔学长张灵甫被击毙，而自己安然无恙，尾随粟裕进入中原战场后也很少吃亏，不免有些庆幸。

他和刘茂恩一直认为粟裕是在吸引国民党军主力到鲁西南决战，"开封无真正战斗"，开封城墙又高大坚固，因而不仅没有储存足够的弹药和粮食，甚至城防工事也没有完全竣工。

华野部队一个突然奇袭，李仲辛和部下们顿时面如土色，乱作一团，无奈之下只得打起精神，整顿军马，仓促应战。

华野3纵和8纵擅长城市攻坚战，曾攻克过峄县、泰安、许昌和洛阳，攻城爆破经验丰富老到，粟裕运筹打开封之际便想到了他们这一长处。

战役打响时，粟裕又紧急从身边派去华野特种兵纵队助战。特纵炮兵以直接瞄准射击打开突破口，以间接瞄准射击压制城内守军炮兵和指挥机构，甚至将大炮推到守军工事前数百米射击。3纵和8纵一时更如虎添翼，李仲辛只有挨打的份了。

仅仅激战5个昼夜，华野便拿下了开封，守军3万多人被全歼，加上阻援的斩获，蒋介石的中原人马一下子丢掉了4万多。

李仲辛曾经躲过了初一，这回没躲过十五，仓皇翻越围墙逃跑时被乱枪击毙。刘茂恩则不顾省主席之尊，找来鸭血涂满全身，化装成老教授混在疏散的老百姓人群里，得以惊险脱身。

关内第一次丢失省城，国民党朝野一片震惊。

正在南京召开“国民大会”的河南“国大”代表们，还泪眼汪汪、吵吵闹闹，闯入总统府问责。蒋介石和他的统帅部急成了热锅上的蚂蚁，缓过神来后，慌忙调兵遣将。

他下令空军总司令周至柔指挥空军飞机火速出动，昼夜不停轰炸开封，投掷燃烧弹，意图让进入开封城内的华野部队葬身火海。

与此同时，他严令鲁西南的邱清泉和第4绥靖区司令官刘汝明率部继续增援开封；又将河南民权地区的整编75师、整编72师和新编21旅组成一个新的兵团，交第6绥靖区司令官区寿年指挥，经睢县、杞县迂回开封。

粟裕等的就是蒋介石的援军。

他下令留下开封核心据点龙亭围而不打，诱使蒋介石继续上钩，3、8两纵主力则迅速撤出城内，准备打援，完成第二步作战计划。

已赶到开封的粟裕对攻城部队将士解释说：“龙亭是要打下来的，但不要急，迟一点不要紧，有点残敌可以作为钓邱兵团这条‘鱼’的大钩子，你马上打下龙亭，他来援就不积极了，主要是做好充分准备，确有把握后再打。”

不料，他突然遇到了阻力。

这时，中原野战军司令部刘伯承、陈毅和邓小平也酝酿了一个计划，准备按照粟裕“忽集忽分”的设想，集中中野和华野两个野战军攻打中原另一重镇郑州，围歼守军47军，再来一个“开封之战”。

若真攻粟裕计划之外的郑州，华野打援也就只能中途而止了。

不过，中野司令部第二天便因发现国民党军兵力集中，可能打成僵局而主动放弃了这一计划。

毛泽东这边似乎也有了顾虑。他不仅同意放弃攻打郑州，还致电中野司令部，同时告华野粟裕等人，叮嘱说“目前打很大规模的歼灭战，主客观条件都不成熟，故须避免”。

他要求中野和华野分开行动时，“每次歼敌以不超过一个整编师为限度”；集中行动时，“一次歼敌以不超过两个整编师为限度”。①

按照这一要求，华野已打掉开封守军整编66师等部4万多人，远远超过一个整编师的限度，不宜再打第二仗。华野司令部内部也有人以部队疲劳为由，对第二步作战表示疑虑。

粟裕却果断“临机处置”，决定继续作战。

他认为，这一仗不仅关系到能否扭转整个中原战局，而且是留在江北打大歼灭战战略的一次实践检验；更重要的是，攻开封的目的主要就是为了打援，“现在敌军分两路向开封扑来，正好中了我们的‘动敌’之计”，战机已经出现。

决心已定，他将目标锁定为两路援军中稍弱的区寿年兵团。

这时候，除配属华野指挥的王秉璋中野11纵、秦基伟中野9纵外，原暂归中野刘陈邓指挥的华野10纵也返部，粟裕手中一时又有了9个纵队，几乎可以和当年围歼整编74师时的强大阵营媲美了。

他迅速做出了围歼部署：

一、以1纵、4纵、6纵和中野11纵等4个纵队组成突击集团，由1纵司令员叶飞指挥，在睢县、杞县、太康之间和民权一带隐蔽集结，实施南北夹击，围歼区寿年兵团。

二、华野司令部直接指挥3纵、8纵、10纵、两广纵队和中野9纵等5个纵队担负阻援打援。

敢打还需必胜。考虑到战场瞬息万变，粟裕相当谨慎，未雨绸缪设想了突击集团

---

① 《毛泽东军事文集》第四卷，军事科学出版社、中央文献出版社1993年版，第489页。

的两个作战预案，无论区寿年怎么做，都能稳操胜券：

一是如果区寿年继续由睢县、杞县间向河阳镇、长岗集行进，便将其围歼于马头集地区；二是如果其在睢县、杞县地区徘徊犹豫，突击集团则分别跃进，将其分割包围、歼灭于民权、睢县和杞县之间。

奉命就任突击集团总指挥的叶飞，一时从1纵司令员升为指挥4个纵队的兵团级主将，担负主攻重任，不免摩拳擦掌，跃跃欲试。多年后，还能清晰记起受命时的场景。

1979年2月20日，他对奉河南省委宣传部之命，前来收集豫东战役资料的睢县文化馆长孙连科等人回忆说："睢杞战役时，我任华野第一纵队司令员，战役打响前四天，也就是1948年6月23日的华野军事会议上，华野代司令、代政委粟裕同志，宣布我为睢杞战役前线指挥。"

他还谈到自己的指挥位置："我的指挥部开始设在睢县东关回族清真寺，在那里三天，后又靠前转到睢县城西南约15华里的码头。"

对担负阻援任务的部队，粟裕也做了周密的安排。

3纵和8纵先由开封向通许方向行动，等邱清泉兵团长驱直入进入开封，与区寿年拉开距离后，立即掉头东进，会同由上蔡地区北上的10纵队和位于杞县的两广纵队，组成阻援集团，由陈士榘和唐亮指挥。

他们的任务是：在杞县以西构筑阻援阵地，隔开邱区两个兵团，阻止邱清泉东援。

陈士榘和唐亮这两员粟裕麾下的虎将也随即转换了角色，由开封前线主攻的总指挥变为了阻援的总指挥。

粟裕还命令：配属华野的中野9纵进至郑州东南地区，阻击郑州东援的国民党军，并从侧后牵制邱清泉兵团；冀鲁豫军区和豫皖苏军区一部兵力则破袭陇海路徐州至民权段，直接配合野战军作战。

6月24日，他将这一精心运筹的作战部署上报毛泽东，同时下达给各个纵队预作准备。

自从与17年未曾见面的粟裕当面交谈，采纳了暂不过江的战略构想后，毛泽东对粟裕有着异乎寻常的信任，可谓言听计从。

他刚刚告诫过中野司令部，要求“每次歼敌以不超过一个整编师为限度”，但对华野粟裕准备一次作战就打掉有两个整编师外加一个整编旅的区寿年兵团，却十分赞赏，欣然回电说：“部署甚好。”

不仅如此，他还给予粟裕格外的支持。

粟裕围歼区寿年兵团，仍然需要中原野战军担负牵制南面的胡琏兵团北援。但中野司令部获悉后，考虑到“南面阻击亦将很吃力，须付出很大的代价”，认为粟裕和华野“似嫌歼击企图太多太大”，“似以别样分散歼敌办法为好”。[①]

毛泽东马上致电刘伯承、陈毅和邓小平，支持粟裕的作战计划，耐心地解释说：“在此情形下粟（裕）、陈（士榘）、张（震）部署在睢杞通许之线（或此线以南）歼敌一路是很适当的。”[②]

他还说，如果能够歼灭区寿年兵团所属的两个整编师当然更好，否则能歼灭其中之一整编75师“也是很好的”。

毛泽东一言九鼎，异议顿时烟消云散。粟裕后来回忆说：“豫东战役，二野（即中野）开始时是不主张打得这样大的，后来还是中央下的决心，并要二野钳制敌十八军（即胡琏兵团）。”[③]

能够回报毛泽东格外青睐的只有打胜仗。6月26日，粟裕下令主动撤出开封，向通许方向转移，诱使邱清泉西进“收复”城池，准备开战。

蒋介石不相信粟裕还敢迎着强大的援军过来对阵，判断华野“似无积极企图”，“必向津浦路前进”，急令邱清泉和区寿年全力追堵。

两个兵团对付粟裕和华野，他心里还是没底。为求十拿九稳之效，他又广调人马，下令原本增援兖州的黄百韬兵团掉头南下豫东，西面的孙元良兵团火速东进，南面的胡琏兵团兼程北上。

粟裕的指挥棒一动，中原战场一时又将大军云集。

---

① 《粟裕年谱》，当代中国出版社2006年版，第327页。

② 《毛泽东军事文集》第四卷，军事科学出版社、中央文献出版社1993年版，第492页。

③ 《粟裕文选》第三卷，军事科学出版社2004年版，第345页。

邱清泉倚仗自己兵团有响当当的第5军撑腰，开封又已是空城，决心夺得“收复”开封和“追歼”粟裕的头功，率领所部急进；非黄埔系的区寿年却举棋不定，还在睢杞地区观望徘徊。

原本靠拢的两个兵团，一夜之间拉开了40公里距离。

这是千金不易的宝贵40公里，千载难逢而又稍纵即逝，粟裕主动放弃开封，要的就是这个机会。他不等查明区寿年兵团的具体部署，果断下达了围歼命令。

叶飞奉命而动，率早已隐伏于睢杞地区的突击集团一如离弦之箭，迅速出击，楔入邱清泉和区寿年两个兵团之间，隔断了他们的联系，同时从四面八方向区寿年发起猛攻。

叶飞和他指挥下的3个将领陶勇、王必成、王秉璋边打边查明敌情，又猛烈楔入区寿年兵团纵深，割裂其部署，很快将其分割为两大块：兵团部和整编75师、新整编21旅被包围在龙王店地区，整编72师则被包围在铁佛寺一带。

粟裕的合围战术得以实现目标，再次从多个方向向心攻击，以分进合击方法将对手合围。

区寿年祸从天降，急忙向邱清泉呼叫求援。邱清泉这时已被陈士榘的阻援集团死死咬住，知道堕入了粟裕的“陷阱”，无可奈何地告诉区寿年，他也遭到大批共军猛烈攻击。

区寿年兵团有5个相当于师的整编旅，华野突击集团仅有4个纵队，仓促之间难以急速攻下，粟裕又开始采取最擅长的一招：战场转移兵力。

他命令叶飞先用一部人马对铁佛寺的整编72师围而不攻，集中多数兵力首先攻打龙王店的区寿年主力。两个昼夜激战后，区寿年丢掉了整编75师第6旅和新21旅等2个旅。

粟裕晚年回忆说：“对突击集团的指挥，就是要部队不停顿地连续突击，不给敌人以收缩和组织防御的时间，在大胆分割包围敌人的同时，把主要突击方向直指区兵团部和整编第七十五师师部所在地龙王店，以攻敌首脑，乱其部署，瓦解其斗志。”

区寿年突然被合围，朝不保夕，蒋介石又是一阵剜心的疼痛，急令进驻空城开封的邱清泉掉头救援。区寿年可以敷衍，“总统”的话不敢不听，邱清泉只得勉为其难，命令部队火速向区寿年靠拢。

他开进开封时一路顺畅，再回头时已是华野的千军万马横亘在路上：除了他“追堵”的华野3纵和8纵，宋时轮10纵也奉粟裕之命紧急赶到了桃林岗一线，加入了陈士榘的阻击部队行列。

一个要拼死前行，解救“兄弟”区寿年，一个要咬紧牙关堵住，保证叶飞围歼区寿年成功，残酷的阻击战随即开始。

桃林岗是邱清泉东援的必经之路。“避我者生，挡我者死”，他命令麾下王牌第5军当先开路，拿出第一支美制机械化部队的看家本领，以飞机、大炮和坦克开路，将桃林岗炸成火海。

蒋介石还是不放心，亲自和空军总司令周至柔坐飞机赶到杞县上空督战，以军法处置威胁邱清泉火速攻击前进。

邱清泉不敢怠慢，估计桃林岗已成焦土后，下令第5军200旅用督战队逼迫士兵集团冲锋，一波倒下另一波又上，循环往复，与华野10纵官兵绞杀在一起，双方激战了两天两夜。

3纵和8纵阵地前也异常激烈。邱清泉每突破华野一个村庄和阵地，阻击部队立即组织反击，与其短兵相接，反复冲杀，夺回阵地。

粟裕也深知阻击部队打得艰苦，因而命令叶飞加快突击集团的进攻速度，同时交代压力最大的10纵司令员宋时轮，万不得已时可以撤出一线阵地，但必须在二线阵地再坚守一天。

10纵却始终坚守一线阵地，未撤一步，让有“疯子”之称的邱清泉十分吃惊，认定“10纵队应为华野之头等部队”。事实上远非头等主力的10纵也声名鹊起，赢得了“排炮不动，必是10纵”的美誉。

区寿年在龙王店被打掉两个旅时，正是7月1日中午。这时候，龙王店还剩有一个旅，铁佛寺还有一个整编师两个旅。

到下午时分，除西面邱清泉兵团不惜血本，拼死救援，与区寿年相距仅约10公里外，东线又出现了意外情况。

合围区寿年兵团后，粟裕对屯驻徐州的黄百韬有所防备。

他指令许世友和谭震林率山东兵团攻打兖州，迫使蒋介石从徐州派出黄百韬北援。他还叮嘱说："如兖州短期难攻下，则以主力南下威胁徐州，求得歼灭敌第25师一部或大部，转头再打兖州。"①

然而，蒋介石动作迅速，置山东兵团正在围攻重镇兖州于不顾，当天就开始将整编25师车运中原战场，毛泽东电告粟裕，说"许谭拖住该敌已来不及"。

蒋介石很快又将整编25师与第3快速纵队、第2交警总队组成一个新的兵团，任命黄百韬为司令官，火速由东向西增援区寿年。

黄百韬是杂牌出身的将领，最早的东家是北洋军阀张宗昌，苦战多年熬成了蒋介石的嫡系，深感"委座"大恩，因而倍加卖力，日夜兼程。东面又无华野部队阻击，他得以半路杀出，长驱直入，7月1日下午便到达帝丘店地区，距离铁佛寺的整编72师只有约10公里。

这是粟裕意料之外的一路援军。

邱清泉与黄百韬两个兵团一西一东，两面压来，已近在咫尺，是打还是撤？粟裕高度紧张地思索着。

多年后的1979年2月，他和叶飞一样接受了睢县文化馆长孙连科等人的采访，回忆说："睢杞战役（即豫东战役）紧张、激烈的程度不亚于淮海战役。"

他说："在十天十夜的战斗中，我们神经绷得很紧，十天之内，也只睡了不到40个小时，多数时间是在指挥室疲劳得睁不开眼了，就趴在桌子上睡一会儿。"

粟裕仔细分析后认为，华野仍然有把握歼灭区寿年，因而决定从突击集团抽出中野11纵和华野1纵、6纵各一部，前往东面构筑阵地，阻击"不速之客"黄百韬，其余部队7月1日晚上总攻龙王店残部。

多年后，叶飞也对孙连科等人回忆说："粟老总令一、四、六纵队打主攻，令三、八纵及中野十一纵打援，阻住从开封来的邱清泉兵团，又请中野刘、陈、邓部队在周家口牵制敌胡链兵团。战役后段，在睢县东又阻击从山东战场驰援的黄百韬兵团。可见战役紧迫、艰苦。"

战况紧急，龙王店关系到战役的成败，战斗也格外激烈。叶飞指挥突击集团3个

---

① 《粟裕年谱》，当代中国出版社2006年版，第332页。

纵队冒着严密的火力网，前赴后继，猛打猛冲，又挡住了区寿年在喷火器和坦克支援下的疯狂反扑。

7月2日凌晨3时，突击集团一鼓作气解决了龙王店的主要战斗，打掉了区寿年的兵团部、整编75师师部与16旅一个团，活捉中将兵团司令官区寿年和整编75师师长沈澄年。

粟裕紧绷的神经松弛下来。突击集团腾出来的几个纵队，他又可以转用到其他地方，或打或撤，都游刃有余了。

豫东战役中被俘的国民党将领区寿年（左）与沈澄年（右）

兑现军令状之一——逐鹿豫东（下）

龙王店区寿年主力基本解决后，粟裕马上盯住了“围而不攻”多时的整编72师，命令1纵转兵铁佛寺，准备将其攻歼。

整编72师是粟裕和华野的手下败将，早在一年前的山东泰（安）蒙（阴）战役中就遭过痛打，黄埔二期出身的中将师长杨文泉、副师长祝顺鲲都做了阶下囚，仅新编

15旅因远在肥城驻守偶然逃过一劫。

现在被围铁佛寺的部队，是战后在新编15旅基础上惨淡重建，新任师长为余锦源。部队战斗力不强，又是吃过大亏的惊弓之鸟，只敢躲在构筑的工事里瑟瑟保命。

叶飞接到命令，当即率1纵的1师和3师马不停蹄开赴龙寨一线，防止整编72师突围。

粟裕这一安排可谓“妙手偶得”的神招，马上发挥了作用。

当天下午3点，黄百韬的整编25师倚仗兵精粮足，又新到战场，士饱马腾，求胜心切，因而疯狂猛攻，突破了中野11纵的阻击阵地，出现在准备攻歼整编72师的1纵背后，随即双方交上了火。

粟裕闻报，急令王必成的6纵和陶勇的4纵跑步向东攻击前进，与1纵一道截断黄百韬，防止其与围困中的整编72师靠拢。

这时，虽然还有整编72师未歼灭，但已吃掉了区寿年的兵团部和近两个整编师，基本上达到了预期战役目标。在东面援军黄百韬已突破阻击阵地的情况下，粟裕可以见好就收，圆满收兵了。

他接下来考虑的是，如何安全撤出战场。

粟裕分析当前的敌情，认为整编72师正惶惶不可终日，对华野转移影响不大，最要紧的是邱清泉和黄百韬两个兵团，受到顽强阻击伤痕累累后仍然在拼命进攻，尤其是东边的黄百韬，对准备从这一方向撤出的华野威胁很大。

如果不给他强有力的打击，华野携带大批伤员，将难以顺利撤出战斗；即使匆忙撤出，他们也会潮水般地尾追而来，使华野陷于被动。

粟裕思忖已定，果断做出了一个出乎所有人意料的大胆决定：乘黄百韬兵团从徐州长途跋涉初来乍到，先声夺人，给其以歼灭性打击。

中野司令部的陈毅闻讯后，惊叹说：“粟裕同志浑身是胆”；刘伯承战后也不禁为之感慨：“打这样的大仗，我是做不到的，没有这样的胆识，没有这样的气魄。”[①]

粟裕迅速调整部署，将手中有限的兵力再次转用，随即麻利地下达了作战命令：

① 温镜湖：《略论粟裕的胆与识——纪念粟裕大将诞辰95周年》，《军事历史》2002年第3期。

一、3纵和10纵与8纵一部，继续由陈士榘、唐亮指挥，阻击邱清泉兵团；

二、8纵大部和6纵一个师围歼整编75师剩下的16旅旅部及2个团等残部；

三、原来围歼区寿年兵团的突击集团1纵和4纵以及6纵大部和两广纵队，转移到东边，攻歼黄百韬兵团，由叶飞指挥；

四、原来担负阻击任务的中野11纵则监视整编72师，并作为战役预备队。

这时候，华野参战官兵连续行军作战，伤亡消耗逐渐增大。而且战场久旱无雨，井河干涸，又是炎炎夏日，烈日暴晒，官兵饮水奇缺，吃不下饭，昼夜苦战，体力渐弱。

为鼓舞士气，发扬连续作战的老传统，粟裕签发了一封给华野（含中野11纵）全体指战员的信，说战役已进至全战役重要关键阶段，我们能够坚持下去，就可以全歼守敌，改变中原战局。他号召全军继续努力，全歼敌人，争取战役圆满胜利。

华野官兵随即以“铁军”的惊人毅力投入了新的战斗。

1948年7月，在睢县浑子集指挥豫东战役的粟裕

叶飞指挥突击集团所属的1纵、4纵、6纵和两广纵队抖擞精神，迅速出动，在7月3日拂晓前将骄狂的黄百韬兵团包围在帝丘店和马口地区，准备等天亮后发起攻击。

就在这关键时刻，粟裕突然获悉一个情况：蒋介石严令南面的胡琏兵团（含五大主力之一的18军）日夜兼程，经商水（周口）向北紧急增援，以协助阻击阵地前受困的邱清泉兵团，与黄百韬一起夹击华东野战军。

蒋介石已输红了眼，一次次往豫东战场投放兵力，必欲置粟裕和华野死地而后快。

对这一路援军，粟裕也早有预料和担忧。

因胡琏兵团靠近中原野战军，他于6月30日便致电毛泽东和中野司令部，询问“胡琏现已到何处”，说“因我兵力已全用上，对胡琏北援顾虑甚大”，请求中野“尽力滞留，并将胡部动态随时告知”。

而今，胡琏和他的18军也就是原来的整编11师果然来了。

粟裕精心计算，要全歼黄百韬兵团和区寿年所属的整编75师残部2个团，需要5天时间。而他手中也无任何多余兵力可用，无法抽出阻援部队，阻击胡琏兵团的增援。

无奈之下，粟裕只得通过中央军委和毛泽东，再次向南面的中原野战军求援。

7月3日辰时，他致电毛泽东并中野司令部刘伯承、陈毅和邓小平等人，说明了自己的部署和战斗所需时间后，说“恳请以有力一部钳制胡琏部敌军，使其在8日以前不能到达太康地区”。

豫东逐鹿，“中原鹿正肥”，战事已被粟裕越打越大，战果也一个比一个令人惊喜，一直紧张关注中原的毛泽东异常高兴，早忘记了不久前自己一个野战军“每次歼敌以不超过一个整编师为限度”的要求。

接到粟裕请求支援的电报后，他也对华野面临的严峻敌情担忧起来，当即致电指令刘伯承、陈毅和邓小平全力阻击胡琏兵团，方法是“不失时机歼灭吴绍周，借以拖回18军，以保障粟裕部南边安全至关重要”。

随后，毛泽东发现从后面“拖回”达不到目的，又要求他们迎头拦截援军，“从正面阻止胡琏北进”。

刘伯承、陈毅和邓小平认为有把握，电告毛泽东和粟裕说：“我全力保障粟部作战。”[①]

南面阻援问题似乎已解决，粟裕为求万全，要求华野主攻部队加紧进攻，争取快速拿下黄百韬。

7月3日下午1点，他命令叶飞转告突击集团各部：“严令各部迅速动作，不准停留，求得于白天迅速聚歼第25师于帝丘店东西地区。”

战情紧急，军令如山。突击集团不顾连战疲劳，加快了动作，以一部兵力将区寿年兵团残部2个团全歼，主力则集中行动，迅猛出击，以排山倒海之势压向黄百韬。

经过反复交锋激战，到7月4日拂晓前，突击集团打掉了黄百韬2个团，其余被压缩在帝丘店及其外围10多个村庄里。

一心报效蒋介石知遇之恩的黄百韬，早就深知粟裕确为共军智勇双全的虎将，从苏中、孟良崮到南麻、临朐等战役，自己长期与之对阵，占到的便宜不多，友军损兵折将甚或全军覆没者倒是见了不少。

但他做梦也没想到，粟裕如今越发吃了“熊心豹子胆”，敢一次又一次连续围攻“国军”的重兵兵团：

先是突然围攻开封，邱清泉和区寿年两个兵团火速赶往增援，结果不仅开封失陷，李仲辛兵败覆亡，区寿年也被粟裕围歼，邱清泉则被华野死死按住，动弹不得；自己长途跋涉赶来救援区寿年，又被粟裕团团围住，成为挨打的目标。

粟裕和他的华野似乎是永远不知疲惫的“铁人”，不到20天的时间内，几乎与国民党军的多个精锐兵团展开了一一过招的车轮战。

黄百韬还是不信邪。

他知道粟裕手中终究兵力有限，不过是反复使用而已，不相信其极度疲惫之下，还能挡得住自己车轮战的重重一击，因而于7月5日下令由坦克开道，以飞机和炮兵火力助阵，向华野突击集团实施疯狂反扑，打算突围而出，与仅隔5里路，被围铁佛寺的整编72师会合。

一旦两军会合一处，华野再想围歼便难上加难了。

突击集团洞悉他的意图，奋起还击，坚决不让其得逞。经过7小时激战，最终将

---

① 《粟裕年谱》，当代中国出版社2006年版，第334页。

这条“困兽”乖乖打退回原处。黄昏时分，趁着夜色朦胧，粟裕下令再次发起攻击，又歼灭了他一个多团。

一天工夫内便丢掉了3个多团，已超过一个整编旅，黄百韬方才醒悟到粟裕的目标是吃掉自己。他泥菩萨过河，自身难保，再也没有了先前的张狂，惊恐地龟缩一处，等待“委座”派别人前来解危。

这时，在蒋介石心急如焚的不断催逼下，胡琏带着他的18军正不顾一切，一路狂奔，向北急速开来。

中野司令部的刘伯承、陈毅和邓小平阻挡不及，急忙报告毛泽东：“全部拉回胡琏，恐已困难，当尽力争取之。”这就意味着粟裕和华野很快将受到胡琏的致命一击。

7月6日，毛泽东以罕见的口气复电，严令他们想方设法阻住胡琏兵团和张轸集团（临时组编为吴绍周兵团和杨干才兵团）北上。他“为保粟军胜利”，还给了他们两个作战方案：

一是中原野战军“全军（1、2、3、4纵）尾敌北进，直达睢杞地区”；二是“以4纵尾18军北进直达睢杞，以1、2、3纵歼吴绍周”。

毛泽东切切叮嘱说：“以上方案择一而行。如不取第一案，则必须取第二案，务使18军于午灰（7月10日）前不超过睢杞。”

电报结尾处是“是为至盼”四个字，急切之情溢于言表。

粟裕要求的是中野能阻击胡琏兵团到7月8日，毛泽东又颇为细心体贴地将期限往后推迟了两天，一是能让粟裕围歼黄百韬后，“争取歼灭72师”；二是留出宽裕的时间，便于华野战后安全转移。

为防万一，毛泽东又电告粟裕：“望粟（裕）、陈（士榘）、唐（亮）以一部进至淮阳地区，协同匡斌4个团阻击18军，如无正规军可派，可派地方军。”

匡斌是豫皖苏军区第8军分区司令员，所部是未经正规大战的地方武装，而且是小团编制，战斗力与蒋介石五大主力之一的18军不可同日而语，但战况紧急之下，也算聊胜于无。

粟裕自然已无正规主力可派，但当即命令冀鲁豫独立旅打出华野主力番号，向南急进，以协助匡斌阻击18军。他还专派一个侦察营监视胡琏的动向，以策万全。

一着不慎，全盘皆输。战争极其残酷，绝不会同情因疏忽而失败者，更不是闲庭下棋，可以推倒重来。他细想之下仍然不放心，又指令宋时轮的10纵加强南面警戒。

这些队伍发回的最高级别警报，很快传到了华野司令部。

7月6日下午4点45分，胡琏18军的先头部队轻装简行，甩掉尾随的中野部队，突破匡斌阻援阵地，急速越过淮阳，进入太康境内，靠近了战场。粟裕恳请中野“使其在8日以前不能到达太康地区”的要求没能实现，华野一时陷入被夹击的危险。

也就在这时，其他几路国民党援军的消息也雪上加霜，纷至沓来：

西面一直被华野阻援部队死死拦住的邱清泉，在蒋介石一道又一道“军法处置”的电令下，由刘汝明兵团协助，指挥主力避开阻击阵地正面，深夜从右侧迂回前进。

西面还有一支面孔陌生的人马——孟良崮战役被打掉后重建的整编74师2个旅，也奉命气喘吁吁一路紧赶，进到了开封附近，粟裕已抽出两广纵队和野战军司令部警卫团前往阻击。

蒋介石也是被粟裕和华野逼急了，不仅心急火燎调动了中原全部4个机动兵团，还倾其所有，将其他战场能调的人马紧急运到中原战场。

他已铁心要与粟裕和华野一决高下。

粟裕却不上当。

多路援军进逼而来，尤其是南面精锐的生力军胡琏18军靠近战场，他手中再无兵力阻击或牵制，尽管只要再过两天便能打掉黄百韬，但他知道来日方长，这块“肥肉”只能等以后再吃了。

决定撤出战场后，粟裕先对预料中必然跟随而至的追兵做了阻击部署。

他指令10纵29师负责掩护大部队北撤，直接给师长萧锋和政委李曼村打电话：“你们不仅要阻击老对手五军，以掩护部队北撤，还要做好后尾收容工作。”他还特别叮嘱“心目中一定想着战士”。

多年后，萧锋回忆说：“我师除了直接担负监视与阻击敌人的部队外，连同民工在内，每四人抬一个伤员，我同李曼村政委也抬了一名，从铁佛寺一直走了七十里，出色地完成了阻击与收容任务。”

部署妥当后，粟裕下令再向帝丘店龟缩一团的黄百韬进行炮火齐射，摆出全面总攻态势。一阵山呼海啸般的炮火之后，战场突然安静下来。

太阳很快就要西沉，一种前所未有的惊恐漫上黄百韬心头。他以沙场老将的经验推测，天黑之后，惯于近战、夜战的共军必然发动更为激烈的猛攻，前景殊难逆料。

黄百韬脸色沉重，下令焚烧所有机密文件，伤感地对手下将领说："从现在开始，你们不要指望我黄百韬。共军由何处突破，你们就在那里抵抗到死。"全军上下一时满是凄婉悲壮的神色。

这天晚上，黄百韬和他的官兵们屏住呼吸，紧张盯着四周的华野阵地，静静地等待拼死搏斗的最后时刻到来。

时针指向午夜24点，粟裕凝神静气，下令各部悄悄撤出战斗，偃旗裹甲，分路向睢杞以北和鲁西南迅速转移。

第二天曙光初照时，一夜未眠的黄百韬和手下官兵们小心翼翼探头张望，华野阵地空空荡荡，一片沉寂，站起来一看，共军都不见了。

官兵们顿时一阵欢呼，黄百韬也喜出望外，长吁了一口气。

这时候，星夜迂回的邱清泉刚好赶到新兴集，正准备杀向铁佛寺和帝丘店，突然收到空军总司令王叔铭从空而降的一份电报，说"铁（佛寺）帝（丘店）五十华里内已无匪迹"。

邱清泉第一个反应是想到蒋介石那些声色俱厉的"军法处置"电令，跳起来说："啊！我这个脑袋保住了。"

然而，开封的李仲辛，睢杞的区寿年都在他眼前惨烈覆没，他辛苦忙碌了这么多天，既无救援之功，又有不力之过。三天前蒋介石还空投一封信给他，痛斥说："吾弟号称中原长城，今不以全力相救友军，深堪痛恨。"

他当时便发牢骚说："我邱清泉奋斗一生，却说我不相救友军。在中原会战以来，我老是救人，而人家（指黄百韬）救不到人被围，却说我不救，人家不该死，我们该死！"

得悉粟裕和华野撤兵，他急忙率军追击，一则希图有所斩获，出出胸中对华野阻住自己"建功立业"的恶气；二则争取将功赎罪，获得"总统"的谅解。

他兴奋地赶了一阵，很快遭到粟裕早已部署的掩护部队猛烈还击，不敢再进，只得悻悻然掉头而归。

粟裕则通令表彰负责阻击的29师："后尾收容友邻部队伤员1200余名"，"在林七口顶住了五军前进，使全线顺利北撤郓城，值得表扬"。

在多路援军四面八方进逼下，粟裕又巧施大手笔，一下子跳了出来，进入鲁西南预定地区从容休整。蒋介石和他的将领们一时不知粟裕和华野所在，等到查明位置时，华野部队已休整一个星期了。

多年后的1979年2月，叶飞回忆时感慨说："睢杞战役打得很艰苦，敌人25万人，我们20万人，力量对比就不平衡，是一场硬仗啊。要不是粟老总机动灵活指挥艺术高超，这种仗是很难打胜的。"

豫东战役第二阶段，粟裕和华野又打掉了蒋介石5万多人，连同第一阶段开封所获的4万人，取得了一个战役便歼灭9万多人的战果。全面开战以来，这还是中共几个野战军与蒋介石精锐黄埔系"中央军"对阵的第一次。

被华野攻克的开封，也成为中共在关内首次拿下的国民党省城。蒋介石和他的国防部异常惊讶，说华野"敢集中主力作大规模之会战决战"，"敢攻袭大据点"。

除急急忙忙改组兵团，调整部署外，蒋介石还在8月2日焦虑地说："今后三个月如不能在长江黄河间打开一局面，则非垮不可。"

毛泽东交给粟裕少则4个月多则8个月内，必须打掉蒋介石约10万人的任务，时间才过去两个月，粟裕一个战役便完成了。

"杀敌一万，自损三千"，华野应对蒋介石多个精锐兵团的车轮战，也付出了沉重代价，阵亡、负伤和其他减员合计33273人。①

然而，这也是一个早在粟裕预料中的合算"买卖"。

他上书毛泽东留在江北打大仗时，估计华野3个纵队如果渡江南下，"会有约5万人的减员"。而这5万人是长途跋涉后的非战斗减员，对蒋介石的政权支柱——军队没有任何打击和影响。

他认为，如果以这种减员，作为在中原打大仗的伤亡，那么"每一万人的减员，

① 《豫东战役》，河南人民出版社1988年版，第454页。

至少可歼灭敌人一个主力师”，也就是在中原战场可以打掉蒋介石12万人。

而今，粟裕以3万人的代价便令蒋介石丢掉了近10万人，从而一举扭转了中原战局。

他唯一还没有完成的是，第5军这条“大鱼”还未收入囊中。

邱清泉和他的第5军自然不知道粟裕的“刀”曾在自己头上晃来晃去，这次虽然没有成为被围歼的主要目标，仅仅被长时间顽强阻击，华野撤退时还俘虏了几百名掉队的伤员，占了一个意外的便宜，但自己也损失惨重，已被基本上打残。

连日与华野阻援部队激战，第5军各团普遍只剩下了一个营（已缩编），最多者只有2个营，它的第600团甚至全遭华野击溃，团长被邱清泉一怒之下撤职。

粟裕不久向毛泽东报告第5军的情况时说：“近来每日我们均获有（第）五军之大批逃亡，鲁西南被捕去壮丁亦能逃回。”华野掉队人员被邱清泉强行补入第5军，但第二天战斗都带枪逃回来了。

也正因为此，蒋介石再次丧事喜办时，给绝处逢生的黄百韬发了一枚闪光的“青天白日勋章”，救援无功又损兵折将的邱清泉则一无所有。邱清泉心情抑郁，很快请了长假，跑回温州老家去了。

对粟裕而言，第5军已被打残还在其次，更重要的是，距离毛泽东军令状中8个月歼灭第5军的期限还很远，他还有充裕的时间。

西柏坡的毛泽东格外满意，很快以中共中央的名义通电嘉奖，称赞豫东战役“给蒋介石‘肃清中原’的呓语以迎头痛击”。

4个月后，当国共双方军队发生逆转，中共数量上也开始占有优势，战争进程大为缩短，和平曙光已初见端倪时，他还回顾说，这“特别是南线的睢杞战役、济南战役，北线的锦州、长春、辽西、沈阳诸战役的结果”，将睢杞战役即豫东战役放在了第一位。

根据这一作战的成功实践，他最终放弃了分兵渡江南进的设想，准备继续按照粟裕的构想，集中兵力在长江以北打大歼灭战。

毛泽东意识到：“所谓蒋政权，也就是表现在他的军队上”，而“蒋（介石）的力量百分之八十在江北地区，消灭了他的力量，也就算打倒他了”。

豫东战役一个星期后，他决定粟裕和华野“应在现地作战至明年春季或夏季，歼灭5军、18军等部，开辟南进道路，然后南进”。电报中，他还特意用括号标注说：“不歼灭5军，18军不走。”

不久，华野特种兵纵队司令员陈锐霆奉命前往西柏坡汇报炮兵建设情况。

毛泽东接见他时，询问了刚打完的豫东战役，高兴地说：“我们过山坳了。”担心他听不懂，又解释说：“解放战争好像爬山，现在我们已经过了山的坳子，最吃力的爬坡阶段已经过去了。”

毛泽东还再度信任地交给粟裕两个任务：歼灭邱清泉的第5军和黄百韬的整编25师。他委托陈锐霆传令，说：“你回去代我问粟裕同志好，告诉他，我把黄百韬、邱清泉记在他名下了。”[①]

军中无戏言，响鼓也无须重捶，粟裕没有忘记“军令状”里的第5军。陈锐霆回来转告后，他从最高统帅平和的话语里，感到更多的是一种沉甸甸的责任。

粟裕已开始构思江北的第二个大歼灭战，第5军便在锁定的目标之中。

新的大幕即将开启，智与力的较量又重新开始了。

兑现军令状之二——鏖兵济南（上）

华野从豫东战场成功转移，撤到鲁西南和豫皖苏两地，官兵们开始休整后，没有闲着的是这支野战军的统帅粟裕。

两个月前，他向毛泽东建议集中兵力在江北打大歼灭战时，设想打完第一仗后，“除以一部相机攻占济南外，主力则可进逼徐州，与刘邓会师，寻求第二个歼灭战”。

现在第一个歼灭战——豫东战役已结束，“攻占济南”成为他考虑的焦点。

7月14日，为扯散蒋介石中原战场集中的几个精锐兵团，保证华野主力战后安心休整，毛泽东打算让山东的华野第2兵团即许谭兵团攻打济南，电告粟裕说：“此种分散敌人的行动，似以许谭攻击济南为最有效。”不久，他又正式决定，让许谭兵团

① 《粟裕传》，当代中国出版社2000年版，第695页。

10天内外夺取济南。

这一计划，也正是粟裕当初建议中“以一部相机攻占济南”的设想。

然而，这时候的粟裕因豫东战役的成功实践，有了南线决战的战略构想，开始将原来“以一部相机攻占济南”的设想，与南线决战联系起来考虑。他说：“我军歼灭战不断向更大规模发展是个客观规律。这种大歼灭战发展下去，势将成为同敌人的战略决战。”

粟裕还将中原黄淮地区初步定为决战的战场。

考虑到战场和后勤条件，他说：“在长江以北决战比在长江以南决战有利得多；而在长江以北决战，又以在徐蚌地区为最有利。”①原因有三个：

一、地形开阔，通道多，适宜于大兵团运动；二、群众条件好，背靠山东和冀鲁豫老根据地，地处华东、中原接合部，距华北也不远，能得到各方面的人力、物力支援；三、可以利用蒋介石和白崇禧桂系之间的矛盾，集中兵力打蒋系的徐州集团。

他的这一超前思考，绝非“妙手偶得”，而是有一条清晰的轨迹可循，与“子养电”以来给毛泽东的多个建议思路一脉相承。

下一仗是否马上“以一部相机攻占济南”，粟裕认为首要问题是看如何推动战局向战略决战的方向发展。

他对济南的情况做了仔细分析。

济南是山东省会，北枕黄河，南倚群山，属依山带河的险要之地。蒋介石已苦心经营3年，驻有10余万守军，在过去日伪工事基础上扩建了完备的防御体系，易守难攻，远比开封险固。

粟裕后来说：“济南守战的兵力和构筑的工事，都比开封为强，打这样坚固设防的省会，我们还是第一次。”

济南附近已无蒋介石的其他据点，却并不完全孤立，稍远的徐州地区集结有邱清泉、李弥和黄百韬3个兵团，都是蒋介石的黄埔系精锐，有约17万人的机动兵力，随时可以快速北上增援。

粟裕认为，战略决战即将到来的关键时刻，攻打济南能否成功，与战略决战关系

---

① 《粟裕谈淮海战役》，《党的文献》1989年第6期。

很大，必须谨慎从事。如果以兵力不足10万的许谭兵团单独攻打济南，攻济与打援势难兼顾。

他想到过去华野几次失利的围歼战，“守敌已经精疲力竭，再经受不住最后一击之际，可是各路援敌已蜂拥而至，我军背后受敌，以至只得被迫撤围”，认为这种“为山九仞，功亏一篑”的事情，决不允许在战略决战即将到来的时刻重演。

至于毛泽东担心的休整问题，粟裕认为已将参战部队采取了互为犄角的部署，完全可以保证安全休整，无须让许谭兵团冒险单独攻济。

因此，粟裕和参谋长陈士榘等人联名致电毛泽东，建议包括许谭兵团在内的华野全军都休整一个月，然后一起攻济打援。

他估计说：“只要济南能解决，打援方面又取得胜利，则战局可能迅速向南推移，今冬攻占徐州之计划似有极大可能。”

粟裕没有忘记毛泽东两次交给他的任务——打掉第5军。

他设想华野全军攻济打援时，还有一个重要目标：“当时军委赋予我们的歼灭整编第5军的任务还没有完成，我预期在攻济引援中将该军歼灭。”[①]

毛泽东很快同意了粟裕的建议，改变了让许谭兵团单独攻打济南的决定，要求华野全军转入休整，结束后由粟裕和参谋长陈士榘、政治部主任唐亮、副参谋长张震根据情况“提出计划并统一指挥”。

这也是自一年前“7月分兵”后，毛泽东第一次明确提出粟裕重新统一指挥华野全军，一段时间由华东局和毛泽东直接指挥的许谭兵团开始重归粟裕麾下。

休整期间，粟裕很快运筹了3个作战方案，上报毛泽东时，他特意指出第三个方案，也就是集中华野全军15个纵队“攻占济南与打援同时进行”为最好。

他将这一方案分为两个阶段：

第一步：以2个纵队抢占济南机场而巩固之后，在济南守军反夺机场中，尽力歼灭其反击力量，以削弱其守备兵力；同时以其余11个纵队打援，歼灭援兵之一路或两路。

粟裕说，蒋介石派兵增援的可能性很大，如果不增援则以攻打济南为主。对于

---

① 粟裕：《粟裕回忆录》，解放军出版社2007年版，第473页。

蒋介石的援军，他设想了合适的打援阻援战场，“打援战场选择在汶河以北，泰安以西，肥城以南地区或邹县、滕县间地区；阻援战场选择在鲁西南金乡、巨野、嘉祥地区”。

他又特意向毛泽东说明，打援时“首先以歼五军为目的”。

第二步：歼灭蒋介石援兵中的主要一路后，以一部分阻击，将华野主力转到攻打济南。

毛泽东同意了这一“攻济打援”方案，要求粟裕“攻城打援分工协作，以达既攻克济南，又歼灭一部分援敌之目的”。

对粟裕常常提到的第5军，他也心领神会，这是粟裕在告诉他没有忘记当初当面接下的“军令状”。

粟裕考虑到“不论打援或攻坚，手中兵力尚非绝对优势”，因而又向毛泽东建议，华野苏北兵团除留一至两个旅在苏北坚持外，其余部队北上参战，也很快获得了批准。

济南战役的作战计划正式敲定。粟裕当初“以一部相机攻占济南”的构想，由此演变为华野全军参与的第二个大歼灭战，而“与刘邓会师，寻求第二个歼灭战”的设想，也就顺延成为了第三个。

粟裕旌旗东指，一个回马枪杀回了山东。他率华野司令部从中原的豫皖苏出发，与华野副政委谭震林的山东兵团指挥部在曲阜会师。

随后，华野4个兵团除许谭兵团外的3个也开始向山东集结，总兵力达到32万人，超过了济南守军和可能赶来的援军之和28万人，第一次实现了战场上兵力对比的优势。

豫东一战后，雄踞中国20余年，曾经兵多将广的蒋介石的确已今非昔比，江河日下，无怪乎和他苦战多年的毛泽东要感慨“我们过山坳了”。

对粟裕而言，这一仗最大的好处是，已不需要再一兵多用，战场上频繁转用兵力了。

分开作战已有一年的华东野战军内线、外线部队两路合兵，代司令员兼代政委粟裕首先要做的是协调内部关系，将全军融合为一个无坚不摧的整体。如同他在稍后的

《济南战役政治动员令》中所说："大兵团的集中作战，须要指挥上的高度统一，须要内部的亲密团结。"

中原野战军也曾分为刘邓大军和陈谢集团两路，陈谢集团一度直属中央军委和毛泽东指挥。

刘邓大军走出大别山与陈谢集团合兵一处时，"四纵（即陈谢集团）干部中，有的背了与陈粟、刘邓并列的所谓陈谢大军的包袱，要求单独活动"[①]。也就是不愿"屈居"刘邓大军行列，受刘伯承和邓小平指挥。

华东野战军也难免有这种情绪，尤其是兵团一级的主官，曾经也一度可与华野司令部指挥的主力即陈粟大军并列；重新会合后，从原来较为自由变为必须严守军令，不免有些不快。

粟裕随即在孔子的老家曲阜，以代司令员兼代政委、代前委书记身份主持召开华野前委扩大会议，调整内部关系，统一攻济打援的作战指导思想，制定具体作战部署。

1948年曲阜华野前委扩大会议时合影，前排左起：粟裕、唐亮、陶勇；后排左起：钟期光、张震

① 《刘伯承、陈毅、邓子恢、张际春关于中原部队战力和整训工作致中共中央的报告》，1948年8月11日。

华野高级将领除在胶东养病的山东兵团司令员许世友、正在中央驻地西柏坡汇报的特种兵司令员陈锐霆等少数几个外悉数与会。

会上讨论作战部署时，粟裕详尽解释了“攻济打援”的主要目的：不仅要歼灭蒋介石的有生力量，还要达到夺取济南城并巩固占领之目的，是攻济打援并举。

他说，这与过去使用过的“攻坚打援”“攻城阻援”“围城打援”和“攻城打援”都不同，即便与“先打开封，后歼援敌”的豫东战役也不同。

因为可能增援之敌有3个兵团17万人，粟裕说明在保证有足够兵力攻下济南的前提下，必须以较多的兵力用于打援，求得在攻克济南的同时，歼灭援军之一部，力争消灭邱清泉的第5军。

豫东战役时，毛泽东和粟裕一同感受过蒋介石一波又一波增援兵团的压力，因而与他的看法完全一致。

他致电粟裕说：“我们不是要求你们集中最大兵力，不顾一切硬攻济南，这样部署是非常危险的。我们要求你们的是以一部分兵力真攻济南，而集中最大兵力于阻援打援。”

毛泽东预计济南开战后有三种可能：援敌很远已经打下来，援敌很近才打下来，援敌逼近仍打不下来。他要求粟裕“首先争取第一种；其次是争取第二种；又其次应有办法对付第三种”。

然而，华野内部有人对攻济打援的战法不理解，许世友便是其中之一。

豫东战役中，原本增援兖州的黄百韬整编25师突然转赴中原，他乘机带山东兵团拿下了仅有一个师驻守的兖州，没有感受过对手援兵的压力，获悉粟裕和华野司令部的攻济打援部署后，提出不同意见。

许世友认为，既然战役主要目的是攻克济南，就应当把兵力部署的重点放在攻济上，阻援打援不必使用那么多兵力。

粟裕对他做了细致工作，统兵多年的行家毛泽东也出面解释：“此次作战目的，主要是夺取济南，其次才是歼灭一部分援敌，但在手段上即在兵力部署上，却不应以多数兵力打济南。”

毛泽东还说：“如果以多数兵力打济南，以少数兵力打援敌，则因援敌甚多，势必阻不住，不能歼其一部，因而不能取得攻济的必要时间，则攻济必不成功。”①

然而，粟裕和毛泽东的工作都还未让许世友完全解开心结，他留在胶东疗养，没有返回山东兵团指挥部。

大战将起，容不得半点耽搁，粟裕便将山东兵团与攻城统筹工作交给兵团副司令员王建安负责。王建安是原华野8纵司令员，红军时期便担任过张国焘麾下的红四军政委，军政双全，淡泊名利，受命后马上开始履职。

不久，粟裕主持制定了攻济打援作战部署，定于9月16日发起战役。

为打破山头和本位主义，他决定对原山东兵团、苏北兵团和原外线兵团即华野主力各纵队进行适当混编，以华野全军的44%即14万人攻城，以56%即18万人打援，具体分为攻城和打援两个集团。

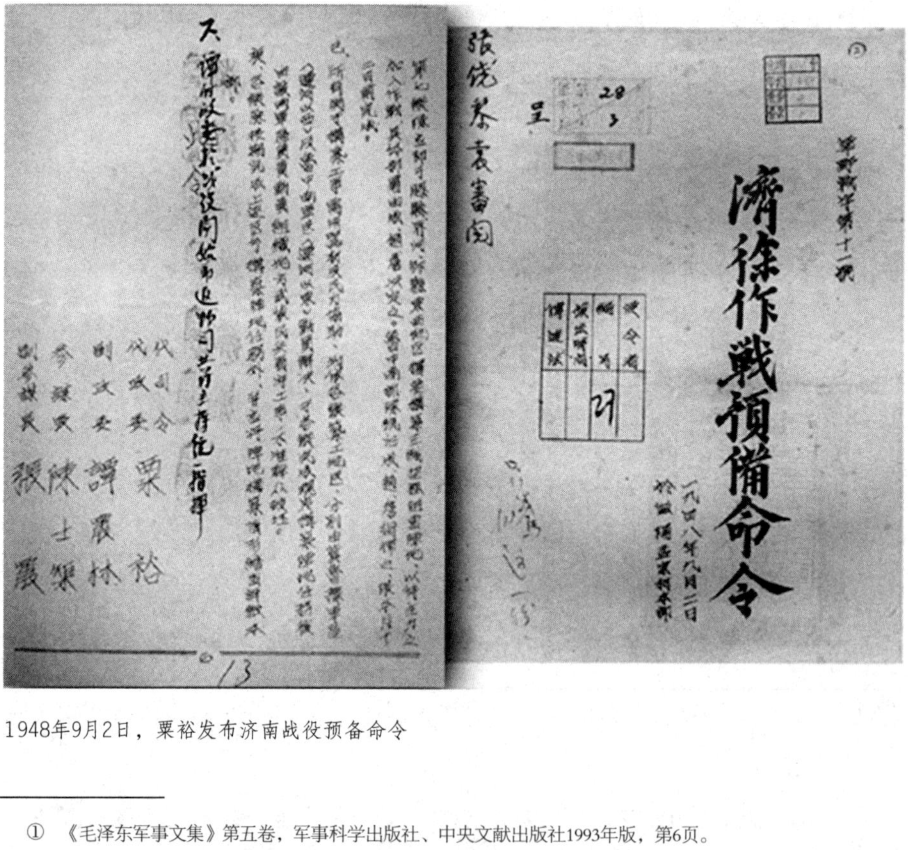
濟徐作戰預備命令

1948年9月2日，粟裕发布济南战役预备命令

① 《毛泽东军事文集》第五卷，军事科学出版社、中央文献出版社1993年版，第6页。

攻城集团，由原山东兵团的9纵、13纵、渤海纵队、鲁中南纵队，加原外线兵团的3纵、10纵及等6个半纵队、特种兵纵队大部分和一部分地方武装共同组成，多是长于攻坚的部队。

其中，攻城集团又分为东兵团和西兵团。东兵团以9纵、13纵和渤海纵队大部组成；西兵团以3纵、10纵和鲁中南纵队一部组成。

两路攻城大军中，东兵团以原山东兵团部队为主，西兵团以原外线兵团部队为主。粟裕似乎有意让他们来一个攻城竞赛，同时达到实施钳形攻击，多路突击，使济南守将王耀武顾此失彼，难以判明主攻方向的目的。

打援集团，由原外线兵团的1纵、4纵、6纵、8纵、中野11纵，加原苏北兵团2纵、（华野）11纵、12纵大部，以及原山东兵团7纵等8个半纵队、特种兵纵队一部分和一部分地方武装组成，多是长于野战的部队。

粟裕也将打援集团分为打援和阻援两路人马，打援兵团以原外线兵团和苏北兵团部队为主，阻援兵团则以原外线兵团为主。

毛泽东对粟裕的安排十分满意，说“完全同意”“攻济及打援之整个部署”。[①]

因许世友一直没有归队，既未参与济南战役的计划制订，也未进行攻城的准备和部署，而王建安奉粟裕之令负责攻城统筹事宜，忙前忙后，一旦开战，便是当然的攻城集团总指挥。

毛泽东忽然有了另外的想法。

8月25日，他考虑到王建安刚到山东兵团不久，不如许世友熟悉情况，而许世友的勇武粗率也为他所偏爱，于是致电粟裕和谭震林，点名让许世友出任攻城集团总指挥。

他说：“请考虑在许世友同志身体许可的情况下，请他回来担任攻城主要指挥员，王建安同志辅之。”为避免引起王建安不能胜任的误会，他解释说：“因王（建安）初到东兵团（即山东兵团），不如许之熟悉情况。”

毛泽东最后客气地说：“请酌办。”

粟裕是华野代司令员兼代政委，有权安排战时所有临时人事，豫东战役他便指

① 《毛泽东年谱》下卷，人民出版社、中央文献出版社1993年版，第340页。

令陈士榘为攻城总指挥，叶飞为突击集团总指挥，毛泽东这次也没有直接干涉他的权力，而是用了商量口气，但生性仁厚的粟裕马上与许世友联系。

许世友其实也不愿意失去一次难得的统兵机会，这一回答应尽快返回前线。

粟裕随即和谭震林联名报告毛泽东："已令许世友同志回部参加此次作战，俟战役结束后再去休息。"

与毛泽东关注许世友不同，粟裕最关注的是特种兵纵队司令员陈锐霆。

特种兵纵队尤其是炮兵，攻城作战不可或缺，他人难以代替，因陈锐霆豫东战役后前往西柏坡汇报，一直滞留耽搁未归。

8月26日，粟裕致电毛泽东，请求转告陈锐霆9月1日前赶回山东前线。

陈锐霆听说后，归心似箭，马上收拾行装启程，风尘仆仆往回赶。不久，他便奉粟裕之令指挥特纵的10个炮兵团500多门火炮参加攻城，开创了中共军队"利用强大炮火辅以爆破、夺取敌坚固设防和重兵据守的大城市"的先例。

长久酝酿筹划，诸事妥帖后，粟裕开始正式发号施令，调兵遣将。

9月2日，他以华东野战军代司令员兼代政委的名义，与华野副政委兼山东兵团政委谭震林、参谋长陈士榘和副参谋长张震联名，在曲阜下达了济徐作战（即济南战役）预备命令，标为"华野战字第十一号"。

预备命令除将上报毛泽东的攻济打援部署下达华野各部外，还指定了各个集团的负责人：

攻城集团由山东兵团司令员许世友、副司令员王建安指挥。其中，所属的攻城东兵团由许世友和王建安直接指挥（后修改为9纵司令员聂凤智负责），攻城西兵团由10纵司令员宋时轮、政委刘培善指挥。

阻援集团由华野参谋长陈士榘指挥，打援集团则由华野司令部直接指挥。命令最后说明："谭（震林）副政委于战役开始即返野司共同统一主持（谭震林后来经粟裕同意，依然留在山东兵团司令部）。"①

粟裕与毛泽东"上下同欲"，运筹帷幄的时候，蒋介石和他的麾下将领们也在不断琢磨华野的意图，不过始终不得要领。

① 《粟裕文选》第三卷，军事科学出版社2004年版，第554页。

直到8月下旬，他们发现华野几个兵团都往山东开进时，才突然警醒，先是认为华野可能先攻徐州再夺济南，最后认定是“围济打援”。

济南关乎“党国”在山东的命脉，丢掉了济南就意味着整个山东不再属于“党国”，蒋介石大惊失色，寝食俱废，马上召集智囊们商量对策，匆匆制订了一个济南会战计划，准备投入27万人参战。

这一计划早在粟裕的预料和防备之中：

一是防守济南，以原有的10万守军和新调的两个旅守城，归山东省主席兼第二绥靖区司令官王耀武负责，要求能坚守两个月以上；

二是增援济南，以邱清泉、李弥和黄百韬3个黄埔嫡系兵团17万人分两路驰援，由徐州“剿总”副司令长官杜聿明统率。

蒋介石期盼杜聿明挥师北上后，能打破华野重兵拦截，直抵济南与王耀武内外合击，击破围城，取得会战全胜。

然而，他的计划已比粟裕晚了一步，调兵遣将，部队集结都落于后手。

更重要的是，依然伤痕累累的邱清泉和黄百韬昔日风光不再。

一个月前，他们拼死驰援豫东战场，被粟裕连续转兵打援，弄得灰头土脸，已成惊弓之鸟。他们判断粟裕这次“围济打援”，目标就在攻打援军，华野如今兵强马壮，早已严阵以待，增援便是以身饲虎，因而犹豫徘徊，逡巡不进。

上兵伐谋，粟裕“攻济打援”的部署在谋战上便已先胜一招，切合了孙子“用兵之法，无恃其不来，恃吾有以待之；无恃其不攻，恃吾有所不可攻也”的兵法精髓。

但多年后有人将攻济与打援割裂，认为“济南战役就是攻济，打援则是另一个未能实现的战役计划”，晚年粟裕驳斥说：“这种看法既不符合当年的实际情况，也缺乏对毛泽东军事思想的全面理解。”

作战计划和部署已定，粟裕要做的事情还远未结束。

作为华野实际最高统帅，指挥场所必须兼顾攻济和打援两个战场，他很快找到了位于济南和兖州之间的大柏集。这里处于两个战场的中间，正是合适的“全军指挥”位置。

9月6日，他将华野司令部由曲阜移驻大柏集，开始进入战时状态。

3天后，他以华东野战军代政委的名义和副政委谭震林、政治部主任唐亮、副主任钟期光联名，发布《济南战役政治动员令》，号召华野全军将士“打进济南府，活捉王耀武”，为“夺取济南，大量歼灭来援之敌，更进一步开展中原战局而战”。

这一天，粟裕还从大柏集赶到攻城西兵团驻地，参加了宋时轮主持的作战会议，指点他们制订西线作战方案。

宋时轮请他在攻城西兵团营以上干部大会上讲话，他便又做了战时动员，要求他们采取穿插迂回、大胆楔入、打开口子、突入纵深、分割围歼的战术，瓦解王耀武的防御体系。

这时，粟裕获悉济南飞机场和外围防守兵力已达5个旅，正奉命日夜加固工事，负责攻打的攻城西兵团将十分吃力，至少要拖长时间。他当即电令许世友和谭震林从攻城东兵团抽调13纵全部至少一个师到攻城西兵团，协同完成迅速攻占机场的任务。

许世友还在归队途中，攻城集团副总指挥王建安落实了这一命令。他还电告粟裕，说国民党整编83师有空运济南动向，建议“战役部署似应以打援为主”。

粟裕分析后没有同意变更计划，两次答复说：“仍按原计划于16日晚开始对济南之攻击。”

9月10日，粟裕从攻城西兵团驻地返回大柏集华野司令部，许世友也到了山东兵团司令部即攻城指挥部，这时离粟裕确定的济南战役打响日期仅有5天。

浏览华野司令部下达的作战命令后，许世友对攻城兵力少于阻援打援依然表示不理解，以个人名义直接致电毛泽东说：“从部署看，我们兵力不集中，没有重点的使用，这样很容易造成对我不利。”

毛泽东又耐心地给他做了一番解释，强调说“这次作战部署是根据军委指示决定的”。

“蛇无头不行，兵无主自乱”，考虑到许世友刚返部，他再次明确指挥关系，说明“整个攻城指挥，由你们担负”外，重申“全军指挥，由粟裕担负”。[①]

也就是说，山东兵团司令部和许世友仅负责攻城，而包括攻城和打援在内的华野全军行动的指挥之责，毛泽东交给了代司令员兼代政委粟裕。

① 《毛泽东军事文集》第五卷，军事科学出版社、中央文献出版社1993年版，第7页。

大敌当前，大战方起，一支野战军的全军统帅需要的是智慧谋略而非匹夫之勇，熟谙古史的毛泽东心底有本明账。

以清泉众多著称的济南城下，毛泽东与粟裕再度上演了一段“君臣相得”的佳话。

可以说，毛泽东成就了粟裕，使其获得了统领一个野战军，尽情展现军事才干的舞台；粟裕也成就了毛泽东，令其拥有了知人善任的美名。

兑现军令状之二——鏖兵济南（下）

粟裕准备已基本落定，忧心如焚的是济南守将王耀武。

他出身黄埔三期，精明强干，智勇过人，是蒋介石倚为干城的爱将和黄埔系中出类拔萃的骨干。

抗战时期，他以军长身份指挥74军（即整编74师）横扫日军，战功卓著，不仅令74军抗战结束时成为了“五大主力”之首，也使自己成为黄埔学生中第一个出任方面军司令官和省政府主席的人，成就与官阶都超过许多黄埔一、二期学兄。

日后名头颇响的张灵甫，当时仅仅是他一手栽培和不断关照的麾下中级军官之一，其他还有李天霞、周志道、蔡仁杰等人。

他的智勇也赢得了对手的称赞。

粟裕一生打败、击毙与俘获的黄埔系将领众多，能让他称道的仅有两人，比他小3岁的王耀武便是其中之一。他说：“王耀武之指挥，经一年多了解，是蒋军中指挥较有才干者。”

知人者智，王耀武绝非浪得虚名。他与粟裕算是多年的老对手，两次过招血战，可谓棋逢对手，将遇良才。

14年前的谭家桥战斗，王耀武率74军的前身补充1旅与粟裕任参谋长的红10军团作战，逆势而上，大获全胜，红10军团惨败而陷入绝境，不久除了粟裕带出约800人，其余全军覆没。

这时的粟裕还没有战役指挥权，军团长刘畴西也未接受他让善于野战的红19师担任主攻的建议。

一年前的莱芜战役，当粟裕声东击西，决心围歼李仙洲集团于莱芜地区时，王耀武立即看出他的真实企图，下令李仙洲火速北撤，还要求参谋总长陈诚“准予机动作战”。蒋介石和陈诚却喝令他前进，不久粟裕与华东野战军得手，让王耀武长叹“百年教训，刻骨铭心”。

这一次是王耀武指挥权不够，蒋介石和陈诚也没有听他的主意。

如果说前两次交锋各有胜负是因各自指挥权受限，真知灼见的好建议也被弃之不用，不能尽情如意施展才情的话，那么济南战役便是他们两人第一次实打实的真正对阵，以往一切不利的因素也都不存在了。

粟裕对王耀武很重视。

他运筹济南战役时慎之又慎，将守将王耀武的机敏狡黠也计算进去，考虑如何以更高超的谋略和指挥，造成他的失误，错乱他的部署。

王耀武的表现也不弱。

早在8月间，他发现华野大军烟尘滚滚北上，马上判断目标“必是济南无疑”。鉴于济南已是孤城，取胜不易，他两次飞赴南京请求撤兵济南，集中兵力于兖州，巩固徐兖。

王耀武的“未战先怯”，不仅受到蒋介石的痛斥，也遭到了陈诚和杜聿明的反对。

蒋介石认为济南是山东省会，政治地位重要，严令王耀武固守待援。他做出承诺：一旦济南战起，会让杜聿明带17万人前往救援。

王耀武只得披挂上阵，准备死守。他请求蒋介石将自己的老部队之一、苏中战役被粟裕打败过的整编83师增调到济南，同时严令日夜赶修工事和飞机跑道，储备足够的粮食弹药，准备迎战。

然而，王耀武还是略逊一筹。

他误判了粟裕的作战意图，以为华野“围城”的目的仅仅在打援，自己只要咬咬牙坚持10天半月就能挺过去。他也颇为自信，认为济南城防工事坚固，估计外围能守半个月，市区至少能守1个月。

他没想到的是，世易时移，攻守之势已易，粟裕这一次是攻济打援并举，不仅要消灭各路援军，还要永久性地拿下他的济南城。

更让他开战后焦头烂额的是粟裕确定的攻城重点。

王耀武劳神费力运筹一番后，决定将济南划分为东西两个守备区，东守备区由5个旅的黄埔系中央军把守，是部署的重点所在；西守备区则由吴化文的整编96军等杂牌军5个旅加两个总队把守。

粟裕马上发现了西面是他的弱点和要害：吴化文战前已表示弃暗投明，若果真战场易帜，便打开了西面防线的缺口；城西有飞机场，一旦拿下，便能切断其空中补给线，动摇济南守军的信心。

于是，粟裕部署攻城作战时确定西面为重点，还决定从总预备队13纵抽调一个师或更多的兵力加入攻击机场作战。

王耀武的防守招数，尚未开战便被粟裕一一化解，再难有所作为了。

不过，一个异议险些帮了他一个忙。

战役即将打响时，负责攻城总指挥的许世友忽然提出将重点放在东面。他致电粟裕，“建议将攻城西兵团之两个纵队至铁路以东，以便集中兵力”。

粟裕没有同意，回复说集中兵力的原则是对的，但要使用在重点上，他告诫许世友：“总以能迅速攻占机场为第一步作战目标”，“攻城第二步再以主力转向济城及商埠”。[①]不久，他将攻城西兵团各部交给许世友直接指挥，说“而后请你们直接指挥他们”。

军令难违，许世友奉命而行，分配作战任务时，将宋时轮负责的攻城西兵团列为主攻，而9纵司令员聂凤智负责的攻城东兵团列为助攻。

宋时轮长期在粟裕麾下打阻击，成了“阻击专业户”，这回第一次从他那里“抢”到攻城任务不算，还意外得到了主攻任务，可谓喜上加喜，异常满意。没有“抢”到主攻的聂凤智不免有些“沮丧”，忽然灵机一动，给各师传达命令时，将“助攻”改成了“主攻”二字。

他麾下几个师长也都参加了攻城作战会议，明明白白听到的是“助攻”，怎么一

① 《粟裕军事文集》，解放军出版社1989年版，第382页。

下成了“主攻”？连忙打电话询问。

聂凤智没好气地大声说：“不要以为我没有念过书，就会把主攻和助攻都搞错。我现在告诉你们，没有搞错。兵团的命令是兵团的，纵队的命令是纵队的，你们就照纵队给的命令打！”①

他所说的兵团是对山东兵团的习惯说法，指的是许世友和王建安的攻城总指挥部。麾下们恍然大悟，高高兴兴准备去了。

他们和攻城西兵团的几个纵队一起，迅速开展战前各种“热身”、练兵活动：

一是了解济南地形地貌、工事构筑、兵力分布、活动规律与政治情况，编写详尽的敌情资料，派出一些干部前往现地侦察。

二是根据自身受领的任务，布置沙盘作业，选择近似实战的地形，模拟守军工事，反复进行演练。炮兵部队也统一指挥、集中使用，进行抵近射击为主训练。

攻城集团练兵如火如荼，打援和阻援集团也不甘示弱，有条不紊地进行各项战前准备，一面构筑多层防御阵地，一面组织干部实地勘察战场，根据各自的任务和地形特点，制定作战预案，进行实兵演习。

时逢9月中旬，正是秋高气爽，颗粒归仓的季节，长久筹谋、万事俱备的大歼灭战也该瓜熟蒂落了。

9月16日晚，晚年粟裕仍然清楚地记得是“天高气爽，月明星稀”的日子，战役打响的号令如期传遍齐鲁大地，王耀武头上悬挂多时，令其心里七上八下的“刀”终于落了下来。

山崩地裂的枪炮声中，他判断“解放军的主力在西，先集中力量取下飞机场，以截断守军空运”，急忙从总预备队中抽出两个旅向西增援。

一夜激战后，聂凤智的攻城东兵团因为也是“主攻”，官兵们自豪感倍增，奋勇争先，攻势凌厉，迅速夺取了济南的屏障茂岭山、砚池山。

王耀武以为自己判断错误，华野真正主攻方向原来在东线，连忙“亡羊补牢”，又把已到西线的两个旅调回东面，甚至将原来部署在飞机场西面的一个旅紧急调到东面商埠加强城防。

① 《战场——将军的摇篮》，解放军出版社1989年版，第107页。

宋时轮的攻城西兵团又来了机会。

西兵团官兵们排山倒海般迅猛出击，破军杀将，很快扫清外围据点，随即用炮火控制了飞机场，切断了王耀武的空中补给线，济南成为真正的孤城。

吴化文犹豫迟疑一阵，发现华野势不可挡，再难首鼠两端，被迫答应带所部两万余人起义。粟裕命令他立即撤出阵地，同时要求宋时轮指挥西兵团火速向吴化文部进逼，扩大战果。王耀武“固若金汤”的济南城防被生生撕开了一个大缺口。

华野主攻方向到底是东面还是西面？一生精明、克敌无数的王耀武迷糊了，完全失去守城信心。他焦急地致电蒋介石，请示“可否一举突围”，蒋介石不愿背负“丢城失地”骂名，一口回绝了。

战则无力，守则不能，弃又不许，王耀武只得惨然重新调整部署，尽人事以听天命，做最后的坚持和“尽忠”校长的“孤臣”。

聂凤智堪称粟裕麾下智勇兼备的将领，偶然一次改“助攻”为“主攻”，虽然有违军令，客观上却给攻城东西两个兵团都带来了便利。粟裕多年后依然表示认可，赞许说：“说明局部战场指挥员的主观能动作用，常能对战役全局起很有利的影响。”

王耀武焦头烂额，粟裕便趁热打铁。

他认为，以西线为重点攻城目的已经达到。为了不给王耀武喘息机会，决定乘他调整部署之机迅速扩大战果，指令攻城集团实行东西对进，向商埠和城区猛攻。

9月20日，他两次致电许世友、谭震林、王建安、宋时轮和刘培善等攻城集团将领，命令说：“战局可能迅速发展，望令各部就现势以3、10纵及13纵并力向商埠攻击，得手后，则全力攻城。”

因南面徐州的援军“尚无动作”，他还决定增加攻城集团力量，“调叶飞纵队北开加入济南作战”。叶飞的1纵是华野的头等主力，一旦加入攻城，王耀武的崩溃速度便会更快。

然而就在当天，粟裕获悉徐州“剿总”司令长官“刘峙已令邱（清泉）兵团即车运临城待命；黄（百韬）兵团于陇海东段炮车、八义集集结；李弥兵团亦在收缩中”，便又决定将叶飞的1纵仍然留下来打援，让许世友以现有兵力攻城。

他电告许世友等人说：“为对付援敌，决定叶飞纵队仍加入打援作战，攻城部队以现有兵力解决济南之敌。”

毛泽东得知3个兵团的援军即将北上后，深为关切，很快致电粟裕，要求他“充分注意阻援及打援”，说攻城第一阶段虽然进展顺利，但“第二阶段可能费大力气，千万不可轻敌”。

不过，攻城第二阶段也颇为顺利，从20日到23日，华野攻城部队先后拿下商埠和外城，随即准备向济南内城发起总攻。

粟裕已知胜券在握，王耀武在劫难逃，为防止其脚底抹油突围逃跑，9月22日又未雨绸缪，做出新的部署。

他命令王秉璋的中野11纵进至莱芜地区，王必成的6纵进至新泰地区，韦国清的苏北兵团抽一个纵队开到蒙阴桃墟地区，组成3道截击线，命令叶飞指挥1纵主力在济宁和兖州之间机动，配合攻城部队，截击济南突围之敌。

这时候的王耀武伤痕累累，防线千孔百疮，一再紧缩，却到底是沙场宿将，没有自暴自弃，坐以待毙。

他判断华野已连续作战七个昼夜，伤亡必定也惨重，至少需休整3至5天才能进攻内城，决定趁这一时机，调整内城部署，加修巷战工事，以便能争取时间，迎来蒋介石答应过的援军。

为推迟华野攻打内城，王耀武还反守为攻，下令炮兵猛轰外城，破坏其进攻的准备。炮兵鞭长莫及的地方，他又向蒋介石呼告求助，请求派飞机前来轰炸前沿阵地。

许多战场奇迹便是在最后的时间发生的，王耀武内心深处隐隐期盼自己也是这种奇迹的主角。

蒋介石深知王耀武和济南命悬一线的险境，悲从中来，寝食皆废，急令空军按王耀武所请日夜出动，又严令徐州“剿总”刘峙和杜聿明加速北援解围，不得迟延。

豫东战场上苦于手中兵力有限，只得不断转用兵力对付援军的粟裕，现在却有些盼望蒋介石的援军从速到来，尤其是尚未收入囊中的第5军。

阻援打援预定战场上，他早已“夹运（河）而阵”，将18万人的华野部队分别部署于运河两岸，严阵以待：

运河西面，他配置了两个纵队另两个旅，利用水洼地带的有利地形，构筑四道防线，准备阻击由鲁西南北上的国民党援军；

运河东面，他在邹县和滕县之间配置了6个纵队另4个团，准备歼灭由运河以东或沿津浦路北进的国民党援军，重点目标是打掉邱清泉的第5军。

然而，援军在王耀武和粟裕两人的期待下，犹如古诗里东南飞的孔雀，“五里一徘徊”。

奉命带3个兵团增援济南的杜聿明也非等闲之辈。他采取惯常运用的声东击西之策迷惑粟裕，宣称将沿津浦路北上，实际上却准备让大队人马沿运河东岸北进，而粟裕部署的打援集团口袋阵正严严实实地等着他。

杜聿明和他麾下的3个兵团司令官邱清泉、黄百韬、李弥也知道这一点。尤其是刚刚经过豫东战役的邱清泉和黄百韬，对华野的打援更是心有余悸，去解别人之围自己反被重重围困四面楚歌的痛楚，他们算是深尝其中个味了。

于是，这支“党国”支柱、关内最精锐的黄埔系集团出现了前所未有的光景：一面是蒋介石急如星火解救王耀武的严令催促，一面是走走停停，每天只前进一二十华里，有些部队甚至还在慢慢吞吞集结中，都在避免与华野的打援集团交战。

援军不积极，绝望的是被这些黄埔学长们抛弃的王耀武，粟裕则早有预案，即毛泽东要求的“首先争取第一种”可能——援敌很远已经打下济南。

这时候，蒋介石的空军每天向济南城内投掷重型炸弹和大量燃烧弹，炸毁、烧坏了大量民房，济南城市受到的破坏不断加剧，粟裕决定总攻内城，迅速结束战役，早日还济南一城老百姓和平。

他后来回忆说：“为了乘胜迅速全歼敌人，并减轻敌人对城市的破坏”，“我们决心立即于当天（23日）晚上，向内城发起总攻，彻底消灭顽抗之敌，结束济南战役”。

从开战第二天的9月17日晚上开始，粟裕所在的华野司令部便与许世友的攻城指挥部架通了电话，可以及时了解情况，直接指挥攻城作战。他还将这一情况报给了毛泽东：“自篠（17日）晚起，已与许谭架通电话，可随时互通情况。”[①]

有了电话，粟裕的决定迅速直达攻城指挥部，总攻内城的部署是：

① 《粟裕文选》第二卷，军事科学出版社2004年版，第570页。

一是攻城东、西两个兵团突破城垣后，各自负责消灭内城东半部和西半部的守军；10纵调整为总预备队。

二是陈锐霆特纵的所有山炮和野炮进入外城，抵近射击；榴弹炮则配置于外城之外，压制守军炮火和杀伤其有生力量。

9月23日，许世友奉粟裕之令如期发起攻击，但攻击很快受阻。

内城是守军的核心阵地，也是王耀武最后的栖身之所，集结了守军最精锐的部分。地形也异常险固，城墙高达12米，厚达10至12米，护城河宽5至30米，水深2至5米。王耀武还竭尽才智，修筑了多层明碉暗堡和永久性工事。

攻城部队一阵迅猛突击后，东西两个兵团付出了惨重代价后，却都未能打开突破口，枪声骤然停歇下来，战场上一时出现令人窒息的沉寂。

以勇猛著称的许世友陷入焦虑和沉思之中。这时，粟裕从华野司令部打来电话，询问总攻情况，他心情沉重地做了汇报。

请将不如激将，粟裕冷峻而严肃地说："济南不好打是预料中的事情。如果好打，军委调你干什么？你要克服一切困难，尽快突破内城！"[①]他指的是毛泽东点名

王耀武被俘

① 魏白：《三野十大虎将》，黄河出版社1999年版，第47页。

让许世友从疗养地回来担任攻城总指挥一事。

许世友放下电话，与王建安一起重新调整部署，严密组织了第二次攻击。东兵团的9纵和西兵团的13纵先后爆破成功，突破城垣，杀入内城，其余攻城部队随即潮水般涌入城中。

蒋介石一年前将被击毙的张灵甫伪造为自裁，是为了激励部下们都能仿效他“不成功便成仁”，参与其中伪造的王耀武洞悉内幕，这回“不成功”，也不想“成仁”。

他急忙将指挥权交给追随自己多年的参谋长罗辛理，丢下尚在拼死抵抗的残兵败将，化装潜逃，但没想到逃出了济南，到了180多公里外的寿光县，还是被布下天罗地网的山东民兵活捉。

一年前，粟裕打掉了当年补充1旅发展而来的整编74师，而今又生擒当年的旅长王耀武，终于为谭家桥战斗死去的红10军团官兵们报了仇，足以告慰已长眠地下13年的方志敏和刘畴西。

王耀武对粟裕这个老对手也可谓“没齿不忘”。多年后的1959年2月，他被特赦出狱，有人问他除了亲人外还最想见谁，王耀武稍作沉吟，回答说：粟裕。

济南被攻克，国民党的援军相距尚远，邱清泉和第5军才到达鲁西南的成武、曹县地区，而黄百韬和李弥则还在徐州地区慢慢腾腾集结他们的部队，准备开拔。

得知济南失守，邱清泉顿感自己危险，马上收兵后缩。打援战场不战而屈人之兵，实现了毛泽东“在援敌尚远之时攻克济南”的最好可能设想。

唯一令粟裕遗憾的是，围歼第5军的军令状又只能往后推迟了，不过，离向毛泽东承诺的最后期限还有4个月，他依然还有充裕的时间。

筹划战役的时间虽长，拿下济南却只用了八个昼夜，比粟裕和毛泽东估计的时间都要短，全歼守军10多万人，活捉守将王耀武以下23名国民党将领。

粟裕向毛泽东承诺的“军令状”中4到8个月内歼灭蒋介石10万人的任务，豫东战役打掉约10万后，他又超额完成了一倍的任务，合计已达20万人。

粟裕随即向毛泽东驰电告捷：“我军已完全占领济南全市，守敌全歼。”他还乘坐吉普车赶到位于泰山北麓小镇仲宫的攻城指挥部，看望麾下的攻城将士们。

谭震林、许世友和王建安闻讯，带着山东兵团参谋长李迎希、政治部主任谢有法和东、西兵团各纵队司令员政委早早在路边迎候。

握手寒暄后，粟裕说："同志们，我专程来看你们，来看看我们的攻城部队。我们终于打胜了！"他还笑容满面地对麾下这些将领们说："我告诉你们，由于攻城部队迅速拿下了济南，南路援军已停止前进。"①

掌声和欢呼声响起来，喜悦溢满每一个人的脸颊。

13纵司令员周志坚对粟裕敬仰不已。多年后，他回忆说："他（粟裕）以精湛的军事天才，与坐镇西柏坡大本营的毛泽东主席电来电往，最后确定济南战役的方针。"

他还满怀激情地说："济南战役的计划，像豫东战役计划、淮海战役计划一样，都是未来战略学、战役学研究的经典战例，历史的长镜头会越来越发现它的潜在光辉。"

战后不久，新华社记者找到华野司令部，求见战役的最高指挥员粟裕，请求采访。

粟裕意气风发畅谈了胜利的六大原因和意义，最后还借记者之笔要求华野全军将士说："我军必须力戒骄傲，力戒轻敌"，"准备克服一切困难，为争取更大的胜利而努力"。

攻克济南也给了东北战场借鉴和自信，一度犹豫南下锦州的东北野战军司令员林彪，最终于10月1日下达了攻锦（州）打援动员令，说"自我攻克济南歼敌10万后，全国震动"。他开始部署攻打10万人据守的锦州，截断另一个精锐黄埔系集团向关内撤退的陆上通道。

于是，辽沈战场的真正较量开始，多年后周恩来说："三大战役的序幕是济南战役。"②

西柏坡的毛泽东对粟裕和华东野战军欣慰有加，以中共中央的名义祝贺说："这是两年多革命战争发展中给予敌人最严重的打击之一"，"华东和中原的全部解放，

---

① 徐学初：《大将粟裕》，黑龙江人民出版社2003年版，第413页。

② 《毛泽东传（1893—1949）》，中央文献出版社1996年版，第865页。

已经更加迫近”。

他的兴奋不只在一个济南战役，而是粟裕已在济南巷战的枪声中向他再度主动请战，第三个大歼灭战即将开始，扫平华东和中原指日可待。

兑现军令状之三——决战淮海（上）

王耀武在重围中的济南望穿秋水，蒋介石3个黄埔嫡系兵团畏缩不前，见死不救，华野打援战场不战而胜，粟裕多少有些意外。

他判断，这是他们在避免不利条件下与华野打大规模的仗，说明国共战略决战的条件已逐渐成熟。

粟裕攻城只用了14万人马，手中还有18万养精蓄锐的打援大军未用，麾下将领们早已按捺不住，憋足了一口气，既然杜聿明和邱清泉、黄百韬畏惧不来，那就打到他们的门前去。

于是，济南巷战的枪声还在激烈作响时，粟裕“既得陇，又望蜀”，开始构想到徐蚌地区发起“淮海战役”，南下攻取淮安、淮阴与高邮、宝应。

这些地方都是原华中军区和华中野战军的地盘。

两年前，负责淮北地区的山东野战军指挥部决策失误，失守两淮，粟裕带华中野战军主力从苏中北上与山野合并为华东野战军，随后转战山东、中原，留下管文蔚的11纵和陈庆先的12纵坚持，这两个纵队后来与南下的韦国清2纵编为华野第4兵团即苏北兵团。

而今，粟裕统率华东野战军全军扫平了山东，又要杀回来了。

他打算采取“攻济打援”战法，以打援大军之一的苏北兵团3个纵队再加一个纵队负责攻城，包括山东兵团在内的全军主力则部署在宿迁到运河车站间的运河两岸，担负打援任务，歼灭可能从徐州和海州前来增援的国民党军。

鉴于攻打济南时援军不敢前行，粟裕设想了两种情况下的第二步作战行动：“如果敌人不来增援或者来援被阻，则进行第二步作战，以3个纵队攻占海州、连云港。”

构想已定，事不宜迟，粟裕于9月24日济南战役还没有结束时，将这一作战计划上报毛泽东，主动请缨，建议举行淮海战役。

这一建议虽与杜聿明集团增援犹豫徘徊有关，却并非他突发奇想一蹴而就，而是5个月前建议华野3个纵队暂不渡江，集中主力在江北打大歼灭战战略构想的一部分，与他改变中原战局的长久思索紧密相连。

战场风起云涌，瞬息万变，计划中的构想与实战自然不可能完全吻合，分毫不差。

如同当初构想时"以一部相机攻占济南"演变为华野全军参与的第二个大歼灭战一样，淮海战役也很快演变为构想中的"主力则可进逼徐州，与刘邓会师，寻求第二个歼灭战"，仅仅是次序顺延成了第三个。

许多年后，粟裕回顾戎马生涯时说："淮海战役，在济南战役前就考虑了"，"提出举行淮海战役的建议，我是经过较长时间考虑的"。

他还总结说："打仗像下棋一样，作为一个高级指挥员来说，不能看一步走一步，至少要看两步走一步。"

粟裕留在江北后连打两个大歼灭战，没有片刻工夫喘息，又主动为自己肩上压担子，毛泽东对他的敬业和干劲格外支持，第二天便批准说："举行淮海战役，甚为必要。"

不过，他从中央军委直接掌握的内线情报估计，"不久邱（清泉）兵团将退回商砀地区，黄（百韬）兵团将回至新安镇、运河车站地区"[①]，新安镇和运河车站等地正是粟裕预设的打援战场。

于是，他用商量的语气回复粟裕："你们第一个作战应以歼灭黄兵团于新安、运河之线为目标。"战役的准备时间是10月10日前。

两天后，黄百韬果然撤回了新安镇一带，毛泽东马上告知粟裕，"黄（百韬）兵团调回新安镇地区业已证实"，同时明确第一步先打黄百韬。

新安镇距离刘峙和杜聿明的徐州"剿总"不远，他估计了战役的难度，认为比济南战役的规模要大，甚至比豫东战役也可能要大，作战时间"须有1个月至1

① 《粟裕文选》第二卷，军事科学出版社2004年版，第523页。

个半月”。

粟裕设想第一步攻打两淮并非“胃口”不大，而是没有掌握黄百韬将开往运河车站一带的密报，如今黄百韬撞上预定打援战场上的“枪口”，正是求之不得，于是欣然领命。

9月30日，粟裕率华野司令部重新进驻古城曲阜，以代前委书记的身份主持华野前委扩大会议，克服存在的山头主义和“无纪律无组织无政府状态”，将原山东兵团的9纵和原外线兵团的10纵互换隶属关系；同时见缝插针，紧锣密鼓运筹淮海战役作战方案。

1948年10月，粟裕（前排左5）同华东野战军前委扩大会议与会将领合影

这时候的中共四大野战军，除编制规模较小的彭德怀西北野战军外，东北野战军司令员林彪配有政委罗荣桓，中原野战军司令员刘伯承配有政委邓小平，而辖有4个兵团16个纵队的华东野战军则是代司令员兼代政委粟裕一肩挑。

毛泽东深知粟裕花费主要精力进行战役指挥，身边缺少一个合适的政委协助处理内部关系，指挥环境较差，因而一周前打算让已调往中原野战军的陈毅重回华野帮助粟裕。

1948年10月，粟裕做淮海战役动员报告

他说："拟请陈毅同志回至该部（华野），帮助粟裕对内部关系加以调整。"不想陈毅因故只能留在中野，毛泽东又想到了饶漱石，不久便同意陈毅"暂时不去华野"。

饶漱石是华东局书记兼华东军区政委，称得上是毛泽东所说的"华东军区和华野全军的政治委员"，党内职务比陈毅更高，即将到华野司令部与粟裕会晤，毛泽东9月27日电告他说："到华野前委后，可帮助工作一个时期。"[①]

饶漱石接受任务后，一个主要工作便是帮助粟裕整顿华野3路分兵一年后滋生的山头主义与"无纪律无组织无政府状态"。他对军事不在行，但此后一段时间里驻华野司令部，因而也常在上报的作战文电中联合署名。

粟裕严肃纪律之时，重点还在即将开始的淮海作战。

他召集麾下各路将领，主持召开第一次作战会议，讨论自己提出的三种作战方案和五种可能的战场变化，最后决定执行第三方案，"以新安镇为中心，集中华野主力进行分割、包围，全部歼灭之"。

因战役充分准备的需要，粟裕预定的战役发起时间是10月25日前后，比毛泽东设想的要求推迟了半个月。不久，因战役准备与战场形势变化，又延迟到了11月8日。

毛泽东也在琢磨完善淮海战役计划。

10月11日，他起草了《关于淮海战役的方针》，重申第一步"集中兵力歼灭黄百韬兵团"外，还估计说，淮海战役结束后，山东和苏北将打成一片，邱清泉和李弥两个兵团只能固守徐蚌线及其周围。

这时，他设想将华东野战军再次一分为二，组成东西两个兵团，东兵团留在华东境内的苏北、苏中作战；西兵团则西出中原的河南、安徽两省，协同刘伯承、陈毅和邓小平的中原野战军攻取中原。

他说，中原野战军"因兵力不足"，不能像华野的济南战役和淮海战役那样打大仗，但华野西兵团去后，"就可以实现那样的作战"了。[②]

毛泽东设想中的淮海战役与粟裕的最初建议基本一致，仍然不是后来的南线战略

① 《粟裕年谱》，当代中国出版社2006年版，第359页。

② 《毛泽东军事文集》第五卷，军事科学出版社、中央文献出版社1993年版，第69页。

决战——华野和中野联合，将蒋介石徐州集团全歼的“大淮海”，而仅仅是华野单独作战，打掉徐州集团一部——一个兵团。

两人的不同之处是，粟裕设想打援过程中实现歼敌目标，具体是哪一个兵团要看战场增援情况而定，毛泽东则根据情报要求直接打掉黄百韬。

豫东、济南战役两个大歼灭战后，决战的时机已逐渐成熟，然而一个战役便彻底解决中原、华东问题，进行国共关内和南线生死对决的大决战，还有待战机的进一步明确呈现和粟裕敏锐捕捉的灵感。

粟裕收到《关于淮海战役的方针》后，又接连召开两次高级将领参加的作战会议，查漏补阙，厉兵秣马，指令各个纵队布置战前侦察，进行大战的各项后勤准备。

10月23日，时年41岁的他以华东野战军代司令员兼代政委身份署名，签发了淮海战役预备命令，决定集中华野全军16个纵队（含归华野指挥的中野11纵）38万人马，分四路进兵：

一、东路，即左翼，为苏北兵团，由兵团司令员韦国清指挥2纵、中野11纵、12纵队共3个纵队，围歼黄百韬兵团的25军，阻止其向新安镇退却，同时以一部首先切断黄百韬向海州、连云港东逃之路；

二、中路，为华野司令部，由代司令员兼代政委粟裕直接指挥1、4、6、8、9纵、鲁中纵队、炮兵纵队共7个纵队，兵分五路，向黄百韬兵团驻地进击，并同华野11纵、江淮独立旅等部，实施南北对进，突击包围黄百韬；

三、西路，即右翼，为山东兵团，由兵团司令员许世友指挥7、10、13纵，切断黄百韬兵团西逃的去路；

四、徐州西北一路，为3纵、两广纵队、冀鲁豫独立旅，配合陈毅、邓小平的中原野战军主力向徐州以西进攻，力求拖住孙元良不能东援，并胁迫邱清泉不敢东援，以保证东线主力包围、歼灭黄百韬。

山东兵团已按曲阜会议上调整的新编制序列参战，原辖有7纵、9纵和13纵，粟裕将10纵和9纵调换，9纵归华野司令部直接指挥。兵团指挥者原安排许世友继续指挥，后因其有病需疗养，粟裕指定由副司令员王建安指挥。

战后不久，华野改编为第三野战军，山东兵团改为第7兵团，王建安就任兵团司

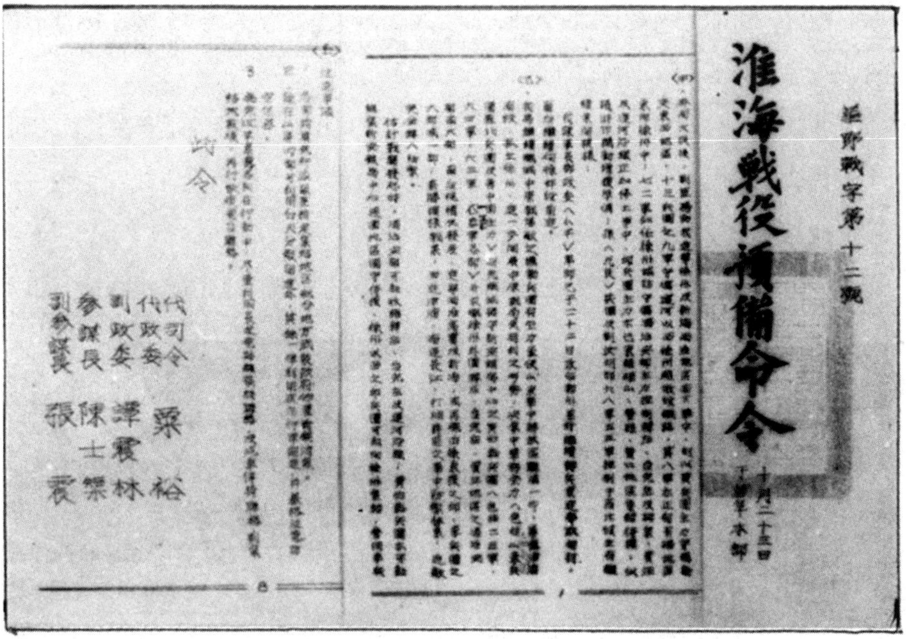
華野戰字第十二號

淮海戰役預備命令

十月二十三日

1948年10月23日，粟裕发布《淮海战役预备命令》

令员，终于甩掉了“副”字，许世友因身体原因，离开了野战军，另有任用。

粟裕预备命令的目标是：

一、首先歼灭黄百韬兵团，求歼徐州外围的冯治安一部或大部；二、看情况的发展，攻占两淮、高宝及新海，或者再打掉前来增援的邱清泉、李弥兵团大部或一部；三、西进津浦，南逼长江，打烂蒋介石的华中防御体系。[①]

空前激烈的淮海战役即将打响，华野全军的战役指挥者粟裕这时还在济南，分身乏术地处理各种事宜。

毛泽东很不放心，特意两次去电华野，指令后勤等不很紧要的事情由饶漱石负责处理，粟裕与华野副政委谭震林一起，应当“速赴南线指挥”，并叮嘱他们只抓当前紧要的大事，“专心指挥作战”。[②]

他还肯定了粟裕上报的“计划与部署甚好”，再次展望了淮海战役后的前景：

---

① 《粟裕年谱》，当代中国出版社2006年版，第368页。

② 《毛泽东军事文集》第五卷，军事科学出版社、中央文献出版社1993年版，第121、153页。

"此战打得好，可能歼灭黄兵团8个师，李兵团2个师，冯治安2至3个师，接着不久并可能歼灭东海及两淮之敌，则长江以北之战局便可展开。"

他所说的"长江以北之战局"，是随后设想的淮海战役后，还要在长江以北打一个大歼灭战。然而不久，因粟裕的再度建议将淮海战役发展为大决战，江北一扫而空，一个战役便完成了直抵长江的目标。

最后，毛泽东还表达了对粟裕和华野的热切期盼："望你们精心组织这一伟大的战役。"

粟裕很快日夜兼程赶赴前线，一个星期后的10月31日，便向毛泽东报告自己的行踪，"职已返抵前方"，请他放心。

一个篱笆三个桩，一个好汉三个帮。毛泽东和华野粟裕一道互相启发筹划淮海战役时，也在考虑让隔壁战区的中原野战军如同豫东战役一样，配合主战场华野作战的问题。

《淮海战役作战方针》问世，华野全盘负责的"小淮海"定型的同一天，他便电令中野"攻击徐郑线"（即陇海路徐州至郑州段），牵制即将东进徐州的孙元良兵团，以防止"极大妨碍华野的新作战"。①

不久，毛泽东索性亲自动手，为中野设计了一个"徐蚌作战"计划，指令已与豫西刘伯承分开行动的陈毅、邓小平带上中野主力"直出徐（州）蚌（埠）线"，一是"钳制孙元良、刘汝明"，二是"钳制邱（清泉）李（弥）两兵团各一部"。

这一以中野为主角的战役，主要目的是"钳制"蒋介石的援军，配合华野作战，与华野即将打响的淮海战役是两个不同的战役，一个是次要战场，一个则是主要战场。

毛泽东对陈毅和邓小平解释说，此时正是华野打得最激烈的时候，势必能吸引徐州邱清泉、李弥两个兵团很大一部分人马回援，这"对于保证淮海战役取得大胜将有极大作用"。

因粟裕已确定了淮海战役发起的时间，运河以西各部为11月7日（虞日）晚，运河以东各部为11月8日（齐日）晚，毛泽东指令中野的徐蚌作战"虞（7）日或齐

① 《粟裕年谱》，当代中国出版社2006年版，第363页。

(8)日同时动作”，也就是和华野同时发起战斗，策应和配合华野行动。

不久，随着粟裕将运河东西两岸华野部队的开战时间统一定为11月8日，中野也跟着调整为同一天。

毛泽东未雨绸缪令中野配合华野时，粟裕也在关注着中野的动向。

获悉他们即将靠近徐州，两个野战军可能进行战役协同，可以实现当初建议暂不渡江时构想的“主力则可进逼徐州，与刘邓会师，寻求第二个歼灭战”时，他考虑的重点是，两军如何实施统一指挥，才能协调行动，最大限度发挥整体威力。

华野与中野曾有过两次重大战役协同。

一次是华野主力与刘邓麾下的陈（赓）谢（富治）集团破击平汉铁路，合力围歼整编3师和整编20师，毛泽东令粟裕统一指挥；一次是豫东战役，毛泽东没有指定前线统一指挥者，而是由中央军委直接统一指挥华野主力和中野。

令粟裕记忆深刻的是豫东战役第二阶段后期的“功败垂成”。

当华野主力围歼黄百韬的整编25师时，粟裕“顾虑甚大”的胡琏18军摆脱中野的阻击，提前两天到达靠近战场的太康地区，使他被迫放弃已“唾手可得”的黄百韬，遗憾地撤围而去。

如果当初两个野战军都能咬紧牙关，一举解决了黄百韬和他的整编25师，也就不会有淮海战役第一阶段的目标了。

中野司令部当天曾致电毛泽东并告粟裕，解释说：“我1、2、3纵弹药极缺，打不起消耗战。”①

即将开始的淮海战役，规模超过豫东战役，阻援打援要求也更高。为避免前车之鉴，粟裕深思熟虑后，尽管华野全军16个纵队的兵员远远多于仅有4个纵队的中野主力，又是主要方向上和先打响的部队，但依然主动提请由中野首长统一指挥。

他致电毛泽东并告中野司令部陈毅、邓小平，说：“此次战役规模很大，请陈军长、邓政委统一指挥。”

毛泽东认为粟裕的提议有道理，同意说：“整个战役统一受陈邓指挥。”陈毅和邓小平则考虑到客观情况，说：“本作战我们当负责指挥，惟因通讯工具太弱，故请

① 《粟裕年谱》，当代中国出版社2006年版，第336页。

军委对粟谭方面（即华野）多直接指挥。”

从红军时期起，毛泽东“积年的经验多偏于作战，他的兴趣亦在主持战争”[①]，收到中野司令部的复电后，也便“身亲其劳”，继续采取豫东战役两军协同时的指挥方式，由中央军委和他本人“直接指挥”，即便不久设立了淮海战役总前委时也依然如此。

然而，中野司令部首长担负统一指挥之名，全军作战今非昔比，淮海战役攻打黄维兵团最激烈艰难时，中野伤亡巨大，政委邓小平豪气地说：“中野就是打光了也是值得的。中野打光了，其他野战军照样渡江！”

粟裕最大限度发挥两个野战军整体威力的意图，得以完全实现。

毛泽东和粟裕运筹淮海战役时，深感寒意逼人的蒋介石和他麾下的将领们也没有闲着，而是紧张地商量对策。

徐州“剿总”副总司令杜聿明没能增援济南，让同为黄埔系的“袍泽”王耀武城破人“亡”，毁于一旦，似乎颇为内疚地拟订了一个亡羊补牢、主动出击的《对山东共军（华野）攻击计划》。

他分析说，粟裕与华野经过济南战役的消耗，必须休整一段时间才能再战，而徐州国军有4个兵团，20个军，兵力、装备都占优势，而且在济南战役时没有损失，无须休整就可投入作战。

杜聿明计算一番后，决定先发制人：趁中原华野、中野分离较远之际，以白崇禧的华中“剿总”牵制中原地区的中野，以徐州“剿总”主力采取奇袭战术，长驱直入攻击山东的华野，收复泰安、济南。

蒋介石许久不见这样主动进攻、彰显“黄埔精神”的作战计划了，浏览后大为满意，马上批准他10月15日开始行动。

然而计划不久便束之高阁，无人问津。因东北战事告急，曾一度在东北战场长驱直入，战绩不菲的杜聿明，很快被蒋介石调往东北解围“救火”，对付他的老对手、中共另一悍将林彪去了。

对杜聿明而言，一个体面的理由挽救了他与粟裕提前对阵后失利的面子；而对蒋

① 金冲及主编：《毛泽东传（1893—1949）》上卷，中央文献出版社2004年版，第297页。

介石而言，则更是“塞翁失马，焉知非福”。

知易行难，与邱清泉和黄百韬等人不同，开战以来从未与“关内共军”交手，更未参与过重点进攻山东的杜聿明，还没有领教过战争第一年便打出全国各战区战绩第一的粟裕和华东野战军的手段。

若他不走，北攻济南计划得以实施，粟裕算是捡到了一个天上掉下的“馅饼”，济南战役中部署的打援大军正有了用武之地，华野以逸待劳，又处于根据地内线作战，南线决战或许也就来得更早。

杜聿明一走，蒋介石的南面江山还得苦心守护，咄咄逼人的华野还得有人对付，国防部长何应钦只得亲自出马主持召开中原战局会议。

会议集思广益，很快有了结果。

他们分析华野的种种行动迹象，判断中原会战将在徐州地区展开，而徐州“剿总”所属部队却分散在东起海州，西至郑州的漫长战线上，态势极为不利，于是打算放弃郑州、开封等一些次要城市，将兵力集中起来保护徐州。

他们确定“守江必守淮”，坚决固守徐州，向蒋介石建议将华中“剿总”白崇禧所属黄埔系第2军和15军，编入五大主力之一18军所在的黄维12兵团，尾随陈毅、邓小平的中野主力北移，牵制、阻挠中野加入徐州方向。

10月29日，含有两个方案的《徐蚌会战计划》定稿，蒋介石决定采取其中的第一案，即淮海决战案：

一、徐州主力放弃陇海线上各次要城市，仅以1至2个军守徐州，集中主力在徐蚌线两侧实施攻势防御，与共军决战；二、华中“剿总”所属的黄维12兵团向淮阳以西开进，加入徐州战场。

11月5日，参谋总长顾祝同奉命赶到徐州，召集“剿总”所属高级将领会议，传达《徐蚌会战计划》。

这时，万事俱备的粟裕已抢先出手，于前一天下达了《华东野战军淮海战役攻击命令》，命令各部于11月6日夜由结集地出击，11月8日晚统一发起战斗。

为迷惑对方，错乱其部署，他还采取声东击西之计，派出2个纵队向鲁西南进军，以9个纵队用于运河以东，以6个纵队加4个旅用于运河以西以南，伪装成南北聚歼李弥兵团、攻打徐州。

邱清泉、李弥和黄百韬等几个兵团司令官果然上当。徐州会议上，他们一时草木皆兵，都说自己防区当面发现共军重兵集结。

邱清泉强调自己被盯上了，说共军大批人马集结在鲁西南，先头已到曹县、成武；黄百韬则反驳说，郯城以北地区发现共军强大部队，可能就要向自己的兵团进攻了。

徐州"剿总"总司令刘峙左右为难，六神无主，最后断定华野将由鲁西南南下，目标是攻取徐州，而不是徐州以东。粟裕真正的目标——徐州以东的黄百韬被他在迷惑中放过了。

他还在风声鹤唳中，决定立即实施徐蚌会战计划，放弃海州和连云港，固守徐州，集结兵力于津浦路徐蚌段做攻势防御。

深感忧虑的蒋介石也加快了步伐，11月6日紧急调整了中原黄淮地区的部署：

一、孙元良第16兵团由商丘转移到蒙城，保障徐蚌线西侧安全；邱清泉第2兵团在砀山、永城集结；刘汝明第4绥靖区由商丘转移到临淮关；李弥第13兵团由碾庄撤向灵璧，担任机动任务；

二、黄百韬第7兵团撤到运河以西；冯治安第3绥靖区放弃临城、枣庄，退守韩庄、台儿庄；李延年第9绥靖区撤销，所属第44军原计划从海上撤退，因无船只，改由黄百韬指挥，沿陇海路西撤；

三、周嵒第1绥靖区4个军守淮阴、扬州；

四、徐州"剿总"直接指挥的4个军守徐州、睢宁、五河和蚌埠；华中"剿总"所属黄维第12兵团开往阜阳、太和，加入徐州作战。

一时间，蒋介石在淮海战场集结了7个兵团约80万人，几乎是关内全部精锐的"家当"，而华东野战军不到40万人，加上地方部队和可能参战的中原野战军也不过60万。

部署调整完毕，他稍稍宽心下来，但对前线最高指挥官、徐州"剿总"总司令刘峙还是不放心。

刘峙虽然忠心不二，早年也以能战著称，与顾祝同、卫立煌、陈诚和蒋鼎文并为“五虎上将”，资历颇老，却早已落伍，不适应大兵团作战，被军内戏称为“猪”将军。

几经思量，蒋介石想到了黄埔学生中最堪方面军指挥大任的杜聿明，很快又将成功组织东北残部撤回关内的他调回徐州，重任“剿总”副总司令，负责战役指挥之责，刘峙则空挂虚名坐镇。

“智者千虑，必有一失”，而“愚者千虑，必有一得”。蒋介石的调整有一步棋歪打正着，即让新安镇的黄百韬兵团西撤靠拢徐州。

黄百韬虽然还需等待海州西撤的44军，准备11月7日再行动，但华野打响的时间是11月8日，一天之差便可能稍纵即逝。

粟裕由侦察得知他准备开溜，当机立断，马上将战役的发起时间提前了两天，即由原定11月8日晚改为11月6日晚。

当晚，夜色迷蒙，寒星闪烁，冷风袭面，正是合适的“狩猎”时机，粟裕下令战役开始，一面上报毛泽东并告中野邓小平、陈毅、华东局，一面下令部队立即执行。

华野三路人马火速出动，很快拿下鲁南的郯城和苏北的邳县，犹如放开的拦河大坝闸门，一道道急流滚滚向前，直逼夜色深处的黄百韬兵团。

一盘酝酿已久的大棋提前开局，毛泽东也很激动，第二天回电批准粟裕的临机处置，告诫他说：“非有特别重大变化，不要改变计划，愈坚决愈能胜利。”

华野南下部队很快被蒋介石的第3绥靖区阻住，粟裕又和华东局组织指导该部何基沣和张克侠的起义。

多年的中共地下党员何基沣和张克侠尽管归心似箭，却已遭蒋介石监视，行动受到限制，难以掌控部队，粟裕做了两手准备。

他和副政委谭震林给前往谈判的华野人员提出3个原则：一是力争该部起义；二是如不起义，则要给华野让开通路；三是如果既不起义，又不让开通路，则坚决予以歼灭。

11月8日凌晨，何基沣、张克侠巧妙周旋，克服重重困难，带领2.3万余人成功归来，徐州的东北大门豁然洞开。

粟裕马上命令王建安山东兵团7纵、10纵和13纵迅速通过何基沣、张克侠的防区贾汪和台儿庄地区南下，与由宿迁、睢宁北上的2纵、12纵、中野11纵3个纵队南北对进，切断了黄百韬西撤的通道。

徐州，黄百韬永远回不去了。

粟裕却轻松不起来。

他此前便已察觉，不只黄百韬一个兵团，中原几乎所能集结的蒋介石嫡系主力，都在匆匆收拾行装开往徐州集中，有总退却的意图，随时可能撤往江南。

粟裕面临一个急待决断的问题：已经发起的淮海战役是打掉黄百韬便收手，还是继续作战，将徐州的刘峙集团全部歼灭？

若是后者，蒋介石的精锐嫡系集团便将一战得到彻底解决，多年的苦战便能“毕其功于一役”。“皮之不存，毛将焉附”，他的军队支撑的国民党政权也会随之土崩瓦解。然而蒋介石也绝不肯自甘雌伏，俯首称臣，两军必有一场大规模的恶战。

这将是最后的决战。

粟裕等待的这一天终于到来了。

从9个月前的“子养电”开始，到建议华野三个纵队暂不过江，留在江北打大歼灭战，以及豫东战役以来的决战构想，他有过长期的思索与等待。济南战役之前，他便已得出了徐蚌地区是将来决战最佳战场的结论。

粟裕紧张而谨慎地思索着。立足全国战场和态势，分析中原战局后，他最后认为，与蒋介石决战的各项条件已经成熟：

一是华东、中原两大野战军已经会合，并实行了统一指挥，加上地方武装，总兵力达到60万人，又是胜利之师，士气高昂。

二是东北辽沈战役已于几天前的11月2日结束，中共军队在数量上也取得了绝对优势，国共双方力量对比发生了根本变化。

三是蒋介石因为担心东北野战军入关，华北傅作义的部队将不敢南调参战。

四是蒋介石与桂系之间的矛盾仍然可以利用，“我集中打蒋在徐州之兵团，白崇禧不会全力相援”。

五是蒋介石在淮海战场虽有七八十万部队，但战略意志不统一，士气低落，处处被动，完全可以采取分割包围的办法逐次歼灭。

六是从战场条件看，徐蚌地区是最合适的，它紧靠江苏、山东、河南和安徽根据地，在人力、物力上可以得到及时的支援。战区地形开阔，无大江大河为阻，便于大兵团机动作战。

这些条件，除了辽沈战役等几个新情况外，粟裕多半考虑已久，了然于胸。

周密思索之后，他定下了决战的最后决心，11月7日指令山东兵团阻隔黄百韬西撤的同时，向毛泽东建议：中原野战军在歼刘汝明部后直出津浦路徐蚌段，截断徐州之敌退路，使李弥、邱清泉不能南撤。

他已不满足于打响战役之前策划的打掉一个黄百韬兵团，而是要一举拿下邱清泉和李弥兵团在内的整个徐州集团了。

粟裕知道中原野战军的力量有限，因而主动请缨说，华野在解决黄百韬兵团后，将以主力协同中野攻击徐蚌段，孤立徐州。

他最后强调，绝不能让徐州集团逃跑："孤立徐州，截断徐敌陆上退路，甚为必要。"①

这时候，毛泽东也开始考虑淮海战役的发展进程，粟裕电报发出8个小时后，他致电粟裕说，第一仗（即歼灭黄百韬）估计需要10天左右时间，力争歼敌21至22个师，"如能达成此项任务，整个形势即将改变，你们及陈、邓即有可能向徐蚌线迫近"。

他认为，这时蒋介石"可能将徐州及其附近的兵力撤至蚌埠以南"，但也有不撤的可能。"如果敌人不撤，我们即可打第二仗，歼灭黄维、孙元良，使徐州之敌完全孤立起来。"②

毛泽东与粟裕的目标看似一致，实际上有着不小的区别。

粟裕是不管徐州集团撤与不撤，都要争取全胜，"孤立徐州，截断徐敌陆上退路"，以便关门打狗，尽数全歼。

毛泽东则是在徐州集团不主动后撤时，才"打第二仗"，"使徐州之敌完全孤立起来"，而如果徐州集团在黄百韬覆没后主动"撤至蚌埠以南"，随时可以南渡长江

① 《中国人民解放军第三野战军战史》，解放军出版社1996年版，第277页。

② 《中国人民解放军第三野战军战史》，解放军出版社1996年版，第277页。

溜之乎也，那就另做打算。

这就是说，他还没有注意到徐州集团随时可能全部南撤，也没有与之进行战略决战的想法。

获悉毛泽东的电报后，粟裕彻夜难眠，为慎重起见，又找来最为倚重的华野副参谋长张震一起分析研究。

多年后，张震还清楚地记得这一夜的情景，回忆说："粟总和我商量，拟在歼灭黄百韬兵团后，乘胜扩张战果，力争将南线敌主力歼灭在徐州及其周围。我完全赞同他的想法。"

1948年，粟裕与张震、陈士榘在淮海战役华野司令部

打掉黄百韬后，蒋介石到底会采取何种行动呢？粟裕估计有两种可能：

"第一，以现在江北之部队再加上由葫芦岛撤退之部队，继续在江北与我周旋，以争取时间，加强其沿江及江南及华南防御。

"第二，立即放弃徐、蚌、信阳、两淮等地，将江北部队撤守沿江，迅速巩固江防，防我南渡，并争取时间整理其部队，以图与我分江而治，俟机反攻。”

粟裕认为，如果解放区对战争还能做较大支持，则以迫使蒋介石采取第一种方针更为有利。

他的意思是说，应当逼迫蒋介石将最精锐的徐州集团留在原地而不是南撤，便于就地解决，对战争全局才有利。

张震后来回忆这次谈话时，解释说：“从军事上讲，一旦把敌军的主力悉数歼灭于江北，那么，在而后渡江作战和最后解放全中国的过程中，就不会遇到太大的抵抗了，江南的许多城市就能免遭战火的损失。”

与张震谈话结束后，粟裕又将自己的思路整理为长长的电报稿，一直写到11月8日的凌晨，完稿后，马上叫人发给中央军委和毛泽东。

电报中，他除了阐明自己的分析和估计外，还建议在打掉黄百韬后，华野主力不必按淮海战役的原计划向东进攻两淮，而是向西转向徐州、固镇线进击。

他提出了与蒋介石决战江北的战役目标，慷慨激昂地说：“抑留敌人于徐州及其周围，而后分别削弱与逐渐消灭之。”[①]

这就是标志着“大淮海”形成的“齐辰电”。

从发起淮海战役的“小淮海”到南线战略决战的“大淮海”，粟裕都是第一个上书建议者，也始终是举足轻重的关键人物，与他的“子养电”以来集中兵力在江北打大歼灭战的主张是一脉相承的。

电报发出后，粟裕罕有地焦急等待西柏坡的回电。

毛泽东却没有马上回复粟裕。这是一场顶尖级别的国共生死对决，事关重大，他不能不慎重。

第二天，指挥追击黄百韬途中的粟裕根据获悉的新情况，又致电毛泽东说，“刘峙有以徐州为中心与我决战模样”，邱清泉、李弥、黄百韬都在调整部署，“实为歼敌之良机”。

如同以往几次斗胆直陈一样，他是在以巧妙的方式，不动声色地给毛泽东“敲边鼓”，坚定其进行南线决战的决心。

① 《粟裕文选》第二卷，军事科学出版社2004年版，第619页。

毛泽东对粟裕的心思明了如镜，也在紧张地思索、权衡中。8个小时左右后，终于有了决策的结论。

他答复粟裕“齐辰电”，同时通告与之有关的华东局、中原野战军陈毅和邓小平、中原局，完全采纳粟裕的建议，决定将淮海战役发展为南线决战。

他说：“齐辰电悉。应极力争取在徐州附近歼灭敌人主力，勿使南窜。华东、华北、中原三方面应用全力保证我军的供应。”[①]

蒋介石和他掌控的政权命运，在粟裕与毛泽东一来一往的文电对话中定格下来。

从济南巷战枪声里诞生的淮海战役构想最终定型，由原来歼灭徐州刘峙集团一部（黄百韬兵团），攻击两淮、海州和连云港的“小淮海”，发展为以徐州为中心的中原黄淮地区与刘峙集团决战的“大淮海”。

大计已定，粟裕剩下的事情，便是“分别削弱与逐渐消灭”刘峙名义下的最精锐黄埔系集团了。

兑现军令状之三——决战淮海（中）

粟裕第一个要拿下的是已被断绝归路的黄百韬兵团5个军。

这时的黄百韬正叫苦不迭。

他怎么也没想到，豫东战役中苍天开眼死里逃生，然而仅仅过去3个月，“委座”给的一枚青天白日勋章还没有焐热，自己又被华野和粟裕盯上了。

11月6日前，他还觉得太平无事，悠闲等着海州的44军归建，打算一道回撤徐州，但两个昼夜间一切改变了，前方的通道被堵死，其他三面也都是烟尘滚滚、猛扑而来的华野部队，速度是日行军120至140里。

世事如云，白云苍狗，主客之势已易。

当年只有被追击挨打的共军如今已非“吴下阿蒙”，但豫东战役自己一个整编师（军）加一个快速纵队的小兵团被粟裕包围倒也罢了，而今拥有5个军，是全国最庞大的一个兵团，竟也被他当作了“饺子”的“肉馅”。

---

① 《毛泽东军事文集》第五卷，军事科学出版社、中央文献出版社1993年版，第184页。

战场是智慧和勇气的较量，粟裕没有宋襄公“蠢猪似的仁义道德”，不管黄百韬如何哀怨，还在加速缩紧合围的口袋。

11月9日，华野司令部随突击兵团到达运河车站，他以华野最高统帅的身份，签发了《关于全歼黄百韬兵团的政治动员令》。

他说，这一仗是“我主力在江北大量歼灭敌人有利时机”，要求全军做到五个“不怕”：不怕疲劳，不怕困难，不怕饥寒，不怕伤亡，不怕打乱建制；做到两个“不为”：不为小股之敌迷惑，不为河流所阻，坚决追击，奋勇作战。

为鼓舞华野全军将士士气，他还提出“活捉黄百韬，全歼黄百韬，并继续向徐蚌进军”的口号，要求各级指挥员在总作战意图下，机断专行，灵活指挥，“发扬三猛精神”，不失战机组织作战。

这时候，合围黄百韬的关键点，是正在截击的运河车站和它南面窑湾的战斗，粟裕关注的重心也转到这里。

运河车站是黄百韬撤往徐州的主要通道，距东面的新安镇约50公里，运河与陇海路在这里形成十字交叉。他麾下10余万人连同众多地方官员、军人眷属，得知华野疾风暴雨般追来，心慌意乱，都指望运河上仅有的一座铁桥抢渡，一时拥挤不堪，乱象纷呈。

黄百韬不仅未战已乱，还稀里糊涂丢了两个师。

他起家的老部队25军也就是过去的整编25师，曾转战华东、中原，一直与粟裕和华野为敌，常常往来驰骋替别人解围。但这次西撤，还没能到达运河，就被华野三下五除二打掉了一个师。

奉黄百韬之令担任左翼掩护，唯一不走运河铁桥而是打算从运河车站南面的窑湾渡河的63军，更是时运不济，惨不忍睹。

他们刚由新安镇出来20公里，就被风驰电掣般的华野部队追上，很快丢掉了一个师，其余人马被华野1纵紧紧包围在窑湾地区，泥菩萨过河自身难保，掩护兵团主力的任务也就无从谈起了。

粟裕一到运河车站，便要通1纵副司令员张翼翔的电话，了解围歼63军的决心和部署。他还告诉张翼翔东北辽沈战役已获胜的消息，要求注意把军事打击和政治争取结合起来。

1纵司令员叶飞这时因病在后方休养，张翼翔第一次全权指挥一个纵队，又蒙粟裕重点关注，深感责任重大，两天内便按要求完成了任务，全歼63军剩余的2个师，军长陈章仓皇间溺水而亡。

粟裕忙得连轴转。

与张翼翔通完电话后，又行色匆匆赶往刚由8纵夺取的运河铁桥。他发现大批部队和支前民工正杂乱无章地挤成一团，影响追击部队通过，当即在桥头召开紧急会议，组织指挥各个纵队火速渡过了运河。

黄百韬可谓忙忙似丧家之犬，急急如漏网之鱼。

他带着兵团主力灰头土脸一身臭汗挤过运河铁桥，麾下100军所属的44师见后面华野部队追击太紧，急忙抢先向徐州前进，但刚到曹八集，就遭到已等候多时的华野11纵迎头痛击，很快被全歼。

粟裕合围的口袋收拢，无处可去的黄百韬被团团包围在碾庄圩地区，成为动弹不得的囊中之物，5个军的大兵团已丢掉了1个军加2个师。

粟裕又成功运用了另一种大兵团作战的合围战术：跟踪尾击，迎头堵击，迂回兜击，以追击的方法合围退逃之敌。

然而，他还不能轻松下来。

这时候，他与毛泽东在“齐辰电”中确定歼灭整个徐州刘峙集团——截断徐蚌铁路、孤立徐州的设想还没有实现。

徐蚌铁路即津浦铁路徐州至蚌埠地段，靠近陈毅、邓小平指挥的中原野战军，是徐州到南京的路上交通线，也是刘峙集团唯一的补给线和南撤蚌埠，通往长江南岸的生命线。

截断徐蚌铁路，是将蒋介石主力歼灭于长江以北，进行南线决战的关键。粟裕异常焦虑，频频发出电报，先后六次向毛泽东建议，请友邻的中原野战军就近截断徐蚌铁路。

截断徐蚌线最佳的地点在宿县。

宿县是徐州和蚌埠间的重镇，北距徐州75公里，南距蚌埠90公里，是刘峙集团的重要补给基地。攻占了宿县，也就截断了徐蚌铁路，堵绝了刘峙集团的退路，“齐辰电”的设想便能完全实现。

此前，毛泽东和中野司令员刘伯承也曾有过夺取宿县的设想，但因战场形势的不断变化，以及筹划淮海战役时中野并非主角，刘伯承与陈毅、邓小平分开活动，更是远在豫西，最终未能重视与实现。

粟裕急如星火的连电催促，终于引起了毛泽东的格外重视。

11月10日，他指令中野陈毅、邓小平攻占宿县，强调“务须不顾一切，集中4个纵队全力攻取宿县，歼灭孙元良部，切断徐蚌段”。随后，他又两次急切地催促中野司令部，都以“至盼至要”结尾。

中野司令部开始行动，派出陈锡联的3纵和秦基伟的9纵一部，于11月12日攻占了宿县，关上了徐州集团南撤的大门。

粟裕“关门打狗”，与徐州集团决战的设想得以实现，这才长吁一口气，可以一心一意收拾黄百韬了。

黄百韬骤然被围，10万精锐人马命悬一线，蒋介石又遭晴天霹雳，惊愕之下，急令徐州“剿总”刘峙和杜聿明救援。

挂名的刘峙自然没什么事，连夜从南京赶回的杜聿明则忙碌起来，11月11日下令行动，生平第一次开始与关内共军交手，部署是：

以孙元良兵团及“剿总”直属的72军守备徐州；邱清泉、李弥兵团共5个军16万人附坦克40辆从团山展开，向碾庄攻击前进，以74军和独立骑兵旅为总预备队；同时令黄维兵团向徐州急进。

杜聿明有些瞧不上关内共军。他从东北战场归来途经北平与华北“剿总”总司令傅作义交谈时，谈虎色变似的说，东北共军“战略战术、武器装备及战力远远地超过关内共军”。

杜聿明与林彪和东北野战军交手，互有胜负，但东北最终“沦陷”。他给傅作义“吹风”，一则抬高自己，意味这么强悍的共军也曾是他手下败将；二则推卸责任，东北最终丢弃，不是自己不尽力，而是共军太强大。

杜聿明没想到的是，东北战场他终究还有过两次辉煌，一次是开战之初长驱千里，林彪几无还手之力，一次是战争后期奉命重赴东北，以声东击西之计迷惑林彪，救出了5万余残存的国民党军。但到中原战场，他很快便会输光蒋介石的老本，自己也会成为粟裕的俘虏。

邱清泉和李弥带上援军开拔后，杜聿明相当自信，认为距离黄百韬被困的碾庄不到40公里，一个星期之内完全可以到达。

然而，“运去英雄不自由”，他躲开了林彪，却遇到了令林彪也钦佩不已，称之为“尽打神仙仗”的粟裕。

粟裕早已调动兵马，严阵以待。

战役刚打响时，他便安排山东兵团7纵、10纵和13纵截断黄百韬回撤徐州通道后，随时准备阻击徐州出动的援军。

粟裕命济南战役中过了一把“主攻瘾”的宋时轮，重新干上阻击的“老本行”，指令他和政委刘培善统一指挥这3个纵队，在徐州以东大许家地区沿陇海线两侧组织防御。

为协助宋时轮的正面阻击，粟裕又调2纵、12纵和中野11纵在徐州东南攻击邱清泉、李弥的侧后，由苏北兵团司令员韦国清、副政委吉洛（姬鹏飞）统一指挥。

11月12日，杜聿明指挥援军开始与华野阻援部队交火，邱清泉和他的第5军照例是飞机、大炮、坦克和官兵集团冲锋轮番上，战事空前激烈，但两天过去，机械化装备的援军只蜗牛般地前进了三四公里。

华野阻击部队异常顽强，子弹打光了，石头和刺刀便是手中武器，始终坚守不退。得知战况紧张的粟裕，还欣然同意参谋处长夏光急中生智的建议，收集华野司令部机关人员的弹药，送往前线应急。

杜聿明这才发现华野的战术技术及战斗意志也远远优于国民党军，与黄百韬“会师”的信心遭到严重挫折，感到“战斗发展已出于我的意料之外，不是那么乐观”。[①]

邱清泉对总是被围，老让自己救援的黄百韬叫苦：“弟部连日猛攻，匪顽抗异常，每山每村均死守不退。”他要求黄百韬突围出来与自己会师：“甚盼兄部向西出

① 杜聿明：《淮海战役始末》，《淮海战役亲历记》，中国文史出版社1983年版。

击，在曹八集会师。”

碾庄的黄百韬虽然焦急，却不肯轻易出来。

碾庄地方不大，有十多个小村落，四周还有两三米高的土围墙和外壕、村落。然而远远看去十分普通的小小村庄，却是一座易守难攻的堡垒，有着兵力、火力相互支援的集团式环形阵地。

不久前，李弥兵团驻扎过这里，筑有密集的地堡群，每个村落都构成独立防御的坚固支撑点。各支撑点又采取子母堡式交通壕散兵坑，交通壕则纵横交错。黄百韬进驻后，马上又在村落间见缝插针，构筑了星罗棋布的地堡群，以交叉火力控制间隙地区。

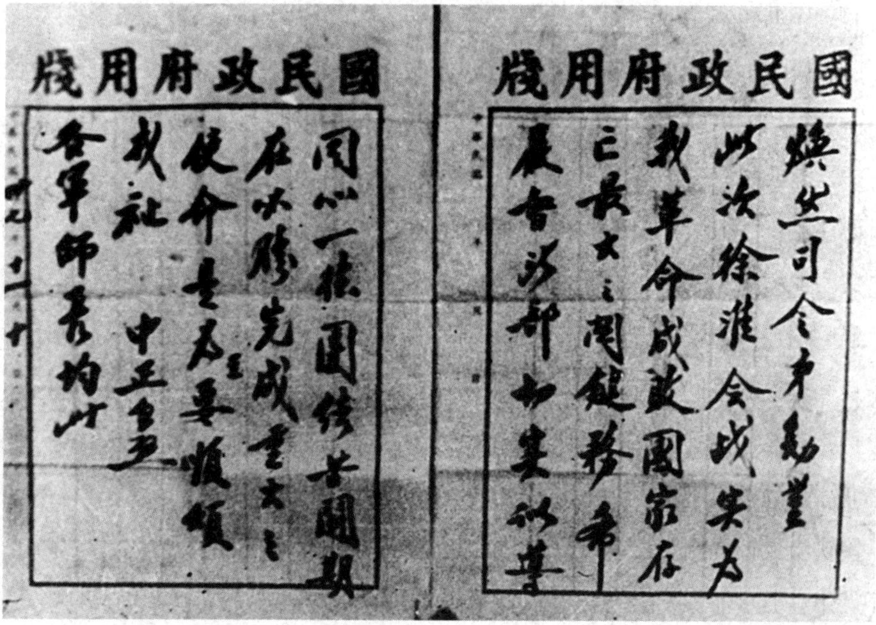
国民政府用笺

焕然司令弟勋鉴

此次徐淮会战实为我革命成败国家存亡最大之关键务希严督所部切实协

国民政府用笺

同心一德团结奋斗期在必胜完成重大之使命是为至要顺颂戎祉

中正手启

各军师长均此

1948年11月10日，蒋介石给黄百韬的信

看到这近乎完美的工事，黄百韬沮丧的心情稍稍好转。

豫东战役中，他有过一次固守待援成功脱险的经历，期盼奇迹再度出现，凭着碾庄工事支撑几天后，便能与徐州出动的兄弟们会师，举杯相庆。

粟裕自然不会让遗憾重演，于11月12日将华野司令部移驻离碾庄不到10里的过满山，准备就近指挥围歼黄百韬。

毛泽东担心他的安全，很快发来电报，说华野指挥位置太靠前，要求后撤10里。粟裕只好南移到土山镇东南的火神庙，离碾庄也还是不到30里。

他调整了原来的部署，将全军重新分成三个集团，分别交由麾下三个大将陈士榘、宋时轮、韦国清负责：

以4纵、6纵、8纵、9纵、13纵和特纵的大炮、坦克组成突击集团，由华野参谋长陈士榘统一指挥，负责围歼黄百韬；其余7纵、10纵、11纵和2纵、12纵、鲁中南纵队、中野11纵分别组成正面阻援集团和迂回打援集团，由宋时轮和韦国清分别统一指挥。

4纵、6纵和9纵都是能征善战的主力，但加上另外两个纵队也只有5个纵队，少于阻援、打援的7个纵队，粟裕这样安排，有自己的一番考虑：

一是徐州增援部队战斗力较强，阻击地段的地形平坦，几乎没有什么纵深，不利于打援，需要配置较多兵力；二是碾庄地区狭小，突击集团难以展开更多部队。

碾庄围歼战很快打响。黄百韬的工事果然了得，从11月11日到13日，陈士榘指挥突击集团连续猛攻三天，进展却异常缓慢，伤亡逐日增多，部分将领有了畏难情绪。

已闲居台湾，就任省主席兼警备总司令的陈诚听说“碾庄圩大捷”，拍案叫好：“黄百韬真英雄也！”

粟裕获悉后，马上直接和几个主攻纵队司令员通话，了解前线情况，第一个要通的是4纵陶勇。

陶勇听粟裕问到伤亡情况，心里不免有点发虚，报了个数字，说：“不严重。”粟裕严肃地要求他“如实报告”。

陶勇知道瞒不住了，只得沉重地告诉他“伤亡已经达到4300人”，但接着说：“请粟司令放心，我们坚决完成作战任务！”

13纵周志坚也接到了粟裕的电话，他的情况比4纵还要糟糕。多年后他回忆：“我心头很沉重，回到纵队指挥所，参谋报告说，粟裕同志要和我说话。我接过话筒，里面传来粟裕同志的声音：‘攻击刚开始，你们部队伤亡就这么大，进展也很慢，下去整顿一下再打。’”

他说：“粟老总严厉地批评了我们。我拿着话筒，一句话也没有说。首长的批评是对的，我从心里接受。”

粟裕了解到真实情况，马上陷入深思之中，分析了原因和对策。

11月14日晚上，他召集突击集团包括特纵陈锐霆在内的6个主攻纵队司令员，以及山东兵团兼任政委谭震林、副司令员王建安等人开会，研究战况。

会上，他指出了进展不快的原因：

一是黄百韬拥有4个军，战斗力中等偏上，一次战役歼灭4个军的大仗，华野过去还没打过。这必然带来兵力使用和战术技术等许多新问题，增加指挥与作战过程中的难度。

二是黄百韬已由运动之敌变为驻守之敌，并且有完整的防御阵地。华野司令部战前虽曾提醒部队，要严格区分运动之敌与驻止之敌的打法，并指令9纵采取近迫作业，但是部队动作太快，许多准备一时难以完成。

三是部队随到随打，炮兵没有跟上，各个部队之间，步兵炮兵之间，缺乏统一的指挥和协调。

粟裕最后决定，战法上，采取“先打弱敌，后打强敌，攻其首脑，乱其部署”，先攻打较弱的44军、100军，后打较强的25军、64军；战术上，明确由野战攻击转为近迫作业，要求利用暗夜把交通壕挖到敌占村庄附近，距敌前沿阵地50米至30米处。

突击集团的指挥上，鉴于陈士榘个人统一指挥攻击集团有操作上的难度，粟裕决定改由指挥机构比较健全的山东兵团即由谭震林和王建安统一指挥。

他还决定，将特种兵纵队和各纵直属重炮共80门，集中编为3个炮兵群，以便步炮统一协调。

毛泽东对碾庄围歼进展也极为关注。

了解到华野伤亡很大后，他于11月14日致电粟裕说：“此战役为我南线空前大战役，时间可能要打2个月左右，伤员可能在10万以上。”伤亡“10万以上”的气魄，部分将领的畏难情绪顿时消散。

11月15日，粟裕与毛泽东商议决定，诱歼前来增援的邱清泉和李弥，围歼黄百韬的行动暂停，突击集团奉命加紧土工近迫作业。

夜幕笼罩四野后，突击集团的官兵们一齐上阵，挥锄抡镐，一条条交通壕悄然前伸，直到黄百韬阵地前沿约100公尺处。

黎明到来时，黄百韬见华野阵地静悄悄，突发奇想：莫非共军又像豫东战役一样连夜消失了？忙令参谋长派人侦察一下。侦察人员小心翼翼刚一露头，枪林弹雨顿时呼啸而来，只得狼狈而归。

等到又一个黄昏时分，暮色四合，天色暗淡下来，突击集团的进攻又开始了。先是各个炮群进行火力急袭，随后在坦克掩护下发起攻击。以每晚攻占一两个村庄，歼敌一个团到一个师为目标，逐点逐村攻击争夺。

明碉暗堡连同里面的官兵一个个消失，黄百韬终于撑不住了。激战到11月22日，碾庄守军被全歼，没有等来援军的黄百韬绝望里举枪自杀。

粟裕如期缴令，完成了毛泽东3个月前交给他歼灭黄百韬的军令状，剩下的只有邱清泉和第5军了。

黄百韬危如累卵之时，徐州援军进展甚微。蒋介石急得冒火，派出参谋总长顾祝同到徐州坐镇，斥责邱清泉、李弥增援不力。杜聿明明知他指桑骂槐，也只能暗暗叫苦。

他后来回忆说，顾祝同并未料到华野已有一半以上兵力担任阻击打援，并准备实行战略决战，吃掉整个徐州集团。他自己也坦承说：“当然我也未料到这点。”

粟裕的确已经“吃着碗里，盯住锅里”，开始考虑如何打掉邱清泉和李弥两个增援的兵团了。

11月13日，他致电毛泽东说，等黄百韬即将解决时，将邱清泉、李弥引诱到大许家以东地区，以便打援集团截断他们的退路，“歼灭该敌于大许家地区”，毛泽东马上同意了。

粟裕看中了徐州东南的潘塘，指令韦国清带打援集团前进到潘塘、房村一线，从侧背攻击邱清泉的后路。

从潘塘向西可以迂回邱清泉东援部队侧背，但向东也可以迂回宋时轮的华野阻援部队侧背，杜聿明也注意到了这里，11月14日命令邱清泉派出一支部队向大许家突进，以解黄百韬兵团之围。

他还将二线部队74军星夜调往潘塘镇附近集结，迂回攻击宋时轮侧背的大许家，准备打开正面攻不动的僵局。

粟裕和杜聿明一时英雄所见略同，淮海战役中惊人巧合的潘塘之战便打响了，交战双方的两支“奇兵”发生了突如其来的遭遇战。

行进中的74军被韦国清的打援集团一阵猛揍，邱清泉连连告急，说74军垮了。杜聿明急调徐州以西的70军增援，又令12军112师参战，同时呼叫空军支援。

交战双方差不多都是3个军（纵队），激战一个昼夜后，不分胜负，战事进入胶着状态。

11月16日，黄百韬残部的围歼已稳操胜券，粟裕决定带华野指挥部到西线指挥，将指挥重心转向对徐州援军的阻击作战上，获得毛泽东的赞许：“粟到韦（国清）吉（洛）处指挥极好。”

第二天，潘塘战斗更为激烈。

邱清泉深知潘塘一旦失守，后路就会被切断，徐州便再也回不去了，因而忍痛将最强悍的70军两个师从前头主攻方向撤下来，紧急车运潘塘增援。

这时，粟裕运筹的是另一步棋，指令宋时轮主动撤出部分阻击阵地，准备诱敌深入到大许家，而后予以歼灭。

前头共军阵地突然松动，邱清泉和李弥终于昂首阔步前进到大许家以西，距碾庄仅10公里，欢天喜地向刘峙、杜聿明报告：“徐东大捷。”

刘峙一听大喜过望，连忙组织热热闹闹的庆祝、宣传活动，南京的蒋介石也异常高兴，慷慨传令嘉奖参战官兵，仅邱清泉兵团就奖励20万光洋，还授予黄百韬一等云麾勋章。

这枚闪光的一等云麾勋章就是一道催命符，几天后，在朝野上下一片喜色中，黄百韬全军覆亡，再也没有机会看到勋章了，邱清泉和李弥竹篮打水，只得黯然打道回府，撤回徐州。

淮海战役第一阶段大幕落下，徐州集团被打掉1个兵团部、8个军部约17.8万人，粟裕和华野是第一赢家，收入囊中约有14万人。

然而，淮海战场上蒋介石还有6个兵团50多万人，且多是数十年纠合之四方精锐，远没到山穷水尽的地步。

徐州地区便集结有徐州“剿总”总部和邱清泉、李弥、孙元良3个兵团30多万人，蒙城地区有黄维兵团12万人，蚌埠地区还有李延年、刘汝明2个兵团10多万人。

这些装备精良的兵团都是粟裕眼中的“肥肉”。

从11月7日即战役打响的第二天开始，他便在考虑围歼黄百韬后的主要目标，向毛泽东建议说，打掉黄百韬，截断徐蚌线后，下一步是“或继续歼灭黄维兵团，或歼灭蚌埠之孙元良兵团，或者夺取徐州”[①]。毛泽东当晚答复同意。

这是中共方面首次将第二阶段的可能目标对准黄维。

第二天，粟裕又在给毛泽东的“齐辰电”中重申打黄维的设想，说打掉黄百韬后，华野主力西进，根据实际情况，“或歼孙（元良）兵团，或歼黄维兵团”，同样获得了批准。

这时候，设想中攻打黄维的部队是战场的绝对主力——华东野战军。

但战场风云变幻，计划也不断因时而变。

围歼黄百韬时，杜聿明指挥邱清泉和李弥向东救援，毛泽东和粟裕又上下启发，决定由华野断其退路后打掉这两个兵团，说“第二步歼灭邱、李，夺取徐州”。

华野如果成功包围邱清泉和李弥，黄维兵团必定拼死救援，毛泽东便设想由靠近黄维的中野负责阻援打援，11月13日电令他们在华野3纵、两广纵队配合下，“须准备独力担任打黄维”[②]。

这是毛泽东首次将打黄维的任务交给中野。

11月14日，黄维的先头部队一路急行，赶到了安徽阜阳，渡颍河时与中野部队交火。中野司令部回电答复毛泽东，首先说如果黄维出永城或宿县，中野集中8个纵队，“歼击黄维为上策”。

但电报接下来表示了不同意见。

中野8个纵队中的3个这时正在萧县和三堡，阻击由蚌埠北上增援徐州的李延年兵

---

① 《粟裕文选》第二卷，军事科学出版社2004年版，第616页。

② 《毛泽东军事文集》第五卷，军事科学出版社、中央文献出版社1993年版。

团，他们认为攻打黄维的前提是，华野能在3天之内（即11月16日前）歼灭黄百韬，并抽出3个纵队接替中野在萧县和三堡的部队，使他们能回去参加打黄维。

而华野攻打黄百韬的战事刚开始不久，也暂时不能抽出多余兵力，因而中野司令部对“独力担任打黄维”持保留意见，说中野行动“一切须俟华野战况决定，由军委核示方针”。[①]

两天后的11月16日，战场态势变化不小，毛泽东又做出了两个重要决策。

第一个是因邱清泉和李弥增援缓慢，改变了让华野打掉这两个最精锐兵团，夺取徐州的目标，只要求吃掉几个师。

他将歼灭黄百韬后的作战目标由原来先北后南改成了先南后北：先以中野全部和华野一部吃掉南线的李延年和刘汝明，孤立黄维；随后集中力量打掉黄维；最后解决徐州的邱清泉、李弥和孙元良。

第二个决策是设立两个野战军的协调、统筹机构，由中野司令部的刘伯承、陈毅、邓小平与华野司令部的粟裕、谭震林组成总前委。

毛泽东确信，这一仗如果打赢了的话，不但长江以北的局面大定，全国局面也可以基本解决，“望从这个观点出发，统筹一切”。

他说：“可能时开五人会议讨论重要问题，平时由刘陈邓三人为常委临机处置一切，小平同志为总前委书记。”

淮海战役正式开战已有10来天，的确需要一个相应机构组织华野和中野的战役协同。但因两个野战军司令部相隔甚远，粟裕和华野又是担负主要作战任务的主力，是作战行动考虑的重点和中心，后来实际还是中央军委和毛泽东直接组织协同和统筹。

毛泽东接下来最重要的协调，便是确定第二阶段的作战目标。

11月18日，因邱清泉和李弥进展缓慢，粟裕认为围歼援军的可能性不大，随时准备转移兵力到南线作战，毛泽东决定在北线歼灭黄百韬，南线歼灭李延年、歼灭或驱逐了刘汝明之后，“即可全力歼灭黄维”[②]。

第二阶段的作战目标，由此完全确定为南线的李延年与黄维兵团。

① 参见中共中央文献研究室编：《邓小平年谱（1904—1974）》，中央文献出版社2009年版。

② 《毛泽东军事文集》第五卷，军事科学出版社、中央文献出版社1993年版，第245页。

淮海战役中的华东野战军代司令员兼代政委粟裕

11月19日，中野司令部致电毛泽东并告粟裕，认为华野打掉黄百韬后，以七八个纵队钳制邱清泉、李弥，以六七个纵队帮助中野先打黄维、李延年，“似为上策”。

他们随后又提出，华野歼灭黄百韬后，派出5个或3个纵队用于南线，“协同我们歼击黄维、李延年，这个步骤最为稳当”。

但黄维和李延年到底先打谁，他们暂时也没有明确的设想。

毛泽东同意了这一计划，因李延年对正在攻打黄百韬的华野构成威胁，他还准备先打李延年，后打黄维。

粟裕第二天晚上答复中野和毛泽东，说在目前不能分割、围歼邱清泉、李弥2至3个师的情况下，“完全同意刘陈邓指示”。

他打算抽出华野4至5个纵队，必要时还可增加3个纵队，“协同中野歼击黄维、李延年”。对于中野说的黄维和李延年两个目标，他还建议要有重点，“首先求得彻底歼灭黄维兵团为主”。①

这是中共将领中首次明确提出第二阶段主要是打掉黄维，也是粟裕依据战况变化，对自己早先提出的“或继续歼灭黄维兵团，或歼灭蚌埠之孙元良兵团，或者夺取

① 《粟裕文选》第二卷，军事科学出版社2004年版，第652页。

徐州”设想的最终确定。

因毛泽东指令先打李延年，粟裕便对徐州进行大弧形包围，阻止其南下增援，同时打算集中华野6个纵队先打李延年兵团，也替换萧县和三堡的中野部队，让其回去参加攻打黄维。

11月23日，也就是黄百韬被华野完全解决的第二天，黄维兵团继续横冲直撞北进，与中野展开激战，而李延年和刘汝明两个兵团却犹犹豫豫，行动缓慢，远远落后于黄维。

黄维兵团由此失去了侧翼掩护，孤军突出。

从一年多前挺进大别山开始便少有大歼灭战的中野司令部，发现了一个难得的机会，异常兴奋，马上致电毛泽东和粟裕，“歼击黄维之时机甚好”，建议说“请粟陈张以两三个纵队对李、刘防御，至少以四个纵队参入歼黄维作战”。

他们还说，只要黄维兵团全部或者大部分被消灭，比消灭李延年、刘汝明更有利。他们请示毛泽东：“如军委批准，我们即照此实行。”兄弟野战军华野的意见，他们也要求粟裕“请速告”。

先打黄维本来就是粟裕多次的建议，他也深知战机稍纵即逝，马上答复说：“当遵命首先以大力协同中野歼灭黄维兵团”，对于刘汝明和李延年兵团，他决定暂时不大打，而是阻击和歼灭他们一部，以便有足够兵力支援中野作战。

毛泽东也复电中野，说目前情况下，完全同意“先打黄维”，还叮嘱华野粟裕“遵刘陈邓部署，派必要兵力参加打黄维”。

为避免电报往来耽搁，他也授权刘伯承、陈毅和邓小平攻打黄维时，若“情况紧急时机，一切由刘陈邓临机处置，不要请示”。

从河南驻马店、确山跋山涉水而来，千里驰援徐州战场的“书呆子”黄维，带着他的五大主力之一18军，紧赶慢赶，气喘吁吁，走进了一个巨大的“围猎场”。

而中共第二阶段围猎的主要目标，被“上下同欲”、戮力同心的华野、中野司令部和毛泽东最后锁定。

兑现军令状之三——决战淮海（下）

黄维被牢牢锁定，徐州“剿总”的两个指挥官刘峙和杜聿明一无所知。

杜聿明正冥思苦想，筹划带徐州人马南下，与向北的黄维和李延年，“南北对进，一举击破共军，以打通徐蚌间交通”，目标是已改由华野控制的宿县。

粟裕对这一招早有预见。

攻歼黄百韬即将结束时，他便判断杜聿明徐州集团主力与黄维、李延年兵团有“以宿县为中心对进，以图打通津浦线联系之极大可能”，因而将华野分为北、南两个作战集团部署：

北线集团由8个纵队组成，任务是以大弧形包围徐州，监视和钳制徐州主力，阻止杜聿明南援；南线集团由4个纵队加2个旅组成，任务是阻止李延年、刘汝明两兵团北进。

从11月21日开始，北线集团便奉命在徐州以南构筑坚固的工事，严阵以待。第二天，粟裕又将华野司令部西移谢家圩，“便于指挥对蚌埠方向的阻击作战和阻止徐（州）敌南援的作战”。

杜聿明果然来了。

11月24日，他命令李弥防守“老巢”徐州，邱清泉和孙元良则带着他们的兵团沿津浦路东西两侧南下，向符离集进攻，很快遭到以逸待劳的华野部队勇猛阻击，战事格外激烈。

多年后，杜聿明回忆说：“这一天在步、炮、战车配合下，集中兵力火力，机声隆隆，火光冲天，向解放军进攻，而解放军则英勇反击，双方火力及肉搏战，都发挥到最高度，逐村争夺，寸土不让。”

他到底身经百战，始终不信邪，下令“层层督战”，拼死进攻，但付出惨重代价后进展微不足道，最远也只前进了区区约五华里。

第二天，一个“噩耗”更让杜聿明目瞪口呆，与他相对开进的黄维兵团被刘伯承、陈毅和邓小平的中野重重包围。

粟裕没有因主攻方向变成中野而稍感轻松，华野实力远远强于中野，3个战场需要他派兵作战，也需要他因势而变，统一运筹。

一是阻击徐州邱清泉、孙元良南下；二是阻击蚌埠李延年、刘汝明兵团北上；三是支援中原野战军，直接参加攻打黄维。

粟裕将华野全军分为了3个集团，一肩而三挑：以谭震林和王建安指挥8个纵队阻击徐州南下之敌；以韦国清和吉洛指挥3个纵队和江淮军区2个独立旅阻击蚌埠北上之敌；另外派出3个纵队前往中野协助攻打黄维。

粟裕还特意电告中野司令部，将长期归华野指挥的中野11纵归建，跟随他作战一年多的纵队司令员、战将王秉璋从此离开了华野，重归刘伯承、邓小平麾下。

3个战场安排部署妥帖后，粟裕手中还剩有最后一个渤海纵队。他命令纵队司令员袁也烈率部占据有利位置，派出便衣侦察队在徐州附近活动，严密监视杜聿明的动向。

黄百韬覆没，黄维又被围，蒋介石一时悲从中来，肝肠寸断。

11月26日，他焦急地催促刘峙、杜聿明："此次会战关系国家安危，希严督徐州方面各兵团按预定计划，迅速果敢行动，不得延误为要。"

参谋总长顾祝同则电令黄维突围，同时命令蚌埠的李延年"以全力向湖沟集之匪攻击前进，以资接应"。他期望黄维能与李延年相互对进，胜利会师。

杜聿明接到蒋介石的催促令，也焦躁不已，只得重整旗鼓，当天拂晓命令邱清泉和孙元良在飞机、坦克、重炮支援下，发起全线攻击。

华野北线作战集团从容不迫，采取正面阻击和侧翼出击结合战术，顽强抵抗。苦战到11月30日，杜聿明平均每天只能推进0.5到1.5公里，恰如一只蠕动的巨大蜗牛，最后还不得不停止在孤山集、四堡和褚兰一线，只能惆怅南望，默然无语。

南线从蚌埠北上的李延年、刘汝明境遇更狼狈。

11月25日，蒋介石派顾祝同亲赴蚌埠督战，李延年指挥所属的39军和99军抖擞精神，向北而行，一到达浍河以北的任桥集地区，便受到韦国清指挥的华野阻击部队迎头痛击。

这时候，粟裕开始设想全歼李延年兵团。

他考虑到黄维兵团即将被歼灭，李延年、刘汝明会很快缩回蚌埠，如此一来，很容易丧失打掉他们的机会，于是向毛泽东和中野建议，集中南线现有的5个纵队对李延年采取攻势牵制，进一步分割李延年、刘汝明兵团联系，以便下一步吃掉李延年。

第二天，13纵司令员周志坚奉粟裕之命攻克任桥东北的灵璧，全歼李延年指挥的12军283师，威胁李延年和刘汝明的侧背。

杜聿明马上觉察到李延年危险，经请示顾祝同后，命令他星夜南撤。一块即将到嘴的“肥肉”要溜走，粟裕当即下令追击与截击。

李延年北上毫无办法，掉头南逃的经验倒是异常丰富，命令麾下将经过河流上的桥梁、船只悉数破坏。追击的华野部队一时为水所阻，只能眼睁睁让他跑回蚌埠去了。

南北两线一撤一阻，蒋介石和杜聿明运筹多时的南北对进，打通徐蚌线的计划烟消云散，粟裕和华野保证了中野心无旁骛围歼黄维。

不过，中野围歼的作战一段时间里陷入了困境。

11月25日，刚包围黄维的中野司令部认为瓮中之鳖可以手到擒来，致电毛泽东和华野粟裕：“估计三天内可能解决战斗。”两天后又乐观地报告说：“全部战斗至明日可以解决。”

他们甚至准备将华野支援中野作战的两个纵队7纵、苏11纵退还华野归建，电告毛泽东与粟裕说：“七纵、苏十一纵（王张十一纵除外）即归粟（裕）陈（士榘）张（震）指挥。”①

然而，黄维兵团如同邱清泉兵团一样，终究是蒋介石的嫡系王牌，装备精良，战力强悍。其中五大主力之一的18军（整编11师）更是军中翘楚，豫东战役时便摆脱中野尾追闯近粟裕的围歼战场；南麻战役时，粟裕和华野围攻多日，最终被迫罕见地撤围而去，铩羽而归。

而刚出大别山的中野实力尚未恢复，包括未进大别山的陈赓兵团在内也仅有15万人，重型火炮更是不足，与粟裕的华野装备不可同日而语。多年后，刘伯承回忆说：“中野武器装备差，兵力少，打黄维时是瘦狗拉硬屎。”②

于是，第一次包围蒋介石嫡系主力兵团的中野，遇到了不小的困难，速战速决目

---

① 《邓小平军事文选》第二卷，中央文献出版社2004年版，第147页。

② 张雄文：《无冕元帅：一个真实的粟裕》，人民出版社2008年版，第171页。

标很快搁浅。

中野政委邓小平在战后上报的《歼灭黄维兵团的作战总结》说："在最初两天，我们对敌人战斗力的消耗和混乱的状态估计过高，对敌人防御坚强能力估计不够，故在作战上，实行了过于猛勇的突击，我们的伤亡也在这两天最大，而收效则甚小。"

11月28日，中野决定暂停对黄维的进攻。

起初，毛泽东听说能迅速打掉黄维，因而作出决定，要求华野粟裕"考虑以5个纵队乘胜渡淮（河）南进，切断蚌浦线，包围并相机夺取蚌埠"。

如此一来，华野仍然要分成几个地方作战，粟裕提出了不同意见。

他答复说，为便于作战指挥与部队使用，不分割建制，提议华野全军负责围歼徐州杜聿明，中野则负责夺取合肥和蚌浦段铁路，开辟淮南。

他解释说，这样安排"较适当"，"且中野对大别山、皖江地区工作联系上亦有基础"。[①]

他最后也补充说，究竟如何行动，"待视尔后情况发展，由军委决定。"

粟裕所说的"尔后情况发展"发生了不利，他和毛泽东的安排和建议，很快因没能迅速打掉黄维而改变了。毛泽东获悉中野失利，不免吃了一惊，马上决定"渡淮南进一事，待黄维全歼以后再说"。

为帮助中野刘伯承、陈毅和邓小平作战，他又指令粟裕将华野最具威力的特纵炮兵全部调去攻打黄维，另外还要求粟裕派出两个纵队位于固镇以北休息，准备随时供中野使用，作为解决黄维的总预备队，"以策万全"。

粟裕也异常焦急，迅速一一按毛泽东的指令照办，兵强马壮的华野成为中野围歼黄维最有力的后盾。

粟裕还给中野提供了作战经验。

12月1日，中野司令部与华野司令部之间的电话接通，两边第一个通话的分别是陈毅和张震。

寒暄过后，张震说到了华野的当前部署，最后说："如果（中野）打黄维需要华野支援，你尽管下命令，我们保证随叫随到。"

---

① 《粟裕文选》第二卷，军事科学出版社2004年版，第665页。

陈毅说："命令不敢下，有华野做后盾，我们歼灭黄维就更有把握了。"①

这时，粟裕接过了张震的话筒，刚向电话那头的陈毅问好，陈毅便迫不及待地打断他说："你先不要说。我问你一个问题：你们打黄百韬用的是什么办法？"

粟裕曾估计到中野由运动战转为攻坚战之后，进展必然较慢，伤亡也较大。他晚年回忆说："我依据我们打黄百韬的体会，估计黄维被合围后，我军难于以野战手段迅速达成全歼，势将转入以近迫作业为主的阵地攻坚战。"

陈毅主动询问后，粟裕马上告诉他："挖坑道，迫近敌人阵地，然后突然发起攻击，分割歼灭它。"他还详细介绍了华野围歼黄百韬的情况。

陈毅很兴奋，对身边的刘伯承和邓小平说："我看是好办法。"他们决定，"立即使用华野之7纵、13纵加入进攻，其战法仍采用碾庄经验"。②

华野的7纵和13纵早已奉粟裕之令到中野参加攻打黄维作战，但一直被中野当预备队使用，没有直接投入战斗。而今中野司令部决定让他们"加入进攻"，是因为周志坚的13纵是第一阶段攻打黄百韬的主攻纵队，期间还挨过粟裕的批评，近迫作业经验十分丰富。

"碾庄"经验果然奏效，又有华野两个纵队直接参战，激战两天后，黄维的阵地大大缩水，人马也丢掉了3万左右，名满天下的18军也无力回天，只能苦苦支撑，等候援军到来。

蒋介石不免"哀其不幸，怒其不争"，他恼怒的是，黄维自己就是增援徐州的援军，而今被围受困，危在旦夕，谁还有余力能解救他们呢？

思来想去，手头已空空如也的蒋介石还是只能依靠徐州和蚌埠的两支人马，决定兵分两路救出黄维：一是让杜聿明指挥徐州3个兵团南下解救黄维，之后一同南撤；刘峙率徐州"剿总"机关飞往蚌埠，指挥李延年、刘汝明2个兵团再度北上接应。

多年经营的徐州，他决定忍痛放弃了。

他已接受了麾下智囊们的建议，放弃徐州后，如果战事顺利，这几个最后的精锐兵团能够走到长江边，守住北岸桥头堡；情况不利时，可以火速渡江南下，扼守万里

① 罗英才：《陈毅元帅》，解放军文艺出版社2007年版，第316页。

② 《淮海战役》第一册，中共党史资料出版社1986年版，第228页。

长江，江南半壁最终可保无虞了。

然而，蒋介石不要徐州可以，想要带走徐州的兵马，过不了粟裕这一关。粟裕令袁也烈的渤海纵队监视徐州，防备的就是杜聿明弃城而逃，最关注的也是杜聿明的下一步棋。

他分析认为，杜聿明有固守徐州和突围两种可能，而蒋介石后方已无机动兵力，放弃徐州的可能性较大。

粟裕认为，突围对华野并非不利，让他离开坚固设防的徐州再消灭最好不过。如果杜聿明固守，将加大华野歼灭的难度，因而他决定，“不把敌人堵死在徐州，而准备对付敌人突围”[①]。

毛泽东也对杜聿明下一步动作异常关注，11月28日电告粟裕等人说：“黄维解决后，须估计到徐州之敌有向两淮或向武汉逃跑可能。”[②]

粟裕做了审慎分析，认为杜聿明东奔两淮有可能，而不会西走武汉。

他判断的是，杜聿明有三个可能的突围方向，其中两个对其不利：一是沿陇海路向东，经连云港海运南逃，但要迅速解决装载3个兵团的船只、码头是困难的；二是直奔东南走两淮，经苏中转向京沪，但这一路河川纵横，要经过水网地区，不便于大兵团、重装备行动。

粟裕认为最有可能选择的是往西南突围的第三种情况：沿津浦路西侧绕过山区南下。

他分析说：这一带地形开阔，道路平坦，距黄维兵团又近，可以同李延年、刘汝明两个兵团呼应，南北对进，既解黄维之围，又可集中兵力防守淮河，缺点是将遭到华野、中野两大野战军的强大打击。

这正是杜聿明确定的撤退路线。

多年后，粟裕回忆当时的决策情形说：“一旦杜聿明与黄维会合，战场形势将发生不利于我的大变化，所以这也是对我们威胁最大的一招。因此，在兵力部署上，要把重点放在敌人向西南突围这一种可能上。”

---

① 《粟裕文选》第二卷，军事科学出版社2004年版，第733页。

② 《毛泽东军事文集》第五卷，军事科学出版社、中央文献出版社1993年版，第289页。

11月29日，他将判断和部署上报毛泽东，说："准备诱引邱（清泉）、李（弥）、孙（元良）兵团沿铁路东侧南下至唐河北岸地区，会合北线各纵，由两翼出击，求歼敌于徐州夹沟西侧地区。如敌向东南突围时，我亦可适时机动截击。"[①]

毛泽东先是肯定"各项估计及意见均甚好"，但不久从内线情报获悉杜聿明"逃跑的方向以两淮或连云港两处为最大"，又指令粟裕"必须马上有所准备"，"务使敌人不能向这两个方向逃跑"。

粟裕一时左右为难，晚年回忆道："我虽认为敌人不会由此方向逃窜，但又有情报。万一敌人由此方向逃窜，而我军部署失当，个人贻误军机且不说，势将影响同敌人进行战略决战。"

他说："相信这个情报吧，如果杜聿明不从这边走，而是向西南，与黄维会合，后果更难设想。"

反复谨慎而周密地分析后，粟裕最终确定杜聿明走两淮的可能性不大，仍然将华野北线7个纵队部署于徐州南面津浦路的东西两侧，注意力的重心放在西南。

他还下令南线的华野部队，除7纵、特纵继续协助中野围歼黄维，13纵与6纵换防监视李延年、刘汝明再度北援外，其余10纵、11纵和6纵立即北返宿县等地待命，准备截击杜聿明。

但战场上任何可能性都有，有着3个庞大兵团的杜聿明情急之下也可以走其他方向，华野部队固然兵强马壮，与杜聿明集团却不相上下，要像围住黄百韬一样牢牢锁住他，兵力依然捉襟见肘。

粟裕只好另想办法，部署时网开三面，把兵力集中于西南方向。他后来回忆说："你向西去也好，向北去也好，向东去也好，就是不让你向南"，除了西南，"其他方向都是唱空城计"。[②]

他认为，这样一来，即使杜聿明如同中央军委的情报所说向两淮或连云港方向突围，但要经过水网地区，速度不会快，华野也可以赶得上。

张震晚年回忆说，粟裕判断杜聿明"沿津浦路西侧绕过山区南下。这一带地形开

---

① 《粟裕文选》第二卷，军事科学出版社2004年版，第665页。

② 《粟裕回忆录》，解放军出版社2007年版，第536页。

阔，道路平坦，距离黄维兵团又较近，敌人极大的可能由此逃窜，妄图同时解黄维之围。粟裕同志主持华野司令部研究后，决定将主力集中放在徐州敌人南窜途中”。

11月30日，粟裕还签发了华野政治动员令，指出杜聿明放弃徐州的意图已很明显，要求全军将士“当徐州之敌倾巢南犯，或向西南犯窜，或图由两淮逃走，则应不顾一切，不惜任何伤亡代价，坚决的干脆的予以全部歼灭，不让敌人逃到江南”。

几个小时后，杜聿明果然来了。

这天晚上，他实施了各种隐真示假的迷惑之举后，下令各部开始行动，麾下三员干将邱清泉、李弥和孙元良急忙带上自己的兵团和地方人员共30万人倾巢而出。

对他们而言，徐州，永别了。

粟裕很快获悉杜聿明已撤往西南方向，当即下令华野11个纵队火速展开追击，同时电令袁也烈指挥渤海纵队占领徐州，济南战役前他上报给毛泽东“今冬攻占徐州”的设想得以实现。

因杜聿明行动迅速，华野追击部队晚了一天的路程，撤退方向又是刘伯承、陈毅和邓小平中原军区所属的豫皖苏军区，粟裕机断专行，致电军区司令员张国华等人同时上报毛泽东，要求他们立即阻击、迟滞杜聿明的行动，等待华野主力的到来。

张国华遵令而行。

一时间，豫皖苏军区部队在前头堵截、迟滞，华野11个纵队在粟裕多路多层尾追、平行追击、迂回截击、超越拦击相结合的要求下，声势浩大地展开了大规模的“围追堵截”作战。

含有蒋介石五大主力之一第5军在内的杜聿明30万人马，只有慌忙跑路之功，竟没有丝毫还手之力。

粟裕则“一不做二不休”，继续不断签发给麾下“各兵团各纵首长”的命令：“望各纵队以勇猛动作，追击截歼徐州逃敌”、“截堵敌突窜道路，楔入敌纵深割歼”。

华野官兵滔天洪流一般汹涌起来，不顾头上蒋介石的飞机狂轰滥炸，不管隆冬腊月天寒地冻，也不顾粮食弹药供应不及，甩开两条腿穷追猛赶，一幅“中原逐鹿”的波澜壮阔画卷展开在战场上。

12月4日拂晓，华野仅仅用了5天时间，便成功合围了蒋介石最强悍也是最后的一支精锐——杜聿明集团。这时，杜聿明和他的官兵们撤出徐州才走了65公里。

粟裕终于度过了一生最紧张的时刻。

晚年回忆这一幕时，他还捏着一把汗："非常危险啊！尽管我们估计到了他们的撤退方向，却没有想到他们撤得这么快。万一让他们30万部队撤到淮南，问题就大了。"

晚年张震也回忆说："战局的发展果然如粟裕同志预计的那样，十二月一日，杜聿明集团逃离徐州，钻进我准备好的口袋，被最后围歼在徐州西南的陈官庄地区。"

毛泽东的兴奋自不待言，12月6日还向东北野战军林彪、罗荣桓和西北野战军彭德怀致电通报这一喜讯。

也就在这天晚上，仅仅激战两个小时，粟裕便将意图突围的孙元良兵团大部歼灭，高级将领仅孙元良本人侥幸走脱。杜聿明"屋漏偏遭连夜雨"，一夜之间便丢掉了一个精锐兵团。

牢牢围住了杜聿明，长吁一口气的粟裕又开始关注中野围歼黄维的战场。

他获悉蒋介石方面又有几个强弩之末的举措：一是准备将武汉的宋希濂兵团东移浦口，向蚌埠开进；二是令其子蒋纬国带领装甲部队到达蚌埠，增援黄维兵团；三是杜聿明也建议，抽调几个军空运蚌埠，与李延年和刘汝明一起北援。

这时候，淮海战场国共两军分成三处作战：粟裕指挥华野主力包围杜聿明集团；他还指挥华野一部阻击蚌埠北上援军；刘伯承、陈毅、邓小平指挥中野和华野一部攻打黄维。

这3个地方的国民党军固然受困或被阻，但要打掉他们，中共部队也兵力不足。粟裕又想到了最擅长运用的一招——战场转用兵力。

他认为，如果南线蒋介石任何一支援兵赶到，都将影响中野对黄维的作战。他估计华野围歼杜聿明还需要半个月到20天时间，必须首先集中兵力解决黄维，然后再歼灭杜聿明。

12月10日，他致电中野司令部刘伯承、陈毅、邓小平并报毛泽东，"建议再由此间抽出一部分兵力，以求先解决黄维"，然后"再集中华野解决杜、邱、李兵团”。[1]

刘伯承、陈毅和邓小平自然求之不得，不免喜出望外。

当天晚上，粟裕便派华野参谋长陈士榘率领3个纵队和一部炮兵南下，协助中野攻打黄维。出发之前，他特别交代陈士榘，缴获的武器装备全部交给中野。

陈士榘带上队伍，风尘仆仆赶到中野后，经过一番周折，接过了主攻任务。在经验丰富、武器精良的华野部队攻击下，5天后黄维兵团便被全歼，兵团司令官黄维做了俘虏。仅有副司令长官胡琏再度“福星”高照，躲进一辆坦克只身脱逃成功。

华野围歼杜聿明的战场上，粟裕也将李弥兵团打掉近半，将邱清泉兵团歼灭三分之一，淮海战役第二阶段作战结束，蒋介石已欲哭无泪。

打掉黄维后，华野支援中野的部队全部归建，粟裕手中又有了充裕的兵力，形成了对杜聿明集团的绝对优势，但毛泽东忽然叫停。

12月11日，为了不打草惊蛇，稳住平津的傅作义不让其海运南撤，以便隐蔽入关的林彪和东北野战军将其包围，他决定暂时留下杜聿明余部，“两星期内不作最后歼灭之部署”。

3天后，毛泽东又电告粟裕：“你们围歼杜邱李各纵，提议整个就现阵地态势休息若干天，只作防御，不作攻击。”

于是，粟裕下令全军阵前休整，同时拿出中共政治工作的绝活，组织对包围圈里的杜聿明官兵展开“攻心战”，瓦解他们最后的斗志。

12月底，林彪和东北野战军切断了傅作义海上和陆上退路，缓攻杜聿明以配合平津战场的目的达到，粟裕因而于12月31日致电毛泽东：“建议乘此敌人饥寒交迫、体力极大减弱，及在我政治攻势影响之下，士气低落战斗力削弱之际，发起一次攻击。”[2]

毛泽东很快予以批准。

1949年1月6日，围困杜聿明多时的粟裕以代司令员兼代政委的名义意气风发下达了总攻命令。他的部署具体而详尽：

---

① 《粟裕军事文集》，解放军出版社1991年版，第428页。

② 《粟裕文选》第二卷，军事科学出版社2004年版，第720页。

以10个纵队组成东、南、北三个突击集团，担负主攻之责，分别由10纵司令员宋时轮和政委刘培善、山东兵团政委谭震林和副司令员王建安、苏北兵团司令员韦国清和副政委吉洛统一指挥；以其余7个纵队和地方部队担任外线堵截，指令他们集结待命，一旦杜聿明突围，立即配合突击集团予以截击消灭。

杜聿明和他的官兵们久困绝地，粮弹两缺，救援无望，军心涣散，往日威风凛凛的庞大黄埔嫡系集团顷刻间被打得七零八落，狼奔豕突。

1月10日，经过四个昼夜激战，华东野战军全歼他的徐州"剿总"前进指挥部和2个兵团残部近20万人。

当天上午9时，粟裕与华野正副参谋长陈士榘、张震联名向中央军委和毛泽东告捷："已全歼杜匪（即杜聿明）所部。"

他们还报告了实际统帅杜聿明的行踪："据未证实传说，杜匪已乘坦克六七辆向西北薛家湖突围，已告部队在俘虏中严查，并正在追击中。"

杜聿明没能跑出多远，当天就被华野4纵官兵活捉，逃出了东北战场林彪的横扫，却终究成为粟裕的阶下之囚，邱清泉则早已被击毙，只有乔装打扮的李弥侥幸成功逃出围捕的巨网。

与负责看管的4纵司令部参谋苏荣长谈后，杜聿明才知道指挥三野（华野）的其实是粟裕，而不是他刚被俘时求见的陈毅。

多年后苏荣回忆，杜聿明说："我对粟裕早有耳闻，也研究过，只是没有交过手。"而一交手便屡战屡败，他表示折服，说："这次交手后我们败得很惨，不得不佩服粟裕的军事指挥才能。"①

淮海战役随之结束，蒋介石一战丢掉了5个兵团55.5万人，其中被粟裕和华东野战军打掉4个兵团18个军共44.3万人，江北主力和黄埔系精锐损失殆尽，他的国民党政权也因此"流水落花春去也"。

粟裕向毛泽东圆满交割了8个月前立下的"军令状"。

他不仅歼灭了第5军，刚好是当初4至8个月期限内的最后一个月，还一个战役便打掉了62个旅（师），是当初军令状"歼灭国民党军五六个至十一二个正规旅

① 苏荣：《感化说服杜聿明》，《解放军报》2009年6月6日。

1949年1月10日，杜聿明被俘

（师）”中最高指标12个旅的5倍多，远远超额完成了任务。

对最终完成毛泽东嘱托收入名下的第5军，多年后粟裕回忆说：“第五军邱清泉，一直是华野寻歼的对象。五军战斗力比七十四师稍差，与十八军不相上下，各有所长。邱清泉好打滑头仗，跟友邻关系不好。这次解决他没有遇到多大的困难。”

毛泽东曾长久构想的渡江南下计划被粟裕的建议终止时，粟裕号令华野将士说：“本来我们要到江南去，现在因准备工作不充分，在江北歼灭敌人还不够”，因此“我们要在江北继续歼灭敌人，以便将来几十万人大规模南下”。①

而现在，这一“将来”终于到来，粟裕给了毛泽东和华野将士们一份答卷：华野和中野两个野战军百万大军即将浩浩荡荡横渡长江，与当初让华野区区3个纵队约10万人渡江的设想已不可同日而语。

8个月前，粟裕建议华野3个纵队暂不渡江，集中兵力在江北打大歼灭战的战略，以豫东战役、济南战役和淮海战役三个大歼灭战的实践，证实了他构想的科学性和准确性。

① 《粟裕文选》第二卷，军事科学出版社2004年版，第470页。

毛泽东格外满意，欣喜之情溢于言表。

当身边人士询问淮海战役谁的功劳最大时，他感慨地说：“淮海战役，粟裕同志立了第一功。”

多年后的1961年9月，他接见英国蒙哥马利元帅时，还想到了粟裕，说：“在我的战友中，有一个最会带兵打仗的人，这个人叫粟裕，淮海战役就是他指挥的，他也是我们湖南人。”①

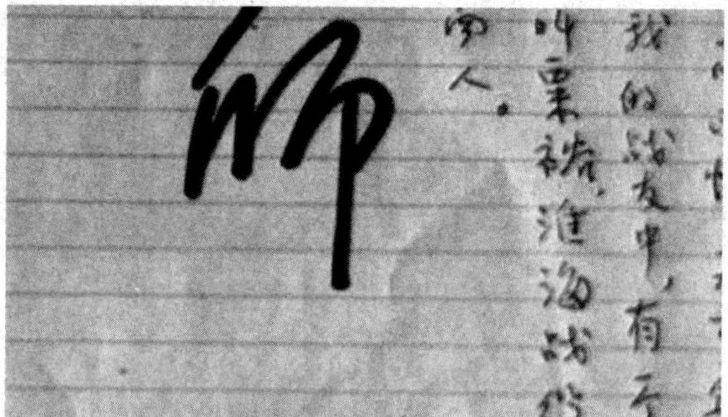

原中央书记处办公室主任师哲为毛泽东说“粟裕最会打仗”的采访笔记签字

① 张雄文：《名将粟裕珍闻录》，北岳文艺出版社2009年版，第222页。

蒙哥马利因而对粟裕十分推崇，新四军老兵石坚晚年回忆说："我个人亲耳听到一位驻英国的外交官给我讲：'英国蒙哥马利元帅曾说过，他对人类战争史上最崇拜的伟大的军事家只有中国的粟裕和法国的拿破仑。'"①

兑现了军令状所有的内容，华东、中原一扫而空，华东野战军饮马长江，粟裕新的任务开始，准备实施毛泽东心底一度挥之不去的渡江设想了。

驰骋大江之南

毛泽东麾下已成长为谋略大家的粟裕，军事上永远走在时间的前头。他的渡江作战准备不是等淮海战役结束才匆忙进行，而是很早就开始了。

9个月前，暂不渡江的建议被毛泽东采纳后，他一面构想江北的大歼灭战，一面也未雨绸缪，对将来的渡江南下做了3个周密准备：

一是组建了渡江先遣纵队，任命孙仲德为司令员，谭启龙为政委；二是先后派出几百名干部到沿江地区开展工作，抽调一个加强营和200余名干部到皖南；三是请东北局代为购置了一批改装木船为汽船的引擎，以便渡江之用。

4个月前的济南战役结束时，粟裕又加紧了渡江的准备。

他指令孙仲德和谭启龙率部南进淮河以南、长江北岸，不久又派出几个加强营到皖中、苏中地区侦察沿江敌情，勘察沿江地形，特别是勘测了长江渡口、水文与相连的河湖港汊，绘制了详细的地图。

这些当初看似无用，他人也难以想到的超前性工作，很快就要发挥大用场了。

淮海战役结束第三天，也就是1949年1月12日，毛泽东下令华野和中野休整两个半月，"完成渡江作战诸项准备工作，待命出动"。

粟裕受命后，一面根据中央军委决定将华东野战军改番号为第3野战军，整编为第7、第8、第9和第10等4个兵团，自己仍然奉命担任代司令员兼代政委、前委书记；一面主持三野前委扩大会议，部署渡江作战的准备工作。

---

① 石坚：《丹心永照万山青——纪念我党伟大军事家粟裕诞辰一百周年》，《新四军研究》（第1辑），上海辞书出版社2008年版。

会上，他指出要组织部队学习新的作战方法，针对南方山地多、河川多等特殊情况，学会河川战、山地战以及雨季作战的方法；强调在京沪杭地区作战，不仅要用枪杆子去消灭敌人，而且要用政治工作去消灭敌人，争取军政全胜。

三野全军随即按照他的部署和要求迅速行动起来，开始了大规模的渡江作战准备工作。

长江南岸的蒋介石淮海战役丢掉了最精锐的嫡系集团，腰杆顿时萎缩下去，日暮途穷，日子一天天难过起来。

1949年元旦，他被迫宣布下野，黯然返回老家溪口“闲居”，“总统”一职由桂系首领李宗仁代理，与中共进行虚与委蛇的和平谈判。

不过，蒋介石始终暗暗操控着江南所剩不多的黄埔系部队。

为保住半壁江山，以图东山再起，卷土重来，他殚精竭虑构筑了长江防御体系，将仅剩的嫡系队伍交给汤恩伯指挥，与桂系将领白崇禧一起守卫从上海到宜昌近2000公里的长江防线。

汤恩伯的新任职务是京沪杭警备司令，辖有45万人马，负责保护长江南岸及南京、上海和杭州，正与粟裕和三野隔江对阵。他早就是粟裕的手下败将，但部下将领零落四方，或被击毙或被活捉，蒋介石已找不出合适的能干之将，无可奈何之下只得重新起用汤恩伯。

2月3日，毛泽东决定将渡江战役提前，指令三野和二野（中野改称）“准备三月即行渡江作战，占领京沪地区”。

粟裕随即以总前委委员兼三野代司令员、代政委身份赶到河南商丘，参加讨论渡江作战部署的总前委会议。

这时候的总前委仍然由粟裕、谭震林和刘伯承、陈毅、邓小平组成，但与淮海战役总前委已大相径庭，不仅有了相应的组织机构，也因国共双方已主客易位，三野二野共100万大军对阵汤恩伯45万人，战事毫无悬念而发挥了实际协调作用。

会议确定的渡江时间是3月半出动，3月底开始渡江作战；渡江作战第一梯队是三野4个兵团和二野1个兵团，其中三野负责从江苏江阴到安徽贵池的宽大面作战，二野则负责安徽安庆东西段。

负责总前委的邓小平和陈毅提出，渡江作战“预定的突破重点位置，拟在芜湖、安庆地段”，也就是二野负责。是否将江苏的张黄港至三江营地段作为重点突破地段，他们要熟悉该地情况的粟裕考虑。

粟裕认为，张黄港至三江营地段也应该作为重点突破地段，由三野负责。他还设计了三野两个渡江集团东集团和中集团渡江后东西对进，围歼逃敌以及调整兵力部署的方案。

返回三野司令部后，粟裕仍然在缜密思考，认为渡过江去困难不大，主要问题是渡江后必须抓住国民党军，大量歼灭其有生力量。

他对身边的参谋们说：“三野突破江防后，第一步是包围歼灭南京、芜湖、镇江之敌，周密组织东线（东集团）4个军由三江营至张黄港段突破江防成功，切断京沪铁路，楔入京沪敌人之间，对于协同西线（中集团）合围南京地区之敌，至关重要，对整个战役极为有利。”

他估计说，东集团渡江后与敌争夺京沪铁路的战斗比较艰苦，但要坚决打好这一仗，把汤恩伯集团拦腰切成两段，他还准备亲自指挥东集团作战。

总前委预定编入中集团的陶勇23军和张翼翔20军，由他过去指挥的新四军1师3旅和1旅发展而来，非常熟悉老根据地苏中、苏南情况，而东集团中的王必成24军、成钧25军，分别由新四军1师2旅、新四军6师和新四军7师发展而来，又熟悉苏浙边区和皖南情况。

粟裕便又将这几个军互换，以利于他们更好地完成作战任务。

2月19日，粟裕将自己的渡江作战思路形成了《第三野战军京沪杭战役预备命令》，因陈毅刚好从总前委返回三野一次，第二天预备命令便由陈毅和粟裕等人联名发布全军。

预备命令要求渡江后“首求割歼京沪及芜湖沿线之敌，夺取京沪杭要地”，也规定了全军4个兵团的作战任务、战斗序列、集结位置和开进时间。

随后，粟裕又做出了许多战前具体细致的部署：

他要求三野全军继续进行各项渡江准备，指令各部控制长江航道，开辟出渡江通路，还要求派出侦察部队先期渡江，进一步掌握江岸地形、水情、敌情和敌舰活动规律等情况，同时指令10兵团司令员叶飞、政委韦国清派出专人策动江阴要塞守军起义。

粟裕还对部署的工作进行了跟踪检查。

了解到渡江船只筹集遇到困难后，他亲自找船工谈话，随即要求制定船工伤亡优抚条例和船只损坏赔偿规定，最大限度减轻船工的后顾之忧。

粟裕的要求很快得以实施，船只征集的效果大为改观。跟随他身边的秘书崔协祥后来回忆说："短短一个多月，部队就征集民船8000多条。"

粟裕还亲自到江边训练场视察。听说部队经过20多天的训练，95%以上的山东籍官兵掌握了游泳、划船、泅渡射击、船上救护等作战技能，他马上要求其中一条船进行"实战"演练。

看着原来的"旱鸭子"在水中摇橹操舟娴熟默契，他满意地说："打过长江去，我心里有底了。"

3月上旬，粟裕因病未能出席西柏坡的中共七届二中全会，请假前往济南短暂疗养。毛泽东正借重粟裕，粟裕不能来，便决定派人前往慰问、咨询。

他指派的"使者"是参加了会议的陈毅、饶漱石、邓小平和谭震林。会议一结束，他们便奉命专程到济南看望粟裕，更重要的是商谈军事问题。

毛泽东原有一个"以打促和"计划，打算让三野3月中旬或下旬攻占浦口并炮击南京，以促成正在进行的国共两党和平谈判。

对这一计划，他要粟裕提供意见。

粟裕认为，如果攻占和炮击行动后不能马上进行渡江作战，既可使汤恩伯在战役战术上做比较从容的部署，又会令潜伏在江南国民党军中的内线遭遇很大困难，"我们则会丧失可能的战役战术突然性而增加渡江的困难"。

他建议说，将攻击浦口作战推迟至4月1日开始，以便与4月10日开始的渡江作战相衔接。

这一建议被邓小平等人转告后，很快被毛泽东采纳。毛泽东指令以1个兵团监视浦口、浦镇的国民党军，其他兵团于4月2日开始攻占长江北岸据点，4月13日或者14日开始渡江作战。

不久，粟裕从济南返回三野司令部视事。

渡江战役仍然是他研究思考的重点，他认为渡江以后，力求苏南和皖南两方面迅速东西对进，打通联系，集结兵力，形成对南京的包围，对沪杭及赣东警戒，先争取解决南京，再逐步解决杭州和上海。

他决定，将主渡方向选择在江阴、扬中地段，以求迅速截断京沪交通，切断南京周围国民党军的退路。

随后，粟裕将三野的渡江作战准备情况和作战部署上报毛泽东并告二野，同时发布了《第三野战军京沪杭战役作战命令》。

三野是渡江战役的主力，占有两个集团4个兵团，粟裕详细而周密的京沪杭战役计划一出台，总前委便省事不少，在他的部署基础上形成了3月31日的《京沪杭战役实施纲要》。

《纲要》决定，4月15日开始渡江作战，分为三个阶段，其中第一阶段的部署是：

两个野战军分为3个突击集团，东集团为三野的8、10两个兵团，中集团为三野的7、9两个兵团，西集团为二野的3个兵团。东、中两路4个兵团统归代司令员兼代政委粟裕、参谋长张震指挥；西集团3个兵团由二野司令员刘伯承、参谋长李达指挥。

《纲要》还根据粟裕设想的作战思路，强调中、东两个集团必须实行东西对进，力求迅速会合，达成割裂包围敌人之目的，“此招实为全战役之关键”。

不久，粟裕又在江苏泰州的三野司令部谈到作战设想，要点是：对汤恩伯集团这种蒋介石嫡系，要立足于打；渡江后要有战略追击，不让他有喘息机会退守第二、第三道防线；攻取大城市要少用大炮，保持城市完整。

4月6日和19日，粟裕两次出席三野东集团军、师以上干部会议。

会上，他估计了渡江作战可能出现的三种情况，强调要力争第三种，即渡江后切断了南京、镇江国民党军的退路，使其一片混乱。

他再次要求，一旦出现这种有利情况，东集团和中集团两路大军迅速向吴兴急进，合围蒋介石的溃逃主力于郎溪、广德地区。对上海的守军，则暂时以一部兵力监视即可。

4月10日，毛泽东为配合国共和平谈判的协议签订，打算推迟半个月或一个月渡江，致电征询前线将领意见。曾经长期战斗在长江两岸，3次率军横渡这一“天堑”，战前又做过长久调查研究的粟裕认为不妥。

他说，4月下旬为黄梅雨季，江水日涨，渡江将发生许多困难，江阴下游则无法渡江，于是两次致电毛泽东和总前委，建议以4月20日前后为最好。

毛泽东最后采纳了他的意见，确定渡江时间为“20日开始攻击，22日开始总攻”①。

4月20日上午，战役即将打响时，4艘英国军舰突然闯入防区悍然炮击23军部队，军长陶勇果断下令还击。随后请示粟裕时，获得了他的赞许。

粟裕还当即将这一突如其来的涉外事件上报毛泽东，说：“我已令部队：如悬挂外国旗号之舰向我射击以阻我渡江时，应予还击，并建议新华社广播，警告外籍船舰在此战时停止行驶，妥否请示。”

毛泽东批准他的应对之策，复电说：“凡擅自进入战区，妨碍我渡江作战的兵舰，均可轰击。”

4月20日晚上，夜色沉沉，江水滔滔，渡江作战在国民党政府拒绝签订和平协定后如期打响。一时万炮齐鸣，千帆竞发。三野中集团仅一个小时便横渡长江，其他两路也势如破竹，很快踏上大江南岸。

蒋介石苦心筹划的长江防线瞬间又土崩瓦解。

两天后，粟裕判断“南京敌已极形混乱，正向南或向东撤退”，一面下令尚未过江的各部加速南下，截歼逃敌，一面电令：“如南京之敌逃窜，则35军应即渡江进占南京，维持秩序。”

以鲁中南纵队为主改编的三野35军政委、新四军出身的将领何克希奉命而动，4月23日进占南京，打进了蒋介石的总统府，为三野获得了攻取对手都城的最高荣誉。

然而，35军里终究有一小部分是原国民党军吴化文的起义队伍，三野虽有着严明的军纪，吴化文起义部队也经过一番整训，又是何克希担负领兵主将，粟裕还是不大放心。

---

① 《毛泽东军事文集》第五卷，军事科学出版社、中央文献出版社1993年版，第547页。

1949年4月21日，粟裕指挥第三野战军攻占南京总统府

时为三野前委秘书的崔协祥后来回忆说：“他让我叫机要秘书过来。原来，他考虑到当时进至南京的部队有一部分是起义队伍，当即要求电告该部注意严格执行城市政策和入城纪律。”

进占南京的当晚，粟裕和张震带三野司令部几个人，还乘一条小艇渡过长江。夜色朦胧，江风拂面，粟裕立在船头，感慨地说：“这是我第四次渡江了。”

渡江异常顺利，但蒋介石长江防线的汤恩伯40余万主力并未被歼灭，正匆匆忙忙组织南撤。

没有打掉他的数十万主力，渡江作战便不能说成功，还将留下无穷后患，为攻克江南其他重要城市增加困难，粟裕又开始重点考虑如何将其抓住和围歼。

这时，主持总前委的邓小平、陈毅已于4月21日做了一个渡江后的部署，指令中集团的三野7、9兵团4月25日之前留在江边，消灭沿江小股国民党军；4月26日才东进支援东集团作战，并且要求“在战术上仍应稳扎稳打”，“防止轻敌乱碰”。

深谙大兵团作战指挥精髓，大仗经验丰富老到的粟裕十分焦虑。

他认为，如果中集团渡江后动作迟缓，将会失去歼灭汤恩伯主力的良机，因而就三野全军渡江后的作战向总前委和毛泽东建议：

一、中集团的9兵团主力应排除障碍，不为小敌所阻，向东北挺进，截断南京之敌向杭州的退路，孤立和分割敌人，有效地协同东集团作战，该兵团先头部队力求于26日前进至郎溪及其东北地区。

二、7兵团攻歼当面之敌后，尾9兵团之后，力求于27日前后进至广德地区待命。

三、东集团的10兵团渡江后，立即向宜兴、金坛、溧阳挺进，切断太湖南北走廊，会同9兵团部队围歼南逃之敌；8兵团待命攻占南京，然后主力参加太湖会战。

他构想了一幅宏大而壮阔的图画，目标是迅速围歼汤恩伯的主力。

总前委还在犹豫考虑，没有答复粟裕时，粟裕于4月22日获悉蒋介石正在部署撤退，南京、镇江和芜湖的汤恩伯主力开始向南撤逃。

他判断，蒋介石可能集中一部与三野争夺京沪铁路常州东西地段，其余主力则可能沿京杭公路向杭州撤退，当务之急是迅速切断京杭公路，追歼逃窜的汤恩伯主力。

粟裕机断专行，果断采取了紧急措施：

命令9兵团司令员宋时轮、政委郭化若率25、27两军以急行军向郎溪、溧阳之线挺进，不为小敌所阻惑；命令7兵团司令员王建安率部火速转向宣城方向，在9兵团右侧后成梯次队形前进。

命令下达部队立即执行后，他才将部署上报毛泽东和总前委，说“请总前委追认批准”。

当晚，汤恩伯的11个军果然开始动作，以4个军撤向上海、浙赣线，其余7个军沿京杭公路及其两侧向杭州撤退。

粟裕马上下令东集团的23军、28军和31军兼程急进，截断汤恩伯主力沿京杭公路南逃通路；命令中集团25军、27军全力与东集团部队打通联系，在郎溪、广德、长兴地区合围敌军。

他测算过双方的时间和经过的地形，认为谁能提前到达郎溪、广德、长兴地区，谁就赢得了主动权，因而多次电令催促各部快追，快堵，快截，快歼。

然而，三野部队昼夜兼程，即将到达长兴、广德和郎溪地区实现战役合围时，总前委又于4月24日致电粟裕，说“此次渡江已取得了伟大胜利”，三野“东西追击部队到宜兴、长兴、吴兴、广德地区后，主力即应暂时停止”。[①]

如此一来，汤恩伯主力便将如愿逃出生天，蒋介石则会额手相庆。

粟裕果断决定“不受此令限制”，再次机断专行，电令三野各兵团首长并报总前委、毛泽东，说“如我追击部队到达将其截住，则不受此令限制，应机动坚决分割歼灭之。如敌已集结，则先行包围待命总攻”。

他还连发数令，要求三野东西两线部队加速钳形攻势，力争将汤恩伯主力歼灭在郎溪和广德山区。

第二天，三野部队切断了南京至杭州的通道，打掉汤恩伯2个军大部3万余人。3天后，又以迅雷不及掩耳之势，将汤恩伯的5个军8万余人合围在郎溪和广德间的山区，很快将其歼灭殆尽。

粟裕再度成功运用了跟踪尾击，迎头堵击，迂回兜击，以追击方法合围退逃之敌的合围战术，渡江不仅取得了真正“伟大胜利”，他运筹良久的“东西对进，追歼逃敌”设想，也最终得以完全实现。

粟裕的下一个目标，是汤恩伯暂时还能栖身的上海。

汤恩伯被打得鼻青脸肿，狼狈不堪，一丢长江江防，二丢郎广7个军，但依然有些许底气。

他在上海还有8个军20余万人，外加30余艘军舰和120余架飞机，另外还很早便精心构筑了由4000余个碉堡组成的永久和半永久性工事，组成了外围阵地、主阵地和核心阵地相结合的防御体系。

粟裕和三野兵临城下，大半江山丢失的蒋介石颇有自知之明，已不真心指望汤恩伯了，只要求他坚守6个月，以便将上海的黄金、白银等重要物资抢运到台湾。

汤恩伯向蒋介石拍胸脯说，保证守住上海，而“如果上海守不住，就要把它搬空、打烂、炸完”。

蒋介石表面夸奖，心底却不免冷笑。

---

① 《粟裕传》，当代中国出版社2000年版，第810页。

不过，他也隐隐有一丝期待，期望他信奉的上帝空降奇迹，让上海这座国际大都市挑起空前的国际争端，一旦西方列强武装干涉，便可扬眉吐气卷土重来，恢复失去的江山，“还于旧都”，重登“大宝”。

然而，粟裕不相信上帝。

上海是中国最大城市和经济中心，如何完整攻克接收，他在淮海战役结束时便开始考虑。他认为，打上海和东北野战军（四野）打天津不同，既要消灭守军，又要保全城市的完整。如果二者只能选取其一，他说：“宁可让敌逃窜。”

郎广围歼大获全胜后，原本可以一鼓作气直逼上海的三野部队，奉命停下了脚步。

因负责接收城市工作的总前委邓小平、陈毅还没有做好各项准备，根据毛泽东的指令，粟裕没有马上进兵，而是让汤恩伯暂时“代管”上海。

他已指定三野9、10两个兵团承担攻城任务，要求他们分别在吴兴、苏州等地集结，进行城市和外交政策等方面的教育和攻城作战准备，获得了毛泽东的赞许。

为避免粟裕的攻城部队久顿城下，师老兵疲，毛泽东还要求邓小平、陈毅的总前委：“迅速抓紧完成占领上海的准备工作。”①

仍然独立指挥三野的粟裕开始面对地图，精心运筹攻占上海的方案。

他设想了三个方案：围困上海、攻打防御薄弱的苏州河以南和重点攻打吴淞，一一分析了它们的优缺点，特别是看能否让拥有600万居民的上海免遭空前灾难。

他最终决定的是第三个方案。

方案的优点是封锁了汤恩伯的海上退路，切断其抢运上海物资的通道，汤恩伯为保护海上退路，将集中兵力在吴淞一带与攻城部队决战，避免了城市被破坏；缺点是这里为汤恩伯的防御重点，三野将被迫进行城市攻坚战，伤亡难免巨大。

5月1日，他做出攻城部署后，下令攻城的两个兵团执行，同时上报总前委和毛泽东。

毛泽东同意了他的方案，要求他“在5月10号以后数天内先行占领吴淞、嘉兴两点，切断敌从吴淞及乍浦两处逃路”。

① 《毛泽东军事文集》第五卷，军事科学出版社、中央文献出版社1993年版，第566页。

1949年5月，粟裕在部署上海战役

不久，他再次指令粟裕按这一思路部署作战，“封锁吴淞江口及乍浦海口，断绝上海敌人逃路，使上海物资不致大批从海上逃走，并迫使用和平方法解决上海问题成为可能”。

电报的最后，他“请粟（裕）张（震）以具体部署电告”。

粟裕随即遵令而行，决定于5月12日和13日发起进攻。他判断截断吴淞的海上退路后，汤恩伯可能从南汇、川沙撤退，因而又决定，如果出现这种情况，就以两个军进入浦东，切断汤恩伯最后的退路。

粟裕的谨慎和细致令毛泽东很满意，说“将敌一切退路封闭是很必要的”[①]。

5月10日，粟裕下达了《第三野战军淞沪战役作战命令》，决定分两步进行：

第一步，两翼迂回，钳击吴淞，切断汤恩伯海上通路；第二步，等总前委接管上海的准备工作就绪后，向市区发起总攻，全歼守军或迫其投降。

他还再次强调，进入市区作战时，力争不使用火炮等重武器，尽量减少城市建筑物的破坏和人民生命财产的损失。

① 《毛泽东年谱》下卷，人民出版社、中央文献出版社1993年版，第498页。

两天后，两员虎将9兵团司令员宋时轮和10兵团司令员叶飞奉命率部发起进攻。汤恩伯在舰炮和飞机支援下据险固守，战事异常激烈，三野部队连续三天进展缓慢。

粟裕决定改进战术，两次致电宋时轮和叶飞，要求做到几点：

一是对永久性设防阵地的进攻，必须选择敌突出、薄弱部与结合部，楔入其纵深，从敌侧背或由内向外打；

二是集中火力轰击其一点，挖交通壕接近碉堡，以小群动作，轮番攻击；

三是充分发挥炸药的作用，以炸药包开路；

四是发挥孤胆精神，纠正集团进攻的方式。

攻城部队按照他的要求改进后，很快获得了进展，迫使汤恩伯急忙从市区调出3个军增援，市区随即空虚起来。

但因受到总前委接管准备时间的限制，三野攻城部队不能立即攻占市区；而吴淞一带地形不利，兵力展不开，伤亡很大，战役时间也随之拖长。

5月18日，粟裕焦急地致电毛泽东和总前委，询问“不知接管准备与其他方面是否已准备完毕”。他说，如果对上海的攻击不受时间地区限制，应从四面八方向市区发起攻击。

毛泽东随即催促总前委，说明“在上海已被我军包围后，攻城时间似不宜拖得太长”，询问他们接收的准备情况：“是否可以于辰有（5月25日）前后开始攻城？”①

邓小平和陈毅已在毛泽东电报的前一天答复粟裕，说“我们进入上海的政治准备业已初步完成，你们攻占上海的时间不受限制”②。

没有了限制，粟裕随即做出了总攻部署，经毛泽东批准后，于5月22日下达了《第三野战军淞沪战役攻击命令》，因发现汤恩伯准备从上海撤退，他又决定第二天晚上提前发起总攻。

总攻开始后，粟裕获知守军全面退却，马上下令各部迅速追击，要求大胆楔入，勇猛穿插，迂回包围，聚歼逃军。

27军打到苏州河南岸时，遇到北岸守军凭借高大建筑物的拼死固守，官兵们伤亡

---

① 《毛泽东年谱》下卷，人民出版社、中央文献出版社1993年版，第503页。

② 《粟裕传》，当代中国出版社2000年版，第819页。

很大，纷纷向军长聂凤智请求解除不准使用重炮轰击的禁令，榴弹炮炮手们还将炮口瞄准了对面的著名建筑百老汇大厦。

粟裕闻报，严令部队遵守纪律，解释说这些财产很快就成为人民的财富，决不能因一时感情冲动毁于一旦。聂凤智随即召开紧急火线会议，统一思想，最终以正面佯攻，两侧迂回奇袭的战法突破了苏州河。

5月27日，经过三昼夜激战的三野部队攻克了上海全城。汤恩伯守军除5万余人早早从海上撤逃外，其余15万人马被全歼。

周恩来说的“瓷器店里抓老鼠”的上海战役结束，全上海得以完整保存，实现了粟裕“既歼灭了大量的敌人，而市区也没有遭受大的破坏”的最佳结果。

粟裕战前便规定：“战斗部队初入城时，如一时找不到公房，一律过露营”，攻城部队一进上海，便遵令露宿于街道两旁，秋毫无犯，偌大的上海一时沸腾起来，男女老幼奔走相告：国民党回不来了。

三野部队在上海街头露宿不扰民宅

粟裕随后又下令，除担负警备任务者外，其余部队立即撤离市区，由华东局工作人员负责接管。

军人的价值在战场，和平还没有在全部国土上实现时，他又要横枪跃马，开始新的征战之旅了。

失之交臂的辉煌之一：攻台作战总指挥

拿下上海后，粟裕和三野犹如秋风扫落叶一样追亡逐北，长驱直入，很快进抵台湾海峡，与据守最后栖息地台湾的蒋介石隔海相望。

下一个战役，便是攻打台湾。

还在上海战役激烈进行时，粟裕考虑到三野下一步主要是拿下沿海岛屿和攻打台湾，因而致电毛泽东，主动提出提前进入福建，随后又令叶飞的10兵团做入闽准备，比毛泽东原定的时间提前了一年。

他的主动请战也提醒了毛泽东。

6月14日，毛泽东第一次提出攻台作战的要求，电告粟裕说："请开始注意研究夺取台湾的问题。"

他询问台湾是否有可能在较快的时间内夺取，用什么方法去夺取，有何办法分化台湾国民党军，争取一部分反正实行里应外合，交代粟裕"请着手研究，并将初步意见电告"。

最后，他不无忧虑地说："如果我们长期不能解决台湾问题，则上海及沿海各港是要受很大危害的。"①

这是粟裕正式受命负责攻台作战的开始，准备进行"国内战争中最重要和最后的一次战役"②，他的身份是三野前委书记、主持华东军区暨三野总部工作的副司令员。不久，毛泽东又任命粟裕为解放台湾工作委员会主任。

对粟裕和三野将士而言，曾经创造了全国各战区第一的战绩，又拿下蒋介石的

① 《从延安到北京——解放战争重大战役和研究文章专题选集》，中共中央文献出版社1993年版，第520页。

② 《粟裕文选》第三卷，军事科学出版社2004年版，第22页。

首都南京、第一大城市上海，而今又将直捣他的最后巢穴，几乎包揽了一代军人梦寐以求的所有至高荣誉，人生达此，夫复何憾，官衔乃至后来的军衔都是等而下之的浮云了。

毛泽东在诸多将领中独任粟裕，既是在三野长期归粟裕实际指挥的情理之中，也是对他从苏中七战七捷以来一以贯之的倚重与信任。

不久，他再度电告粟裕：不占领台湾，则国民党海、空军基地不拔除，时时威胁上海及沿海各地；不占领台湾，则数十万吨船只不能取得，沿海沿江贸易受制于外商航业界。

台湾的种种威胁，令毛泽东有些焦虑，给粟裕开出了时间表：1949年冬季拿下台湾。他说："我们希望能于夏秋两季完成各项准备，冬季占领台湾。"①

但他很快发现了跨海作战的重重困难，考虑到海空军力量薄弱等，又推迟了期限，说"准备在明年夏季夺取台湾"。

这年10月，因被二野和四野歼灭的国民党70师和62军等部官兵，多从台湾征集而来，毛泽东电令刘伯承和林彪，将被俘补入部队的台湾籍官兵集中，全部调归粟裕的三野，以便登陆台湾岛时发挥他们土生土长熟门熟路的长处。

粟裕受命后，随即进行各项攻台的准备。

对中共将领史无前例的渡海作战，他异常清醒，说人多不一定能解决问题，相反，还会增加自己的困难。

他深知技术的重要性，强调说："隔海作战，使我们英雄无用武之地，过去可以以多胜少，以数量代替质量，现在也不行，应该用技术。用数量代替质量根本不能解决问题。"可行的办法是，要以科学的计算，实行陆海空三军协同作战。

于是，他多次召集全军团以上参谋长和参谋学习陆海空联合作战，邀请苏联军事顾问讲课，自己也抽空给他们授课。

讲课时，粟裕强调学习现代化作战指挥，要掌握新、速、效、协四个字。

他解释说：新，就是用新的战法来对付敌人；速，就是加强部队的机动性，掌握机械化装备；效，就是充分发挥武器的可能，射击要准确，威力要大；协，就是统一

① 《毛泽东年谱》下卷，人民出版社、中共中央文献出版社1993年版，第519页。

指挥，协同动作，发挥部队的整体威力。

掌握海陆空三军协同作战外，粟裕还要求熟悉水性，懂得天文地理和民情风俗习惯，说不掌握海上作战的有关技术，不懂得海上运动的规律，渡海作战必败无疑。

他自己也收集了东南沿海十年来水文气象资料，反复研究潮汐、气候和沿海地形的变化及其对渡海作战的影响。

时为上海军管会空军部部长的蒋天然后来回忆说："我曾随从粟司令几次上北京，每一次行前，他都指示准备一些必要的材料和标图。他不仅要敌情动态，还要天文地理资料，仅气象问题，就要准备华东沿海地区十年气象的历史资料。"

他还说："他在火车上照常办公，不停地研究资料，分析情况。"

与此同时，粟裕也抓紧海、空军的建设和参战训练。

1949年7月20日，他便请示毛泽东，"为执行继续铲除纠集于定海、台湾等地区残敌"，决定将刚打完上海战役的9兵团20军、26军和27军调到郊区整训，进行航海登陆教育，"准备执行新任务"。

不久，他又将渡江战役前炮击过英国舰艇的23军调归9兵团建制，与其他3个军一道"作为攻台第一梯队，进行海上生活及陆海军配合演习"。他向毛泽东解释说："如不锻炼晕眩后，登陆会完全失去战斗力。"①

华东海军是粟裕亲手组建的第一支中共海军部队，其中的海防纵队更是创建于抗战时期的苏中。南京拿下的同一天，国民党海防第2舰队司令林遵率部起义归来，粟裕欣喜异常，马上将其充实华东海军。

这时候，他又加强了海军干部的配备，除调34军政委赵启民担任海司副政委，10兵团参谋长陈庆先担任海司参谋长外，又下令从全野战军12个军（10兵团除外）各选调师级一人，团级两人到海军工作。华东海军达到了8000人的规模。

但不久，毛泽东要求将华东海军北上，移驻青岛，直属军委指挥。

7月30日，粟裕致电毛泽东，请求华东海军暂缓北开青岛。他还反映了自己给饶漱石负责的华东局加强海军的几个建议：

一是江南造船厂仍须以修理海军舰船为主，并将财办所接受之登陆船拨归海军。

---

① 《粟裕文选》第二卷，军事科学出版社2004年版，第868页。

二是于适当时期将财办和有招商等船只，拨出一批加以武装，交海军使用，以便集中力量攻占台湾。

三是请财办拨出大批经费，作为海军修建之用。并请财办采购大批海船燃料。

四是对旧海军（国民党海军）人员之使用，除少校以下，我们可大胆使用报请备案外，其余须请示华东局，并建议争取旧海军人员为攻台立功，应在生活上予以照顾（照原给薪）。

五是将海军测量队与招商局海关及浚浦局之测量机构合并，以节省人力财力。

粟裕说，这5条只有第5条得到了解决，其余4条他“曾亲自当面建议过4次，均无结果”。

他原来设想的攻台作战时间是“依各方情况及条件，估计攻台时机以四野攻广州之同时发起为有利”，但“目前海军情况乃至攻台准备之困难如此，实难完成攻台任务”。

他还提到了集中全国海军及载重配合等问题。最后表示：“我只能尽能力所及加强海军及攻台准备，今后究应如何，请军委指示。”

毛泽东同意了华东海军暂时不迁青岛的建议，“仍归华东系统，即归粟裕指挥”。他肯定了粟裕的攻台准备，说“你们积极准备攻台湾是正确的”[①]。

这时，他对海空军重要性的认识进一步提高，而海空军的建设又不能一蹴而就，于是又推迟了攻台期限，电告粟裕说“必须推迟到我方海空军（特别是空军）条件充分具备之时”。

这年9月，粟裕率领三野代表团出席北京的全国政协会议和开国大典。

他以三野代表团团长和首席代表身份在大会上发言，“代表人民解放军第三野战军全体指挥员、战斗员、工作人员”向大会做出了4个承诺，第一条便是：

“我们在中央人民政府和革命军事委员会总的意图下，当于最短时间，歼灭舟山群岛和福建的敌人，尽一切努力于短时间内完成解放台湾的任务。”

不久，粟裕出席中央军委召开的各大野战军司令员参加的军事会议，主要讨论解放台湾问题，他是与会者中唯一担负重任、实际主持一个野战军工作的副司令员。

① 《毛泽东年谱》下卷，人民出版社、中共中央文献出版社1993年版，第541页。

返回华东军区暨三野总部驻地南京后，除南京市委书记、市长兼政协主席等诸多职务所要履行的职责外，他还继续进行攻台作战准备。

11月20日，他以解放台湾工作委员会主任身份召开第一次总会会议，做了《关于对台工作的几点意见》的发言。主要内容是：

一是对台湾情况的估计和认识。

他谈到一个有利条件："蒋介石孤守台湾，对于国民党内部，是严重的打击"，也指出了三个困难："美帝积极策动台湾独立"；"蒋匪残余力量最后撤到台湾，集中一点"；"在蒋介石黑暗统治下，特别是'二·二八'事变后，台湾人对大陆人不满，对我了解不够"。

二是对台湾各政治团体、派系的政策。

他认为，对台湾的地方势力、托管派、再解放同盟（即策动台湾独立者），所采取的方针是争取、分化、动摇、瓦解，而不是打击。

三是对台湾宣传方针。

他认为不能提以台治台的口号，而应该树立一边倒，倒向中国，倒向大陆的思想，但同时指出："又要认识到台湾人的重要，没有台湾人民的组织起来，不可能有台湾的真正解放。"

四是策反工作与政策。

他指出"解放台湾的条件是陆军登陆，海空配合和开展策反工作"，如果策反工作做得好，有突然事变、和平解放的可能。

他说："对策反对象的要求可放宽尺度。我们的策反对象必须是普遍的、广泛的、动摇的敌人，有人视战犯不在内是不对的，应该包括在内。只要他接受我们的条件。"

他预计攻台作战经费需要800亿至1000亿，但派遣策反经费只占百分之零点几，因而要求说："要给予充分的保证，只要有作用，能解决问题，花钱不要紧，应该用必须用的就要开支。"①

也就在这一个月，粟裕指导华东海军组建了第一、第二两个大队。为增加攻台海

① 《粟裕文选》第三卷，军事科学出版社2004年版，第15页。

1949年9月，第三野战军代表团团长兼首席代表粟裕参加中国人民政治协商会议第一次全体会议出发前

1949年9月，第三野战军代表团团长兼首席代表粟裕乘火车赴北京参加中国人民政治协商会议第一次全体会议

军力量，他又向华东局建议，将上海接收的一批船只交海军使用，并拨出经费专供海军修造舰船。

空军的建设和参战训练也紧抓不懈。

1950年2月，毛泽东询问粟裕起义过来的国民党军伞兵第3团情况，指令说：“盼加强对他们的政治训练，我们需要这批伞兵作基础训练一个伞兵部队，作为台湾登陆作战之用。”

伞兵是攻台作战的“至宝”之一，粟裕早已着手，而且还在对他们进行严格的军政训练中。

两个月后，毛泽东又指令粟裕组建华东空军，粟裕对此也早有安排。此前，他在北京请示主持军委工作的周恩来，并与空军司令部协商，计划第一批建立五个空军师，第二批建立四个空军师。

时为上海军管会空军部部长的蒋天然多年后回忆说：“粟司令对华东空军建设十分热忱，处理每一个问题都认真负责，体贴下情，他的指示执行起来往往很方便。”

不久，粟裕又要求调集空军训练，毛泽东马上批准，说“同意粟裕调四个师演习海战”。

陆军部队的参战，粟裕原打算将9兵团4个军作为登陆第一梯队，跟进的第二梯队也是4个军，但10兵团所属28军于1949年10月金门作战失利后，他对渡海作战的艰巨性认识更上了一层。

1950年2月，他在华东军政委员会会议上说：“解放东南沿海诸岛，特别是解放台湾，是一个极其重大的问题，是中国战史上从来没有的一个最大的近代化作战的战役。”

粟裕收回了过去由兵团级别主官决定小规模战役的权力，以免金门失利重演，同时决定增加攻台作战兵力。

他致电毛泽东，说目前台湾守军约7个军20万人，估计其战斗部队为十三四万人，如果将雇佣军即日本的“志愿兵”估计在内，“则台湾蒋军战力应以20万人计算”，因而“三野原拟8个军参战已属不够”，决定“对台作战必须三野全部参加，加上后勤人员及特种兵共约50万人”。

这时的三野全军能直接参战的仅有12个军，一旦全部投入战斗，华东地区海防则陷入空虚，粟裕又向毛泽东建议：“请四野以一个军移驻苏州，请华北一个军移驻山东，以策应海防。”

因美国不断公开表示与蒋介石拉开距离，粟裕此时的作战计划中还没有考虑美国干涉的因素。

1950年1月，美国总统杜鲁门便声明说，“现在美国无意在台湾获取特别权益或特权或建立军事基地。美国亦不拟使用武装部队干预其现在的局势”。美国国务卿艾奇逊也有类似的公开表示。

1950年4月23日，粟裕出席华东人民海军成立一周年大会

粟裕因而解释说，直接参战在政策上、军事上都是对美帝不利的，所以美帝只能间接参战，如动员日本的“志愿兵”去帮助蒋介石。[①]

这年3月11日，粟裕与海军司令员萧劲光会商，准备以三野7兵团和9兵团担任第一梯队，10兵团和入闽的另外3个军为第二梯队，获得了毛泽东的批准。

攻台之前，粟裕决定先拿下舟山群岛和金门。

① 《粟裕文选》第三卷，军事科学出版社2004年版，第25页。

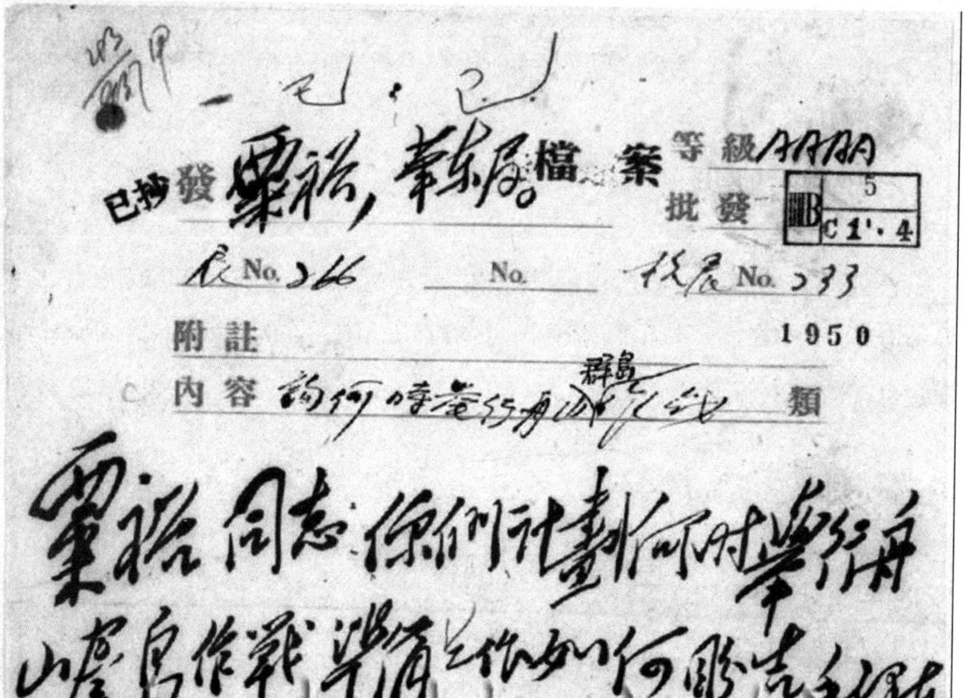
已抄發 粟裕，華东局。檔案 等級 AAAA
批發
No. 266 No. No. 233
附註 1950
內容 询何時举行舟山群岛战 類

粟裕同志：你们计划何时举行舟山群岛作战，准备工作如何，盼告。毛泽东 五月七日

毛泽东询问粟裕何时发起舟山群岛战役的原始电报稿

4月25日，粟裕召开华东陆海空三军联合作战会议，决定让预定攻台的第一梯队6个军20万人举行舟山战役；同时调24、25和32军3个军入闽，接替叶飞10兵团的剿匪、修筑道路等任务，以便集中10兵团3个军攻占金门。

这一回，他不仅打算亲自出马，报麾下叶飞和王建安指挥的金门、定海战斗失利"一箭之仇"，还准备将攻打舟山和金门作为一次攻台作战的实战总演习。

粟裕气冲斗牛的摩拳擦掌，令对岸的蒋介石胆战心寒，仔细掂量一番后，他决定忍痛放弃舟山，将12万守军撤回台湾岛。这时候，林彪四野的15兵团也登上了海南岛，主将薛岳带7万多人不战而逃，撤至台湾。

台湾守军一时增加19万，达到了40万人，而粟裕的攻台部队约为50万人，除后勤保障人员外，战斗部队仅为30万至38万人，实力几乎旗鼓相当。

为保持兵力优势，取得获胜的绝对把握，粟裕只得向毛泽东求援，6月23日建议说："如能从其他野战军抽出三至四个军作为第二梯队或预备队则更好。"

毛泽东也意识到问题的严重性，很快批准调其他野战军4个军参战，使攻台大军达到了65万人。为防备万一，他还决定以林彪四野的13兵团担任全军的战略预备队，以彭德怀一野的19兵团作为能随时调动的机动力量。

这两个兵团连同三野攻台主力第9兵团，不久便组成东北边防军，随后又改称中国人民志愿军，跨过鸭绿江抗美援朝。

粟裕的攻台准备尽管周密细致，但正如他所说"解放台湾已经成为全国全军的重大战略行动"，而渡海作战"实际困难为过海"，需要的海空力量与装备已不是华东与三野所能独立解决的，"许多具体实际问题非军委统筹而不能行"。

因而，为统筹便利出发，他曾两次请求由军委直接指挥攻台作战。

1950年6月3日，粟裕出席中共七届三中全会，汇报解放台湾的准备情况和作战方案后，认为解放台湾已经成为全国全军的重大战略行动，请求中央军委直接指挥台湾战役。毛泽东宣布："解放台湾之战仍由粟裕指挥。"①

20天后，粟裕向毛泽东再次报告攻台作战准备和方案时，又重提旧事，说："由于此一战役关系太大，而我个人能力很薄弱，故曾于三中全会请求军委直接组织此一

① 《粟裕文选》第三卷，军事科学出版社2004年版，第51页。

战役。”

他说：“当时虽经主席宣布仍由职负此职，职实感能力有限不堪负此重责，且许多具体实际问题非军委统筹而不能行。为此仍请求军委直接主持此一战役或请刘伯承、林彪两同志中来一个主持亦可。”

他最后强调了自己义不容辞的责任，说：“职在华东范围内当全力以赴。”[①]

毛泽东明白粟裕的担忧所在，而无论军委还是林彪、刘伯承指挥，也同样面临“统筹”全国物力财力建设海空军的问题，出于对粟裕军事才干的信任，他没有批准粟裕的请求。

为解除粟裕的后顾之忧，毛泽东决定倾全国之力建设海空军，先后采取了许多非常举措。

他首先要做的是，在粟裕的华东海军基础上，设法建立一支护航、运输能力与渡海作战相应的海军。为统一管理指挥，他于1950年1月组建了全军最高海军领导机构，调四野的萧劲光为海军司令员。

1950年二三月间访问苏联时，为满足攻台登陆作战运载能力的需要，他两次签订了海军装备订货协定，总金额达1.5亿多美元[②]，占当时与苏联签订的军事贷款的一半。

毛泽东还批准从香港购买旧船48艘，2.5万吨[③]；从英国定购了2艘排水量达7000吨的巡洋舰，5艘护航驱逐舰、4艘扫雷舰（朝鲜战争爆发后英国取消了部分定货）。

华东海军不久便有了较大发展。1950年4月23日，华东海军又成立了海军第5、第6和第7舰队。

这一天也是华东海军成立一周年纪念日，华东海军司令员张爱萍特意在南京长江草鞋峡举行舰艇命名典礼，为舰艇命名。护卫舰以省会城市命名，如南昌、广州等，登陆舰以大山命名，如井冈山、吕梁山等。

粟裕带着麾下将领王建安、宋时轮、陈士榘、叶飞等人参加了典礼，发表了慷慨

---

① 《粟裕文选》第三卷，军事科学出版社2004年版，第51页。

② 《萧劲光回忆录》续集，解放军出版社1989年版，第94页。

③ 《海军史》，解放军出版社1989年版，第25页。

激昂的讲话，最后肯定说：“一年来建设这样规模的海军，是奇迹。”[①]

这时，华东海军总人数达到3.8万人左右，各种舰艇92艘、舰炮309门、海岸炮122门，与组建之初已不可同日而语。

毛泽东也注意提升空军的规模，以保障攻台作战的制空权。

1949年7月，他致信周恩来，提出组建空军作战部队的问题，说“空军要压倒敌人空军，短期内（例如一年）是不可能的”，但“可考虑选派三四百人去远方（指苏联）学习6个月至8个月，同时购买飞机100架左右，连同现有的空军，组成一个攻击部队，掩护渡海，准备明年夏季夺取台湾”。

半个月后，毛泽东又批准组建了空军领导机关。

也就在这一天，他致电正在苏联访问的刘少奇，要求说：“为准备在一年左右的时间建成中国空军战斗部队，拟向苏联定购飞机、聘请苏联专家，请与斯大林商谈，如苏方原则同意，再派刘亚楼率代表团赴苏具体商定。”刘少奇很快完成了这一任务。

当时估计台湾拥有200至250架作战飞机，刘亚楼便提出一个一年内拥有300至350架作战飞机，其中歼击机与轰炸机为2比1的方案，以建立对台湾略占优势的空军，夺取台湾海峡制空权，获得了毛泽东的批准。

8月1日，毛泽东又派刘亚楼前往苏联谈判帮助组建空军的具体问题，苏联同意卖给中国各型飞机434架。

这一数量后来又不断增加，到1950年2月达到了586架，其中歼击机280架、轰炸机198架。为缩短接收时间，苏联空军后来将在上海和东北等地协助防空的飞机，直接作价卖给了中国。

海空军建设一时还不能完全到位，毛泽东于1949年8月电告粟裕，推迟原定的攻台时间，说“如有内应，则可早日举行，否则必须推迟到我方空海两军（特别是空军）条件充分具备之时，故具体时间目前不能确定”[②]。

他说的“内应”，指的是台湾中共地下组织。

---

① 徐平：《新中国海军的筹建奇迹》，《人民文摘》2014年3月1日。

② 《毛泽东年谱》下卷，人民出版社、中共中央文献出版社1993年版，第541页。

然而，台湾地下党突遭变故，从1949年9月到第二年5月先后遭到国民党破坏，尤其是省委书记蔡孝乾等人被捕变节，各地80余个支部及小组损失殆尽，“内应”已绝无可能，只能依靠海空军条件具备后正面强攻了。

1949年10月，毛泽东正式任命了空军负责人，以刘亚楼为司令员，萧华为政委。空军共有航空人员2938人、各种飞机159架。

与飞机一样急需的是航空人才。

1949年10月，毛泽东批准了创办7所航校的方案，第二年5月第一批速成学员毕业，共有89名飞行学员、20名空中领航员和567名地勤学员。

这年6月，空军第4混成旅在南京成立。这是中国第一支航空兵部队，下辖2个歼击机团、1个强击机团、1个轰炸机团，装备米格–15等歼击机、轰炸机共110架。

不久，空军第一支伞兵——5000余人的空军陆战第1旅在上海组建，下辖狙击、坦克等7个营和高射机枪、工兵等7个连队，另设1个教导队。半年后，空军陆战第1旅又扩编为一个师。

这时候，尽管海军依然弱小，粟裕说离“攻台所需船只尚缺甚巨”，空军也未足够强大，总参谋部代总长聂荣臻说飞机到1951年3月底才能达到470架[①]，但因为毛泽东的竭尽全力，短期内取得的成就足以令世界惊叹。

如果没有随后到来的意外，发起攻台作战时，完全有可能取得对蒋介石海军特别是空军的相对优势，粟裕旌旗直指，拿下台湾便水到渠成，两岸后来长期分离，造成民族悲剧的局面也就可以避免。

美国中央情报局认为，“没有美国的军事占领和控制，台湾将如同中国其他地区一样，很可能在1950年底为中共所控制”。

1950年5月，粟裕下达了《保证攻台作战胜利的几个意见》，确定部队转入渡海登陆作战准备，同时签发了攻台准备训练大纲。

大纲规定了一份时间表：1950年7月至1951年3月，各军兵种部队分别训练；1951年4月至5月，进行陆海空协同登陆进攻合练，然后三军协同解放台湾。[②]

① 《粟裕文选》第三卷，军事科学出版社2004年版，第48页。

② 沈志华：《中共进攻台湾战役的决策变化及其制约因素》，《社会科学研究》2009年第3期。

6月23日，粟裕向毛泽东做了长篇书面报告，系统总结攻台的各种有利与不利因素，以及准备工作存在的问题外，也谈到了自己的作战部署构想。

攻取台湾本岛，金门成为他首先考虑的问题。

8个月前，因战役决策权下放到兵团一级，叶飞指挥10兵团28军负责攻打金门失利，令所向披靡的三野蒙受耻辱。

粟裕当时主动承担了责任，对前线指挥员萧锋说："金门失利，不能归罪叶飞，更谈不上你萧锋，主要责任在三野前委，特别是我这个主管作战的人。"但他为部下复仇，灭此朝食之心未尝一日稍减。

他准备以10兵团全军兵力攻打金门，以三野现有海陆空力量和他亲自指挥的局面，金门已完全能手到擒来，剩下的仅是什么时候动手的问题。

粟裕向毛泽东汇报了攻打金门的两个作战方案：

一是"争取于攻台之前全歼金门之敌"，他认为此举"既可动摇守敌信心，促进其内部的瓦解与崩溃"，还能"使我陆海空军均能得到一次很好的实际锻炼"，也就是为攻取台湾岛做一次实战演习。

二是"不打金门而直接进攻台湾"。他认为这一方案"可减少金门作战的消耗，只要台湾解放则金门敌有可能投降"。对于进攻台湾时，金门造成的些许侧翼威胁，他提出"以一部海空军监视该敌"。

从两种方案比较，他更倾向第一种。因为直接进攻台湾，"陆海空军未经实际作战即投入攻台作战，则有生疏不熟练而欠协同之虞"，而先期拿下金门，仅仅是"在人力物力与财力上，要多消耗一些"①而已。

对于攻取台湾本岛，因为海空军特别是空军条件尚未充分具备，粟裕向毛泽东汇报说："攻占台湾的具体部署，目前尚难具体确定。"但他已构想了攻打台湾时兵力使用的三个方向，详细分析了其利弊：

一是"以强大之兵团从西海岸强行登陆"。优点是"如登陆突破成功，则大兵团及特种兵易于展开及发挥其效力"；不利因素是蒋介石"防御较严，必须经过剧烈战斗才能成功"。

---

① 《粟裕文选》第三卷，军事科学出版社2004年版，第49页。

二是“以精干之山岳兵团从东海岸登陆先占东海岸山区后，居高临下向西发展，腰斩台湾”。优点是“较西海岸登陆易于成功，也不致遭敌人强烈抵抗”；缺点是“兵团陷于山区不易发挥我军现有各种武器之效能”。

三是“以跳伞部队降落敌人后方”。优点是，“这种挖心战术出敌不意，对敌震撼作用亦大”；缺点是，“如数量太少和与正面主攻部队配合不好，则有被敌歼灭的危险”。

粟裕汇报说，“我们对此三种使用方向，目前均在积极进行”。

他还认为，“一、二两种方向兵力已够，唯第三种方向兵力太少”，因而决定增训伞兵，使其达到2.5万人左右。

他决定一旦开战便三管齐下，说如果这三个方向同时进行登陆，只要一个方向成功，其他两个方向便可随之奏效。①

粟裕整军经武备战，准备横渡海峡之时，对岸的蒋介石集团“山雨欲来风满楼”，诸多昔日的“党国”要员草木皆兵，信心动摇，争相逃往海外避难。

台湾的美国官方机构也整理行装，随时准备撤离。1950年5月，美国驻台湾代办斯特朗报告说：“我和使馆的人员都认为，台湾的命运已经注定，共产党可能在6月15日至7月底之间发动进攻。”

他建议减少美国官方人员，警告所有美国公民迅速离开台湾。他还报告美国国务院，他将“在6月15日之前，把所有必须转交给英国领事馆的文件准备好”，并“确定出内部和外部的撤离单位”。

国务院批准他的建议，授权他秘密与英国方面“进行完全必要的筹划”，以防万一。②

然而正当粟裕精心备战且卓有成效，准备扫荡蒋介石残余政权，完成国家重新统一时，一个国际性的意外事件发生了。6月25日，朝鲜战争突然爆发。

两天后，为遏制签订了“中苏同盟条约”的中国，美国改变了“无意在台湾获取特别权益”的态度，悍然宣布“台湾地位未定”，迅速派遣海军第7舰队侵入台湾海

① 《粟裕文选》第三卷，军事科学出版社2004年版，第50页。

② 沈志华：《中共进攻台湾战役的决策变化及其制约因素》，《社会科学研究》2009年第3期。

峡，阻挠粟裕和三野的攻台行动。随后，远东美军司令麦克阿瑟与蒋介石签订了台湾“保卫协定”。

毛泽东不得不决定暂缓攻台。

6月30日，他命周恩来约见协助粟裕攻打台湾的海军司令员萧劲光，转达中共中央的指令：“推迟解放台湾的时间。”

随后，他将主要战略方向由东南转向东北，攻台最高指挥员粟裕被调往东北担任边防军司令员兼政委，随时准备抗美援朝，攻台最高指挥机构第三野战军前委也随之被撤销，攻台作战事实上无限期终止。

尽管如此，毛泽东此后依然长期将粟裕列为收复台湾挂帅的最理想人选。

1959年庐山会议上，王震发言时回忆：“1954年毛主席提出一定要解放台湾的伟大号召后，毛主席就说：‘粟裕同志是将来解放台湾的最好指挥员。’”

1966年开始的“文革”中，当北京街头出现“打倒粟裕”的大字报，毛泽东获悉后，连夜给林彪电话，说：“解放台湾，你不行，我也不行，还得靠粟裕！”[①]第二天，关于粟裕的大字报便都杳无踪迹了。

粟裕也时刻准备披挂上阵。

1957年7月，时为总参谋长的粟裕制订了《执行对台斗争的军事计划》，目的是“最后收复台湾解放我国国土”。他设想了3个步骤，打算分3年时间逐步完成：

一是首先打击蒋介石的海军和空军，确保华南国际海上运输的安全；轰炸盘踞沿海岛屿的国民党军，迫使其采取守势，造成其孤立之势，为进一步攻取这些岛屿准备有利条件，迫使美国和蒋介石缔结“共同防御”协定有所顾忌或限制台湾。

二是有步骤地攻占沿海岛屿，确保华南和华东的海上交通，为解放台湾造成有利条件。

三是在海军和空军力量充分发展和准备后，争取在国际情况对我有利的条件下解放台湾。[②]

然而，将军老去，机会未来，未能拿下台湾，实现国土统一，成为粟裕一生未了

---

① 张雄文：《名将粟裕珍闻录》，北岳文艺出版社2009年版，第188页。

② 《粟裕文选》第三卷，军事科学出版社2004年版，第281页。

的心愿。

人到暮年，他依然念念不忘。

1978年6月3日，到江西视察的粟裕对省军区司令员信俊杰等人说："江西的地位很重要，它是解放台湾的直接后方，第二梯队。如发生全面战争，江西就是福州、南京、广州三大军区的后方。"

粟裕的长子粟戎生回忆："在父亲的小屋里，墙上始终挂着台湾省地图，直到他去世。"他说："在父亲的心里，解放台湾的任务只是暂缓并未解除。"

粟裕收养过"皖南事变"中殉职的新四军政治部主任袁国平的儿子袁振威。一次袁振威从军校毕业，高高兴兴回到家里，粟裕忽然问他："为什么到现在我们的军队还叫'解放军'而不叫'国防军'？"

袁振威思考了一会儿，回答说："因为台湾还没有解放。"粟裕很是高兴，说："你可以从军校毕业了。"

早在1949年，粟裕便对幼小的粟戎生说："全国解放以后，我带你们回湖南老家。"然而，这一承诺直到他去世也没有实现。

粟戎生当时很疑惑，不是已经解放了吗？不是有很好的机会和条件了吗？直到多年后，他才终于理解了父亲"全国解放"的含义——一定是包括台湾和全部岛屿的解放。

然而，令人扼腕的是，粟裕失去了攻台作战、统一全国的壮阔舞台，又将失去一次与世界头号强国交锋，施展更多军事智慧的机会。

失之交臂的辉煌之二：抗美援朝挂帅第一人选

攻台搁浅，朝战烽起，东北面临重大威胁。"国难思良将"，毛泽东第一个想到的是这时唯一未曾解鞍的野战军级将领粟裕。

1950年7月6日深夜，长久思索，决心已定后，他亲笔拟写电报，以罕见的"毛泽东"三个字署名，召粟裕前来北京接受新的重任：

电报说："现有重要任务委托粟裕同志执行，请粟于七月十六日前将三野事务处理完毕，于七月十八日来到北京接受任务，粟来时可随带秘书及参谋人员数人。”①

他说的“重要任务”指的是令粟裕担任东北边防军司令员兼政委，准备挂帅出征朝鲜。深夜紧急发出的电报说明三点：

一是事关重大，情况紧急，因而限定时间为“7月16日前”；二是粟裕虽是三野暨华东军区副司令员，却主持实际工作，因而要求“将三野事务处理完毕”；三是一去便准备赴任，因而“可随带秘书及参谋人员数人”。

通知了挂帅人选粟裕，更多的安排随即跟上。

第二天，毛泽东委托主持军委日常工作的副主席周恩来主持第一次国防会议，讨论朝鲜局势和国防问题。

与会者除解放军总司令朱德等总部负责人外，东北边防军第一批部队所属的中南军区暨四野司令员林彪也奉命参加。

会上，周恩来传达了毛泽东对形势的估计和成立东北边防军加强边防，必要时出国支援朝鲜人民军作战的决定。

他着重强调：一旦边防军参战，“改穿志愿军服装，使用志愿军旗帜”。

其实，早在5天前的7月2日，周恩来便对苏联大使说：“如果美国人越过三八线，那末中国军队将穿着朝鲜人民军的制服采取反对美军的志愿军行动。为此，中国领导人已经在沈阳地区集中了三个军，兵力为12万人。”②

他在国防会议上的再次强调，说明东北边防军建立之初便有改称志愿军的设想，与3个月后出动的志愿军实际上是同一支部队。这时设想的“志愿军服装”是“朝鲜人民军的制服”，最后确定的样式是摘除了帽徽和胸章的解放军军装。

为何只称边防军而不称志愿军，毛泽东不久告诫高岗时有所解释，说“对省级主要同志只讲边防，不讲其他”。他是出于策略上的考虑，以免过早暴露中国政府的目的，也不打算与美国公开宣战。

国防会议上，周恩来还提出了东北边防军所辖部队、人数和指挥机构等方面的安

① 《建国以来毛泽东军事文稿》上卷，军事科学出版社、中央文献出版社2010年版，第157页。

② 沈志华：《斯大林、毛泽东与朝鲜战争再议》，《史学集刊》2007年第5期。

排，同时宣布粟裕为东北边防军司令员兼政委。

与会者讨论了一些具体细节，林彪还提出将邓华的15兵团部与黄永胜的13兵团部对调，之后形成了初步决议。毛泽东当晚批示：“请即按此执行。”

事急从权，各项事宜随即开始实施，包括通知粟裕准备就任新职与调动部队。

然而，这时的粟裕身体状况异常糟糕。

他早年征战时先后6次负伤，最严重的是水南战役中头部中弹，头颅内留下了三块残碎弹片，始终未被发现。直到多年后辞世火化时，才被家人从骨灰中惊讶地找到。

战伤的后遗症和长期过度劳累，使刚到中年的他患有高血压、肠胃病和美尼尔氏综合征，经常头晕头痛，靠戴着健脑器工作。

半年前的淮海战役中，他曾连续七天七夜没有睡觉，高血压和美尼尔氏综合征发作，血压高达180至200毫米水银柱，戴上健脑器也无济于事。

情急之中，警卫员按照老办法反复给他摁头，或用凉水冲头以分散疼痛。实在支撑不住时，粟裕被迫躺在担架上指挥。

渡江战役紧张筹划之际，他的病情也相当严重，不得不向毛泽东请假离开前线，返回济南疗养一个月，这也是他戎马生涯前半生唯一一次“奢侈”的休养。

时为23军政工干部，后来成为军事科学院战史编辑室主任的姚旭说：“粟裕戎马一生，从未因病离开过指挥岗位，即使是淮海战役歼灭杜聿明三个兵团期间，他病已很重，但一直坚持指挥到胜利结束，才去济南治病。”

渡江战役中，粟裕依然带病指挥作战。时为三野前委秘书的崔协祥回忆说：“渡江战役中，他头痛经常发作”，“每当头痛发作时，他就拿出铝制镇痛器戴在头上接着工作”。

1950年上半年，因从未认真检查治疗，他的病再度复发，日趋严重，但依旧恪尽职守，紧张地进行攻台准备。

毛泽东突然亲自点将，交给他赶赴东北准备挂帅出征朝鲜的新任务后，粟裕深感这是中共中央、毛泽东对自己的信任，理应勇挑重担。但又考虑到身体状况，恐怕顶不下来，会耽误大事。

于是，他慎重回电毛泽东，说明了身体状况，提出是不是可以考虑另外的同志。[①]他说：接受了这个任务，如果指挥不当，下面就难以指挥了，是要误事的。

毛泽东没有同意。

粟裕是国内战争中指挥一个野战军，与蒋介石精锐嫡系作战战绩和表现均为最好的将领，不仅指挥华东野战军歼灭了蒋介石800万军队中的245万，首创打掉最精锐王牌军整编74师的先例，淮海战役中还一口气吃掉了三个美械装备的黄埔嫡系兵团。

因而，毛泽东仍然坚持要粟裕去，但将规定的到京时间推迟到了8月上旬。

7月10日，他再次以“毛泽东”署名回复说：“来电悉。有病应当休养可以缓来，但仍希望你于八月上旬能来京，那时如身体已好，则担任工作，如身体不好则继续休养。”[②]

不久，他还指令陈毅向粟裕当面传达，明确要粟裕担负抗美援朝作战指挥任务。[③]

粟裕暂时不能来，其他准备工作却不能停。也就在7月10日这天，毛泽东又安排周恩来再次召开保卫国防问题会议，宣布增设萧劲光为东北边防军副司令员，萧华为副政委。

萧劲光和萧华两人，一个曾是东北民主联军（后更名为东北野战军）副总司令，总司令林彪的副手，一个是现任总政治部副主任，总政部主任罗荣桓的副手，这时被毛泽东从全国千员骁勇的战将行列精心挑选出来，成为粟裕的军政副手。

他们两人的优势是，都曾长期在靠近朝鲜边境的南满独立作战，熟悉东北和朝鲜的风土人情、地形地貌。

萧劲光还有一个适合做粟裕副手的长处，红军时期便多次与粟裕搭档，个人感情极好，攻台作战准备时又以海军司令员身份密切配合过，能够很好地协助粟裕指挥第一批编入东北边防军的四野部队。

林彪和罗荣桓的副手变成粟裕的副手，也从一个侧面说明，为取得预期战争的胜

---

① 《粟裕传》，当代中国出版社2000年版，第854页。

② 《建国以来毛泽东军事文稿》上卷，军事科学出版社、中央文献出版社2010年版，第160页。

③ 《粟裕传》，当代中国出版社2000年版，第854页。

利，这时候的毛泽东已将粟裕与野战军军政正职的林彪、罗荣桓同列，给予了他充分的指挥权限，改变了他过去长期实际指挥一个野战军，却仅担任负责战役指挥的副司令员或代司令员的局面。

第二次国防会议结束时，周恩来还电告东北局书记兼东北军区司令员高岗，通报了关于东北边防军首批部队组成的内容，让他做好大批部队进入东北的准备。

电报说："为加强东北边防准备，军委已决定13兵团及42军与炮兵第1、2、8三个师等调至东北本溪至安东、通化至辑安线集结待命。"

7月13日，毛泽东批准《关于保卫东北边防的决定》正式发布，确定：

一、抽调第13兵团（第38军、39军、40军），第42军，炮兵第1师、2师、8师和一定数量的高射炮兵、工兵、战车部队组成东北边防军。这些部队最迟于8月5日前抵达指定地点，完成集结。

二、以粟裕为东北边防军司令员兼政治委员，萧劲光为副司令员，萧华为副政治委员，李聚奎为后勤司令员。

三、以15兵团领导机关为基础组成13兵团领导机关，以邓华为司令员，赖传珠为政治委员，解沛然（解方）为参谋长，杜平为政治部主任。①

《决定》明确规定了东北边防军司令部和13兵团是上下两级机构，一为野战军级，一为兵团级，而且都有相应的军政人选安排。因而东北边防军绝非一般性质的边防部队，而是应朝鲜战争而预先组建的战略方面军。

第一批编入东北边防军序列的13兵团仅是其所属的一部，与其同时编入的还有四野42军，炮兵第1师、2师、8师和一定数量的高射炮兵、工兵、战车部队。不久，早已内定的三野9兵团和一野19兵团等部也被正式划归东北边防军建制。

国防大学教授徐焰后来研究指出："军委建立东北边防军的设想，是建立一个直属军委的、由多个兵团组成的野战军级单位。13兵团只是其中之一部。""第9、19兵团已内定为后续部队。"②

毛泽东选取了相当信任倚重的粟裕挂帅，又组建了野战军规模的东北边防军，表

---

① 《抗美援朝战争史》第一卷，军事科学出版社2000年版，第63页。

② 徐焰：《毛泽东与抗美援朝战争》，解放军出版社2003年版，第108页。

明一旦出国开战他便立足于大打，而且极为渴望用优势兵力像淮海战役歼灭国民党军那样，全歼美军几个整师。

而若是一般边防自卫性质的小打，调四野部分部队或仅仅一个13兵团就足够了，粟裕作为统率三野全军和其他野战军四个军的攻台作战总指挥，也没有必要调往东北“屈就”了。

东北边防军由四野13兵团、三野9兵团与一野19兵团等三个兵团组成，也绝非偶然，而是都与粟裕有关。

两个月前，因舟山和海南岛两地国民党军撤往台湾，台湾岛守军人数大增，粟裕向毛泽东提出攻台作战时，“如能从其他野战军抽出三至四个军作为第二梯队或预备队则更好”。

毛泽东批准这一请求的同时，又调集四野13兵团作为全军战略预备队，还从一野抽出19兵团作为可以随时调动的机动力量。

如果攻台作战按原计划实现，并且出现突发的意外情况，13兵团与19兵团都有可能在粟裕的指挥下参战。也就是说，这两个后来划归东北边防军组成部分的兵团，毛泽东原本就有调拨粟裕指挥的意图，而三野9兵团原本就是粟裕的攻台主力。

攻台作战被迫搁浅，东北局势严重，粟裕被毛泽东从东南调往东北，13兵团、19兵团加上粟裕指挥的攻台主力9兵团组成东北边防军，也就顺理成章了。

粟裕接到中央军委和毛泽东的多次电令后，不顾病体慨然接受了任务。他说：“如果毛主席一定要我去，我就不能推辞了，我还是要去。”①

他一面养病，一面进行担负新任务的准备。按照毛泽东“可随带秘书及参谋人员数人”的指令，他要求华东军区暨三野司令部选配东北边防军指挥部的参谋、通信班子，指令华东空军调查研究侵朝美军空军的飞机数量和作战能力。

粟裕还向中央军委建议，增调原准备用于攻台作战的三野主力9兵团参战，很快获得了采纳。代总参谋长聂荣臻便因此于8月中旬建议将9兵团调至津浦铁路线。

但粟裕病情日益加剧，连左右环视都困难，吃饭时要把饭菜摆在正面一条直线上，因而被迫向军委和毛泽东请假治疗，力求尽快康复。经批准，他于7月14日前往

① 《粟裕传》，当代中国出版社2000年版，第854页。

青岛疗养。

临行前，他带病主持三野会议，研究了朝鲜战争问题，对其余事项也做了安排。三野参谋长张震晚年回忆说：“粟裕在去青岛休息前，主持召开了三野会议，研究了朝鲜战争问题。”

粟裕走后3天，毛泽东仍然很牵挂。

7月17日，他又为中央军委起草致电华东局和华东军区暨三野总部的唐亮、张震等人，要求转告粟裕，说“请粟于八月上旬来电报告身体情况。如病重则继续在青岛休养，不要来京，如病已愈，则盼来京”。

粟裕前去治病，专为他配备的两个副手也就无须急于到职了。

7月22日，周恩来报请毛泽东决定，东北边防军目前“先归东北军区高岗司令员兼政治委员指挥并统一一切供应，将来粟（裕）、萧（劲光）、萧（华）去后，再成立新的边防军司令部”。

东北边防军随即暂归高岗指挥，因其不懂军事，也没有指挥过大规模战役的经历，因而主要是负责后勤供应，边防军后勤司令员李聚奎也改任东北军区后勤部长。日常训练则暂由13兵团组织，也就是由司令员兼政委邓华负责（原政委赖传珠去职，邓华兼任）。

8月1日，公安部部长罗瑞卿受毛泽东委托到青岛探望粟裕，了解病情。这时候，粟裕已休养半个月，仍未见好，正在日夜焦虑。

他遵照毛泽东两次要求“于八月上旬来电报告身体情况”的指令，托罗瑞卿带信给毛泽东报告自己的病情。

他说：“在此休息期间除两手已不如在宁（南京）时之颤抖外，头晕头痛症并未见好转，文件书籍均不能阅读，每日只能看看报纸，且每次不能超过二十分钟，出外游览超过一小时，亦即头晕目眩不能支持。”

病情如此严重，“出外游览超过一小时”都成问题，率军出征更是奢望了。他谈到了自己的焦急心情：“因新任务在即，而自己病症未见转好，心中甚是焦虑，以致愈加不能定心休息。”

医生诊断他的病“非短期所能治愈，愈重则治疗愈费时日”，他又判断朝鲜战场

“依目前局势发展似有一时期之间隙”，于是向毛泽东“请求能批准职给予较长的休息时间，以便于专心休息以期早日恢复工作”。[①]

“文死谏，武死战”，军人的价值在战场，何况当此国家危难之时。粟裕与他人不同，渴望重新披挂上阵，“期早日恢复工作”，而绝非后来有人所臆断的“称病怯战”。

这时的毛泽东正忙得不亦乐乎。

8月4日，他在中央政治局会议上谈朝鲜战争形势时，强调了出兵朝鲜的必要，再次明确东北边防军出动时“用志愿军形式”。

他说：“如果美帝得胜，就会得意，就会威胁我。对朝鲜不能不帮，必须帮助，用志愿军形式，时机当然还要选择，我们不能不有所准备。”

第二天，他又致电暂时负责东北边防军的高岗，要求部队9月上旬能够出国作战：“边防军各部现已集中，8月内可能没有作战任务，但应准备于9月上旬能作战。”[②]

他指令高岗召集一次东北边防军各军师干部会议，“指示作战目的、意义和大略方向，叫各部于本月内完成一切准备工作，待命出动作战。务使士气旺盛，准备充分，部队中的思想问题必须予以解答”。

鉴于粟裕需休养，毛泽东准备让萧劲光和萧华先去熟悉情况，并做必要的战前动员。他告诉高岗，“我们当令萧劲光、邓华、萧华参加这次会议”。

8月8日，毛泽东收到了粟裕的信，又有罗瑞卿的当面描述，对他异常关切，复信说：“病情仍重，甚为系念。”

当时美军还未越过“三八线”，毛泽东预计东北边防军“8月内可能没有作战任务”，9月上旬才有可能作战，还无须主帅立即出马，因而延长了原来“只同意他（粟裕）休息到8月中旬”的时间。

他在信中说：“目前新任务不甚迫切，你可以安心休养，直至病愈。休养地点，如青岛合适则在青岛，如青岛不甚合适，可来北京，望酌定之。”

---

① 《粟裕文选》第三卷，军事科学出版社2004年版，第53页。

② 《建国以来毛泽东文稿》第一册，中央文献出版社1987年版，第454页。

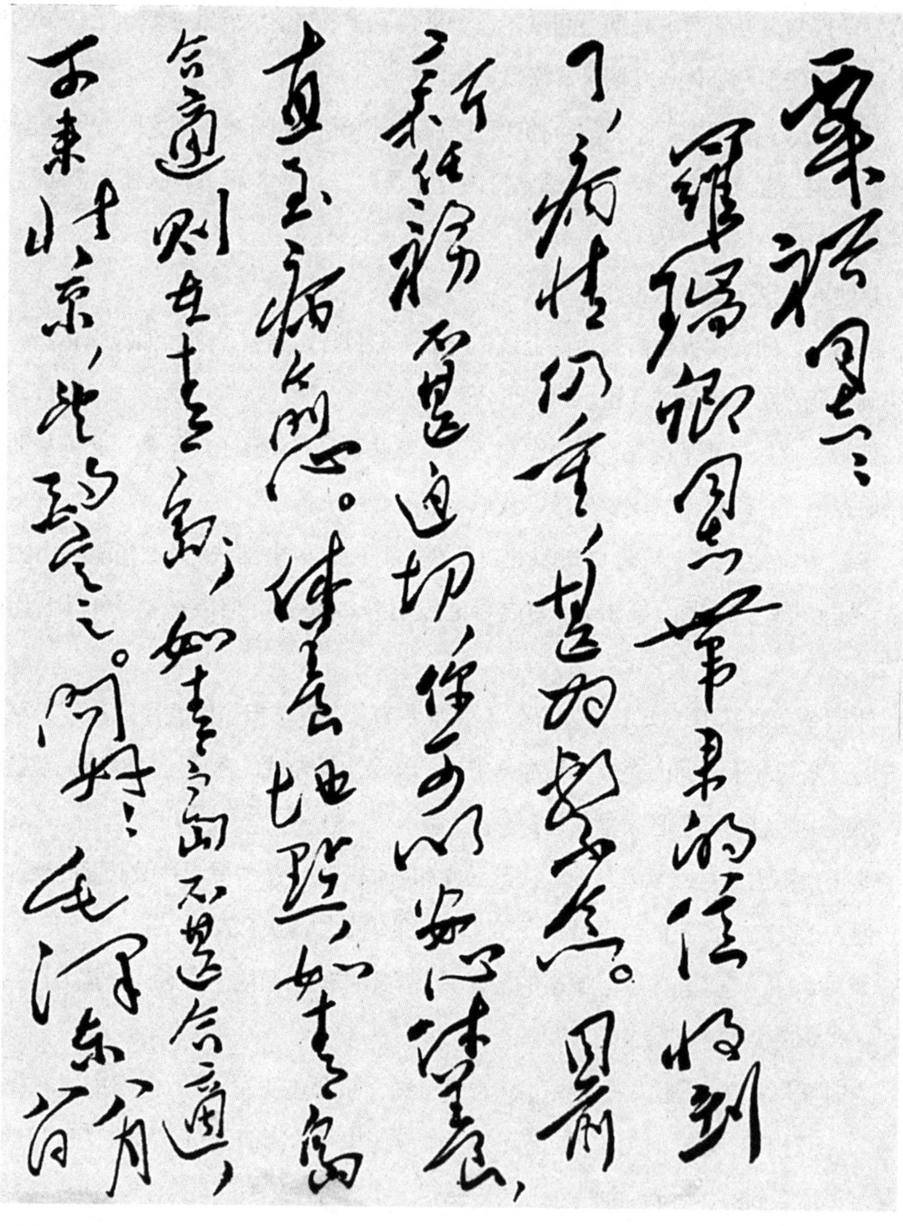
粟裕同志：
罗瑞卿同志带来的信收到了，病情仍重，甚为系念。目前新任务不甚迫切，你可以安心休养，直至病好为止。休养地点，如青岛合适则在青岛，如青岛不甚适合，可来北京，[illegible]。问好！
毛泽东
八月八日

1950年8月8日，毛泽东给粟裕问候病情的信这封亲笔信，多年后被粟裕赠给中央文献研究室，他还提笔做了说明：“这是1950年我在青岛休养时向主席写信报告我的病情后主席给我的回信。信中所指新任务是参加抗美援朝作战，因我的病经久未愈，后来改由彭德怀去担任了。”①

粟裕因病不能前往东北就职，也无法履行原来主持华东军区暨三野总部的职责，毛泽东只好令长期在地方工作的华东军区暨三野司令员陈毅重返军队，担负粟裕留下的空缺。

因陈毅本人在上海当市长，便向毛泽东要求原驻南京的华东军区暨三野总部迁驻上海，以便能够就近主持。

毛泽东不大赞成，回电说，华东军区暨三野总部不搬也可以，陈毅可以每月去南京一次，或者由政治部主任唐亮、参谋长张震每个月去上海汇报一次。②

华东军区随即依然驻于南京，3个月后陈毅决定自己住南京主持军区工作，获得了毛泽东的赞赏：“我们认为是正确的。”

8月11日，高岗奉毛泽东之命在沈阳召集东北边防军军、师干部会议，听取部队情况汇报，东北边防军副司令员萧劲光和副政委萧华都奉命从北京赶来与会。

会上，萧劲光宣布了边防军未来的作战任务是：“准备赴朝鲜作战，支援朝鲜人民抗击美国侵略。部队出国作战时将使用‘志愿军’的名称。同时中国不准备对美公开宣战。”③

两天后，东北边防军高级干部会议又召开了一次，高岗、萧劲光、萧华和邓华都在会上发了言。

高岗按照毛泽东的意图，强调了出兵朝鲜的必要性，说：“在国土以外消灭敌人，是有利于我们，有利于我们的朋友，有利于世界人民反对帝国主义争取和平民主的事业的。”

他也谈到了边防军出动的方式：“边防军出动时，到朝鲜去是以志愿军的名义出现，穿朝鲜服装，用朝鲜番号，打朝鲜人民军的旗帜，主要干部改用朝鲜名字。这样

---

① 《粟裕传》，当代中国出版社2000年版，第856页。

② 《建国以来毛泽东军事文稿》上卷，军事科学出版社、中央文献出版社2010年版，第181页。

③ 《萧劲光在沈阳军事会议上的讲话》，1950年8月11日。

的处置，可以使朝鲜人民喜欢，又很策略。”

萧劲光返回北京后，向毛泽东汇报了沈阳会议的情况，反映了东北边防军存在的一些困难，难以完成他“准备于9月上旬能作战”的要求。

8月18日，毛泽东致电高岗，肯定了他沈阳会议上的报告，决定将完成各项出动准备的时间延长到 9 月底。他说：“萧劲光来告边防军的各项问题都可以解决；边防军完成准备的时间可延长至9月底，请你加紧督促。”

也就在 8 月中旬，两个内定编入东北边防军建制的兵团开始行动：三野主力 9 兵团奉命开至津浦铁路线，一野主力19兵团也奉命开至陇海线，都处于机动位置上待命。

8月26日，周恩来按照毛泽东的要求主持召开东北边防军准备工作会议，各总部和各军兵种主要负责人与会。

会上，他通报了朝鲜战局和可能面临美军在仁川登陆的困难局面，强调东北边防军要加紧训练，务必在9月底以前完成一切作战准备，待命出动。他还特别强调，“如果出国作战的话，主要对象是美帝国主义，而不是李承晚伪军”。

因司令员兼政委粟裕在休养，周恩来说明东北边防军暂归高岗指挥，等正式开战时再派出高一级的指挥员。他说：“将来部队行动后，前线指挥要一个统帅去，萧劲光、萧华也是在部队出动时再去。”

8 月底到9月初，毛泽东考虑在第一批部队4个军的基础上，再增加8个军①，着手将9兵团和19兵团正式编入东北边防军，以充实作战力量。

根据他的安排，周恩来于8月31日又主持召开东北边防军建设计划会议，决定东北边防军以三个兵团11个军60万人做三线配置：四野13兵团（含42军）为第一线，三野9兵团为第二线，一野19兵团为第三线。

也就在这一天，高岗因指挥东北边防军的统帅至今未到职，使各项准备工作很不充分，影响即将到来的作战，因而焦急地致电毛泽东：“建议指挥部队的统帅与专门人才早日来东北，以便作充分准备。”

这时候，粟裕的病情依然没有好转。8月下旬，按照毛泽东“休养地点”，“望

① 《建国以来毛泽东文稿》第一册，中央文献出版社1987年版，第485页。

酌定之”的要求，他离开了青岛，但没有去北京，而是转往无锡疗养。9月初，他又经上海回南京家中继续疗养。

9月5日，华东军区参谋部基于粟裕早先调第9兵团参战的建议与部署，拟订了《关于第九兵团参加东北边防军的行动方案》，并送呈在家的粟裕签署。他抱病签署了名字，以行动表示对抗美援朝行动的支持。

粟裕不能担负剧烈的战争指挥重任，毛泽东被迫做第二手准备，开始考虑“预备队”人选，让另一员爱将中南军区暨四野司令员林彪率军出征。

林彪与粟裕一样也是精于谋略，擅长大兵团作战的野战军统帅，四年国共战争中也主要与蒋介石的精锐嫡系对阵，打掉了另一个黄埔系集团——东北卫立煌集团。

然而，林彪这时也有病在北京休养，基本上不管中南军区的事情了。

能者多劳，与粟裕一样，林彪也因战伤（抗战期间被阎锡山士兵所伤）与指挥作战劳累过度病痛缠身。他的司机楚成瑞回忆说，林彪长期失眠，解放战争后期发展到头疼，而且“越来越厉害，一疼起来，头直晃，只好用一条小毛巾捂着头使劲揉”。

1950年初，林彪住在中南军区暨四野总部驻地汉口，为了恢复健康，先是在院子里骑自行车，后是外出打野鸭子，进行锻炼，但效果都不明显。[①]

因病情加重，林彪只好请示毛泽东，于1950年3月13日离开武汉到北京治疗，参加了周恩来主持的两次国防会议，知道挂帅出征的是粟裕。

毛泽东给他带去了几次口信，以征询的方式要求他接替粟裕出任东北边防军司令员，准备出征朝鲜的设想。

9月初，中国驻朝鲜大使馆政务参赞柴成文从朝鲜回国时，周恩来让他去向林彪汇报。他猜测那时可能是想让林彪率兵出征的，所以周恩来才让他去给林彪汇报。

林彪对出兵朝鲜有过保留意见，身体状况也不好，但粟裕不能出征的情况下，也坚决服从毛泽东的安排，准备接受新任务。

楚成瑞回忆，大概九十月份，林办工作人员曾接到通知，准备入朝。“当时我们

---

① 蒋霞：《我给林彪治“怪病”——访离休老战士楚成瑞》，见陈明洋编：《当年事》，文化艺术出版社2005年版，第103、102—103页。

都换了新军装，但没有什么标志，毛巾上、水壶上都没有字。林彪家里也准备，换了住处，还换了一些不宜出国的内勤。”

林彪还向毛泽东提出了出兵后的应对方案，说派兵入朝后，要先打几个大的歼灭战，稳定战场局面；为集中火力，可以将重炮尽可能集中到能打歼灭战的几个师。①

但他的病情却日益加剧，每晚失眠，怕风、怕光、怕声音，身体虚弱多病。楚成瑞回忆说，这时，林彪的“毛病主要是怕冷和消化不好，后来走路也感到困难了”。有一次从毛泽东那里回来，下车只走了十几米，他就没劲了，只好由警卫员背到屋里。

一病难倒英雄汉，林彪只得向毛泽东告假。

毛泽东知道他有病也是实情。

当时，美军还没有越过“三八”线，主帅到位的情况依局势来看还可以再等几个月。因而他于9月3日复电高岗说：“林、粟均病，两萧此间有工作，暂时均不能来，几个月后则有可能，估计时间是有的。”②

毛泽东的电报明确说明两点，一是即使这时林彪能够成行，出任的也是东北边防军司令员而不是后来的志愿军司令员一职，尽管事实上是一回事；二是他开始将粟裕、林彪两人一起作为抗美援朝挂帅人选考虑了。

他在等待粟裕和林彪病情好转，几个月后，无论是粟裕与林彪谁的病好一点，再决定由谁出马不迟。

因挂帅人选始终未定，东北边防军指挥机构的其他人选也不好确定，不久局势突然恶化时，不得不临时匆匆指派彭德怀担任司令员。而彭德怀在来不及组织指挥机构的情况下，只好利用13兵团的司令部作为志愿军的指挥部了。

9月15日，朝鲜局势恶化，毛泽东最担心的局面出现：美军从朝鲜中部的仁川港登陆，全线进抵“三八线”，朝鲜人民军陷入腹背受敌的险境，情况万分危急。

经与朝鲜首相金日成、苏联领导人斯大林多次磋商后，10月1日夜晚，毛泽东等人开会研究援朝问题。会议初步议定按预定计划令边防军以志愿军的名义出国援助

---

① 艾英旭：《林彪如何对待抗美援朝》，《党史文苑》2010年第2期。

② 《建国以来毛泽东军事文稿》上卷，军事科学出版社、中央文献出版社2010年版，第199页。

朝鲜。

就在当夜，南朝鲜军队奉美军司令麦克阿瑟之令跨过了“三八线”，趾高气扬向北进攻。

第二天凌晨两点，闻报的毛泽东紧急致电高岗和13兵团司令员兼政委邓华，指令“请邓华将准备情况及是否可以立即出动即行电告”①。

毛泽东已经准备让东北边防军出动了，但入朝部队挂帅人选还未确定。他原来还期望等一等粟裕和林彪两人的病情变化，现在出兵迫在眉睫，不能再拖了。

经过两天思考，毛泽东决定改派身体状况良好的西北军区、原一野司令员彭德怀。

10月4日，早已转入地方事务，正在西安办公室里审阅开发和建设大西北计划的彭德怀被紧急接到北京。他未想到自己将挂帅远征朝鲜，再也不能重返现在的岗位，因而没有向部属交代任何工作。

4天后，毛泽东颁发命令，正式任命彭德怀为中国人民志愿军司令员兼政委。

因东北边防军指挥机构一直没有组建，彭德怀已无时间重新组织，毛泽东决定将东北边防军所属的13兵团指挥机构升格为志愿军总部。10月19日，东北边防军改称中国人民志愿军，正式跨过鸭绿江出战。

东北边防军改换番号出征后，毛泽东为了早日恢复粟裕的健康，决定让他去苏联继续治疗。

这年12月，粟裕到达莫斯科。经过 1 个月的初步检查，诊断为长期过度疲劳和受伤次数较多，还有两次伤及脑神经，需要较长时间治疗休养。不久又被查出整个肠子错位，互相扭结，医生判断为战争中翻滚、摔打、跌撞过重和过频造成的严重内伤。

粟裕的病源终于找到了，却失去了挂帅出征朝鲜的机遇。

不过，对他个人而言，国内战争中与蒋介石美械装备精锐嫡系作战超一流的表现，已铸就了毛泽东眼中“最会带兵打仗”的“大军事家”地位，已无须多一次证明自己的战争机会。

---

① 《毛泽东军事文集》第6卷，军事科学出版社、中央文献出版社1993年版，第105页。

1950年12月，粟裕去苏联治病，夫人与长子陪同

第七章 英雄不减当年勇

夏是横戈马上行

——野战主将粟裕

第七章

英雄不减当年勇

总参谋部里的龙韬虎略（上）

1951年9月，基本痊愈的粟裕从苏联回到北京。

中共中央办公厅主任杨尚昆奉命接待了他，将他安排在中南海甲区，也就是毛泽东的住地附近。

毛泽东很快接见了他，满面笑容地说："很好，你健康地回来了，我们等着你进京呢！这个恩来和你谈吧！"[①]

他指的是对粟裕的工作安排。

这时候，朝鲜战场最激烈的五个大战役已经结束，中美双方两个月前开始第一次和谈，以后打打停停，再无大规模的战役。几个月后志愿军司令员兼政委彭德怀回国治病，毛泽东还让他留在北京接替周恩来主持军委日常工作，不再去朝鲜。

毛泽东说："我与彭总谈过，总理太忙了；今后军委的日常工作由他主持，但对外暂不公布。朝鲜战场看来大仗打不起来，最后是要和谈停战的，待停战后再正式公布。"

---

① 崔协祥：《一代将星的光辉丰碑永远铭刻在人民心里》，北京新四军研究会一师分会编：《宏愿付青山》，2007年版，第165页。

他将志愿军司令员兼政委一职先后交由陈赓、邓华代理。

邓华代理之前，还致电彭德怀并毛泽东，请求让粟裕前往朝鲜担任司令员兼政委一职。他说："目前虽无大的战斗，但工作上是有损失的"，因而建议："为加强志司领导，彭总不能回时，粟裕同志来此很好。"①

同样考虑到"朝鲜战场看来大仗打不起来"，不需要野战军级主帅出马，这时的志愿军司令员兼政委仅相当于"看守内阁"，毛泽东没有同意让粟裕前往。

早在开国之初，他已意识到：为了组织复杂的高度机械化的近代的战役和战斗，必须挑选优秀的富于组织和指挥才能的指挥员，组成健全的、具有头脑作用的富于科学的组织和分工的司令机关。

这一司令机关便是军委总参谋部，也就是中央军委组织全国武装力量建设和实施作战指挥的最高军事领导机关。

接见归国的粟裕时，毛泽东已决定将他调入总参谋部担任副总参谋长。第二天下午，主持军委工作的周恩来和另一位副主席朱德专程找到粟裕，传达这一决定。

周恩来对粟裕说："主席和我们研究决定，要你到总参来工作。这个事我们酝酿了好久，大家认为还是你最合适。"②

粟裕谦逊地表示水平有限，说"到总部来恐不能胜任，请中央另行考虑"时，周恩来和朱德都说："我们经过长时间考虑，以前你身体不好，需要治疗，现在好了，相信你一定会胜任的。"

粟裕还是坚持自己的想法，请周恩来转告毛泽东："让我搞个步兵学校，为部队多培养些干部吧。"

周恩来说："我们五个书记多次研究，全票通过，不要再讲了。"随后还风趣地说："谁叫你是常胜将军呢！要能者多劳，毛遂自荐嘛！"几个人都笑了起来。

这时的中央书记处相当于后来的中共中央常委，五个书记分别是毛泽东、刘少奇、周恩来、朱德和陈云。粟裕只得表示服从组织决定。

---

① 薛奇：《邓华将军在抗美援朝战争中鲜为人知的几件事》，《军事历史》2010年第3期。

② 崔协祥：《一代将星的光辉丰碑永远铭刻在人民心里》，北京新四军研究会一师分会编：《宏愿付青山》，2007年版，第166页。

事后，身边的秘书崔协祥不解地问：“既然中央认为你最合适，为什么还想到步校去呢？”

粟裕沉吟一会儿，若有所思地说：“我们打了一辈子仗，锻炼了大批干部，这些同志本质好，经过实践，是军队建设的重要财富。今后保卫国家的任务十分艰巨，国家民族的安危要靠他们。但他们文化低，军政素质亟待提高，我有责任、有信心帮助他们。”

他谈到了自己想效法刘伯承，说：“中央决定刘伯承司令去搞军事学院就很好，所以我一直想去搞步校。”

11月12日，粟裕被正式任命为军委第二副总参谋长，仍兼华东军区副司令员的职务。一个月后，他开始到中南海居仁堂的总参谋部履职，分工负责管理作战、训练和海空军、各特种兵，从此事实上离开了华东军区和原三野部队。

这时，总参谋长徐向前因病长期未到岗，由第一副总参谋长聂荣臻代理其职，这也是毛泽东几次催促粟裕到总参谋部履职的原因之一。

随着粟裕到北京就任新职，剧烈的战争逐渐远去，除朝鲜战场依旧打打停停外，和平之花已开遍长城内外，四大野战军负责战役指挥的统帅先后被毛泽东调离原来所在的军区暨野战军：

1951年元旦，原二野司令员刘伯承就任南京军事学院院长；这年11月，原三野负责战役指挥的副司令员粟裕调任总参谋部任副总参谋长，原四野司令员林彪调任中央军委副主席（3个月后因病继续休养）；[①]第二年4月，原一野司令员、志愿军司令员彭德怀回到北京，3个月后被毛泽东安排主持军委日常工作。

他们离去后，二野暨西南军区由贺龙主持；三野暨华东军区由陈毅主持；四野即中南军区由叶剑英主持；一野暨西北军区则由张宗逊主持。

毛泽东挑选“优秀的富于组织和指挥才能的指挥员”，选中了战争年代便常常站在全局考虑华东野战军作战行动的粟裕，果然没错。粟裕很快在全军现代化和正规化建设上表现不俗，卓有成效。

1952年4月，针对各兵种、军种存在的“一些紊乱现象与不应有的浪费，甚至相

---

① 《彭德怀传》，当代中国出版社2006年版，第494页。

1952年，任副总参谋长的粟裕

互发生矛盾或脱节的现象”，他提出了第一个建议。

他说：“必须首先确定我们国家的整个战略方针”，包括假定作战对象及其可能进袭方向和我们的建设重点等等，以制订我们的国防建设计划和作战方案。

这一基于长期实战经验的建议引起了毛泽东、周恩来和朱德等人的重视。

周恩来与粟裕当面交谈后，想到的还是战争年代几个能征善战的野战军统帅。粟裕之外，他准备“请林（彪）来主持谈谈这类国防问题，然后提中央讨论”，但林彪病未好，他又决定趁已是军事学院院长的刘伯承正在北京，“约集少数军委同志先座谈一下这类问题”。

座谈会随后顺利举行，归纳出几点意见，中共中央又做了讨论，明确了急需确定的战略性问题。

不久，粟裕又对全军建军、作战和教育训练等方面存在的问题进行了思考，提出了解决的办法。毛泽东对他到总部半年多时间的工作给予肯定，说他反映的情况和看出的问题“好得多”。

这年5月，粟裕参加了各军兵种、各部门五年建设计划的汇报会。

会上，他结合对未来作战的见解，指出了各军兵种存在的弱点、未来战争中应达到的要求及建设的重点等，特别强调要重视空军后备力量的建设。

他说，陆军步兵后备力量有民兵，装甲兵和炮兵后备力量有拖拉机手。海军虽困难，还有民用商船可以培养海员。空军就比较困难，尤其空勤最困难，飞行员是大事。

他提出了一些具体办法：航空学校要增加，先增加预科总队；选调飞行员全国部队要普遍查体、登记；各大城市要组织工人、学生参加航空俱乐部，培养航空后备力量。

粟裕将这些主张和敌情估计、国防部署，写进了全军《军事建设五年建设计划初稿》，于6月24日与聂荣臻联名上报给了毛泽东，获得了批准，成为新中国成立后第一个军队全面建设的计划。

这年夏天，粟裕主持了胶东半岛地区设防问题的研究。

他主张在敌人拥有海、空优势的情况下，阵地构筑以坑道为主，结合一部分掘开式的掩盖工事，同时重视工事的隐蔽、伪装和绿化。苏联顾问却主张海岸炮要构筑暴露阵地，能打360度，而且坚持让中方接受他们的主张。

粟裕严肃地说："我们的飞机没有你们多，海岸炮没有掩蔽阵地，如果给敌人打掉了，360度连一度都不度！"

毛泽东获悉这两种主张后，批示说："我倾向于同意粟裕等人的意见。"他与粟裕英雄所见略同，从而一锤定音，使随后的国防工程建设走上了符合国情的道路。

粟裕任职总参之前便想从野战军指挥岗位上"急流勇退"，去办一所步兵学校，进了总参对军队院校建设更是高度重视。

他说："要建设完全统一的现代化国防军，必须从培养干部做起。"他认为只有勇而无谋不能成为将才，现代战争要求各级指挥员不仅有勇，还要有谋，谋要有各方面的知识，其办法首要的是办好学校。

这时候，全军共有17所高初级步校和一批专业技术学校。粟裕调查后发现，这些学校比较杂乱，量多质不高，没有好的典型，一些学校领导和师资力量不强，办校思想模糊，难以适应军队建设发展的需要。

因而，他于1952年2月提出对现有军校进行统一整编，统一学制，明确教学分工和办学方针。根据建军要求新建必要院校的设想，他要求总参谋部有关部门与总政治部、总干部部等部门协商研究，提出初步的整编方案。

他还报请毛泽东批准，邀请颇有造诣的军事教育家刘伯承专程赶到北京商讨军校整编问题。

粟裕给刘伯承介绍了自己院校改革的思路和整编方案、办学要求，对刘伯承担任院长的南京军事学院，他说要在保持原来状况的基础上，增加海军系、空军系与政治系，考虑增设装甲和炮兵系。

刘伯承与粟裕惺惺相惜，开国大典前夕两人一是二野代表团团长兼首席代表，一是三野代表团团长兼首席代表，同住一个院子。他还对《人民日报》记者介绍说："粟裕同志智深勇沉、百战百胜，是我军最优秀的将领。有古名将风，有古大将风，是中国的战略家。"

粟裕对军队院校的所有设想，他都很是赞同，整编方案随即基本确定下来。

4月18日，粟裕将设想形成的报告与聂荣臻联名上报中央军委毛泽东等人，"为统一干部培养和统一教育方针与内容，提高教学质量，建议对军队院校进行整编"，主要内容有三点：

一是将南京军事学院增加到9个系，其中2个系（速成、政治）招收师以上学员，其余为团、营干部。

二是将现在的17所步兵学校缩编为总高级步校1所，主要训练团、营干部；高级步校2所，主要训练副营级干部；步兵学校9所，主要训练连排干部。

三是学校的整编和今后的管理分别由总参军训部和各大军区负责。

毛泽东于5月17日批准了这一方案。

粟裕还决定对特种兵学校和后勤所属各类学校进行整编。召集海军司令员萧劲光、空军司令员刘亚楼、炮兵司令员陈锡联、装甲兵司令员许光达等各军兵种司令员开会后，他确定将各军兵种学校整编为24所，明确了各校的分工和领导关系。

整编已有院校的同时，战争年代对特种兵建设便情有独钟的粟裕，又从世界军事形势发展、未来战争要求和军队长远建设需要出发，提出新建一批军事院校。

他第一个考虑的是办一所全军的军事工程学院。

粟裕认为，两年多来，全军特种部队发展很快，装备日益增加和复杂，但在技术上还落后于发展和不能满足要求。长此以往，势必影响特种兵的建设和质量提高。

另一方面，他认为特种兵武器的供应，“不宜长期依赖苏联的帮助，必须从建设国防工业、培养自己的技术人才上着手”。因而必须着手建立一所军事工程学院，借以培养军事工程技术干部。

粟裕找到周恩来当面交谈，获得了首肯。1952年3月18日，他正式向中央军委写出建立军事工程学院的报告。报告中，他还对部系的设置、学制及校址等做了具体设想。

周恩来特意批示给内行的军委副主席林彪：“请林彪同志审阅或约粟裕同志一谈，如觉可行再送主席批办。”林彪、朱德和毛泽东先后批示同意，粟裕随即考虑谁来担任校长。

一个合适的人选很快进入他的“法眼”，他想到了比他年长4岁的陈赓。

陈赓毕业于黄埔军校第一期，早年担任过红军学校校长，军事理论过硬，同时实战经验也丰富，常以智谋取胜，当年统率陈谢大军与粟裕的华东野战军一道经略中原，平汉路战役时一度归属粟裕指挥，两人也惺惺相惜，互相敬重。

周恩来和朱德向粟裕传达到总参谋部任职命令时，粟裕谦辞之际便想推荐陈赓。他对秘书崔协祥说：“陈赓同志有丰富的实战经验，是黄埔生，也有理论素养，年龄不大，身体也好，他到总部来更合适。”①

不过，这时候因志愿军司令员兼政委彭德怀归国治病，副司令员兼第3兵团司令员陈赓正在朝鲜代理其职，好在朝鲜战场已无大战，虽然打打停停，但主要是交战双方进行和谈，他完全可以回国担负更紧迫的建校新任务。

于是，粟裕将这一设想报告周恩来，周恩来与毛泽东商量，马上决定调陈赓回国担任军事工程学院院长。

有意思的是，陈赓归国后，毛泽东指令邓华代理志愿军司令员兼政委一职。邓华心里没底，向中央建议请求当年抗美援朝第一挂帅人选、原东北边防军司令员粟裕前

① 北京新四军研究会一师分会编：《宏愿付青山》，2007年版，第166页。

往朝鲜代理这一职务，说“为加强志司领导，彭总不能回时，粟裕同志来此很好”。

陈赓都能抽身回国，粟裕则更无必要前往了，何况总参谋部正需要粟裕，毛泽东自然没有同意，仍然指令邓华代理。

这年6月，陈赓奉召回国，开始对军事工程学院进行具体筹备，粟裕又给予大力支持，报请周恩来批准从军外教育部门延聘一批教授，保证了军事工程学院师资力量的充足。

他还决定拨出一个步兵师的进口装备，分配给军事工程学院等军事院校供教学用，满足了学校对技术装备的要求。他对装甲兵司令员许光达解释说：“目前部队少一辆坦克影响不大，从长远打算，拨一部分技术装备给院校教学、研究是合算的。”

军事工程学院之后，空军、防空军、海军和各大军区在粟裕的统一筹划和领导下，相继增建了一批院校。他还提议成立了军校管理部，以加强对全国军校的管理领导。

这年6月，粟裕根据已确定的军队院校整编、整顿和新建方案，草拟上报了《调整全国军事学校命令》，经毛泽东批准，以中央军委的名义颁布，军队院校教育初、中、高衔接，专业门类齐全的培训体系初步形成。

学校教育外，粟裕还倡导在职教育和培训，要求有条件的单位组织在职干部集训，学习现代化知识。

总参谋部和粟裕以身作则，组织各总部、各军兵种负责人共128人学习现代化合成军队作战知识，每周在中南海居仁堂请专家来讲一次课，严格规定上课期间不安排其他工作，无特殊原因不准请假，粟裕自己也带头听课。

他结合自己长期的战争指挥实践说：“每一个指挥员更要精通战术，善于组织和指挥战斗，提高战术素养和指挥艺术，而且不仅要精通自己兵种的战术和武器性能，同时还要熟悉其他兵种的战术和武器性能，以便诸兵种协同作战。”[①]

着眼军队现代化之余，粟裕也异常关注正规化，首先是建立军队的正规制度。

他对军队正规化建设很早就有深刻认识和主张。

早在1948年1月，他便在改变中原战局构想的“子养电”中向毛泽东建议：

① 粟裕：《加速我军现代化建设》，《人民日报》1954年7月31日。

1952年4月，粟裕陪同朱德视察坦克学校

“建议统一全国之建军思想，使无地域与界限之分，减少与消除指挥者及被指挥者相互间之顾虑与打破本位主义（由于我军供应尚难统一，人在打破本位方面较难完全实现）。”

他还颇有远见地建议说：“尽可能统一编制与番号及干部训练，而增强作战效能。”

囿于战争环境，这一建议的内容直到10个月后才开始被采纳实施。1948年11月，中央军委颁布《关于统一全军组织及部队番号的规定》，统一了全军的番号和编制，1949年1月又决定各野战军番号按序数排列。但统一干部训练则是等粟裕到总参以后着手的事情了。

进入总参谋部后，粟裕有了“统一全国之建军思想”的舞台，最先考虑的是建立条令条例。

他与军训部部长萧克、军校首席苏联顾问交谈时说，过去因战争年代情况特殊，不能按部就班地搞正规教练，战士入伍就学战斗动作，或未经学战斗动作即拉上战场，部队基本教练未打下基础。

这就造成了一个颇为严峻的问题。他说："现在我军虽已成为强大的正式兵团，但无正规制度习惯。"

粟裕认为，我军政治上已打下巩固基础，但军事生活、工作制度不严格，军事纪律不如党的纪律，工作效率低。这种现象如不改正，会成为走向现代化的障碍。

因而他提出重新审修条令，责成军训部成立条令局，特别要求把内战、抗战、解放战争和志愿军在朝鲜的战争经验包括进去，要选调文武兼备的干部来担负条令的编写工作。

他还身体力行参加共同条令的审定，结合自己从士兵、基层干部到高级干部的经历，及执行条令的切身体会和带兵经验，提出了许多切合实际的意见。

1953年5月，中央军委颁布了粟裕和总参谋部审定修改的《内务条令》、《纪律条令》和《队列条令》，全军实行统一编制、统一装备、统一训练、统一纪律和统一制度，正规化建设上了一个重要台阶。

如同粟裕本人没有经过军校学习，但经过长期战争实践成长为智勇超群的野战军统帅一样，军队指挥员的教育、培训固然重要，但最好的锻炼机会还是战争。

粟裕认为，"我们既要千方百计地争取战争的胜利，又应不失时机地运用这个现代化战争的实践场所锻炼部队，吸取现代化作战的经验"。他利用抗美援朝、抗美援越和对台湾蒋介石集团作战的机会，先后提出诸多建议，主要有：

一、各军区空军司令员及所属司令部人员，"分别派到安东（即今丹东）轮番参加实战指挥学习"。

二、以"干部交流"和"多设副职"的办法，分批派遣陆军步兵干部到朝鲜志愿军任职，以达到干部轮换锻炼、休息的目的。

三、中国援越顾问团应以最精锐部队先控敌心脏，分裂其肢体而后逐个歼灭，抽调必要兵力加强后方，防敌空降伞兵截断后方交通补给线。

四、华东海军应轮番派遣小队舰、艇至浙闽沿海作游击活动，打击蒋介石台湾海军扰乱，保护沿海治安。华东海军主力应尽早向穿山港推进，以求坐镇与领导建设该港。南海及北海舰队也应不时派小舰队进出海面，以求得实战锻炼。

五、加强浙江沿海空军警戒活动，求得实战锻炼；调一两个空军师到浙东，并在路桥修临时机场，以加强海空军配合。

这些重要建议都被毛泽东与中共中央先后采纳，得以顺利实施，成效显著。

粟裕担任副总参谋长期间展现的层出不穷、高屋建瓴的韬略，令毛泽东更为刮目相看，一度令他颇费踌躇的总参谋长人选也在心中确定。

他与周恩来长时间考虑过总参谋长易人的问题。

总参谋长徐向前1949年10月就任以来，长期卧病未到职，代理总参谋长聂荣臻的工作，毛泽东一是将其与粟裕对比，认为“粟在半年中所反映的情况和看出的问题……好得多”[①]，二是误会聂荣臻“封锁”他。

时为总参作战部部长的张震回忆说：他于1952年3月调入作战部工作后不久，聂荣臻交代他，为避免毛泽东“过于劳累”，要求“今后凡是准备报送毛主席等领导同志的报告，都送到我这儿来，需要上报的，由我批呈”。

毛泽东很快发现总参送呈的文件减少，十分生气。

两个月后的7月24日，他在颐年堂军委会议上严肃地批评总参：“最近一个时期，我感觉工农青妇的‘菜’，摆满一大桌，吃也吃不了。可是，军队系统的‘菜’太少，我饿得慌。你们为什么对我封锁呢？”

列席会议的张震晚年说：“我看了看聂总，他的表情很平静，只是一言不发。毛主席见聂总不吭声，就对着他说：你讲话呀！过去政治局开会，我请你列席，你也不讲话。我怕把椅子坐坏了，就不请你了。”

到后来，毛泽东见聂荣臻还是不做声，更为生气，说：“如果你不讲，就做组织调整。”

张震回忆：“其他领导同志赶紧出来打圆场，表示不要急忙处理，由荣臻回去后向毛主席写个报告再说吧。会议就没有继续开下去。”

正因为此，毛泽东和周恩来已打算让彭德怀兼任总参谋长了。

彭德怀1952年4月因病从朝鲜回国治疗后，5月初病愈出院，因前线战事不紧，又

---

① 《粟裕年谱》，当代中国出版社2006年版，第521页。

继续休养了两个月。

这时候主持军委日常工作的周恩来，还兼任政务院总理和外交部长，一身兼数职，宵衣旰食，忙不过来，急需将军委一块的工作交给另一人来专管。

7月初的政治局会议上，周恩来提议让彭德怀留在北京，以军委副主席的身份兼任总参谋长，主持军委日常工作。

也就是说，中共中央和毛泽东不仅准备让彭德怀接替周恩来的军委日常工作，还打算让他将聂荣臻的总参谋长一职兼过来。

彭德怀接受了军委日常工作，但表示不愿接受总参谋长一职。

《彭德怀传》记载：这一次不愿意接受这个工作的原因，从他后来的笔记中可以看出，主要是“因为当时总参谋部的工作确实繁重，自己难以胜任”。

彭德怀在笔记中还说：“原来的总参谋长徐向前同志久病不能工作，粟裕同志（1951年10月调来任副总参谋长）也有病，聂荣臻同志（代理总参谋长）的身体被拖垮了，曾有一次昏倒在地。所以我想推举一个身体强健的人来顶住这个繁重的任务，这样也可以摆脱我自己的军职。”

政治局会议结束后，彭德怀专门找到毛泽东谈了自己的意见。

他说，自己担任总参谋长确实不合适，可以让高岗来当总参谋长，随后列举高岗的一些优点。毛泽东没有同意，反问他说，高岗难道就没有缺点吗?

于是，彭德怀又推荐邓小平来当总参谋长。毛泽东肯定了邓小平的才能，并认为他同军队有着较多的联系，是合适的人选，可是他从现在的岗位上抽不出来。

高岗和邓小平战争年代主要从事政治工作，而毛泽东认为总参谋部需要的是“优秀的富于组织和指挥才能的指挥员”，因而都被否决。

粟裕这时事实上身体问题不大，但彭德怀因不够了解他而未曾提名，毛泽东对他也还要考察，暂时搁置了总参谋长换人的问题，继续由聂荣臻代理。

彭德怀随即又提出两个建议，将两个熟悉的老部下调入总参：一是原红三军团3师政委、现任湖南省委书记黄克诚从地方调入军队，担任第三副总参谋长；二是原红三军团4师师长、西北野战军副司令员张宗逊调上来，担任第四副总参谋长。

毛泽东没有再拒绝，批准了这一要求。

1954年，粟裕（第二排左9）出席国防委员会第一次会议

但总参谋长人选一事，他一直在冷眼观察之中。又经过两年考察，他最终圈定了粟裕。

1954年10月，他特意找粟裕谈话，传达这一决定。粟裕有些意外，马上表示："主席！我不能胜任！"

毛泽东肯定说："根据我的了解，你可以胜任！"随后又说："不过牡丹虽好，还需绿叶扶持。你努力干吧！"

多年后，粟裕回忆这一场景时说："当总参谋长是毛主席坚持才确定的，主席当时还讲，牡丹虽好还要绿叶扶持，是要大家扶持我的工作，主席对我是非常爱护的。"①

① 《粟裕年谱》，当代中国出版社2006年版，第653页。

总参谋部里的龙韬虎略（下）

1954年10月31日，中共中央正式通知：粟裕任总参谋长。不久，毛泽东又公开发布了这一任职命令。

让粟裕担纲总参谋部的同时，毛泽东给他配备了众多绿叶——10位副总参谋长：张宗逊、李克农、陈赓、王震、许世友、邓华、彭绍辉、张爱萍、杨成武和韩先楚。

不过，这些副手多数有其他兼职，不能前来总参履职，仅有李克农、张爱萍实际在总参工作，兼任军事工程学院院长的陈赓多数时间也能在总参。

粟裕对工作进行了合理分工，自己负总责外，侧重抓作战和涉及国防、军队建设的大事，李克农分管情报，张爱萍分管军务动员和行政管理，陈赓则分管作战。

有了施展军事智慧与谋略的全新舞台，粟裕一度如鱼得水，挥洒自如，奇谋迭出。

他首先思考的是未来可能将发生什么类型的战争，会给国家造成什么局面，作为总参谋长，他必须有清醒的认识，提出来使全党全军也有所认识和准备。

缜密观察当时国际形势，探索与研究现代战争后，他的看法很快形成了。

12月22日，刚就任新职一个多月，粟裕便向中央军委递交了一份《在原子时代关于陆海空军军事建设方针的建议》报告，提出军队建设方针的前提是“原子时代”。

他说：“在今后战争中，敌人可能广泛使用原子武器，不仅使用于战略轰炸，且将使用于战术轰炸和炮击，一旦战争爆发，不分前方后方，均有遭受敌人原子袭击的危险。”

随后，他又在第五次国防工程会议、中共全国代表会议等重要场合发言时多次加以重申。

基于这一论断，粟裕提出首先要发展那些在反侵略作战中至关紧要，而国家经济力量又能支持的军兵种；在军兵种建设中又要突出各自的重点，以迅速建立起必要的防御反击力量。

他的建议内容被写进了彭德怀主持的《1954年的军事工作》的书面报告，于第二年2月呈送给中共中央和毛泽东，主要有三点：

一、“根据最近期内我国工业建设发展的情况和我军战略的要求，我国军事建设的重点，主要的应是发展空军和国土防空部队。”

二、“陆军的建设，则应以发展炮兵、装甲兵和建设若干个机械化师为重点。”

三、海军建设“以发展潜水艇和鱼雷快艇为重点，并相应地发展水鱼雷轰炸机”。

毛泽东很快批准了这一报告。这些军事建设的重点，成为当时和以后很长时间内指导军队建设的重要依据。

粟裕还结合自己的思考研究，多次论述原子条件下现代战争的特点，将其概括为突然性、残酷性、快速性和广泛性。对全军部队的训练，他随之提出了更严格的要求。

1955年1月，他向中央军委和彭德怀建议：“军事训练应增加对原子、化学的防御问题”，获得了同意，全军随即增加了防原子与防化学的训练。

粟裕还指令空军1955年除防空任务外，要全力以复杂气象条件下和干部训练为主，要求海军航空兵“以复杂气象作为一个重要课目”。

这年3月，粟裕以总参谋部的名义下达组织战役训练的指令，要求全军高级干部学习在核、化学武器条件下的集团军进攻战役和滨海地区防御战役。全国各军区奉命而行，先后组织了军、师首长司令部野外演习以及师、团规模实兵战术示范演习，取得了良好的效果。

鉴于粟裕对防化作战的深刻认识，中央军委和彭德怀于1955年4月批准成立防化学部，指定他负责组建。

粟裕很快完成了任务。1956年1月，防化学部正式成立，不久改称防化学兵部。

1957年10月，他还给新创办的《防化杂志》题词：“防化兵的建立，标志着我军在现代化建设中，又将获得新成就，因为在原子化学战争条件下，如果没有这样一个兵种，我军就很难，甚至不可能完满地完成作战任务。”

为使部队能适应艰苦的战争环境，粟裕多次建议“部队每年应搞一次2—3个月的野营生活，列为训练项目”。

但因与主持军委工作的负责人对现代战争认识的差异，这一建议被搁浅，仅有一些部队指挥员自发进行了实践。直到后来林彪主持军委日常工作后，在毛泽东的肯定下，全军才全面推行这一训练项目。

粟裕也亲自参与主持大规模的作战训练。

1955年11月，他与训练总监部代部长叶剑英一道导演了辽东半岛抗登陆战役演习，叶剑英为总导演，他为第一副总导演，参与审定整个演习方案，实地考察了辽东地区。

演习重点研究的是现代条件下歼灭登陆和着陆之敌的有利时机、抗登陆同时抗着陆、提前实施反冲击和反突击、各军兵种协同作战等问题。18个陆海空军师以上指挥机关与6.8万余人参加了演习，800多名高中级干部随演习部队作业，是全军历史上规模最大的演习。

这次演习丰富了全军在现代条件下抗登陆作战的知识，提高了军队组织与指挥抗登陆战役的能力，取得了大规模战役演习的经验。

刘少奇、周恩来、彭德怀等人观看了演习，苏联、朝鲜、越南和蒙古的军事代表团也见证了演习过程，都觉得耳目一新，给予了很高的评价。

1956年9月中共“八大”后，粟裕对军队现代化建设又有了新的思考，这年11月向彭德怀和毛泽东上报了《对建军方针若干问题的建议》。

针对当时裁减军队的要求，他表示完全同意，但认为应定出各军种、兵种和部队、学校、机关的适当比例，采取一次确定、分期完成的方法，免得年年确定编制，又年年变动。

粟裕提出了几条具体建议：

一是认为统帅部总部太多，形成多头领导，政出多门，职责不明。可将总干部部、军事法院、军事监察院合并到总政治部，总财务部和总军械部合并到总后勤部，训练总监部和武装力量监察部，至少可以合并为一个单位。

二是各总部下属的部有的也可以合并，如总参动员部、总政兵役部、总干预备役干部、训总军外训练部可合并为一个部。全军近百所文化学校和预备学校，可考虑全部或大部撤销。

他说："紧缩机关，必须采取砍头的办法，如舍本逐末，一个人一个人的抠，虽费九牛二虎之力，但收效甚微。"

他还针对性地提出了一些值得重视的问题，如抗美援朝的胜利，强调了美帝国主义纸老虎的一面，但对其长处，却未引起应有注意。他说："我们在政治上必须藐视敌人，但在军事上决不能轻敌，要从最困难方面来考虑。"

粟裕的这些建议多数获得采纳，被写进中央军委《关于裁减军队数量加强质量的决定》，于1957年1月通过。

这一决定将全军员额裁减了三分之一，调整了组织编制，防空军与空军合并，撤销了公安军，原来的5个军种改为了陆海空3个军种，总部也得到了精简。粟裕随即又具体"操刀"，主持了裁并、整编的一系列会议。

不久，他发现"机关庞大，某些机构重叠"及领导机关作风等方面依然存在问题，再次向毛泽东提出改进建议，毛泽东批示说"很好"。

粟裕还根据中共中央的决定，负责主持重新划分全国军区方案。

经过调查研究，1954年12月的军委扩大会议上，他做了《关于全国军区划分的几个初步方案》的发言。

他说："为了应付敌人的突然袭击和今后更复杂的战争情况，要求指挥上的高度集中统一和各战区、各兵种的密切配合协同……平时组织即须为战时作准备。"

他谈到了重划各大军区的依据："以敌人兵力及其可能进攻的方向、地形条件、交通状况以及我军的战略意图、作战方向和今后战争可能发展的趋势，作为军区划分的主要依据。为使军区划分符合今后作战的要求，并力求减少层次，使上级意图能迅速下达到部队。"

经过讨论，粟裕的方案获得了肯定，国务院于1955年2月正式决定设立沈阳、北京、济南、南京、广州、武汉、成都、昆明、兰州、新疆、内蒙古和西藏12个大军区。

重新划分军区的同时，粟裕又从战场划分联系作战方案做了思考。

他认为作战方案决定着战场建设、军队建设、装备的配备和发展，以及国防建设的规模和顺序。有了作战方案，才能有效地指导军队和国防建设，使军队的战备工作走上有序的轨道。

1955年6月，粟裕主持召开了研究拟制作战方针和方案的座谈会，各总部、各军兵种、各军区主要负责人陈赓、张宗逊、王震、邓华、彭绍辉、杨成武、杨勇、黄永胜和陈伯钧等参加。

会上，他提出“我们需要拟制作战计划，以便能有计划、有步骤地安排军队建设各项工作”，要求总参作战部编写总的作战计划，其他各单位依此原则拟订出本单位、本地区的作战计划和作战保障计划。

不久，粟裕又先后参加了作战部、各军兵种的作战计划和作战保障计划审查会议，并对这些计划分别提出和补充了许多重要内容。

1956年2月上旬，他又为中央军委主持起草了《关于保卫祖国的战略方针和国防建设问题的报告》，由彭德怀在随后的军委扩大会议上宣读，又经毛泽东审阅批准，正式确定了积极防御的战略方针。

军委扩大会议后，粟裕再次召集有关总部、各军兵种和军区负责人会议，讨论总参拟制的作战计划草案。第二年，他又主持做了一次修订，形成了新中国成立以来第一个较完善的作战计划。

然而，直到1958年他被错误批判离开总参时，这一计划还未得到主持军委工作负责人的批准，因而没能在军队建设和战争准备上发挥应有的作用。

粟裕紧抓军队建设的同时，还重点关注国家防务建设，也就是他所说的建设积极防御体系。

第一是国防工程建设。

粟裕认为，根据毛泽东积极防御的思想和中国国情，设防要有重点和纵深，也要有统盘规划。

他说：“不能这个司令来要挖这里，那个司令来又要挖那里，一个司令一个令。由于缺乏通盘规划和调查研究，盲目施工，造成人力物力的浪费。”

1955年2月全国第五次国防工程会议上，他又强调这些观点。不久，中央军委确定了国防工程要“全面筹划，重点建设”的原则。

粟裕还主张“国防工程建设应以防原子着眼，适当加强和改善工事”。

他说：“今后的战争不仅有威力很大的原子弹和超音速的喷气式飞机，而且进一步出现了氢弹，这就加强了我们的任务，怎样在原子时代加强我们的国防力量，成为一个极重要的问题。”

1954年12月，粟裕要求今后工事构筑“必须加入原子防御诸问题”。不久，他又指示工程兵进行防爆破试验，据此向中央军委建议防原子工程的设计标准和隐蔽伪装问题，得到了批准，国防工程中增加防原子设施有了统一的标准。

同时，为了应付突然事变，粟裕认为必须加快国防工程的构筑速度，于1955年12月向中央军委建议抽调30万部队参加国防工程建筑，随后又写信催促落实，“以便争取时间，加强国防，而防万一”。

他的信被印发中央军委各负责人，最终引起了高度重视，对国防工程建设作出了安排，要求1962年完成前沿和纵深的基本防御体系，由各海、边防军区有计划地组织施工。

粟裕还奉命担任首脑地下工程建设委员会主任，亲自从地面到空中仔细勘察，又多次召开会议和到现场办公，周密安排工程的设计、施工和安全、保密、环境绿化等，为后来各地指挥防护工程建设提供了样板。

第二是守备和机动。

粟裕认为，国防第一线的守备部队应当编组，守备兵力一般地不应超过该地区总兵力的X分之一。

他于1955年12月给中央军委的建议中谈到了如此安排的原因：“为使我军主力的绝大部分能够机动作战，在战时成为强大的突击兵团，不致陷于处处设防、分兵把口而造成被动。”

他说，守备人员不宜过多，“主要是加强火炮和工事构筑，既能节约兵力又有坚强的守备力量”。

对于机动兵团的组建，战争年代便长于大兵团作战指挥的粟裕根据对现代战争的研究，主要强调了机械化部队的建设。

他说：“将国防前线第一线守备部队编成后，则我军主力绝大部分可以摆脱平时的守备任务，成为各该军区的机动兵团。但在原子条件下，如单靠徒步的陆军步兵、炮兵部队，是不能适应战时的紧张情况，特别是堵塞原子突破口的需要。”

因而，他提出“应考虑在全军现有的坦克部队中抽出一定的数量，组成×至×个坦克师，作为快速部队的基础，到一定时候，附以汽车载运之步兵部队和牵引的炮兵，即可成为机械化部队”。

随后，粟裕又多次在重要场合重申这些观点，但这一建议和他提出的建立全军战略预备队等建议一样，因主持军委工作的负责人认为没有必要，当时都没能实现。

第三是后备力量建设。

国家防务建设中，粟裕也始终重视后备力量的建设。1955年召开的中共全国代表会议上，他便做了全面阐述性发言。

粟裕重视复员军人组织的重要性，说：“两三年后，将有几百万经过长期战争考验的复员军人分布全国各地。加强对他们的领导，使他们成为组训民兵、巩固治安和训练预备役的骨干。战时即可以他们为骨干，迅速动员组织若干个有战斗力的师。”

他也强调各行各业为国防服务的可行性，具体设想了几个方面：

一、大力开展国防体育运动，在全国各大城市普遍成立国防航空协会或航空俱乐部，开展跳伞、滑翔运动，使我军飞行员的培养有足够的后备力量；

二、民航部门注意培养后备空军人员，船运、水产部门注意培养后备海军人员，交通、邮电部门注意培养后备司机和无线电通信人员，国营农场和拖拉机部门注意培养后备坦克人员；

三、各部门注意在干部中培养战时为军队所需要的各种人才，更好地为积蓄后备力量打下基础。

1955年9月，粟裕又在总参谋部召开的队列、动员工作会议上强调：“只要我们积蓄了强大的后备力量，一旦发生战争，就能在很短的时间内，在现有基础上，把部队扩大好几倍。这样不仅能应付突然事变，而且在突然事变中能争取主动，争取战争的最后胜利。”

他进一步设想在农村、国营农场、机关、学校以及其他各个方面来进行预备役的训练。

他说："这个工作如果做得好，就可以花钱少，甚至可以不花国家的钱，而培养出强大的后备力量。这是现代战争中最重要的工作。"

对新中国成立后民兵工作松懈，内地某些地区甚至取消民兵组织的状况，他表示担忧，说："今后必须重视该项工作。"

第四是经济建设结合国防建设。

粟裕尽管是专业的兵家，但对经济建设如何结合国防建设，以巩固国家防务颇有研究。

1955年3月，中共全国代表会议讨论第一个五年建设计划时，他便阐述了这一问题，提出了许多具体可行的建议。

他认为，城市建设中应注意加强城市防空设施的建设，建议在全国大、中城市建筑地下防空室。新建的多层建筑物应有计划地建筑地下室的设备，首都和某些主要城市逐渐建筑地下电车道，在城市近郊山区开采石子时，应预先计划将开凿部分作为将来防空之用。

城市规划上，他认为宜多留广场、空地、适当加宽马路，以便战时起降直升机和防止一旦遭受敌人袭击水源断绝，而使火势无限制蔓延。

他还建议说，在规划建设铁路、公路、港湾、码头和开凿运河时，既照顾经济需要，又照顾国防需要，修建水库堤坝除用于水利外，应考虑战时便于利用；修建防护林除用于防风、防沙、调节气候和水土保持外，应考虑战时隐蔽集结军队，并便于就地取材构筑工事。

1956年2月，正在广州的他读到中央公布的《1956—1967年全国农业发展纲要修正草案》，马上想到纲要与国防建设有关的问题，写信给副总参谋长陈赓和军委秘书长黄克诚，建议"军事系统有关部门即行着手研究，提出计划，并求得与地方计划相衔接"。

几个月后，他又向中共中央和中央军委再次提出"在国家进行大规模经济建设的同时，必须注意与国防建设相结合"，建议国家建设的布局、工业基地的选择，政府有关部门应多与军事机关商量。

关注国防建设的同时，粟裕还心系台湾及其附属岛屿的回归，指导了浙江、福建

1955年11月辽东半岛抗登陆演习，叶剑英任总导演，粟裕等5人任副总导演

等地对蒋介石残余势力的斗争。

1955年1月的一江山岛战役打响前，他多次发出行动指令，部队登陆成功后，又指示登岛部队要加强防空，构筑工事，挖坑道，疏散隐蔽船只和器材，防备敌海空军反扑；把过去国民党军遗留在江苏、浙江沿海的活动碉堡运去使用；派部队搜索并占领百夹山。

一江山岛战役很快取胜，尽管仅歼灭蒋介石1000多人，却是第一次成功的陆海空三军联合渡海登陆作战，取得了诸兵种联合渡海登陆作战的经验。

1957年7月，粟裕还制订了一份《执行对台斗争的军事计划》，决定先打击蒋介石盘踞的沿海岛屿，迫使其孤立，有步骤地予以攻占，3年之内在海军和空军力量充分发展和准备后，争取在国际情况有利的条件下解放台湾。

但不等他完全实施计划，一年后便不在其位，难谋其政了。

粟裕到总部工作后，尽管大事繁忙，仍挤出时间下部队考察，特别是多次到边防

1957年7月，总参谋长粟裕宴请日本前军人访华团

海岛实地勘察。

每次外出，无论是专程去做调查，还是休息疗养，返京以后都要给中共中央或中央军委写报告，直率反映部队和地方的情况及问题，坦诚提出自己的思考和建议。

担任总参谋长期间，粟裕顾全大局，任劳任怨，和几位副总长工作协调，感情融洽，有事则商量，从未独断专行，工作决定后放手让别人干，从不干预。

多年后，副总参谋长张爱萍回忆说："粟裕同志任总长的时期，是总参最好的时期，也是我心情最愉快的时期。也可以说，是军队建设最好的时期。"

他还说："粟裕对我很信任，很放手，但也很讲党的原则。陈赓对同志很真诚，不狭隘。大家办事都按共产党员标准，集中领导，分工协作，相互间开诚布公。"①

粟裕主动为陈赓承担过责任。

一次，他要求总参作战部出面宴请苏联专家、作战部顾问鲍尔铭少将等人去全聚德吃烤鸭，由作战部代部长王尚荣等人陪同。

① 张胜：《他从战争中走来——两代军人的对话》，中国青年出版社2008年版，第215页。

这时，华东军区要给一个师进行嘉奖，新华社准备发表这条消息，打电话给作战部，要求对这篇新闻报道提意见。

因作战部代部长王尚荣等人正在全聚德，接电话的值班人员将电话传到了这里。王尚荣不便这时处理公务，要求他转告新华社，将这个新闻稿送给陈赓副总参谋长审阅。

新华社将稿件送到时，身体正有病的陈赓已躺下休息。

他被叫醒后，听送稿者说稿件是经过作战部同意后才送给他的，以为作战部看过了，便说“既然作战部看了，就可以了”。于是，新华社第二天发布了这则新闻。

兼任中央军委副主席的刘少奇看到后，立即给粟裕打电话询问此事，严肃地说，中央军委已经有过决定，对师级（含）以上单位的表扬，只有军委才有这种权力，大军区级无权批准。他要求粟裕查询此事。

粟裕查询后方知事情原委。王尚荣等人表示承担这件事的责任，陈赓马上说此事是他同意的，应由他承担责任。粟裕则说，他是总参谋长，应由他承担责任。

刘少奇获悉后说：“你们这种精神很好，今后注意就行了。”[①]

粟裕担任总参谋长第二年的1955年9月，为适应军队正规化的需要，全军上下进行了授衔，对战争年代予以回顾性的“英雄排座次”，因为主动辞让元帅军衔和其他种种山头平衡等因素，他被授予第一大将军衔。

1955年9月，粟裕被授予大将军衔，10名大将中排名第一

然而，“匹夫无罪，怀璧其罪”，战争年代有着出类拔萃战绩的粟裕担纲总参谋部后，处境异常困难。他层出不穷和卓尔不凡的建议，因反复提出或据

① 《陈赓传》，当代中国出版社2003年版，第799页。

理力争，常常被认为是“骄傲”。

1956年11月，粟裕被迫向中央军委提出辞职。他说：“由于我的身体和能力的关系，请求免去我的现任职务。”[①]

尽管彭德怀批示“印发军委委员”，毛泽东还是表示了相当的信任，没有批准他的辞职请求。

此后，粟裕还提出过离开总参谋部，下基层锻炼的请求，毛泽东仍然没有同意。

1958年5月中共八届二中全会期间，或许出于“山雨欲来风满楼”的预感，粟裕找到毛泽东，当面请求谈谈自己对军队工作和总参工作的意见。他完全没有想到，这时候的毛泽东，在有人长期影响下，已不大信任他了。

这年5月开始的军委扩大会议上，粟裕遭到突如其来暴风骤雨般的批判，被扣上“反党反领导的极端个人主义者”的罪名，“罪状”是“一贯反领导”“向党要权”“向国防部要权”“争夺军队权限”和“告洋状”等。

他在战争年代改变了解放战争进程，屡获毛泽东高度评价的苏中战役、豫东战役和淮海战役等，都被会议组织者批判为“个人野心”和“个人主义”，大会小会检讨8次通不过，直到几乎承揽了所有强加的“罪名”，毛泽东又从中施以援手才被勉强通过，没有被进一步打成“敌我矛盾”。

1958年8月，粟裕被撤销总参谋长职务，调任刚组建的军事科学院副院长，与老部下钟期光、宋时轮等人同列，“具体工作在研究院”。他的原职由黄克诚接任，从此远离了最高统帅部和军事指挥第一线。

一个凝聚着丰富实战经验和高超理论素养的智慧大脑，被不正常的党内斗争无情地雪藏起来。

冷板凳上的建言献策

粟裕蒙冤离开总参时，被明确限制接触军队。中共中央书记处主要负责人找他谈话，说调你到军事科学院去工作，今后你就待在那里搞学术研究，不必到部队去

① 《粟裕年谱》，当代中国出版社2006年版，第597页。

跑了。[①]

1958年9月到军事科院学院后，粟裕认为军事科研与现实斗争结合起来，研究才会有生气，因而多次向院长叶剑英提出，自己和研究人员都应多下部队。

叶剑英对粟裕非常欣赏和钦佩。

粟裕刚到总参时，他便在一次偶然会面时说："你到总参谋部工作最合适，是对总参谋部工作的加强，你是全党、全军、全国乃至全世界有名的战将，你打了很多的胜仗，对革命战争贡献很大，又有丰富的战争经验，你的军事才华令我们大家钦佩。"

他还说："相信你对总参谋部的工作，对军队革命化、正规化、现代化建设，会做出应有的贡献。"[②]

令他没想到的是，粟裕最终被迫以屈辱的方式黯然离开了总参。

叶剑英不相信粟裕头上那些"罪名"，在全院欢迎会上按战争年代称呼野战军统帅的习惯称粟裕为"粟总"，公开说"粟总战斗一生，战功巨大，他的到来是对军事科学院领导力量的很大加强"。随后，他又决定由粟裕主持第一线工作，自己甘居二线。

粟裕提出要多下部队后，叶剑英很是支持。

然而，这一要求最后没有得到满足，有关负责人不希望他接触部队，叶剑英最终也无能为力。

当粟裕又一次找到他，说："搞军事科研不到下面部队去怎么行？"叶剑英无可奈何地说："这个意见不能再提了！"[③]粟裕的处境可见一斑。

蒙冤后，长期不被信任与种种不公正的对待，他许多对国家安全和军队建设独到的思想、观点和建议，不为中共中央和有关部门重视，失去了发挥的舞台，他的军事才华中断了继续闪烁的机会。

长久的心情压抑，还使粟裕的身心健康受到了严重损害。他的老部下、原昆明军

---

① 《粟裕传》，当代中国出版社2000年版，第947页。

② 鞠开：《叶剑英和粟裕》，《纵横》2005年第11期。

③ 《粟裕传》，当代中国出版社2000年版，第963页。

区司令员王必成悲愤地说：“粟总是被浪费了的人才。”

然而位卑未敢忘忧国。尽管长期坐着冷板凳，粟裕还是力所能及地提出一些思考和建议。

他的夫人曾不无担忧地劝阻说：“你这是何苦，难道你为直言而吃的苦还不够么！”

他斩钉截铁地说：“战争是要死人的！我是一个革命几十年、打了一辈子仗的老兵，如果面对新的形势，看不出问题；或者不敢把看出的问题讲出来，一旦打起仗来，就会多死多少人，多付出多少代价。而我们这些老兵就会成为历史的罪人。”

1959年7月，粟裕针对上一年军委扩大会议后军事领域里日益流行的唯心论和形而上学，从实际出发，发表了许多见解予以批评，极力主张军事辩证法思想。

1959年，粟裕与叶剑英、赖祖烈在庐山

7月17日，他在编写合成军队战斗概则专业会议上发言，从军事学术上论证了毛泽东军事思想是不断发展的科学体系，辩证地论述了以我为主与学习外国经验等问题。

粟裕结合自己长期的战争实践经验说："对一般军事原则，必须辩证地加以理解，不能机械地搬用"，"如果不能适应情况的变化，一味墨守成规，就要挨打或丧失战机"。

他说，毛泽东著名的"十六字令"第一句"敌进我退"是一般原则，但在一定情况下也不是没有敌进我进的，而敌进我进正是敌进我退的灵活运用。

而毛泽东的"十大军事原则"中有一条"先打分散孤立之敌，后打集中强大之敌"，这无疑是正确的，但在解放战争后期就不能搬用，必须灵活地运用这一原则。

粟裕还举自己指挥的郎广围歼战为例说，渡江战役之后，由于我军已占绝对优势，因而就应想尽一切办法寻找敌人的主力作战。

对一些人看不起自己军队的经验，认为是"低级"的东西，有人则不敢提学习外国经验，担心犯"教条主义"错误等现象，粟裕不顾反"教条主义"风暴刚过去不久，自己也遭受批判身处逆境，予以直言不讳地批驳。

他说："我军经验既丰富又宝贵，它是发展我军军事科学的基础"，"但是'以我为主'并不是排除学习外国经验"。他最后强调说："正确的态度是以我为主，有选择地学习外国经验。"

除军事科学院的诸多具体事务外，粟裕依然关注着军队和国防建设。

1960年1月在广州召开的军委扩大会议，重点研究讨论全军的战略方针、国防建设和1960年国防建设工作纲要，粟裕参加了会议。

接替彭德怀主持军委工作的副主席林彪专门找他交谈，说军事科学院要自己出题目，多提问题研究；每个问题要提两个以上方案，每个方案都要有正反两方面的意见。他还特别提出军事科学院应成为总参谋部的参谋部。

世事如棋，白云苍狗。因为志趣相投的新军委负责人的支持，粟裕在会上做了多次畅快的发言，将他在总参时对战略方针和国防建设的多年思考，过去又未遇知音而难以竟言的一些建议，做了知无不言的尽情阐述。

他首先谈到了对敌情的估计，分析了美国四大致命弱点：战线辽阔、兵力不足、后方补给线长和后方空虚。

随后，他对如何正确理解积极防御的战略方针，如何加速军队现代化建设和积极备战、军队制度的改革、后备力量建设等一一做了论述，既全面又有正误对比，同时提出了许多针对性的建议，主要有：

一、加强战略侦察措施。

他说，由于导弹的发展，今后战争的突然性大大增加了。他以远洋导弹飞行只要14分钟为例说："这样短的时间，用来作一个营的紧急集合还不够，所以必须加强我们的战略侦察，以防敌人的突然袭击。"

二、陆军要成为机械化的合成军队。

他说，现代战争中，战役的机动性大大增加了，火力也大大增强了，如果单靠步兵来完成作战任务是很困难的，陆军走向摩托化、机械化的合成军是必然趋势。

他建议说："在我们常备军中作为值班部队的师团，应该力争首先尽早地成为机械化的合成军队。"

他指出，像现在那样，合成军队没有合成，一旦发生情况还只能带走部分轻武器，而合成军队的重装备，几乎都拉不动，那是很危险的。

他还建议说："在今后若干年我们如能将几百万常备军逐渐地全部机械化，都变成特种兵，而把几千万民兵来接替现在的步兵，我们就可以无敌于天下。"①

三、加强工程兵，特别要增加它的机械化程度。

他说，工程兵在现代战争中的作用大大提高了。根据原子弹的威力，国防工程要求更加坚固，野战部队也势必要经常构筑坑道工事。伪装隐蔽固然是防护的一种手段，但单靠伪装是不能解决防原子问题的。

他建议说："军区和部队的工程兵都要加强，特别要增加工程兵的机械化程度。"

他还提出了一个快速构筑野战工事的设想：能否研究出一种搞野战坑道工事的流水作业速成法，采取预制构件，先用挖壕机挖土，配上预制构件，再用机器来被覆，

① 《粟裕文选》第三卷，军事科学出版社2004年版，第409页。

能在很短时间内完成野战坑道的工程作业。

四、加强对战争的领导。

粟裕重点谈到了3个方面的内容：

一是加强司令部工作。他说："现代条件下的战争，没有健全的、具有头脑作用的、懂得各方面科学知识和熟悉敌我情况的司令机关是不可能指挥现代化战争的。"

他还指出，在加强司令部机构的同时，也要注意机构不宜过于庞大，层次不宜太多，在作风上要培养雷厉风行、细致踏实的工作作风。

二是配备好指挥干部。他说，配备干部除首先考虑政治条件外，要考虑任务的区分，干部和部队的特点，特别要注意干部的特点，有的干部和部队善于进攻，有的善于防守，有的又善于打钳制。

他结合自己战争年代的指挥经验和体会说，在解放战争时，有些部队总是打钳制，因为他善于钳制，在任务紧急时，非用他打钳制不可，否则就不容易完成任务。

因而他建议，要注意不把不善于守备的干部配在海岛上，同时要把大胆勇猛的和多谋慎重的干部穿插配档，互相取长补短，这样才能很好完成任务。

三是要注意培养主力部队，并掌握在自己的手中作为有力拳头。他回顾说，过去各军区、军、师、团都有自己的主力，都注意培养自己的主力，在紧要关头都要依靠主力解决问题。

他建议，每个主力部队特别要培养机动灵活、勇猛顽强、不怕困难、不怕伤亡的战斗作风，这对完成任务极为重要。

粟裕发言中，还强调要客观地看到敌人的长处。

他说："我们除看到敌人的致命弱点外，也应客观地看到敌人的长处。敌人还是强大的，技术装备现代化，而且对技术的掌握比较熟练。对于敌人的技术兵器必须认真对付。"

粟裕的发言引起与会高级将领们极大的兴趣，曾经称"粟裕尽打神仙仗"的林彪也相当重视，指令大会秘书处以会议简报形式于2月23日发表了他的讲话内容。

但粟裕的一些建议直到多年后才落实，例如他说的"陆军要成为机械化的合成军队"，25年后的1985年，中央军委才决定组建第一支机械化集团军，标志着陆军结束单靠步兵决定胜负的历史，跨入合成作战时代。

1962年初夏，粟裕还不计个人利害，突破限制到部队的禁令，赶到福建前线，筹划了一个对敌之策。

听取福州军区司令员第一政委叶飞安排的汇报后，他亲赴闽中泉州湾、闽南赤湖和厦门等地调查研究，形成了一个作战构想。

福州军区已有一个中央军委批准的作战计划，粟裕准备将自己的构想带回北京报告中央军委，但军区司令员韩先楚再三请求他讲一讲。

他只好将这一个准备让蒋介石军队“肉包子打狗有来无回”的构想说了出来，令韩先楚和叶飞两员虎将一时都眼前一亮。

因蒋介石通过新华社揭露其阴谋的广播察觉大陆已有准备，放弃了攻打福建的意图，粟裕的奇谋最后没有得到实施。

不过，他马上预料蒋介石福建受挫后可能在粤东、浙南和浙东登陆，于是写信给叶剑英，请求转报中央军委。这一年秋冬时节，严阵以待的大陆军民果然在广东全歼了蒋介石的登陆部队。

1965年10月，中苏两国交恶到极点，唇枪舌剑之际枪炮一触即发，最高统帅部开始全国备战，多谋善断、能征善战的粟裕又受到了注意。

10月2日，林彪造访正在上海休养的粟裕，当年一同站在朱德大庾整编队列中的两人进行了长谈。

林彪关切地说：“你现在身体不好，主要是休息，等你好一些，可以多到部队里去跑跑，看看部队的情况，发现什么问题，或者有什么意见，可以直接反映面谈，打电话或者写信都可以。”①

他还问粟裕对部队工作和国防建设有什么意见，粟裕说自己离开部队已久，提不出什么意见。但他再三征询，粟裕便不再推辞，谈到了几个方面的问题。

一是大军区的干部配备。他说，大军区在战时要单独担任一个大战区的任务，建议在干部配备上要配套成龙，既要有战将，又要有谋士。高级领导干部英勇善战当然是决定因素，很重要，但同时要有战略眼光，有政治远见。

---

① 《粟裕年谱》，当代中国出版社2006年版，第652页。

二是干部交流。粟裕说，“干部交流取长补短，互相学习是必要的，但全部大换班，对保持部队优良的战斗作风和熟悉情况有影响”。他举例说，前几年去过的一个军，在干部交流中，这个军的领导干部全部换班了，只有一个后勤部长是原来这个部队的干部。

他还列举战争年代的例子说明，主要领导干部对部队的作风有很大影响。

三是加强第一线军分区的干部和工作，以便战时有能力配合第一线少数守备部队作战。

粟裕认为，过去省军区、军分区的干部配备，大都是安置老弱病残，人很多，可是真正能做事的不多。

他说，特别是国防第一线军分区应该加强，以便在战时能够迅速有效地补充和有力地配合与支援少数守备部队，挡住敌人初期的进攻，而使主力不致过早使用和消耗，以便统帅部握有拳头，有力地打击和歼灭敌人。

林彪赞赏认同粟裕的意见，告别时再一次说，等身体好一些时，可多到部队走走。

林彪的叮嘱，等于取消了当年中央书记处主要负责人限制他接触部队的规定，粟裕很是欣喜。

不久，他兴奋地向途经上海的叶剑英谈到了林彪的叮嘱。叶剑英听说后也异常高兴。

他情知全国战备紧张，中苏很有可能发生大战，正是英雄用武之时，告诫粟裕不要顾虑军事科学院的小事，说：“不要换小班，军科就叫宋（时轮）、钟（期光）他们去搞，要准备接大班。你是战将，要准备打仗。”

他不仅赞同粟裕多下部队走走，还决定组织一个班子随同前往。

11月24日，粟裕根据林彪的交代，对今后作战问题做了一些思考，写出了《争取局部制空权和增训飞行员》的报告送交林彪。

他认为，在未来战争中，“如果在重要的方向或重要的战役，我军能取得制空权，则我陆军将更能如虎添翼，将更有利于战役战斗的速决”，而“要造成我军局部的空中优势，从主观设想上是可能的”。

他说："除了要有足够数量性能好的飞机之外，更重要的是要有足够数量的政治上坚强的训练有素的飞行人员"，因而建议"及早抓紧时间多训练储备一批飞行员"。[1]

报告的最后，他还照例心细如发，提出了飞行员培养的数量和办法。

1966年3月，经过认真准备，粟裕按照林彪的要求，先后考察了杭州、福州、厦门和上海等地的部队，听取了一线将领的汇报，行程达3个月之久。

随后，他整理出了4份翔实的调查报告，送呈给了中央军委和林彪，分别就加强第一线军分区干部和工作，保证战时迅速有效动员兵员、闽浙沿海军分区民兵工作、海防与部队建设、反对铺张浪费、培养革命接班人等方面提出建议或看法。

第一个报告的主要建议有：

一、第一线军分区平时应集中全力做好民兵工作，不要兼管守备部队，实践证明两头兼顾，领导精力主要放在守备部队，势必削弱民兵工作；二、将省军区部队的主要兵力分给所属军分区和县，平时做民兵工作，战时作为扩大部队的基础；三、加强第一线人民武装干部；四、守备部队要搞好军民联防，保障战时就地兵员补充。

第四个报告中，粟裕反映了部队在铺张浪费方面存在的问题，也谈到了地方政府和领导干部存在的不足。

对如何培养接班人，他除反映有些部队重才轻德、保留战斗骨干等方面的问题外，主要提出要解决好老干部离职休息的问题。

报告送呈的同时，粟裕还向林彪当面做了口头补充汇报。

林彪对他发现的问题和提出的建议很重视，尤其是涉及战备和战争初期的许多重要问题，十分赞赏。

然而，随之而来的"文革"使这些凝聚着智慧的建议搁浅，"军事林彪"也成了"政治林彪"。一些建议直到多年后才得以落实。

1966年6月开始的"文革"，粟裕被康生等人列入"叛徒、特务、反革命修正主义分子"的黑名单，受到秘密审查，不仅次子粟寒生遭到拘捕，军事科学院还喊出了"打倒叶（剑英）、粟（裕）、王（树声）"的口号，住处也受到抄家的威胁。

① 《粟裕年谱》，当代中国出版社2006年版，第653页。

尽管处境艰难，但因毛泽东说他“过去有战功，现时打不倒”的“圣旨”，又因他是早在1958年便已靠边的“死老虎”和边缘人，从而因祸得福，始终未被完全打倒。

粟裕奉命兼任国防工业和军事科学院的军管工作，协助军委副主席兼秘书长叶剑英采取各种措施，把军队的运动限制在院校和一些机关进行，保持了部队相对稳定。

他对当时的国防工业发展和国家建设也极其关注，谨慎思索，提出了许多的真知灼见。

1968年5月，他向毛泽东等人提交一份报告，谈到自己对发展现代化电子工业的初步设想。

12月21日，他又就“六三”式自动步枪的生产与装备，向林彪和周恩来提交了专题报告。

他说，该枪支应先装备常备军，新建兵团和地方军暂装备半自动步枪，原因是自动步枪每分钟可发射600发子弹，如果全部装备这种枪支，一旦发生战争，工业生产能否供应所需弹药，即或能生产出来，运输车辆及交通道路也难有保障。

报告递交之前，粟裕便对从军的儿子粟戎生谈过这一问题：“这种枪目前还不太适合我们部队的情况，枪的射速太高，弹药供应有一定的困难，现在的后勤保障能力跟不上。”

他告诫粟戎生说：“作为指挥员，要教育部队熟识枪的构造性能，让部队学会节省弹药。”

听了他的话，粟戎生马上查对和计算了一些数据，结果是心悦诚服，多年后回忆说：“爸爸不是否定这种枪，而是根据它的战术技术性能、部队执行的战斗任务、后勤保障能力，以及战术技术变化等诸多因素带来的一系列新问题，思考解决的办法。”

1969年6月，粟裕发现北京地铁建设存在的不足，马上向国务院提出几点建议：

一是车站出入口要加宽，便于紧急防空时群众迅速隐蔽疏散和容纳更多的人；二是地铁顶层路面要宽，被复坚固，战时可用作飞机起降场，故绿化应尽量靠近两侧建筑物，地面电线尽可能转入地下。

粟裕终究只是冷板凳上的边缘人物，他的建议一些获得了采纳，但一些则泥牛入海，消息全无。

1970年1月，深知粟裕关心国防，多次向自己请求“一旦打起仗来，还要重上前线”的周恩来给了他一个机会：外出考察西北、华北边疆，一面学习地方工作，一面了解边疆情况。

枕戈待旦的粟裕大喜过望，从4月5日开始，他轻车简从，先后踏遍了甘肃、青海、宁夏、内蒙古与河北5个省、自治区，长达近50天，行程7000公里，对兵要险塞做了实地踏勘，看望了驻军，了解其心声，获取了诸多第一手战备资料。

返回北京后，粟裕分别给周恩来和军委办事组写了调查报告。

在给周恩来的报告中，他对发现的问题提出了建议：

一是战备和建设的关系问题。西北和内蒙古地区个别的地方干部有等待打仗或打完仗再建的消极思想。他说，这些地区的工业建设如何搞，是个很重要的问题。

二是基本建设摊子大、周期长，未能尽快形成生产能力。他说，必须彻底克服基本建设上存在的贪大的错误思想，应从主管部门到工厂集中力量打歼灭战完成基建任务。

三是工业资源的综合利用问题。西北和内蒙古地区共生矿很多，且多是贵重金属和稀土元素，但大都只提炼其中某一种普通金属，其他金属和稀土元素，都随着废渣跑掉了。

他建议说，此点应引起有关部门重视，科研工作要大踏步上去，以解决资源的综合利用问题。

四是工业管理体制方面的问题。他建议说，无论是在各地的下放企业，还是不下放的企业，都要解决好中央和地方的关系，以利发挥中央和地方两个积极性。

另外，他还对加速建设刘家峡水电站、提前筹建龙羊峡水电站等7个问题，做了专题报告，提出了相应的建议。

粟裕最为忧虑的还是发现形而上学、唯心主义对边防和军队建设的深重危害，因种种顾虑，他没有写进给军委的报告中，最后决定当面向周恩来汇报。周恩来听说后，同意他的观点，但也仅此而已。

不久，粟裕又“捡”到了一桩“好事”。

1971年1月兼任北京军区第二政委的纪登奎深知自己是军事外行，说：“军事上的事，我确实不懂。李德生（北京军区司令员）比我强点，也只指挥过一个师、一个军。”

而当时苏联在中苏边境陈兵百万，北京军区又担负拱卫首都重任。他担心一有闪失，“我不仅要掉脑袋，而且还会成为民族罪人”。

焦虑之下，纪登奎想到了当年的野战军统帅粟裕。

他后来回忆说：“我对这件事十分担忧，也有自知之明，急中生智，去把粟裕请来了，那是我们军队的名将了。粟裕一听说有打仗的事，精神来了，高兴得很。”[①]

会者不难。粟裕带上纪登奎给他配备的作战参谋，在边境防区漫山遍野地转了几

1971年6月，粟裕与叶剑英在军事科学院

① 纪坡民：《上台下台，任职辞职——听父亲谈往事》

个月，很快制订出了一个对苏防御的作战方案。

纪登奎如获至宝，将其交给军事科学院和军事学院的内行和专家们审读研究，认为确实不错，这才放下心来。

粟裕却依然对军队和国防的现状充满忧虑。

当时占主导地位的思想是对未来反侵略战争的特点不作深入研究，只强调对敌人总体上、战略上的藐视，无视国外高新科技发展的真实情况，不实事求是研究对付的措施，仅仅空喊人民战争口号。

1971年“九·一三”事件后，他决定将自己对未来反侵略战争的一些想法和建议向党中央和中央军委报告。

但当他找到几个“笔杆子”，想请他们帮助整理成文时，谁也不敢对这些与主导地位观点明显相左的想法轻易下笔，报告拖了一年也没能完成，粟裕决定自己动手。

1973年2月，粟裕利用春节休息时间埋头灯下，字斟句酌，终于完成了这份报告，很快呈送给了毛泽东、周恩来和叶剑英。

报告对未来作战方向、作战指导思想等方面存在的问题，根据多年的调查思考，提出了看法和意见，主要有：

一、针对过去的作战方针等问题，他说，战争初期在战略布局上，“第一线兵力不要摆得太多，更不要分兵把守”。

二、针对较普遍存在的不敢讲阵地战，怕被扣上“消极防御”帽子的问题，他说“某些城市和要点必须坚决固守，有的要死守”。

三、针对忽视平原作战，他说“今后主要作战地域在平原和交通要道”。

四、针对“乌龟壳不可怕”的片面宣传，他提出“要把打坦克集群摆在对地面敌人作战的首要位置”。

五、针对对现代化战争缺乏实事求是研究的倾向，他说打大的运动战，一定“要力争夺取局部制空权”。

这是粟裕对现代战争的全新研究探索，但没有引起重视和反应。出于对国家安全的高度责任，他仍然没有停止继续研究。

1972年9月，粟裕在山西金沙滩古战场

一年后的1974年12月，粟裕又递交了第二个报告。

他在前一报告的基础上，从打常规战争出发，对一些问题做了更深入的探讨，提出了更为中肯的建议。

关于集中兵力打歼灭战，他指出在兵力部署认识上存在的问题，说反映了“某些部队打歼灭战的思想不浓”和“某种程度的保守思想”。

关于加速发展空军，他强调空军在现代战争中的作用，认为“如果我们连局部制空权也不能掌握，要在平原地区打大规模的歼灭战，将是非常困难的”。他还说：“从目前我国国民经济基础和技术水平来看，加速发展航空工业、改善空军装备的条件已经成熟”。

为了适应经济发展和现代战争的需要，粟裕还提出减少兵员、合理区分部队任务和建立适应战时需要的编制。

中共中央收到报告后，以12号文件的形式，于1975年1月印发给了在北京的政治局委员。

1974年10月，粟裕还考察了海南岛防务，发现存在防御思想和方针、兵力部署和后方建设等方面的不足，便与过去的老部下、广州军区司令员许世友进行了交流，第二年1月又向中央军委递交了一份报告。

许世友等人很快做了调整，加强了海南防务，粟裕的意见获得了立竿见影的成效。

1976年11月，主持军委工作的叶剑英征询粟裕对第二年军队工作的意见。

粟裕又写了一份报告，列举了作战指导思想上的一些突出问题，说“不仅直接影响到部队的部署，而且对各军兵种建设规划、武器装备的发展方向、国防工程和战场建设等等方面带来许多问题，对部队建设和战备工作影响极大”。

他建议认真分析敌人军情和作战特点，把全军作战指导思想统一起来。

对军队的装备建设、军事训练和加强军情建设等，他也提供了合适的设想。尤其对于军队训练，他说，要切实扭转不敢狠抓军事训练和训练脱离实际、搞形式主义的倾向，特别要加强反坦克和合成军队的演练。

粟裕深知这些的巨大危害，对其深恶痛绝。

他多次向在基层从军的长子粟戎生了解部队装备的各种反坦克武器的性能、敌人坦克和我军反坦克武器的数量对比、打坦克的战术技术手段和方法、实兵演习暴露出的不足等问题。

粟戎生有过许多深刻的记忆，多年后回忆说：“爸爸十分关心打坦克问题。”

一次，粟裕看到一张公开发行的宣传画，画有五六个战士拿着各种爆破器材，围着打一辆坦克，生气地说：“这个打法可不行。”粟戎生轻描淡写地说：“这是宣传，是渲染气氛。”

粟裕异常激动，生气地说：“宣传怎么可以脱离实际？这不行，这给人家一个印象，打坦克就是挺着胸，抱着炸药包，一群人往上冲。这打不了集群坦克，还要吃亏的。”

他告诉粟戎生：打坦克一是要尽快获得好的武器装备，二是使用现有武器更要讲战术、技术。

他还列举比较真实反映战争残酷场面的电影《解放》说：“现在吓坏了可以做工作，可以教育。打起仗来吓坏了就要打败仗，当俘虏。”

青年粟戎生受到了极大的教育和影响，从此抓住一切机会，刻苦研究未来反侵略战争中一些带规律性的东西。

1977年3月，中央军委召开座谈会。粟裕针对军队的情况和存在的问题，对作战指导思想和战争规模的估计等影响战争全局带战略性的问题，写了一个详细提纲，上报军委主席华国锋、副主席叶剑英等负责人。

他不无痛心地说：“现在，敌我双方比过去都已发生了很大变化，战争的历史条件和作战地域也有很大变化”，但“有的还是打日本、打国民党的那一套”。

从这一年8月开始，粟裕从战备角度，专程到新疆、山西和河北等地，调查勘察地形地貌、边防要点、军事工程和当地驻军，历时两个月，返回后向华国锋、叶剑英等人提出了具体建议。

1978年1月，他又向中央军委提交了《有关战争初期作战问题的几点意见》的报告，阐述了许多和传统观点不同的看法和建议。

对毛泽东和林彪60年代主张的平原堆山工程，他认为目标大、耗费多，又容易被敌人封锁或绕过，可行的办法是结合农田水利建设，修堤坝、挖沟渠，在堤坝上设置火力点。

然而，尽管“居庙堂之高则忧其民，处江湖之远则忧其君”，他20年间冷板凳上沉静多思，不在其位，屡谋其政，时时关注国防和军队建设，枕戈待旦，但他以一流兵家眼光与思维提出的诸多前瞻性的建议，多半石沉大海，未能发挥作用。

年光空逝，岁月催人，他已身心疲惫，病痛缠身，垂垂老矣。

中国现代战争之父

1976年10月“文革”结束后，许多蒙冤的人纷纷得以平反昭雪，但“屈贾谊于长沙，非无圣主；窜梁鸿于海曲，岂乏明时”，粟裕的处境依然如故。

他多次向新的中共中央提交平反申诉报告，数年间杳无音讯，最后不了了之，“反党反领导的极端资产阶级个人主义者”的帽子始终戴在头上，直到几年后辞世也没能摘掉；他常常代表军队接待外宾或出访，笑容可掬，出现在许多迎来送往的场合，实职却始终被边缘化。

他酝酿多时，打算尽晚年余力撰写的一部战争回忆录，思前想后，顾虑重重，尽管只准备“留给家人、儿孙们当故事看”，也几经周折，最后还是耐人寻味地留下淮海战役一章的大段空白。

“烈士暮年，壮心不已”，作为当年屈指可数的野战统帅，为天下百姓“以战止战”迎来和平的粟裕，可以舍弃个人荣誉和头衔，却没有放弃一个老兵的职责，舍弃对护卫和平的未来战争的思考。

1979年1月，与他一同遭受过1958年错误批判的军事学院院长萧克，同声相应，同气相求，深悉他长期关注国防，对现代战争研究颇深，便登门造访，邀请他前往军事学院高级系讲课，粟裕欣然答应。

萧克非常重视粟裕的到来，亲自陪同登上讲台。

他对台下的学员说，这次请粟裕同志讲课意义重大。还说，粟裕同志是位老兵，军事理论和实践都很丰富，希望大家都要认真学习。

粟裕微笑着插话说，你也是个老兵，你当支队长，我当政委。他说的是两人红军时期同在江西苏区红四军一个锅里吃饭的往事。

战场上共生死的战友情深，又是和平年代共患难的“难友”，粟裕不再客套，慨然开讲，内容是自己长期研究、探索现代战争规律的成果，题目是《对未来反侵略战争初期作战方法几个问题的探讨》。

他侃侃而谈，将1973年以来对现代战争的思考和盘托出，言前人所未言，率先冲破军事领域里的禁区，提出了未来反侵略战争，尤其是战争初期系统的战略战术构想，主要谈到了六个方面的内容：

一是科学技术的发展并广泛应用于军事，必然促进作战方法的改变。发展战略战术已成为当前军事战线上的一项迫切任务。

二是战争初期首要的是抵抗住敌人的战略突袭。在作战指导上，既要避免战略决战和大的战役决战，又要以积极的作战行动，挫败敌人速战速决的企图，稳住战

1979年7月，粟裕在青岛与邓小平一起观看海军北海舰队水上飞机表演

局，为而后大量歼敌创造条件。

三是运动战、阵地战、游击战三种作战形式要紧密结合运用，要有一些新的打法。

四是贯彻集中优势兵力、各个歼灭敌人的原则，在现代条件下要有新的做法和要求。

五是要把战场建设提到战略高度来对待。

六是活跃军事学术思想是发展我军战略战术的重要条件。

粟裕的主旨是，世界和时代变化了，军事思想、军事原则和作战方法都必须变革。对如何变革与应对，他也为天下先，做了翔实而严密的阐述。

他说，军队装备技术条件的发展变化，必然促使作战方法改变。但长期以来，不恰当地强调“人的因素第一”，而对人的因素要发挥人对科学技术的发明，人对新武器的掌握能力却不予重视。

粟裕说，现代科学技术的发展并广泛应用于军事领域，“向我军的一些传统战法提出了挑战，它迫切要求我军发展战略战术”，否则，“一旦敌人向我们发动大规模侵略战争，我们就有可能适应不了战争形势的需要，甚至会付出过多过大的代价”。

他指出苏美两国军队“大体到50年代中期，已经完成由轻武器为主到以重武器为主的过渡”，而中国军队目前“正处在这样一个过渡阶段”。

粟裕认为，轻武器“在敌后战场和次要战场，在近战、夜战和一定地形条件下的作战，仍将发挥重要作用”，但在未来战争的正面战场和主要作战方向上，特别是战役决战和战略决战时，“就必须以重武器为主”。

他解释说：“我在这里所讲的‘重武器’和‘炮战’，主要是就武器威力而言的，是一个形象的说法。例如，坦克、飞机、导弹等重武器，就可以说是在地面活动着的或空中活动着的炮。”

他强调：“这是一个很现实的问题。作为唯物主义者，我们必须看到并且勇于承认这一点。”

粟裕严肃地提醒说，在新的条件下必须研究新的办法，而“完全不顾实际情况，不研究具体办法，抽象地空谈劣势装备战胜优势装备，是唯心主义的，是害死人的”。

他还指出：“帝国主义一旦发动对我国的全面侵略战争，将依恃其武器装备的优势，先发制人，实行大规模的闪电式的突然袭击”，而且“很可能是从空中、地面、海上一起来”。

他说，“我军装备海战劣势的情况下，如果大量的，几十万人，上百万人，甚至几百万人展开了，只有遭受伤亡，恰恰上了敌人的当”。

好战必亡，但忘战必危，一旦战争打响，怎样才能保存自己，以劣势装备战胜优势的敌人呢？粟裕系统论证了前瞻性的办法：

一是不过早和敌人主力决战。

他说，战争初期，敌人明显居于优势，“希望我们集中主力与之决战，以便实现其战略上速决的企图”。我们“不应当集中主力同敌人进行战略决战和大的战役决战，而应有尽有尽量保存自己的主力，迫使敌人打持久战，打消耗战”。

他解释了这样做的目的：可以把强大的主力部队，各级的预备队，特别是战略预备队，比较完整地保存起来，为反攻创造有利条件。

二是战役、战斗上都要有一定兵力打防御战。

粟裕说，长期以来在强调运动战的同时，对于防御作为战争的一种手段不大提甚至是不敢提，一提就怕被扣上“消极防御”的帽子。

他认为未来防御战必不可少，战争初期作战，“我们的打法应该是，不仅在战略上坚持内线的持久的防御战，而且在战役、战斗上也要有一定数量的兵力打防御战”。

同时，他还认为要“使用相当数量的兵力进行战役、战斗上外线的速决的进攻战”，以达到“尽量保存自己的主力，迫使敌人打持久战，打消耗战”的目的。

三是贯彻重点设防，重点守备原则。

粟裕指出，未来反侵略作战中，“重点设防、重点守备地区，包括一些需要坚守的城市、海岛和海岸，以及某些战略要点，都要打坚固阵地防御战”。

他强调说：“有的固守到一定时候予以放弃，有的则要长期死守，有些重要城市不但要守住，而且还要利用城市打斯大林格勒保卫战那样的仗，把城市作为消耗和消灭敌人的战场。”

四是在坚守防御作战的紧密配合下，抓住战机，歼灭敌人。

他说，要制造与选择与我有利的条件和时机，例如引诱敌人，使敌人犯错误等，一发现有利战机，就不失时机地发起进攻作战，打规模不等的歼灭战，对敌人进行有力的歼击。

同时，对进到我方预设战场、突出冒进、翼侧暴露、疲惫不堪的而又缺乏补给的敌人，以及其他小股敌人，都应当及时抓住战机予以歼击。

粟裕还提出，运动战、阵地战和游击战三种作战形式，在未来作战中要有新的发展。

他认为，运动战是转换战局、解决战争命运的主要作战形式，但形式必须根据新的条件赋予它新的内容。

他回顾说：“我们过去打运动战，主要是打大踏步前进和大踏步后退的运动战。”但是，未来战争中，“在我军武器装备没有大的改善以前，我们要想大踏步地前进和后退，也踏不起来”。

粟裕以现代战争的实际为依据，重新解释了毛泽东“打得赢就打，打不赢就走”的名言。

他说：“过去，我们可以打得赢就打，打不赢就走，现在我们无论打得赢还是打不赢，都有个走不走得了的问题。”因此，运动战的打法将与过去有很大不同。

那么，未来的运动战到底如何打呢？

粟裕提出了4种设想：

一、打中小规模的运动战。

他说，战争初期，“我们必须在搞好战场建设的基础上，力求在预设战场依托阵地（包括屯兵设施）和不远离阵地，打一些中小规模的运动战”。

二、打与坚守要点相结合的小规模运动战和在我方第一线防御部队后面的预设战场上，打中等规模的运动战。

三、打规模大一些的运动战。

他说：“当我军初步取得对敌作战经验，武器装备进一步得到改善，并且能够夺取短暂的局部制空权的情况下，可以在某些重要方向和地区，创造和捕捉战机，每次歼敌一至两个建制师。”

他强调，打规模大一些的运动战，必须夺取局部的制空权，否则难以取得胜利。

四、打游击性的运动战。

他说：“以机动作战部队的一部，或以转入敌后的主力部队和地方部队，对分散孤立之敌，用奇袭的办法打，一次歼敌一两个连到个把营，抓一把就走。”

粟裕也谈到了阵地战。

他认为，未来反侵略战争初期作战，阵地战的比重增加了。对于必须坚守的地方和城市，已经不是不计一城一地的得失，而是必须树立顽强坚守、反复争夺、独立作战和长期作战的指导思想。

他还从加强阵地战的作用出发，提出加强战场建设，因为“它不仅是个技术问题，而且是和我们的作战思想、战术运用有关联的问题，是个具有战略意义的问题”。

对于游击战，他认为在未来战争中占有很重要的战略地位，“为了把游击战提高到新的水平，更大地发挥游击战的威力，必须增强打游击战的力量”。

如何加强游击战呢?

他说，除地方武装和民兵要在敌人所到之处广泛开展游击战之外，有些坚守要点的部队，“在完成坚守任务，或者确实难以继续坚守时，可以有组织、有计划地转入敌后作战”。

另外，他指出在某些重要方向和地区，“还可以从野战军中抽派一些师和团到敌后去”。

对集中优势兵力、各个歼灭敌人的原则，他认为在现代条件下，也要有新的做法和要求。

他说，战争初期打歼灭战，选择的作战目标要小些。在集中优势兵力、各个歼灭敌人原则的具体运用上，部队少时，可一次对一个小的或比较小的目标形成优势；部队多时，可同时对几个小的或比较小的目标形成优势。

而在进攻战中，他强调必须做到以下几条：

战斗发起之前，要根据确定的歼击目标，分散配置兵力兵器，几路开进，隐蔽接敌；

战斗发起之后，打击目标要集中，部队从四面八方上来，猛烈冲击、突破，近战歼敌，实现速决；

战斗结束后，要迅速分散转移，快撤远离，并注意伪装防护，尽量避免遭到敌人空中和地面炮火的报复杀伤。

粟裕还强调了武器装备的重要性。

他说，打歼灭战不仅是兵力集中，火力也必须集中。“今后的集中兵力，主要是对敌人坦克、装甲战车而言，形成优势，不仅仅是指兵力相对比，也包括火力对比。”

因此他认为，必须加速研制、生产和给部队装备较多的反坦克武器和其他重武器。同时，“为了保持还击力量，迅速机动兵力打歼灭战，或加强某一方向的防御力量，建立新的防御体系，必须在战前建立强大的战略预备队和战役预备队”。

报告的最后，粟裕还针对军事学术界的状况，指出要从长期思想禁锢下解放出来，首先是明确如何正确理解和贯彻以毛泽东军事思想为指针的问题。

他说：毛泽东军事思想“是我军克敌制胜的传家宝，是加强我军建设和研究我军战略战术的指针”，但“这决不意味着毛泽东军事思想就不需要发展了，更不意味着只能去照搬照套”。

他说，要“实事求是地分析现代战争的具体情况，实事求是地研究现代战争及其指导规律”。

他认为，限于历史的条件，毛泽东没有提出和讲过，而在今后战争中又必须解决和回答的问题，要敢于创新，敢于发展。

粟裕举例说，现代战争条件下，用步枪、机关枪、手榴弹和炸药包已不能对付敌人坦克集群的冲击，必须有足够的反坦克火炮和导弹；在平原地区同敌人打大规模的运动战，也必须解决局部制空权问题。但“在一个时期内，却成了人们不敢讲或者不敢公开的问题”。

粟裕洋洋洒洒近两万言的长篇报告，是新时期对毛泽东军事思想的发展，开创了高科技条件下全军军事思想现代化的先河，奠定了以后军队和国防全新建设的基础。

自古知兵非好战，战争是为了和平。如同过去他以战止战，为中国这一五千年文明古国重新迎来长久的和平一样，他专注于研究现代战争，永不退役，枕戈待旦，也是为了保卫持续的和平与安宁。

正如国防大学教授金一南所说，粟裕“是一个永不退役的老兵，一辈子在等待、在准备硝烟来临。除了战争，他别无所虑。除了胜利，他别无所求。”

粟裕的报告结束后，如沐春风、耳目一新的军事学院高级系的师生们掌声如潮，经久不息。

他们认为，粟裕将毛泽东军事思想与当前的实际情况结合起来，充满了辩证法和实事求是精神。会后，他们一致要求将报告整理印发，让更多人全面了解，还建议把报告的有些内容编入军队院校的教材。

新华社记者也闻讯赶来，听取了演讲的全过程，会后立即下笔成文，向国内外播发了新闻，1949年9月便刊发过“粟裕是我军最优秀的将领”和“常胜将军”报道的《人民日报》等重要报纸，在显著位置予以刊登。

报道强调说，粟裕提出要解放思想，发扬民主，完整准确地领会和掌握毛泽东军事思想的精神实质，这对军事领域的拨乱反正，解决现代条件下的作战问题，具有重要的指导意义。

以解放思想著称的中央党校听说后，又派专人邀请粟裕前往演讲，再次引起了满座轰动。

全军总部各机关得知后，纷纷要去了报告的录音带，组织干部收听、讨论，编印了《粟裕同志讲话名词解释》小册子，帮助他们理解报告的内容。到这年3月，包括海军司令部、空军司令部、总后勤部等在内的总部机关70%以上的干部都学习了粟裕的报告。

不久，《军事学术》和《解放军报》都全文发表了粟裕的讲话，全军上下迅速掀起了一股研究未来反侵略战争中战争初期作战的浪潮，引起了持续不断的轰动。

与当年取得苏中、孟良崮、豫东、济南和淮海等战役的全胜，捷报瞬间传遍大江南北一样，粟裕宝刀未老，雄风犹在，再度震惊海内，名满天下，成为军营内外瞩目的焦点。

他在众多中国将帅中对现代战争独一无二的研究和造诣，也引起了世界军事界热烈而长久的反响。

澳大利亚国防部情报组织的负责人保罗·迪布研究粟裕的文章后，写出了一份《80年代中国的战略形势和防卫选择》的研究报告。

他说："中国主要的战略发言人粟裕讲过：'现代条件下的人民战争'，其中特别强调积极防御和机动能力，人民战争的理论将会继续相当长的时间。80年代军事理论更强调机动和防御。"

世界各军事大国也对名位并不显赫的粟裕刮目相待，实事求是地将其称为"中国现代战争之父"。

多年后，新四军老兵石坚回忆说："我手头有很可信的资料都提到'现在世界各军事大国都把粟裕称为'中国现代战争之父'。"[①]

当代虎将刘镇武履新广州军区司令员之际，一次与上海驻军负责人会面时，说："现在各军事大国，都称粟裕大将军是'中国现代战争之父'。"

作为军中晚辈与后来者，他说："对这个称呼，我们既感到骄傲和鼓舞，又觉得有很大压力，称粟裕大将军是中国现代战争之父，并不为过。"

粟裕获此殊荣的确不为过，战争年代的他便"出乎其类，拔乎其萃"。中共战史上包围对手3万人以上的大中型合围作战共有22次，他便指挥过其中的10次，稳居首位，他的领袖和战友们因而有过不同寻常的定论：

毛泽东说："在我的战友中，有一个最会带兵打仗的人，这个人叫粟裕"；

朱德说："粟裕是学习毛泽东军事思想的楷模，他在苏中战役中，消灭的敌人，比他自己的兵力还多"；

刘少奇说他是"新四军7个师中，打仗打得最多和最好的一个师长"；

林彪说："粟裕尽打神仙仗"，"他打的仗我都不敢下决心"；

刘伯承说："粟裕同志智深勇沉，非常优秀，百战百胜，有古名将之风，是我军

---

① 石坚：《丹心永照万山青——纪念我党伟大军事家粟裕诞辰一百周年》，《新四军研究》（第1辑），上海辞书出版社2008年版。

最优秀的将领，是中国的战略家”；

陈毅说：“华东军事主要靠他（粟裕）”；

叶剑英说：“你（粟裕）的军事才华令我们大家钦佩”。

多年后，又一位军中后来者、空军指挥学院教授乔良总结说：“粟裕是中国现代军事史的奇迹，亦是中国数千年战争史的奇迹”，“从血流漂杵中走出来的‘战神’级人物，却寥若晨星。不过古有韩信，今有粟裕耳。甚至连声望一度盖过他的林彪，细论起来也未必能出其右。”

实践出真知，战争年代粟裕如此傲视群雄，智勇冠三军，王必成说他“在戎马倥偬，硝烟弥漫的战争年代，积累了宝贵的带兵用兵经验”，和平时期对现代军事理论钻之弥深，超群绝伦便不足为怪了。

然而，一生中前30年实兵指挥作战，后30年只能在边缘化中冷眼旁观研究思考的粟裕多次说，他“言犹未尽”，一些重要的思想和作战设想，还未能完整地尽情表达出来。

他的夫人楚青悲愤地说：“粟裕是个悲剧性人物，六十年革命生涯，三十年处于逆境。粟裕同志战争年代打仗打得苦，和平时期挨整整得苦，到了晚年生病病得苦。”

由于种种原因，他的身心长期受到摧残，年高体弱，再难对未来反侵略战争继续他的思考了。1980年后，他长期卧病在床，饱受病痛的折磨。四年后的1984年2月，他遽然长逝。

白起、韩信、岳飞以来这个民族史上又一颗卓尔不凡的辉煌将星，一位为战争而生的天才划过渺远的天际，无情地坠落了。

遵照粟裕的遗愿，他的骨灰被撒在江西、福建、浙江、安徽、江苏、上海、山东与河南等8个省市，与长眠在那里的战友们永远会合在一起。

计利当计天下利，求名当求万世名。他生前“冯唐易老，李广难封”，如同毛泽东所说担的大将衔，干的是元帅任务，却“桃李无言，下自成蹊”，一生脍炙人口的传奇往事在天地间久久回荡：

首创打败蒋介石美械装备嫡系部队的先例；开创打掉蒋介石五大主力之一的先

河；斗胆直陈，屡献良策，改变中原战局，加快了战争进程；谋定淮海，与杜聿明巅峰对决；创造全国各战区四年歼敌第一的战绩；失之交臂的攻台和抗美援朝挂帅出征；两让司令一辞元帅……

生命有限，往事如烟，他的军事智慧与思想却将永恒。

后　记

《多是横戈马上行——野战主将粟裕》一书，顺利通过国家有关权威部门的审核，即将由中国文史出版社付梓，几年来的个人写作与众多前辈倾注的心血终成正果，欢欣感念自不待言。

三年前，粟戎生将军千里传音找到我，请我执笔撰写关于他父亲的一部作品。意外中有些惶恐地接过任务，于是有了受他"耳提面命"的一些日子。我也从尘封的历史与温暖的现实里，领略到了父子两代将军如出一辙的严谨与谦逊。

第一次上北京朝阳某处登门拜访，衣衫朴实的粟将军雍容沉静，清茶一盏，缓缓谈到了自己不能直接撰写的一些原因，叮嘱我务必注重史实，实事求是写作，语言要平实朴素，特别强调说："我父亲从不背后指责自己的同志"，"革命是千百万人共同完成的事业，同志之间比较只有好和更好"，叮嘱我写作时千万注意。

说到父亲的一些经典战役，粟将军像打开了闸门的水笼头，汩汩流淌着详尽的敌情我情、深邃的构想谋划与生动的战斗细节。为了说清楚豫东战役的特点，他顺势拿出纸笔，刷刷几笔，给我画了几幅草图，解释了线性阵地和流动阵地两个新鲜术语。他思维的敏捷与军事的博识，令我肃然起敬，也似乎依稀看到了当年指挥数十万华东野战军将士南征北战的粟老总。

返回湖南后的一段时间里，我不断收到粟将军夫妇寄来的参考资料，仅一套精装的《淮海战役史料汇编》便达9本，邮递过来的包装盒像装满了砖头的沉重木箱，价格上千元。已出版的《红色年轮》丛书，也从他们手中千里迢迢转到了我的案头。

两年多时间里，我每写完几章便发过去请粟将军审阅，他则一字一句校正、修改，用红绿两色字体标注得清清楚楚。期间，我获得的嘉许不多，而因处理与粟老总相关的历史人物和事件稚嫩，"挨批"的次数倒不少，"心理不够平和"便是他狠"批"我的一句话；"要建设和谐社会，更需要和谐的声音"也是他给我的忠告。

有时候，我甚至仿佛看到了邮件那一端他紧锁的眉头与铁青的脸庞。基于他的思路，我最后采取了《粟裕战争回忆录》的处理办法，只写粟老总个人的成长与战役谋划，而不涉及复杂的人事纠葛与恩怨。一年前书稿全部完毕，他审阅完最后一个字，说“写得不错”，我才如释重负，长长松了一口气。

出版社和我最初的设想，是以粟将军的口气或者以采访他的形式来写他的父亲，但他不假思索地婉拒了。粟将军诚恳地说了许多理由，其中之一是：“我确实不知道我父亲那么多具体事情，更不了解大的历史背景，采访我是不可能写出这样的东西的。我不想参与这个造假。”掷地有声的话语，再次令我想起了他战场上被毛泽东誉为“最会打仗”和“大树将军”的父亲。

这部同样凝聚了粟将军心血的书稿，最终确定只署我个人的名字，而他连第二作者的名头也不要了，成为一个默默付出的幕后英雄，如同战争年代他两让司令却从未让过责任的父亲。

粟将军的夫人也一样有着大家风范和气度。粟将军工作忙碌的时候，都是她具体与我联系，对我的生活和为人处世等方面关爱有加，如同一个身边的慈祥长者。书稿定型后，她听我所请，又不厌其烦地一张张选好照片发给我，从未有过任何怨言。她送给我的足以令我珍惜终生的一句话是：“要多学粟老总的谦虚！”书稿得以顺利出版，我无以表述诚挚的感戴之情，只能对父子两代英雄及其亲人致以崇高的敬意。

另外要感谢的是朱德元帅的孙子、空军指挥学院副院长朱和平少将，怀着对粟裕等开国元勋的无限景仰之情，他百忙中给我撰写序言，给予了我莫大的鞭策。还要感谢的是同我一样出身湘中山区金竹山煤矿的老乡、中国作家协会副主席谭谈先生，他不吝提携后辈，为我慷慨题写了书名，并且鼎力推荐这部书。著名作家、湖南省作协名誉主席邓宏顺和著名学者、湖南大学纪实文学研究所所长章罗生两位前辈，也和谭主席一样力荐拙著，令我没齿难忘。中国文史出版社的金硕女士，是我接触的第四个女性编辑，同样温婉严谨，极具责任心，为书稿的问世付出了辛勤的劳动。我愿意以百倍的努力书写更多的作品，来回报这些前辈和老师们的关爱与帮助。

张雄文

2016年5月

主要参考书目

1. 《粟裕战争回忆录》，解放军出版社1988年11月版。

2. 张雄文：《名将粟裕珍闻录》，北岳文艺出版社2009年12月版。

3. 《萧克回忆录》，解放军出版社1997年6月版。

4. 徐学初：《大将粟裕》，黑龙江人民出版社2003年3月版。

5. 中共浙江省委党史研究室编：《刘英纪念文集》，中共党史出版社2005年10月版。

6. 《南方三年游击战争——浙南游击区》，解放军出版社1993年4月版。

7. 《粟裕传》，当代中国出版社2000年8月版。

8. 金冲及主编：《毛泽东传（1893—1949）》上卷，中央文献出版社2004年9月版。

9. 《陈毅军事文选》，解放军出版社1996年3月版。

10. 《一代名将——回忆粟裕同志》，上海人民出版社1986年8月版。

11. 北京新四军研究会一师分会编：《宏愿付青山》，2007年5月版。

12. 《粟裕军事指挥艺术与现代战争理论研究》，军事科学出版社1998年5月版。

13. 《毛泽东军事活动纪事》，解放军出版社1994年11月版。

14. 《新四军——文献（4）》，解放军出版社1995年2月版。

15. 侗枫：《虎啸血野——华东野战军征战录》，上海人民出版社2006年11月版。

16. 《毛泽东年谱》上卷、中卷、下卷，人民出版社、中央文献出版社1993年12月版。

17. 《新四军——文献（1）》，解放军出版社1993年4月版。

18. 《苏中抗日斗争》，江苏人民出版社1987年3月版。

19. 《毛泽东军事文集》第三卷、第四卷、第五卷，军事科学出版社、中央文献出版社1993年12月版。

20. 《陈毅传》，当代中国出版社1991年8月版。

21. 李默庵：《世纪之履——李默庵回忆录》，中国文史出版社2012年2月版。

22. 《马励武日记》，枣庄市出版办公室编：《鲁南战役资料选》，山东人民出版社1982年3月版。

23. 《钟期光回忆录》，解放军出版社1995年10月版。

24. 王德：《华东战场参谋笔记》，上海文艺出版社1996年版。

25. 《粟裕军事文集》，解放军出版社1989年7月版。

26. 吴东峰：《开国将军轶事》，解放军文艺出版社 2007年6月版。

27. 甘耀稷：《传檄到中原》，解放军文艺出版社1992年10月版。

28. 丁炳生：《第三野战军征战记》，军事科学出版社1997年1月版。

29. 《南麻战役》，黄河出版社1992年7月版。

30. 《粟裕文选》第一卷、第二卷、第三卷，军事科学出版社2004年9月版。

31. 《中国人民解放军第三野战军战史》，解放军出版社1996年7月版。

32. 张群生：《解放战争全记录》，四川人民出版社2007年6月版。

33. 王树增：《解放战争》上，人民文学出版社2009年8月版。

34. 《陈毅传》，当代中国出版社1991年8月版。

35. 《粟裕年谱》，当代中国出版社2006年6月版。

36. 《周恩来传》，中央文献出版社1998年2月版。

37. 《战场——将军的摇篮》，解放军出版社1989年10月版。

38. 魏白：《三野十大虎将》，黄河出版社1999年3月版。

39. 《峥嵘岁月：周志坚回忆录》，鹭江出版社1994年6月版。

40. 金冲及主编：《毛泽东传1893—1949》，中央文献出版社1996年8月版。

41. 赵鲁杰：《挥师决战——解放战争全纪录（4）》，四川人民出版社2007年6月版。

42. 邹徐文主编：《淮海大战亲历记——献给淮海战役胜利六十周年》，凤凰出版传媒集团2008年12月版。

43. 《淮海战役亲历记》，中国文史出版社1983年6月版。

44. 中共中央文献研究室编：《邓小平年谱（1904—1974）》，中央文献出版社2009年12月版。

45. 王玉彬：《第二野战军征战纪实》，解放军文艺出版社2000年10月版。

46. 《淮海战役》第一册，中共党史资料出版社1986年10月版。

47. 周明、王逸之：《徐蚌会战》，台湾知兵堂出版社2008年11月版。

48. 张雄文：《无冕元帅：一个真实的粟裕》，人民出版社2008年7月版。

49. 罗英才：《陈毅元帅》，解放军文艺出版社2007年1月版。

50. 《丹心永照万山青 ——纪念我党伟大军事家粟裕诞辰一百周年》，《新四军研究》（第1辑），上海辞书出版社2008年12月版。

51. 《从延安到北京——解放战争重大战役和研究文章专题选集》，中共中央文献出版社1993年5月版。

52. 《萧劲光回忆录》续集，解放军出版社1989年2月版。

53. 《海军史》，解放军出版社1989年9月版。

54. 《建国以来毛泽东军事文稿》上卷，军事科学出版社、中央文献出版社2010年1月版。

55. 徐焰：《第一次较量——抗美援朝战争的历史回顾与反思》，中国广播电视出版社1990年1月版。

56. 《周恩来军事文选》第四卷，人民出版社1997年11月版。

57. 《抗美援朝战争史》第一卷，军事科学出版社2000年10月版。

58. 徐焰：《毛泽东与抗美援朝战争》，解放军出版社2003年12月版。

59. 《张震回忆录》，解放军出版社2003年11月版。

60. 陈明洋编:《当年事》，文化艺术出版社2005年12月版。

61. 张素华等编：《说不尽的毛泽东》上卷，辽宁人民出版社、中央文献出版社1993年12月版。

62. 《彭德怀传》，当代中国出版社2006年12月版。

63. 张胜：《他从战争中走来——两代军人的对话》，中国青年出版社2008年1月版。